中国小城镇和村庄建设发展报告
2016—2017

中国城市科学研究会　编

中国城市出版社

图书在版编目（CIP）数据

中国小城镇和村庄建设发展报告. 2016-2017 / 中国城市科学研究会编. — 北京：中国城市出版社，2017.8

ISBN 978-7-5074-3118-6

Ⅰ. ①中… Ⅱ. ①中… Ⅲ. ①城镇—城市建设—研究报告—中国— 2016–2017 ②乡村建设—研究报告—中国— 2016–2017 Ⅳ. ①F299.21 ② TU982.29

中国版本图书馆 CIP 数据核字（2017）第 190784 号

《中国小城镇和村庄建设发展报告（2016–2017）》（以下简称《报告》），主要用于发表与小城镇和村庄建设相关并具有代表性的学术文章和研究报告。《报告》由综合篇、特色小镇、传统村落、美丽乡村和村镇治理五篇组成，后附 2016–2017 年村镇建设发展大事记、中央领导关于村镇建设的讲话摘要，以及国家村镇建设相关政策法规。本《报告》全面、充分、系统地展示、回顾和总结各地近年来小城镇和村庄健康发展经验，以期对于今后小城镇和村庄发展建设能够起到一定的指导借鉴作用。

本书适合于城乡规划领域的专业人员。

责任编辑：宋　凯　张瀛天
责任校对：焦　乐　李欣慰

中国小城镇和村庄建设发展报告 2016—2017
中国城市科学研究会　编
*
中国城市出版社出版、发行（北京海淀三里河路 9 号）
各地新华书店、建筑书店经销
逸品书装设计制版
北京京华铭诚工贸有限公司印刷
*
开本：787 × 1092 毫米　1/16　印张：27¾　字数：543 千字
2017 年 9 月第一版　2017 年 9 月第一次印刷
定价：**78.00** 元
ISBN 978-7-5074-3118-6
（904066）

支持单位：住房城乡建设部村镇建设司
编制单位：中国城市科学研究会

编　委　会

彭　科　王伟强　焦　胜　王艳飞　刘彦随　李玉恒　武前波
龚圆圆　陈前虎　罗　丹　张俊杰　叶　杰　冯　艳　胡继燕
刘传龙　冯　立　谢涤湘　范建红　常　江　王京海　张京祥
何鹤鸣　姜克芳　刘晓晖　刘　恋　宋志红　张　建　金　晶
赵之枫　郐艳丽　邓春凤　覃雪妮

编辑部成员：

周兰兰　吴玉璇　肖　萌　王文静　白　琳

序　言

复杂适应理论（CAS）视角的“特色小镇”

政策红利云集特色小镇建设，特色小镇成为市场关注的热点。2016年7月，住房城乡建设部、国家发展和改革委员会（以下简称为国家发展改革委）、财政部公布《关于开展特色小镇培育工作的通知》，明确提出到2020年培育1000个左右特色小镇。同年10月，住房城乡建设部公布首批127个中国特色小镇名单，国家发展改革委也随即发布了《关于加快美丽特色小（城）镇建设的指导意见》（以下简称为《意见》），《意见》指出：发展美丽特色小（城）镇，以人为本、因地制宜、突出特色、创新机制，夯实城镇产业基础，完善城镇服务功能，优化城镇生态环境，提升城镇发展品质，有机对接美丽乡村建设。促进城乡发展一体化，深入推进供给侧结构性改革。

一、特色小镇的升级历程

特色小镇实际上是一个新生词，新事物应该以新的方法论来进行阐述。众所周知，20世纪50年代，国际科技界涌现出第一代系统论，即：控制论、信息论和一般系统论。仅仅过了十年，即20世纪60年代，第二代系统论就出世了，即：耗散结构、突变论和协同论。但这些理论作为科学方法论仍然难以解释像特色小镇这样一类新城市现象。到了20世纪末，第三代系统论，即复杂适应理论（CAS）面世了，深刻揭示复杂经济社会体系运行规律，也弥补了主流经济学的缺陷。用主流经济学来描述特色小镇是完全失败的，因为主流经济学将特色小镇看作是某类生产函数或“黑箱”，但用了复杂适应理论以后，情况就改变了。

复杂适应理论认为任何经济社会系统都是动态变化的，而且这种变化不仅是数量和参数上，它还涉及如熊彼特（Joseph Alois Schumpeter）所说颠覆性的创新。后者涉及技术、组织和经济结构等方面质的变化。改革开放以来，特色小镇经历了四种版本。1.0版本，即小镇+“一村一品”。当时的小镇是为农村、农业、农民服务的，是农业产前、产中、产后服务的基地；很快有了2.0版本，即小镇+企业集群。以浙江为主要发源地，该省大多数的小镇都有一个企业集群，而且这些企业集群所生产的产品都能进入全球产业链，这也导致了浙江经济后来居上；20 世纪末兴起的 3.0 版特色小镇，即小镇 + 服务业，尤其是旅游休闲、历史文化特色这一类的产业与小镇的叠加大幅度得到发展；而 4.0 版特色小镇，即小镇 + 新经济体，是特色小镇进入城市的新阶段，特色小镇以形态、产业构成、运行模式等方面的创新，成为城市修补、生态修复、产业修缮的重要手段。

二、特色小镇的“特性”

首先，经济社会系统的变迁具有一个重要的特征，就是特色。通过创新促使新奇性、多样性的产生，属演化经济学的研究范畴。20 世纪 60 年代哈佛大学商学院著名教授波特（Michael E. Porter）就提到特色小镇的问题，他在一本叫作《国家竞争力》的名著中写道：一个国家或者地区的经济竞争力常常不取决于宏观的数据，而决定于地理上不起眼的“马赛克”，就是指由企业集群形成的特色小镇。4.0 版的特色小镇是当前的一个新奇事物，小镇内部新产品、新结构、新创业生态等特点的形成，完全取决于企业家的创新精神以及城市所提供的各种各样的公共品。此类特色小镇的新奇性体现为三种范式：一是将原来没有特色的小镇改造成新奇的特色小镇；二是在原有的单一功能区、空城里面植入特色小镇，弥补其原有的不足；三是将特色不足的小镇，升级改造成为有新奇产业、新奇特色的小镇。由此可见：特色小镇之“特色”，应有两个维度：第一个维度是特色的“广度”，即小镇拥有多少种新奇的特色；第二个维度是特色的“深度”，即唯一性，指的是某个重要产业或者空间的特色，是否具有本地区“唯一性”，还是具有全省、全国或全球“唯一性”？如果具有“全球唯一性”的新奇特色，那就会立于不败之地了。深度和广度都是重要的体现。

其次，强调社会经济系统的复杂性具体特征。这些复杂性是怎么形成的呢？因为在一座小镇中，各种各样的异质主体之间存在着非线性作用，甚至是无序的互动，因而会产生各种“隐秩序”，从而形成“特色”，这一过程充满“不确定性”。浙江省所有的特色小镇都不是政府规划出来的，而是涌现出来的，但是它也有一些能够“确定”的东西，即它们必定存在“差异”、必定是“创新”、必定是“绿色”、必定是能够“协同互补”、必定是“能体验”。小镇是人住的，必须体现以人为本。虽然不确定的因素很多，但这五方面却是清晰“确定”的。

最后，我们可以看出经济组织的各种复杂性是因为它是由不同的异质主体的变异性、主动的适应性和相互作用共同产生涌现形成的。在 4.0 版的小镇里，产业和空间的活力源于其个体的自适应性所形成的自组织性，整个小镇就相当于企业孵化器和“双创平台”。所以建设 1000 个特色小镇，至少要用 1000 个以上企业的力量自上而下涌动来推动特色小镇的诞生和发展。政府管理小镇，首要的工作是要防止一哄而上；政府要激励企业去创立小镇，而不是取代，更不能取代企业家的功能；政府对小镇应该是简政放权，而不能专权繁政；政府应该是为小镇护航，排除一些利益集团和旧体制的干扰，而不是包办取代；政府要对小城镇科学评估，在此基础上再行奖励，而不能刮风，只有政府有能力刮风、搞大跃进。当前，我们最担心的就是一阵风、一哄而上，造成泥沙俱下，败坏了特色小镇的名誉。

三、好小镇与差小镇的区别

根据第三代系统论——复杂适应理论，我们可以分辨出来什么样的小镇是好的小镇？什么是差的小镇？

第一，自组织。好的特色小镇是由下而上生成的空间和产业组织，差的特色小镇往往是人为规划的，政府指定的，政府花大力气财政补贴，赶工期建设而成的。在浙江，有一个东阳横店影视小镇，凡是我国历史上消失了的名苑、名园，如阿房宫、圆明园、大观园，那里都有。是一个名叫徐文荣的当地村支部书记，把生产队并起来，逐步形成了这个小镇。现在我国百分之六十的历史大片电视剧都在这里产生。每年还吸收几百万游客来参观，活力非常好，资产已达几百亿之巨。它就是自组织的，从下而上自组织规划建设的典范。农民的利益、投资者的利益、影视剧作者的利益等，都通过“自组织”得到协同共赢的结果。

第二，共生性。好的小镇是具有共生性的。它能补主城的缺陷，发挥“三修”的功能。比如坐落在杭州玉皇山的基金小镇，玉皇山处在西湖风景名胜区内，这块地周边环境非常漂亮，但不能用于大规模建设，一是国家级风景名胜区，二是地下有南宋皇宫的遗存，著名的八卦田就在这附近。南宋皇帝要显示自己亲民，每年也要在八卦田里耕作做做样子。改革开放后，农民在这里盖了很多房子，形成了一个生活陶瓷品市场，因经营不善逐渐成为城市“脏、乱、差”的地段。政府后来把市场取缔了，基本上就是一块废地。一些有创意的机构，考虑到浙江的民营经济要进入资本市场，中间的跳板就是基金，引进了500个基金组织成立了基金小镇，现已有五千亿元的规模。这个新兴的“基金小镇”对城市这个地段“三修”发挥了不可取代的作用。现在的环境比起陶瓷市场好多了，基本没什么污染，而且形成优美协调的环境。仿古的建筑、低容积率办公区、错落有致的园林布局，能够与周边山水产生共生共存的作用。这就把城市破烂的边缘地带，修复成了一个非常漂亮的高级社区，产生巨大的经济效益。这就是个成功的案例。基金经理们心理压力大，他们需要寻求共识，需要一个基金小镇经常聚在一起，既实现脑力共振，又能放松心情。

第三，多样化。这指的是小镇特色的种类要多，如建筑本地特色、产业唯一性特色、投资和管理特色等，小镇特色越多，就越能形成多样化的空间、多样化的产业模式，就会产生非常好的生态和经济效益，因为创业生态链形成了。而差的特色小镇是单一性的，产业模式又与城市趋同，资源是相互冲突、类同的。比如成都边缘的德源镇，原先是个单纯的地产开发区，空置房产很多。当地农民请能人将其转变为一个双创孵化器。先把市容进行改造，专门为年轻人建设创业孵化器，房子以低廉租金出租，创客的空间、风投机构、咖啡厅、茶馆、医院、学校等等配套设施都逐步引进。农民的双创孵化器比政府做的还要强，农民们不会编制宏大的高大上的人为规划，只是紧盯创客的实际需要来持续“补短板”，结果“自组织”式形成了创客天堂。

第四，强连接。任何网络的（能量）价值都是由节点质量、数量及其相互间的连接强度成正比。特色小镇等于是一个好的城镇或产业网络节点，要和外界强连接，多种强连接会使它产生某种“反磁力”。某个小镇某一个方面如果有强大的反磁力效应，这种效应是好的特色小镇吸引外部资源加盟的必要途径，否则就会因资源流失生存都很困难。差的特色小镇，只有“弱磁力效应”，甚至没有“磁力”，这是因为缺乏与主城的强连接，或者是很糟糕的单一功能。像北京附近的“睡城”（sleeping town），虽然当地政府和农民从土地拍卖上赚了不少钱，但在产业方面与主城没有任何“反磁力”，那就会缺乏可持续发展能力。一个成功的案例是成都附近的安仁镇，面积不大，却聚集着35座博物馆和27座老公馆，而且把当地民间的染布、木艺、刺绣、酿酒等各种各样手工艺生产者聚集在一起，成为四川最大的文创基地。我国是制造业大国，要从中国制造向中国设计、中国智造转变。智能化设计与智造发展，这是一个伟大的新长征。让人的智力转变为设计成果，这时候要大量的模板进行学习，向西方学习。杭州的中国美院建筑学院，产生了王澍这样的大师。当时是花了几千万元，把德国的包豪斯几千个工艺品模型买过来供学生们模仿学习，工业化要从制造为主向设计阶段转型就要建立学习平台。

第五，产业集群。即企业相互之间高度细密的分工与合作关系，这种模式造成了集群，它是自组织体系的，集群反过来又会造就小镇的自组织特性。哈佛大学彼特教授在其名著《国家的竞争力》写道：“一个国家、一个地区的竞争力常常决定于那些地理上不起眼的‘马赛克’，而不决定于那些宏观的指标。”这些“马赛克”是什么呢？就是企业集群，一种产业的企业在一个地方聚在一起，他们之间的高度分工与合作产生超高的经济效益和巨大的创新活力。这种集群在地理上是不起眼的，但会成为一个地区乃至一个国家竞争力的最主要的元素。这也就是广布集群的广东浙江经济为什么比东三省发达的原因之一。东三省的产业原来都是苏联来的高大上的“大而全”的单个巨人，反而扼杀了中小集群的成长空间。但是广东、浙江等沿海省份许多企业从销售、零部件生产始终都是分工的，多种层次分工组合在一起，生命力非常强大，就是因为它们是“自组织”形成的。这些南方的“小版块”先使北方那些大而全、巨大无比的工业在竞争中败下阵来，包括机器人、数控机床等东三省长期传统优势的产业纷纷转移到南方。现在最有竞争力的机器人在东莞，最有效率的数控机床在东莞生产，无人机在深圳生产，这些都是企业集群生产零部件集合而成。不仅高技术产业受到集群的影响，传统产品亦是如此。江苏宜兴有个小镇叫丁蜀镇，当地不少紫砂壶的工艺大师都在镇里开工作室，其他初级、中级的工艺师也都聚在镇里，共有紫砂专业合作社 67 个、紫砂企业 400 多家、紫砂家庭作坊 12000 多家。2015 年，实现产值 78 亿元，带动实现文化产业增加值 14.5 亿元，实现旅游总收入 7 亿多元。而且还成为不断产生紫砂壶制作大师的基地。差的小镇是与别的城市和产业没有关联的，小而全、缺乏细密的分工与合作，形不成企业集群，这样的小镇产业、人口就会渐渐衰败。

第六，开放性。好的小镇的产业是高度开放的，能够主动切入到全球的生产链中去，并且不断地向上游移动。因为全球价值链和产业链是变动的，如果说某小镇有一类产品进入到这个产业链，不断地上升，特色小镇作为行业单打冠军就会成功。柳市镇原是温州的“边角料”，是一个政府产业投资等于零的穷镇，经过 30 年的个体私企培养，现已成为低压电器的超级基地，全国低压电器的 80% 产于这个基地，占全国此类产品出口的 70% 以上，法国、德国的大企业都来这里合作办厂。其中知名度最高的两个企业正泰和德力西，是我在当地任县委书记的时候，两位修自行车的聪明小伙子以合办一个仪表厂起步的，然后又分裂成两个大集团，一个为正泰集团，一个为德力西集团。德力西集团 10 年前和法国全球最大的电器生产商施耐德合资。正泰一心一意地搞电器，每年产值都达到 500 亿。他们的生产基地就在柳市镇，使该镇成为中国电器之都。全国所有低压电器企业基本都由柳市企业家掌控了。因为柳市镇的生产厂家可以融到全球产业链去。那么一个不起眼的小镇，如果其工业没有全球的开放性，就不可能在全球产业链中找到他的定位。

第七，超规模效应。好的小镇完全超越了城镇规模效应。我记得有一次一群经济学家在讨论什么是城市人口最佳规模？中国的经济学家认为：100 万人口属最佳规模。德国的经济学家认为：德国 90% 的城市都是 20 万人口以下，20 万就是最佳规模。意大利经济学家则认为：4 万人口的城镇就很有活力了，合理规模就是 5 万。为什么意见如此分歧呢？如果某个城镇内的产业与主城是高度互补的，规模小就没问题；如果小镇空间建筑结构是独一无二的，规模小点也没关系；如果小镇的服务功能是为主城市补缺的，规模再小点也有吸引力。英国有个名叫海伊的小镇，原来只是一个冷落的旧城堡，后来发现与牛津、剑桥等名校相距不远。将全国旧书商家吸引到此镇来，全英国的旧书都到这里来买，把仓库、旧屋都空出来装上书，就成了旧书小镇，周边大学师生和全国游客都到这儿来买书。

第八，微循环。微循环小镇，不是按照广州大学城的模式，四联供、供暖、供冷都要集中式、大规模的大循环。而是采用微循环的模式，任何“三废”都就地循环回用，这种节能减排的模式，对水污染的治理、对节能减排有很大的生态和经济效益。这种基于特色小镇的微循环整套技术，本身就是“特色”，会造就此类小镇的经济活力。上海枫泾镇就是这种模式，整个都采用微循环的新模式，因而创建成功了新产业集群。

第九，自适应。好的小镇有投资者、技术、人才等方面的自主性，能独立面对风险，独立应对市场变化、独立解决新技术的颠覆性创新，这种“独立性”所激发的自适应能力，造就了东莞的北滘镇，该镇已经形成总部经济区，共有五万名高端生产人员在这里生活工作，小镇具有很强大的内聚活力，能将多样化、有活力的企业汇聚在一起，在这里诞生、壮大。现在世界上流行新的创新栖息地，工业文明时代企业总部常常汇集在 CBD，现在新的一种模式叫“总部公园”（Businis Park），这个小镇就是这样一个新的总部汇集地。差的小镇就不具备产业发展的自适应性，从而引发资源产业枯竭，如同美国底特律式的衰落。

第十，协同。好的小镇会与周边其他小镇协同涌现活力，杭州阿里巴巴总部附近有若干个小镇都是自己冒出来的，其中一个云栖小镇，它是这样诞生的：阿里巴巴在美国成功上市以后从外面引入的资金高达 220 亿美金，阿里巴巴的团队有近 1000 人左右成为千万富翁，其中有 700 多人要自主创业，自主创业就选择周边的小镇。这些小镇将“未来的马云”聚在一起，就会产生协同活力，仅云栖小镇的软件产值就迅速地达到了几百亿。这些未来的小镇之间都是产业功能互补的，又形成了协同创新的小镇群，这个“群”就是高水平的“协同”效应平台。这类例子在国外早已存在，如杭州的法国姐妹城市尼斯，是一个 10 万人口不到的旅游城市，风景非常优美，尼斯与周边的几个名镇形成协同的城市群，如著名娱乐城摩纳哥、电影城戛纳、鲜花小镇格拉斯有 500 年历史，法国所有的香精就产生在这里，索菲亚高科技园，就是个科技小镇，离尼斯、戛纳、摩纳哥都只有半小时的路程。世界上高科技企业都喜欢坐落在幽静的宜人环境，以便吸引全球人才。这些小镇之间都是功能互补的，形成了城镇集群，产生了对高等资源吸引力的协同涌现现象。

总之，用 CAS 理论对“好的小镇”、“差的小镇”进行分类，十大差别就能清晰显现出来，自组织、他组织，共生的、两张皮的，强连接的、弱链接的，多特色的、雷同的，集群的、杂拼盘的，超规模效应的、受制于规模效应的，微循环的、大循环的，自适应的、不能自适应的，协同涌现的和单枪匹马的，完全不一样。用 CAS 理论，观察特色小镇，和流行的、传统上的特色小镇评估工具结论有较大的差别。采用一个新的工具，等于帮助研究者打开了一扇新的窗子，能更加科学地看待一个新的事物，然后作出新的判断。只有这样，城市修补、生态修复、产业修缮就会更加有的放矢。

仇保兴

2016 年 5 月

仇保兴，男，国务院参事，住房和城乡建设部原副部长，中国城市科学研究会理事长，中国城市规划学会理事长，经济学、工学博士，中国社会科学院、同济大学、中国人民大学、天津大学博士生导师。

目录

第五篇　村镇治理

附 录

第一篇　综合篇

小城镇“三规合一”的协调路径研究[1]

1 引言

我国具有全面指导空间开发的规划主要包括国民经济与社会发展规划、城乡规划和土地规划，当前三类规划间存在诸多矛盾和冲突，造成规划执行效力大打折扣。2014 年 8 月，国家发展改革委、国土资源部、环境保护部、住房和城乡建设部四部委联合印发《关于开展市县“多规合一”试点工作的通知》，要求在全国范围内开展市县“多规合一”试点工作。在城乡统筹、土地节约集约利用的时代背景下，探索“三规合一”的实施途径成为地方政府促进可持续发展的重要抓手，成为转型期我国空间规划体系面对社会经济变革的现实需求。广州、上海、武汉等地区已经率先开展了“三规合一”的规划探索研究和实践，积累了一定的经验。小城镇作为我国城乡联系的重要纽带，是新型城镇化背景下城乡统筹的应力点。然而，无论从理论还是实践层面，小城镇尺度的“三规合一”工作都没有得到足够的重视。本文将以小城镇为视角研究“三规合一”的协调路径，为我国城乡规划体系转型提供研究支撑。

2 小城镇“三规合一”的意义与问题

小城镇作为连接城市与乡村的纽带，是我国新型城镇化顺利实施的重要组成部分。1978 ～ 2013 年，全国建制镇数量从 2173 个增加到 20113 个。整体来看，小城镇建设和发展存在诸多问题：①整体发展水平不高、规模偏小、建设混乱；②规划指引性差、建设随意性大，大量占用农地及建设用地，粗放利用现象普遍存在；③公共服务功能不完善、发展动力不足；④生态环境问题突出，农村地区产生大量的生产生活垃圾，生态处理能力薄弱，对环境冲击较大。尽管小城镇发展存在的问题是多因素综合作用的结果，但是作为指导发展的前瞻性规划之间的

[1] 本文摘自《城市发展研究》，2016（05）：16-23。

基金项目：“十二五”国家科技支撑计划项目课题（2012BAJ22B04）。

混乱和矛盾无疑会加剧既有的问题，损害小城镇的可持续发展，因此，推动小城镇层面的“三规合一”关系到我国小城镇的发展质量和科学发展问题。

2.1 小城镇“三规合一”的重要意义

2.1.1 小城镇“三规合一”是城乡统筹发展的现实需要

小城镇是协调城乡关系的基层空间，规划应以促进城乡统筹为目标。同时，小城镇包括了城镇和乡村，既有以镇区为核心的城镇发展诉求，也有广大农村地区的发展愿望，如何将两者结合起来是目前规划编制的难题。目前的镇规划突出镇区规划，弱化全域规划，与广大农村腹地结合不紧密，忽视城镇与农村的相互联系和融合，进而导致城乡的割裂式发展，城镇经济发展以牺牲农村经济增长为代价。因此将小城镇作为“三规合一”的编制主体将会直接促进城乡统筹发展，有效落实上位规划的要求。

此外，从多年来开展的“三规”编制和实施情况来看，虽然“三规”的职能划分与内容要求较为明确，但由于它们是独立编制的，各部门之间缺乏协调，相互衔接较差，难以有效发挥城乡区域空间统筹、优化开发和耕地保护等综合调控作用。为了满足城乡统筹发展的现实需要，应以国民经济社会发展规划作为小城镇发展战略及目标的宏观指引，将城乡规划与土地利用规划对于小城镇建设的引导作用进行统筹协调。通过“三规合一”的编制工作模式，实现三者融合，互为补充，共同促进城乡协调发展。

2.1.2 小城镇“三规合一”是空间规划体系转型的内在要求

20 世纪 80 年代以来，随着理论上空间的社会意义被认知和实践中空间与非空间因素的相互作用在各种尺度上均日益普遍而复杂，空间规划逐渐被意识到是经济、社会、文化、生态等政策的地理表达，应具有“多尺度、综合性”的特征和相应的规划体系。我国空间规划体系的改革与完善也逐渐被一些学者作为重要议题提出和研究。

从空间规划的尺度来看，土地利用总体规划包括全国、省（自治区、直辖市）、地区（省辖市）、县（市）、乡（镇）5 个层次，县和乡是基本的规划编制单元。单纯以城市为单元的“三规合一”只能是政策性或结构性的，而对村域范围内的“三规合一”很容易实现图文一致，但其范围有限，用地类型单一。相对而言，包含县城和建制镇在内的小城镇是进行“三规合一”相关实践的最佳地域单元。从空间规划的内容来看，目前我国空间规划体系过于庞杂，“三规”在不同部门的主管下自成体系。在同一块地域空间上，往往多个政府部门的规划引导和控制要求并存，但彼此之间缺乏协调甚至相互冲突，导致了开发管理上的混乱和建设成本的增加。因此，开展小城镇“三规合一”工作能够满足现阶段我国空间规划体系向“多尺度、综合性”转型的内在要求。

2.1.3 “三规合一”是推进小城镇可持续发展的现实需求

首先，推进小城镇可持续发展需要完善的规划编制标准。关于小城镇规划，国家已有相应的法律、法规和技术标准，如《土地管理法》《城乡规划法》《村镇规划编制办法》《镇规划标准》《村庄和集镇规划建设管理条例》等。但就现有的编制标准来看，小城镇规划缺乏在全域层面统筹考虑乡镇空间发展、资源整合和城乡一体化建设。通过探索小城镇“三规合一”，制定统一的规划编制标准，在空间平台上统筹生产组织、空间布局和制度安排，做到人口、资源、环境与经济的相互匹配，有利于小城镇的可持续发展。

其次，推进小城镇可持续发展需要规范化、法制化的规划管理。由于镇级规划管理体制的不完善和规划管理力量的薄弱，忽视规划管理工作的全局性、系统性、综合性，存在“重建轻管、建管分离”等问题，导致政府对城乡建设和产业发展的控制引导能力较弱，小城镇规划实施效率低下。因此，建立“三规合一”的规划管理体制，指导“三规”同步编制、相互协调、同步报批，做到小城镇的建设和保护有据可循、有法可依，才能实现小城镇的可持续发展。

2.2 小城镇“三规合一”的问题

国民经济与社会发展规划是一种综合发展规划，是未来五年经济社会发展的宏伟蓝图，主要确定经济和社会发展的总体目标以及各行业发展的分类目标，目标性强、空间性弱。

依据住房和城乡建设部出台的《镇规划标准》GB 50188-2007，镇级城乡规划是一种综合发展导向型空间规划。镇级城乡规划是社会、经济和环境等各项事业发展在空间上的反映，是为维持公共生活的空间秩序而做出的空间安排，重点统筹安排各种资源和要素，旨在构建最符合城乡发展需求的空间格局，是政府指导和调控城乡建设和发展的基本手段。目前多从地方利益出发，从需求角度编制，自上而下的控制较弱。

依据国土部颁布的《土地利用总体规划编制审查办法》，土地利用总体规划强调以耕地保护为核心，对一定区域内的土地利用进行的总体安排，重点确定土地利用指标，从供给角度实施自上而下的控制，规划指标层层分解。虽与城乡规划同样具备空间性、时间性和政策性，但更侧重对土地资源的保护。三个规划在不同行政管理部门的领导下，形成了各自独立的规划体系，有很多方面需要协调、磨合和统一。

2.2.1 规划体系不匹配

（1）规划期限不匹配。住房和城乡建设部颁布的《村镇规划编制办法（试行）》

第24条规定，村镇建设规划的期限一般为10年至20年；村镇近期建设规划的期限一般为3年至5年。而《土地管理法》第17条规定，土地利用总体规划的规划期限由国务院规定，目前执行15年的期限。规划期限的不匹配造成规划协调困难。

（2）规模边界不匹配。土地利用总体规划原则上将建设用地和非建设用地看作两个板块的规划，更注重非建设用地的利益，对于小城镇来讲是一个由外向内的规划。而城乡规划把非城市用地看作是一个底图，在这张底图上描绘城市和村镇体系、各类功能的用地规划等，对于小城镇来说是一个由内向外的规划。

（3）项目落地的问题。国民经济和社会发展规划中的重点项目计划缺少空间属性，而重点项目选址对一个小城镇的结构有重大影响。在现实中，项目选址与落地往往超出规划红线，影响城镇化和城乡管理规范化进程。

2.2.2 技术平台不衔接

（1）工作底图不衔接。建制镇的土地利用总体规划以全域行政范围为规划范围，而镇规划的范围是建设用地以及因发展需要实行规划控制的区域，一般小于全镇域。

（2）用地分类不衔接。镇规划执行《城市用地分类与规划建设用地标准》GB 50137-2011，而土地利用总体规划执行《土地利用现状分类》GB/T 21010-2007，具体分类标准的不同造成现实中土地规划和城乡规划赋予同一地块不同功能性质的现象比比皆是。

（3）信息平台不衔接。土地利用总体规划的基础数据主要来源于国土资源部门历年的土地变更调查数据，而镇规划来源于建设部门的统计数据。

2.2.3 管理体制不协调

在规划管理体制方面，三大规划的编制、审批、监督、实施等方面不尽相同。

从编制与审批看，小城镇的国民经济和社会发展规划、城乡规划均由本级政府主导编制，上级政府审批，主要反映发展目标及诉求；小城镇土地利用总体规划由本级政府负责编制，由省级人民政府授权的设区的市、自治州人民政府批准，指标逐级下达到小城镇，重点反映了中央政府对地方的控制。

从实施方式看，国民经济和社会发展规划主要通过年度建设项目计划实施，并通过统计数据进行监测和反馈；镇规划主要通过近期建设规划及控制详细规划实施，并通过卫星遥感影像检查及实施评估报告进行监测；土地利用总体规划主要通过年度土地利用计划实施。

从监督考核看，国民经济和社会发展规划主要通过人大年度审议方式；城乡规划主要通过规划实施评估进行监督考核；土地利用总体规划主要通过年度计划指标使用、耕地目标责任制、规划实施评估等方式进行监督考核。

3 小城镇“三规合一”的协调路径

为了实现小城镇“三规合一”的目标，应解决三大关键问题：一是必须合理确定协同的规划期限，保持规划期限和时序的一致，保证“三规”能够指导同一时期小城镇的发展；二是必须理清城规和土规控制线边界的空间关系，建立能够兼顾保护和发展的控制线边界系统；三是必须统一村镇区域用地分类，明确规定各种用地分类名词概念的内涵、功能用地的性质等，建立一套合理的用地分类标准。

3.1 合理确定规划期限

国民经济和社会发展规划的期限通常为 5 年，通常与地方政府执政一届 5 年有比较完整的对应意义。镇规划的期限从实践看一般为 20 年。土地规划的期限规定为 15 年，上一轮和最新一轮的《全国土地利用总体规划》的期限分别是 1995 ～ 2010 年和 2006 ～ 2020 年。目前，很多小城镇的“三规”基年和目标年不一致，而不一样的基年，预测所用到的数据和模型等可能发生了变化，实际情况也发生了变化，这些对规划预测都有影响，加上规划期限不一致，不同规划预测的数据有可能不能对照，导致规划之间无法相互参考和指导。

因此，首先应确保各规划内部的长期与短期协同以及“三规”之间的期限协同。各规划内部协同的基本原则为：长期可以约束短期，短期不能违背长期。对比“三规”之间的规划期限发现，中长期的发展规划期限为 15 ～ 20 年，以 5 年作为修订周期，近期建设规划期限为 5 年。那么，“三规合一”在进行发展战略规划时，期限为 15 ～ 20 年较为适合；在进行小城镇总体与专题规划时，期限为 5 年较为适合。

3.2 控制空间发展底线

解决三个规划特别是城规和土规在空间上的冲突点是“三规合一”的核心工作。伴随着近年来我国土地资源紧缺，城乡建设用地利用粗放、无序扩张等问题越来越严重，耕地保护、生态安全要求越来越严格，需要运用“底线思维”控制空间发展边界，特别是建设用地边界。底线思维（bottom-line thinking）是一种思维技巧，具有后顾性思维取向，是现代公共管理行为的重要思维模式。党的十八大以来，习近平总书记多次强调，要坚持底线思维。

在底线思维指导下，“三规合一”的控制空间底线内容主要包括：

（1）政策底线：建设用地规模边界、基本农田保护边界；

（2）发展控制底线：城市增长边界；

（3）生态底线：生态用地保护边界。

在空间管制方面，武汉市“规土融合”工作取得了较成熟的技术和管理经验，其核心思路在于“刚性”与“弹性”的兼容——在禁止建设区域强化刚性，在适宜建设的区域体现弹性。2012年，武汉市组织编制了《武汉都市发展区“两线三区”空间管制与实施规划》，打破行政界线束缚，突出城乡统筹、可持续发展的空间管制模式。其中，生态底线和城市增长边界（UGB）为“两线”：与传统城镇化相比，新型城镇化的发展应该与区域自然基础和生态环境格局相匹配，科学判别和保护城市空间增长的生态底线，引导城市空间发展方向具有重要意义，因此应对生态用地实行最严格的保护和控制；通过确定城市增长边界，一方面能够有效预防城市空间的无序蔓延，另一方面增强了土规的空间管制弹性，赋予其“锁边”的空间管制职能，而边框内的空间结构则由城市规划具体编制设计。

此外，土规与城规分区管制策略的统筹一致，还为两规用地指标与用地需求矛盾的平衡寻得解决路径。在城市增长边界内，根据土规设置的建设用地指标划定规模边界，边界内即为允许建设区，在城规建设用地需求规模不突破增长边界的前提下，将大于指标的部分视为有条件建设区，以增强规划对社会经济发展不确定性的应变能力。在此基础上，统一三类规划的建设用地边界，在吻合建设用地边界的前提下，统筹制定建设用地边界内的功能区块边界和非建设用地边界内的基本农田和生态用地保护边界，化解三类规划的空间冲突（如图1）。

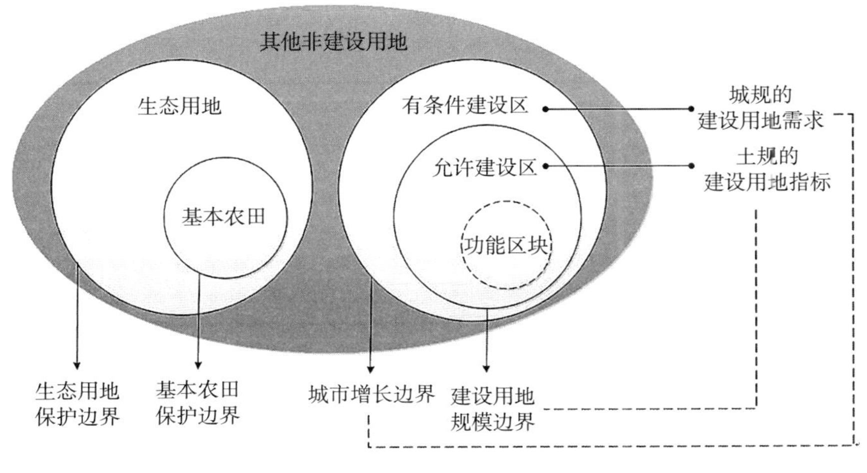

图1　控制边界空间关系示意图

资料来源：笔者自绘

3.3　统一用地分类标准

村镇区域用地分类是村镇区域保护和规划建设发展的重要基础环节，在一定程度上限定和塑造了小城镇区域内各种农业及非农生产的土地使用活动。自2007年《村镇规划标准》GB 50188-93废止后，国家并无针对村镇区域（尤其镇层面）的用地分类规范文件，目前各地大多参考《镇规划标准》GB 50188-2007、《城市用地分类与规划建设用地标准》GB 50137-2011、《土地利用现状分类》GB/T 21010-2007、《村庄用地分类指南》以及相关地方标准。这些用地规范性文件在理论和实践层面都存在值得进一步探讨的问题，例如：由于编制侧重点不同，各种用地分类名词概念的内涵、外延相互交织，造成同种功能用地的性质表述不一，同种用地统计结果存在误差，使得小城镇“三规合一”难以实现。因此，解决现有规范文件之间的矛盾，统一用地分类标准至关重要（图 2）。为此，主要从以下方面入手：

（1）依据国家有关法规、标准及其他规范文件，重点加强与现有用地分类的国家规范标准、技术规范和导引文件的衔接，共同推进村镇区域用地规范体系的完善工作。

（2）充分考虑中国地域广大、地区差异明显等现实发展基础，解读具有代表性小城镇的有关规划案例，切实了解用地现状及规划控制要求。

（3）积极响应加快新型城镇化进程的要求，以及生态文明建设、基本农田保护等战略性要求，确保标准的规范性和灵活适应性，加强现实指导作用。

3.4　构建小城镇“三规合一”的规划体系

在小城镇“三规合一”问题研判的基础上，建立一个协调有序的规划体系和管理机制，实现建构统一空间规划体系的目标（表 1），是推进我国小城镇合理可持续发展的关键。

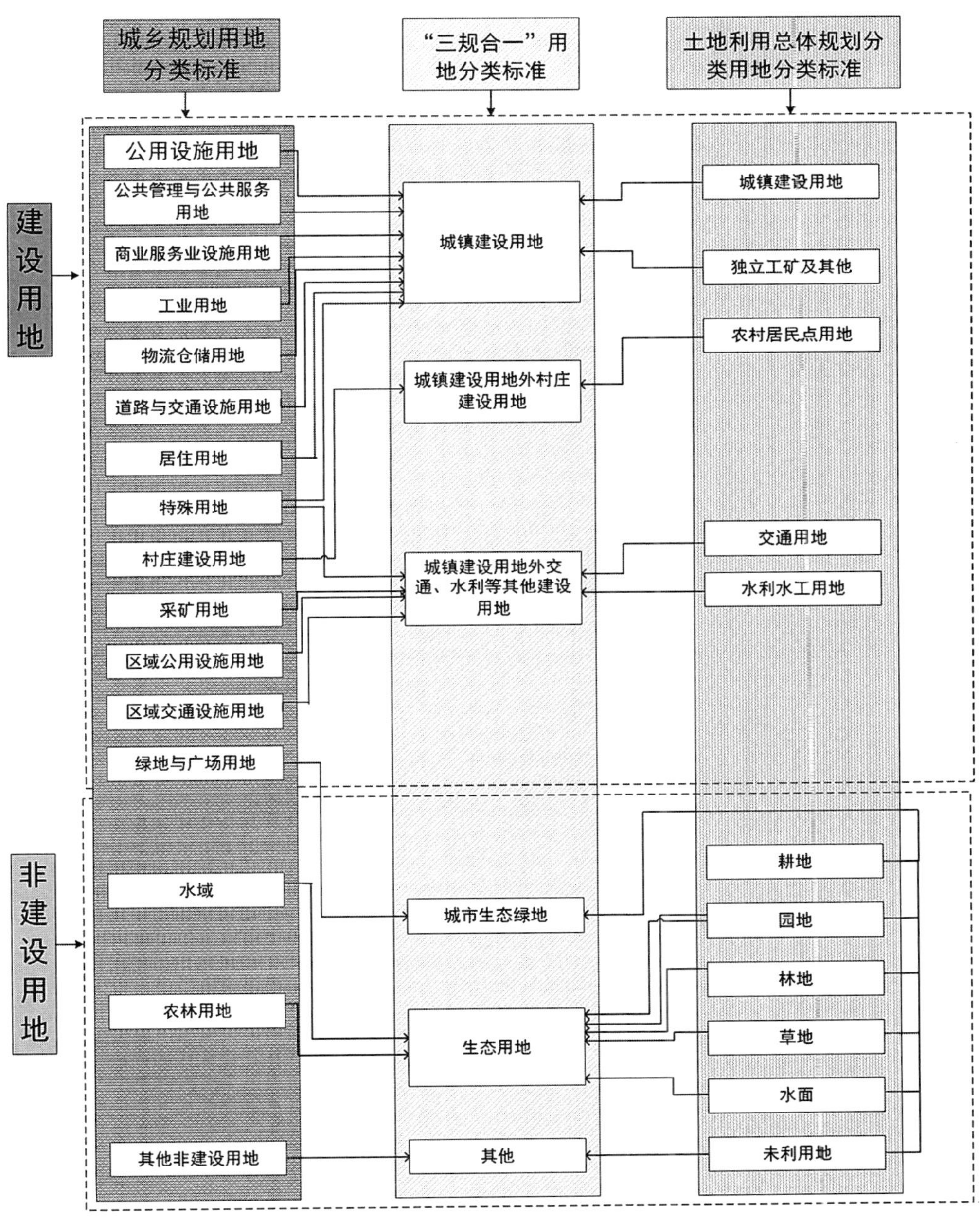

图 2　"两规"用地分类标准对比及"三规合一"用地分类标准框架设想

资料来源：根据参考文献改绘

表 1　小城镇“三规”规划体系对照及“三规合一”规划体系构想

规划体系	国民经济与社会发展规划	城乡规划	土地利用总体规划	“三规合一”
规划年限	5 年	总体规划 10 ～ 20 年；近期建设规划 3 ～ 5 年	15 年	中长期 15 ～ 20 年；近期建设规划 5 年
规划范围	行政区域	未指定	行政区域	行政区域
用地分类依据	无	《镇规划标准》GB 50188－2007	《土地利用现状分类》GB/T 21010－2007	“三规合一”用地分类标准
规划内容	①发展基础及宏观环境； ②指导思想； ③发展目标； ④战略任务； ⑤战略措施	①镇村体系和人口预测； ②用地分类和计算； ③规划建设用地标准； ④居住用地规划； ⑤公共设施用地规划； ⑥生产设施和仓储用地规划； ⑦道路交通规划； ⑧公用工程设施规划； ⑨防灾减灾规划； ⑩环境规划； ⑪历史文化保护规划	①基本农田调整与布局； ②建设用地安排； ③生态用地保护； ④土地用途区划定； ⑤土地整治安排； ⑥村土地利用控制； ⑦近期用地安排； ⑧规划措施制定	中长期规划： ①镇发展战略目标及定位； ②镇人口及用地规模；用地拓展方向、空间形态与结构等； ③耕地和基本农田保护任务；建设用地总量指标、结构指标、效益指标（人均及地均）。 近期规划： 镇近期建设、人口、经济社会发展目标，重点发展地区、重大基础设施与公共设施建设计划，建设用地供应计划、新增用地计划等
主要指标	• 经济发展 • 社会民生 • 资源环境 • 科技教育 • 农业生产	• 人口规模 • 空间分布 • 建设用地规模 • 用地范围	• 耕地保护控制 • 新增建设用地控制	• 人口及社会经济各项发展指标 • 耕地及生态保护控制指标 • 建设用地结构及空间布局
成果	文本、附图（无统一标准）	文本、图纸（比例尺有统一标准）	文本、图件、数据库等	有统一标准的文本、图件、数据库等

资料来源：作者根据《镇规划标准》、《土地利用现状分类》及国家发展与改革委员会、住房和城乡建设部、国土资源部等规划相关部门的规划标准，结合本文研究成果整理和绘制

构建合理的小城镇“三规合一”协调体系，并不是简单机械地把三类规划合并成一个规划，而是把各项规划中涉及的相同内容统一起来，落实到一个共同的空间规划平台上，通过“一张图”、一个信息平台、一个协调机制、一个审批流程、一个监督体系，达到“多规合一”。具体工作流程如下（图3）：

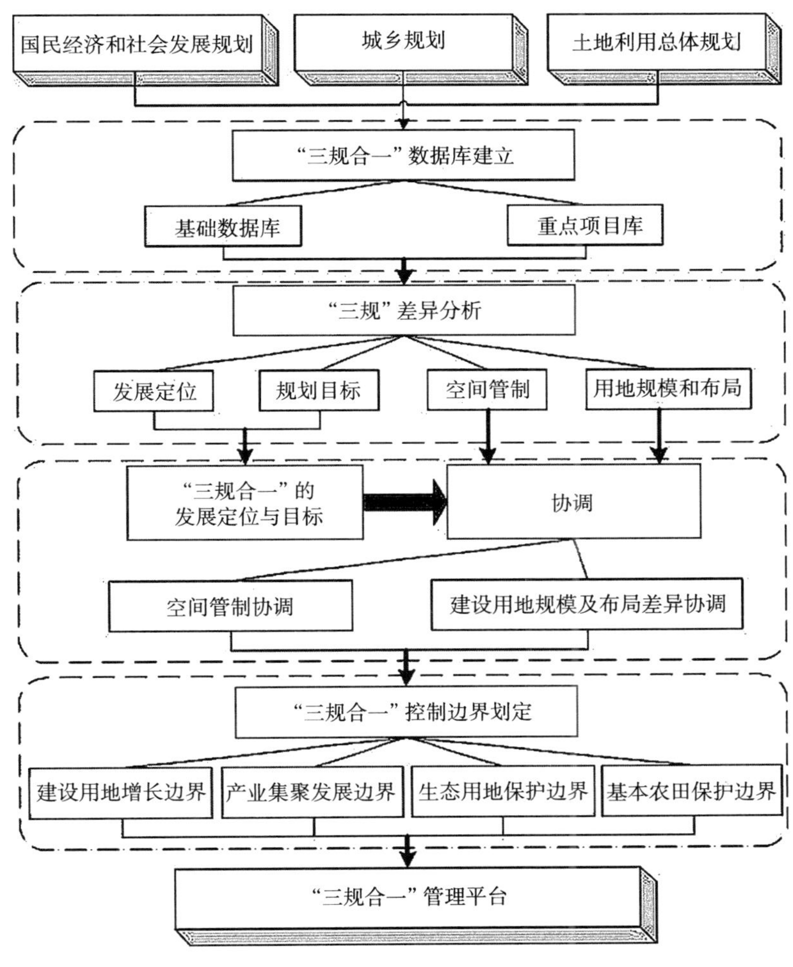

图3 小城镇“三规合一”规划工作流程

资料来源：笔者自绘

第一步：建立“三规合一”数据库

首先，构建基础数据库，包括人口、经济、社会、交通、土地等内容；其次，根据三规的编制内容，梳理近期重点项目库，包括建设期限、近期建设用地规模、项目选址、投资规模等。

第二步：分析“三规”之间的内容差异

从规划的发展定位、规划目标、空间管制、用地规模和空间布局等方面对小城镇“三规”内容进行对比分析，制定覆盖人口、产业发展、社会服务、土地利用等方面在内的“三规合一”发展定位和规划目标，明确规划重点内容。分析“三规”在空间管制及用地规划方面的内容差异，建立统一的规划内容架构。

第三步：协调“三规”之间的空间管制

协调目标是划定统一的基本生态控制线，明确城市增长边界。主要内容是落实细化生态控制线，划定统一的基本生态控制线及城镇增长边界控制线，实现“三规”在空间管制上的协调统一。基本生态控制线应包括土地利用总体规划中划定的禁止建设区、基本农田保护区，城乡规划中确定的禁建区等。

第四步：协调建设用地规模及空间布局

（1）协调目标

确定“三规”共同的建设用地规模、建设用地布局以及协同一致的重点建设项目。

（2）主要内容

以基本生态控制线为刚性管制依据，对纳入基本生态控制区内但被“两规”（镇规划和乡镇土地利用总体规划）规划为建设用地的图斑进行调出，对现状已建用地进行复垦复绿。其次，在对差异归类的基础上，结合城镇布局以及区域基础设施布局，充分协调国土部门的土地管理政策，制定差异协调原则和协调策略，对城市增长边界内的“两规”建设用地布局的差异图斑提出处理建议。

第五步：划定“三规合一”的控制边界

通过建设用地规模差异及用途差异协调，根据国民经济和社会发展规划确定的产业布局要求，结合镇规划工业用地布局，落实重点项目，确定“三规合一”的建设用地区、产业集聚发展区、生态保护区、基本农田保护区，划定建设用地增长边界、产业集聚发展边界、生态用地保护边界、基本农田保护边界。

4 结语

“三规合一”作为转型期我国规划体制改革的重要任务和规划研究领域的热点问题，已得到政府和学术界的关注，并在我国部分省市范围开始了实践和探索，然而在更低一级行政区域范围层面研究仍为空白。本文从小城镇层面研究“三规合一”的协调模式和规划体系构建，具有重要的理论价值和实践意义。本文主要得出如下结论：

（1）小城镇 “三规合一”是必要的。小城镇“三规合一”是城乡统筹发展的现实需要，是空间规划体系转型的内在要求，是推进小城镇可持续发展的现实需求；“三规”在指导思想、规划体系、技术平台及管理体制等方面存在明显的矛盾，因此在小城镇层面开展“三规合一”研究具有重要意义。

（2）在“三规”矛盾分析的基础上，本文从四方面重点探索小城镇“三规合一”的协调路径，包括：统一规划基期、合理确定规划期限；坚持底线思维原则，明确多条控制边界的空间关系，控制空间发展底线；完善现有标准，对建立“三规合一”的用地分类标准提出框架设想；对比“三规”规划体系中的各项内容，构建了“三规合一”的空间规划体系。

（3）根据构建的“三规合一”的规划体系，其具体工作流程为：首先建立小城镇“三规合一”数据库，对“三规”中的发展目标、用地布局等内容进行差异分析；划定统一的“三规合一”基本生态控制线及城市增长边界控制线，实现“三规”在空间管制上的协调统一；依据空间管制分区，对纳入基本生态控制区及城市增长边界内的差异图斑提出处理建议；最终划定“三规合一”的控制边界。

参考文献请见原文。

（撰稿人：冯长春，北京大学城市与环境学院教授，研究方向为城乡规划与土地利用规划；张一凡，北京大学城市与环境学院；王利伟，清华大学建筑学院；李天娇，北京大学城市与环境学院）

乌镇 3.0：面向互联网时代的智慧小城镇规划思路探讨[1]

1 引言

乌镇是长三角地区一颗璀璨的水乡明珠，位于江、浙、沪“金三角”地带，拥有 7000 多年的文明史和 1300 年的建镇史，被誉为“中国最后的枕水人家”。2014 年，乌镇成功承办首届世界互联网大会并成为永久举办地。随着世界互联网大会的永久落户和 2015 年第二届世界互联网大会的成功召开，乌镇迎来了全新的发展机遇。

新的时代使命，需要新的规划远见和谋略。为打造一个融小桥流水传统特色和现代互联网基因为一体，中西文化交相辉映，既能满足互联网大会永久落户的需要，又能实现旅游和经济社会发展的智慧小城镇，新时期乌镇需要高起点、高标准地开展战略性规划研究，提出互联网时代乌镇创新发展的目标、路径和对策。基于此，本文以乌镇概念性总体规划为例，探索乌镇如何顺应互联网时代浪潮，打造全球智慧城镇样本，探寻“互联网 + 城市”和“智慧规划”的创新示范道路。

2 规划背景与任务要求

2.1 千年乌镇演变

历经岁月洗礼，乌镇经历了从千年古镇到旅游名镇，再到智慧人文共生城镇的三次跨越升级。

在农耕时代，乌镇 1.0 是一个代表着中国传统文化精髓的千年古镇。1300 多年前，伴随隋唐京杭大运河的开凿通航，乌镇凭借卓越的区位优势与地理环境成为嘉湖平原重要的鱼米之乡、丝绸之府和贸易重镇，留下了以水为脉的城乡建设

[1] 本文摘自《规划师》，2016（04）：37-42。

传统和千年文化根基。

在旅游时代，乌镇 2.0 是一个代表着兼顾保护与发展的“乌镇模式”的旅游名镇。20 世纪 90 年代以来，乌镇东栅和西栅保护与开发工程陆续实施，“乌镇模式”横空出世。乌镇通过一条保护与发展兼顾、旅游与文化兼容的成功道路，让沉寂千年的古镇一跃成为国内外著名的旅游名镇。

在信息时代，乌镇 3.0 是一个世界文明和中华文化融合的智慧人文共生城镇的典范。世界互联网大会的永久落户，使乌镇面临前所未有的巨大荣誉和发展机遇，集聚了全世界的目光，刮起了席卷全球的互联网旋风。依托世界互联网大会平台，乌镇站在信息时代思想和技术变革的最前沿，开启了建设全球智慧名镇的新篇章。

2.2 全新发展要求

随着世界互联网大会的永久落户，乌镇将成为中国与世界互联互通的窗口，发挥国际交流平台的作用，并成为长三角地区世界级城市群的重要网络节点，肩负着打造浙江省旅游升级和创新驱动的样板，发挥示范、引领和标杆作用的重任。

2.3 规划主要任务

规划以世界眼光和现代理念对乌镇进行全镇域、全方位、全空间的整体统筹和科学谋划，打造一个融小桥流水传统特色和现代互联网基因于一体，中西文化交相辉映的乌镇。规划的重点任务包括：①满足世界互联网大会永久会址需要，支撑世界互联网大会的成功举办，更好地发挥中国与世界互联互通的国际平台作用；②借力世界互联网大会，寻求新动力，促进地方经济社会发展，服务好乌镇各类人群，更好地满足信息时代下新型生产生活方式的需求；③探索智慧城镇建设和互联网创新发展的示范道路，扩大区域影响力，更好地发挥乌镇的先行先试和辐射引领作用；④推进乌镇历史文化的保护、传承和创新发展，维护乌镇的传统水乡特色，弘扬水乡文化精神，提升乌镇品牌形象，保障未来可持续发展。

3 顺应互联网时代发展，确立发展理念与目标定位

3.1 发展理念

面向未来的乌镇 3.0，需要传承水乡文化融合共生的精神内涵，彰显互联网时代互联共生的核心理念，回归到理想人居“以人为本”的不变追求，建设互联

网时代的“共生城市”，实现共建、共享、共治，即实现人与自然、人与人、线上与线下、古今与中外等方面的融合共生（图 1）。

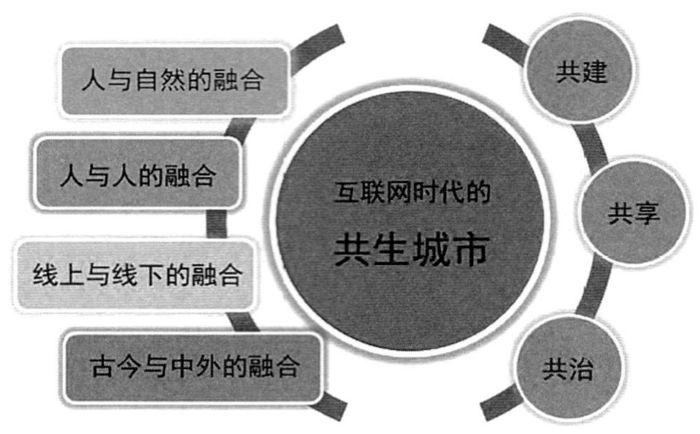

图 1　乌镇 3.0 发展理念示意图

3.2　目标定位

结合上述发展理念，规划提出建设“国际风情小城、全球智慧名镇”的两大目标。

3.2.1　国际风情小城

规划通过打造国际文化休闲旅游胜地、树立中华传统水乡人居典范，实现国际风情小城的建设目标。

（1）打造国际文化休闲旅游胜地。规划对接国际标准，全方位提升和拓展旅游层次与服务水平，推进互联网和文化旅游的深度融合，打造千年水乡文化基因与现代互联网基因相融合的全球样本，提升乌镇在国际层面的品牌形象，建设国际一流的文化休闲旅游目的地。

（2）树立中华传统水乡人居典范。规划立足千年古镇的历史积淀，保护传统水乡空间肌理，传承“人水相依、天人共生”的水乡人居理念，弘扬“开放包容、多元融合”的传统水乡文化，建设全球最美水乡和“中国最后的枕水人家”，营造中华传统水乡人居典范和精神文化家园。

3.2.2　全球智慧名镇

规划通过建设全球互联网交流与体验中心、创建国家互联网智慧应用示范区和国家互联网创新创业试验区，实现全球智慧名镇的建设目标。

（1）建设全球互联网交流与体验中心。重点建设三大平台，即互联网国际规则制定平台，互联网产品发布、展示和交易平台，以及互联网产品体验平台。

（2）创建国家互联网智慧应用示范区。建设城市数据实验室与城市数据研究院，搭建城乡信息平台（City Information Modeling，CIM），推进互联网在智慧文化、智慧旅游和智慧健康养生等产业领域，以及智慧政务、智慧民生、智慧交通和智慧生态等城镇建设管理运营方面的创新应用，促进线上与线下的融合，打造全球智慧城镇的样本。

（3）创建国家互联网创新创业试验区。发挥乌镇文化旅游特色资源和互联网平台优势，链接“互联网＋创客＋产业”，积极培育乌镇在互联网、文化和旅游等领域的大众创新和万众创业，营造创新创业的新天堂。

4 互联网时代的乌镇规划思路与内容

4.1 对接互联网格局，融入全球互联网功能网络

在全球化的城市网络时代，未来区域城镇体系将由传统的单中心、规模等级的金字塔结构向多中心、扁平化的网络结构转变。依托世界互联网大会和互联网技术，乌镇将实现在互联网扁平网络化城镇空间体系中城镇能级的进一步跃迁和战略地位的升级。

从国家战略要求看，新世纪以来，随着综合国力的日益增强，中国参与全球事务的方式和内涵不断深化，世界互联网大会将成为中国与世界互联互通的重要平台，乌镇将成为中国向世界输出特色治理模式和中华文化价值、向全球展现中国“文化自信”的重要窗口。因此，规划搭建乌镇国际互联网交流平台，加强与全球互联网组织机构的战略合作，强化乌镇在互联网治理、政策研究、技术交流和商业交流等方面的地位，提升乌镇在全球互联网领域的影响力和话语权。

从区域发展态势看，过去三十多年，长三角区域持续快速发展，发展模式逐步实现从要素驱动到投资驱动，再到创新驱动的不断升级，长三角区域空间体系日益呈现出多中心、网络化的特征。乌镇依托世界互联网大会永久会址和千年古镇历史文化积淀的核心资源，将直接汇集全球精英、技术和商业信息，成为全球互联网功能网络中的重要节点，承担区域特色化的职能，发挥全球影响力。因此，乌镇应积极融入长三角区域互联网经济网络，建设引领长三角尤其是浙江互联网经济的信息窗口、展示平台和应用示范基地。

从现实区域发展需求看，乌镇将融入浙江全域信息经济网络，发挥促进区域产业集群创新升级的重要战略作用。浙江省内生型产业集群发达，空间布局离散化且以轻工业、中小企业为主。离散化的地方产业集群，需要在地的、网络化的创新服务平台来支撑。乌镇借助世界互联网大会的平台优势，应当成为浙江全域，

特别是浙北产业集群创新服务网络的战略支点，在浙北创新服务网络中承担互联网技术应用推广、全球信息和商业网络联通等责任。

4.2 借助互联网基因，推动产业升级与融合发展

互联网基因将为乌镇带来生产生活方式的巨大变革，推动旅游功能的提升和互联网功能的拓展，形成乌镇两大核心发展动力，即以旅游业提升作为基础，突出文化休闲体验，融合新时代互联网技术和创新创业功能，实现古今与中外的融合，最终实现旅游业和互联网产业的并驾齐驱（图 2）。在旅游功能提升方面，由传统观光游向精神文化型、智慧型深度体验游升级。在互联网功能拓展方面，由大而全模式向会议会展、智慧应用、创新创业、区域合作四大重点板块聚焦。

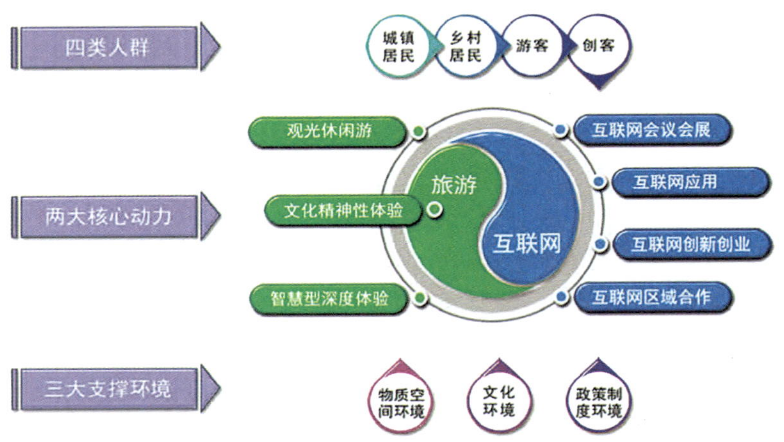

图 2 “互联网 + 旅游”协同并驱示意图

规划充分发挥“互联网 + 旅游”的融合催化效应，在服务提升、产品拓展和商业模式创新等方面进行全方位融合创新（图 3）：①构建完善便捷的智慧旅游服务体系，搭建智慧旅游服务平台，形成线上与线下融合互动的综合旅游服务体系；②打造全新的互联网创新体验旅游产品，依托世界互联网大会平台，以互联网创新体验为主题，打造革新性的旅游全新吸引力；③推进旅游商业运营模式创新，通过运用旅游大数据，探索新的旅游商业模式，搭建开放式平台，支持“互联网 + 旅游”的商业应用。

规划引导传统特色工业与文化旅游和互联网融合发展，例如，对符合乌镇文化特色、对环境和镇区风貌无不良影响及现状具有一定发展基础的特色传统手工业（如特色服装、印花布和传统美食等），应融合或注入文化创意、旅游体验和

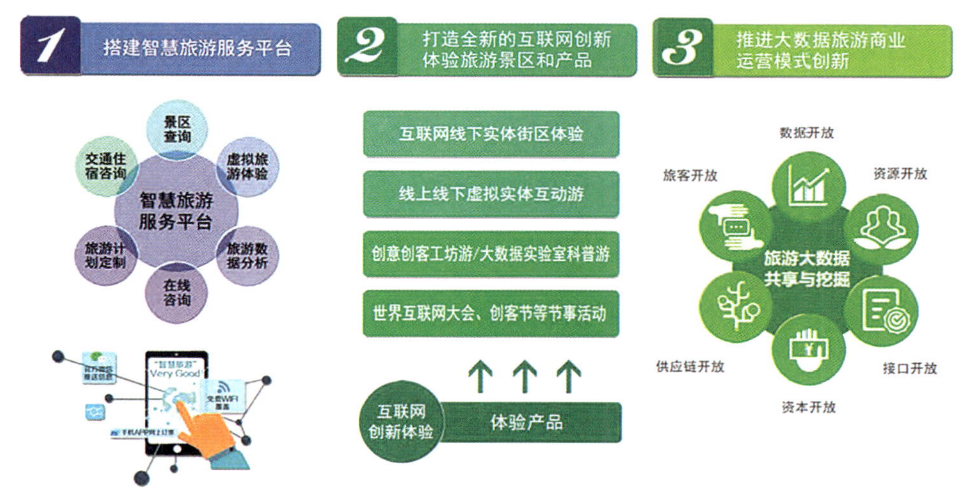

图 3 “互联网 + 旅游”融合催化三大路径示意图

互联网基因，实现由低附加值的生产环节向高附加值的“研发设计—销售”的转变；通过生产技术升级，提升研发和自主创新能力，建设自主品牌；对与乌镇文化特色相矛盾、对环境和风貌存在影响及现状发展情况较差的一般性工业，坚决予以腾退置换，并在原有空间植入文化旅游、会议会展和创新创业等多元新型复合功能（图 4）。

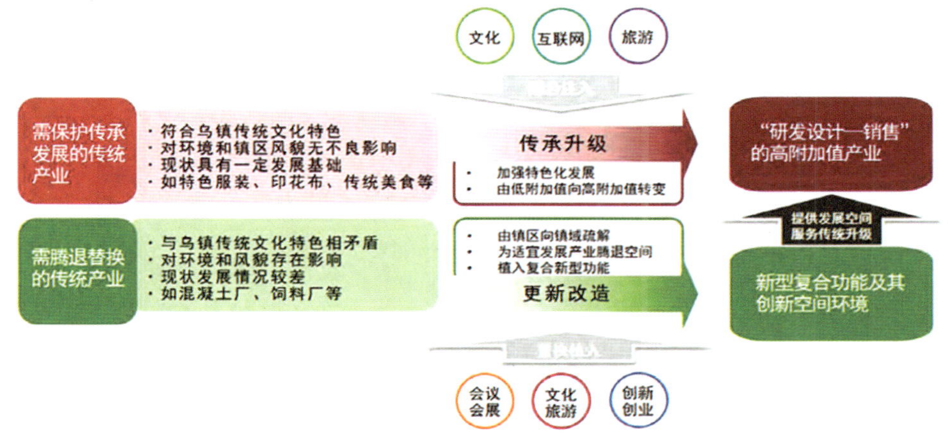

图 4 传统特色工业与文化旅游和互联网融合发展引导示意图

4.3 遵循互联网理念，推动空间营造与保护提升

互联网时代的空间组织逻辑已经转变为创新人才追逐宜居环境、创新产业追随创新人才布局，其空间组织模式亦呈现出网络化、去中心化的特征。在互联网

平台的支持下，不同专业化的生产和服务环节在空间上呈现分散化布局特征，此外，与互联网相对应的创新人群呈现工作休闲化特征，创新空间、休闲空间和宜居空间融为一体，高度复合化布局，高端创新型功能与面向人的需求的功能高度耦合。在此背景下，空间营造更加注重良好的生态环境、宜人的空间尺度、高品质的文化休闲设施和丰富多样的公共交往空间，促进创新人群交流，激发创新活力。

在空间组织方面，规划提出构建互联网时代下的城乡共生有机生长模式，形成“以水为脉、活力核、共生片区单元”的空间组织结构，以及规模适度、小巧精致、体现生态田园风情的城乡共生有机生长空间（图 5）。规划延续江南水乡“十字形”传统格局，以水系交汇处为中心场所，面向乌镇居民、游客和创客三类人群的需求特征，营造十字活力聚合空间，促进多元功能的融合（图 6）。

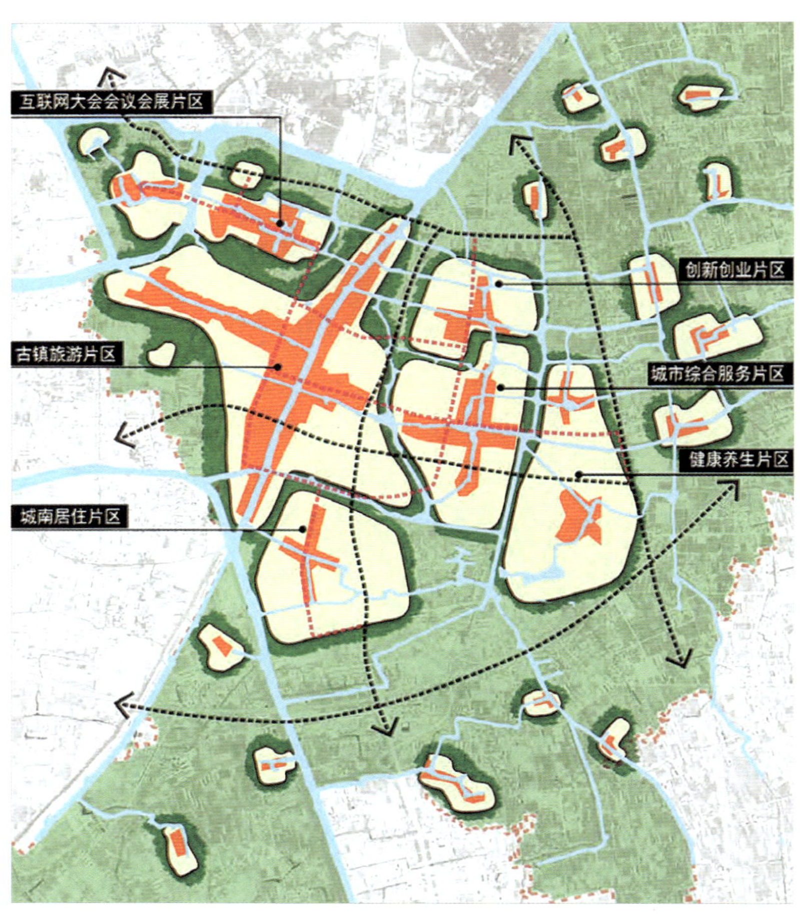

图 5 “1+5+n 城乡共生片区单元”组织图

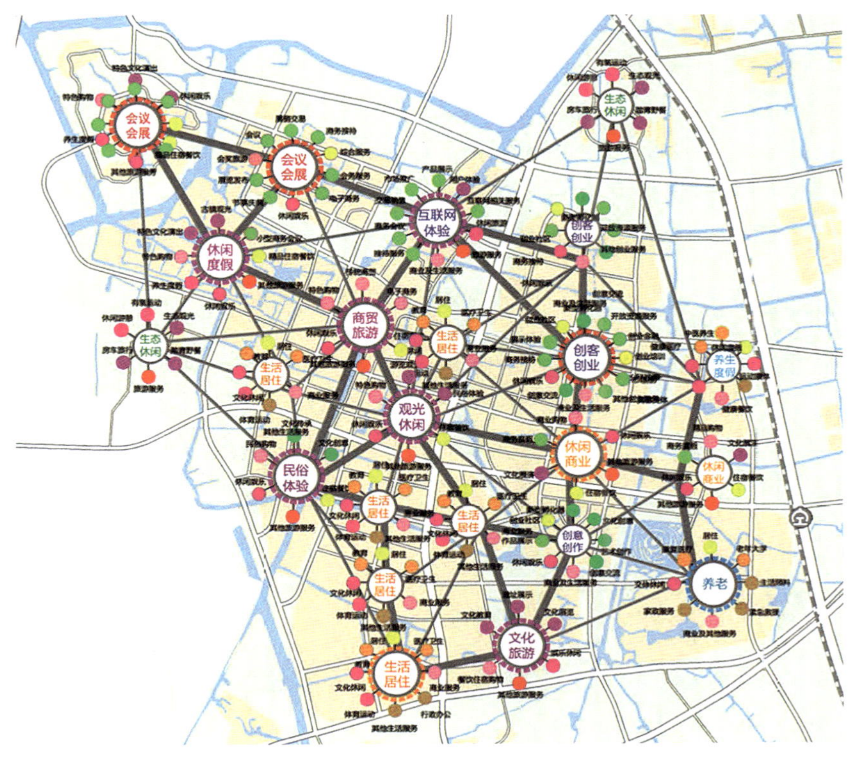

图 6　乌镇功能结构网络示意图

在古镇保护方面，规划提出保护第一的原则，对古镇“十字形”传统格局进行整体保护（图 7）。规划古镇区以休闲旅游功能为主，在传统十字城市空间内植入多元新兴功能，激活中市，复兴南北栅。

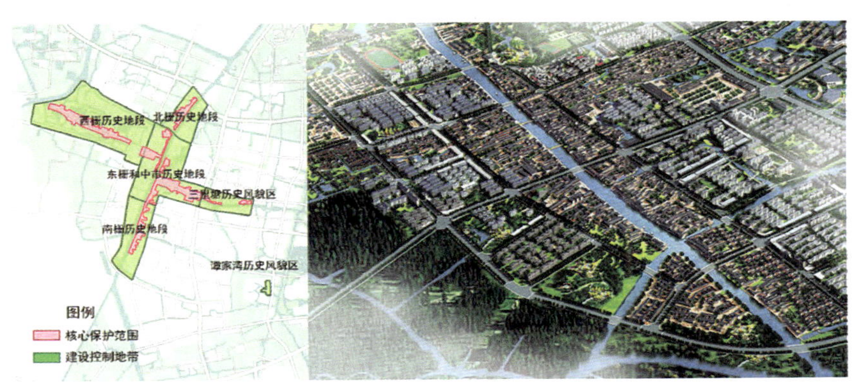

图 7　乌镇古镇区历史地段保护区划和风貌示意图

在新区开发与传承创新方面，规划在古镇区外围重点布局五大功能片区，作为承接未来乌镇新兴功能的战略空间平台，其中，世界互联网大会会议会展片区围绕会议中心和萦绕的水系，复合互联网大会会议、会务、媒体和接待等功能（图 8）；城市综合服务片区作为古镇功能拓展、服务提升完善的重要片区，以水网十字为核心，形成城市综合活力中心（图 9）；创新创业片区是将原有工业厂房进行改造，将其打造成为以创客为主体的创新创业基地。

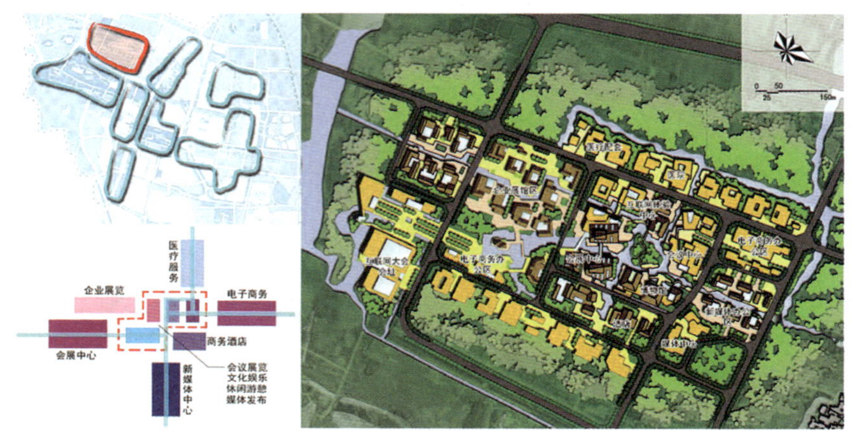

图 8　乌镇互联网大会会议会展片区平面图

图 9　乌镇城市综合服务片区平面布局与鸟瞰图

4.4　搭建互联网平台，加强智慧运营与智慧服务

规划构建乌镇智慧城市运营平台，完善智慧信息基础设施，搭建乌镇智能移动感知网络、大数据实验室和线上乌镇运营中枢（图 10）：积极推进乌镇数据的全面开放和共享，打通信息分享壁垒，整合部门资源，启动乌镇大数据实验室的建设；重点支持“互联网 + 旅游”、“互联网 + 文化”等方面的商业应用；重点推进城乡信息平台（CIM）等城市运营系统的建设，优化政府治理、实现商业应用、

鼓励公众参与。

规划建设的智慧生活服务平台，涵盖了智慧旅游服务、智慧社区服务和智慧创新创业服务等功能，以促进线上与线下的全面融合，实现各类人群的宜居宜业与共生共赢。

（1）智慧旅游服务。通过实时旅游舆情监控和数据分析，促进智慧旅游服务与管理、旅游大数据共享与挖掘、智慧景区建设和基于闲置资源共享的O2O模式构建等，为游客提供更深层面的体验与互动式旅游服务。

（2）智慧社区服务。主要涵盖智慧生活服务、社区管理、文化教育体育服务、医疗卫生服务、劳动保障就业服务和养老助残服务平台等，服务于乌镇常住居民。

（3）智慧创新创业服务。重点推进智慧资源服务、智慧协同创新、线上金融服务、智慧发布与推广和创客社群交流等平台建设，为创客营造全方位和全周期的创新创业服务环境。

图10　乌镇大数据实验室构架示意图

4.5　引入互联网技术，探索智慧规划的变革与创新

互联网时代下城市规划的工作方式将面临巨大的变革和创新契机，互联网思维和互联网技术与平台为实现城市规划编制过程的开放化、动态化、精细化和智慧化提供了强有力的支撑，真正实现了从静态封闭的“Plan”范式到动态开放的“Planning”范式的转变。结合第二届世界互联网大会，乌镇概念性总体规划面向全球进行了成果公示、意见征询，并开展了公众参与及智慧规划（“互联网＋城市规划”）工作方式的创新探索。

首先，基于互联网和三维可视化技术，搭建了乌镇全三维城市数字模型系统

（Digital Modeling System，DMS），用户可以 360 度体验乌镇全三维数字城市设计形态蓝图。该系统还可以收集整合城市交通路况、人流聚集分布、空气质量和水质指标等各维度、各尺度的城市数据，用户可从 DMS 上快速直观地了解乌镇城市环境的运营状态。乌镇 DMS 系统为后续构建一套以城市运营数据共享为前提的城乡信息平台（CIM）奠定了良好基础。通过搭建乌镇 CIM 平台，打破信息壁垒，构建共享信息库，实现不同行业部门间的信息畅通、城乡间的信息统筹，最终逐渐成为乌镇智慧城市的运营管理平台和最核心的智慧中枢；实现从规划、设计、建设到后续运营的纵向数据链的共享和互通；实现在基础数字平台上跨部门之间的利益协同和跨系统之间的技术协同，为预测复杂城市问题提供可能性，提高规划的科学性和适应性。在此基础上，规划构建乌镇全球智慧实验室，实现城市数据挖掘分析，辅助政府决策，搭建一个可感知、可判断、快速反应的智慧城市。

其次，搭建了乌镇规划公众参与网络平台，推动规划众筹与社会共治。规划编制团队利用政府和企业官方微信、网站等媒介推出了乌镇规划公众参与平台，公开发布规划的阶段性成果并征询公众意见（图 11）。规划团队和政府可以广泛收集社会意见，对规划编制进行实时动态反馈和调整，试图探讨一种通过网络信息平台让公众讨论城市公共问题的方案，在互联网背景下通过创新社会互动模式和降低专业门槛，实现全过程、全领域的公众参与。未来这一平台还将应用到规划实施过程中，实时地向公众发布规划成果并获得反馈，从而进行规划调整。通过线上与线下全方位的规划公开与公众参与，使规划编制和实施过程成为聚民心、集民意、汇民智的过程，树立乌镇智慧城市规划众筹和共建共治的样板。

图 11　乌镇规划公众参与网络平台界面示意图

5　结语

乌镇概念性总体规划聚焦“国际风情小城、全球智慧名镇”的目标定位，结合乌镇自身特征，在发展理念、目标定位、区域协同、产业发展、空间布局营造和智慧运营服务等方面提出“互联网 +”的规划思路。此外，本文还探索了互联网时代“智慧规划”的工作方式，聚焦互联网时代“大数据”和“人的智慧”两个关键因素，搭建了乌镇全三维城市数字模型系统（DMS），以及乌镇规划公众参与网络平台，推动规划众筹与社会共治。本文通过分析规划过程体现互联网思维、运用互联网技术作为规划工具及结合规划成果搭建互联网平台的运作方式，深入探讨了“互联网 + 城市规划”的广阔空间和可能途径，对推进中国城市规划改革创新具有一定的启示和参考意义。

参考文献请见原文。

（撰稿人：欧阳鹏，注册城市规划师，北京清华同衡规划设计研究院有限公司总体规划三所主任工程师；卢庆强，高级工程师，注册城市规划师，北京清华同衡规划设计研究院有限公司副总规划师、总体规划研究中心副主任；汪淳，注册城市规划师，北京清华同衡规划设计研究院有限公司总体规划三所所长；张飚，一级注册建筑师，北京清华同衡规划设计研究院有限公司遗产保护与城乡发展研究中心副主任；王鹏，高级工程师，注册城市规划师，北京清华同衡规划设计研究院有限公司技术创新中心副总工程师）

论县镇乡村域规划编制[1]

我国是一个农业大国，农业和农村是国家发展的基础，但长期以来，我国村镇发展一直处在自然主义状态之中，村镇规划体系沿用城市规划体系，在国家推进“新农村建设”和“健康城镇化”的新形势下，出现明显的不适应性。本文试图从区域规划的视角面对这种瓶颈，重点讨论新型城镇化背景下的县镇乡村域规划编制问题。本文也是国家科技支撑计划项目 2014BAL04B01“县、镇（乡）及村域规划编制关键技术研究与示范”资助项目成果。

1 县乡镇村域的规划编制的核心价值

我国在 20 世纪 80 年代中期城市化水平达到 25% 上下后就进入了中期加速阶段，期间的 1996 ～ 2003 年更是以连续 8 年每年提高 1.43 ～ 1.44 个百分点的超高速增长（周一星，2006），截至 2015 年年底全国城市化水平达到 56.10%。中国城市化无论规模之大还是速度之快，都是人类历史上前所未有的（顾朝林，2011）。

中国快速的城镇化加剧了城镇等级规模的分化。一方面，中国超过千万人口的大城市急剧增长。根据经合组织（OECD）发布的报告《经合组织城市政策综述：中国 2015》（OECD Urban Policy Reviews：China 2015 ）显示，中国 2015 年人口超过千万的城市数量达到 15 个，而 2014 年只有 6 个城市，它们是北京、上海、广州、深圳、武汉、成都、重庆、天津、杭州、西安、常州、汕头、南京、济南和哈尔滨。另一方面，小城镇发展处于停滞和萎缩状态。根据 1995 ～ 2014 年数据，全国建制镇数从 15043 增加到 20401，增加了 35.6%，但小城镇人口仅从 9300 万增加到 14800 万，增加了 59.1%，同期全国城镇人口增加了 112.99%。

---

[1] 本文摘自《城市与区域规划研究》，2016（21）：1-13。

本文根据 2015 年 11 月 27 日在昆明召开的第 2 届全国村镇规划理论与实践研讨会暨第 1 届田园建筑研讨会发言整理。

基金项目：国家科技支撑计划项目“县、镇（乡）及村域规划编制关键技术研究与示范”（2014BAL04B01）资助成果。

这种大城市和小城镇的不平衡发展，使得高速城市化的负外部性日趋严重，进一步加剧国家粮食安全、生态环境退化和城乡公平发展等问题，乡村地区也承担越来越重的城镇化成本，主要表现如表 1 所示。

表 1　中国高速城市化中的乡村发展问题

表现	乡村承担的额外成本
人口流失、城镇体系不均衡	乡村获得经济发展和享受文明进步的成本上升
机动化、郊区化	发展的经济、资源、生态环境成本急剧提高，主要由乡村承担
规范性就业滞后、失地农民问题	失业风险、生活保障等社会成本由乡村来承担

解决这一问题的关键，或者说解开这种互锁结构的钥匙，首要的就是减小高速城市化带来的粮食安全威胁、生态环境退化和城乡发展差距加大的负外部性。其次，由于快速的城镇化，一方面，中国的城市经济和集聚经济成为区域经济的主体，在快速经济增长的同时也导致水土资源短缺、生态环境质量下降、交通和住房紧张的城市病；另一方面，农村地区劳动力外流，吸引资本能力薄弱，以传统农业为主体的产业和技术体系层次偏低，尽管有大量的土地资源可以开发利用，但县域经济长期发展滞后，甚至出现了严重的乡村衰退问题。第三，中国是传统的农业国家，小农经济具有鲜明的特色，在构筑社会主义市场经济体系过程中，为了避免城市化过程中负外部性的市场调节、政府调控、乡村自组织的失效，也需要从全要素全区域进行综合规划。据此，村镇规划尤其县乡镇村域的规划就成为越来越重要的内容（图 1）。

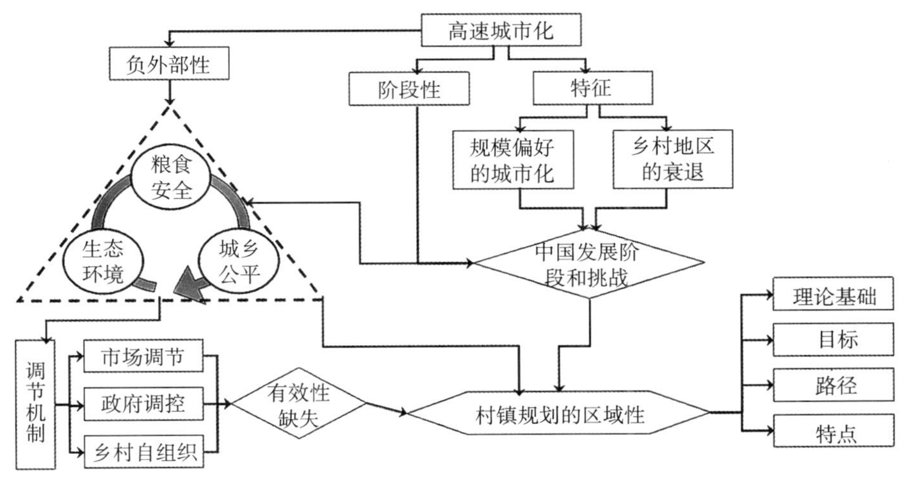

图 1　村镇规划的区域性研究框架

2　县乡镇村域规划编制目标和思路

2.1　县镇乡村域规划编制的目标

根据 2014 年统计数据，全国有县级行政区 2853 个、乡级行政区 40466 个（其中镇 19683 个）、自然村 276 万个（其中行政村 56.88 万个），然而，在比较长的时间内，我国县域和乡村规划无论是政府还是专业部门长期重视不够，主管村镇建设的政府职能部门几经变更，导致乡村地区规划水平不高甚至长期缺失，即使编制了相应规划也由于政府职能事权划分模糊，致使规划实施困难和县域经济发展不足。在乡镇村层级，政府没有土地、规划、建设、财政、举债等发展要素配置功能，村镇建设缺乏必要的经济发展的调控手段，教育、医疗、文化、科技、社会保障、住房、商贸等设施也因建设经费短缺也呈现低水平状态，已经成为我国农业现代化、城镇化和信息化推进的重点地域瓶颈地带。因此，推进中国城镇化，必须从城市发展和城市现代化、乡村发展和农村城镇化两个方面入手，解决农民和农村问题，通过减少农民数量实现农村人口城市化转移、促进城市生活方式向农村扩散推进农村社会经济发展，最终才能实现国家可持续的城镇化转型过程。县、镇（乡）、村域规划，一方面，依据县城、镇区和自然村发展的要求，解决水、电、路、能源、信息等基础设施严重不足问题；另一方面，发挥政府、市场和乡村自治的多方作用，突破经济发展滞后、社会结构失衡、生态环境恶化、粮食安全堪忧等推进新型城镇化和统筹城乡发展的瓶颈。

近年来，“新型城镇化”和“新农村建设”双轮驱动已经成为党和国家应对我国经济社会发展转型、推进城镇化进程的重要战略措施。2010 年《中共中央、国务院关于加大统筹城乡发展力度，进一步夯实农业农村发展基础的若干意见》提出：把建设社会主义新农村和推进城镇化作为保持经济平稳较快发展的持久动力。2012 年中共十八大报告进一步提出：加大统筹城乡发展力度，增强农村发展活力，推进农业现代化。2015 年 10 月 29 日中共中央通过了《关于制定国民经济和社会发展第十三个五年规划的建议》，提出全面建成小康社会新的目标要求，阐释了创新、协调、绿色、开放、共享的发展理念，加快“推进以人为核心的新型城镇化，促进有能力在城镇稳定就业和生活的农业转移人口举家进城落户，努力实现基本公共服务常住人口全覆盖，维护进城落户农民土地承包权、宅基地使用权、集体收益分配权，支持引导其依法自愿有偿转让上述权益”。习近平总书记在《关于〈中共中央关于制定国民经济和社会发展第十三个五年规划的建议〉的说明》中进一步提出，通过产业扶持、转移就业、易地搬迁完成到 2020

年 5000 万人左右新型城镇化目标。随着农村经济社会的发展，一大批村镇规划相继编制完成，农村面貌发生很大的变化。虽然村镇规划早已存在，但我国在规划中长期侧重于城市规划，村镇规划尤其是村庄规划研究起步较晚，国内村镇规划研究较为零散，并无完整、深入的分析研究体系，镇村规划技术理论远远落后于村镇建设发展的速度（贾莉，2009），而且村庄整治陷入“大拆大建、贪大求洋、急功近利”的陷阱（仇保兴，2006）。住房城乡建设部村镇司 2014 年和 2015 年在宁夏和云南召开了第一届和第二届全国村镇规划理论和实践研讨会，编辑出版了《村镇建设法律法规政策汇编》，开展省、市、县各级美丽宜居村镇示范和绿色村庄创建活动，科技部也专门立项“村镇规划和环境基础设施配置关键技术研究与示范”科技支撑研究项目，推进乡村规划研究。

2.2 县镇乡村域规划面临问题与对策

县、镇（乡）、村是我国最基层的社会治理组织，也是当下国家由农业国家向新型工业化和城镇化国家的转型、城镇化进程加快发展的重要组成部分，然而，在我国快速城镇化进程中，农村地区生态和环境恶化，县、镇（乡）、村域基础设施严重不足，城乡差距日趋扩大，严重制约了我国农村地区社会经济的发展，也已经成为国家推进新型城镇化和统筹城乡发展的瓶颈。据此，从区域发展视角关注县、镇（乡）、村发展，进行村镇规划的区域性研究成为国家新型城镇化现实需求和科学创新需求。通过村镇规划的区域性研究，可以有效解决我国快速城镇化过程中正在出现的生态环境（图 2）、乡村发展（图 3）和社会公平重建（图 4）等问题。

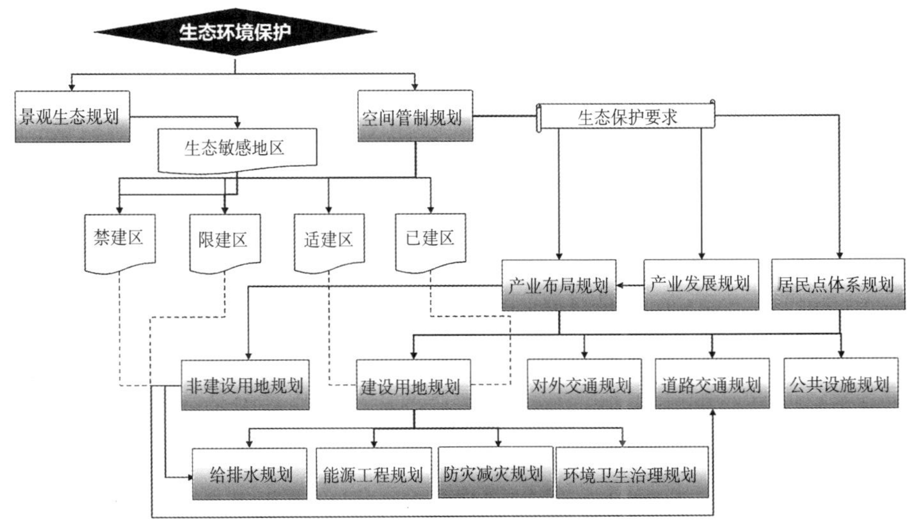

图 2 村镇规划中生态环境保护的区域性研究

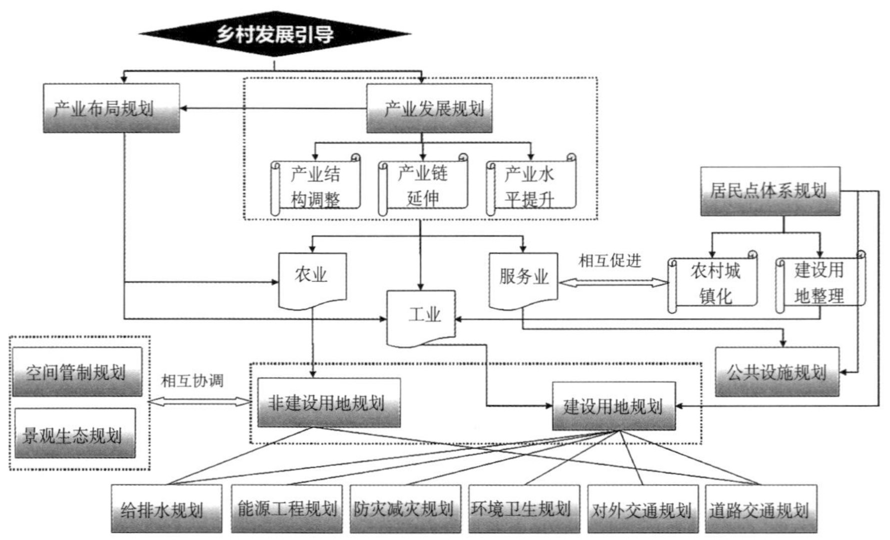

图 3　村镇规划中乡村发展引导的区域性研究

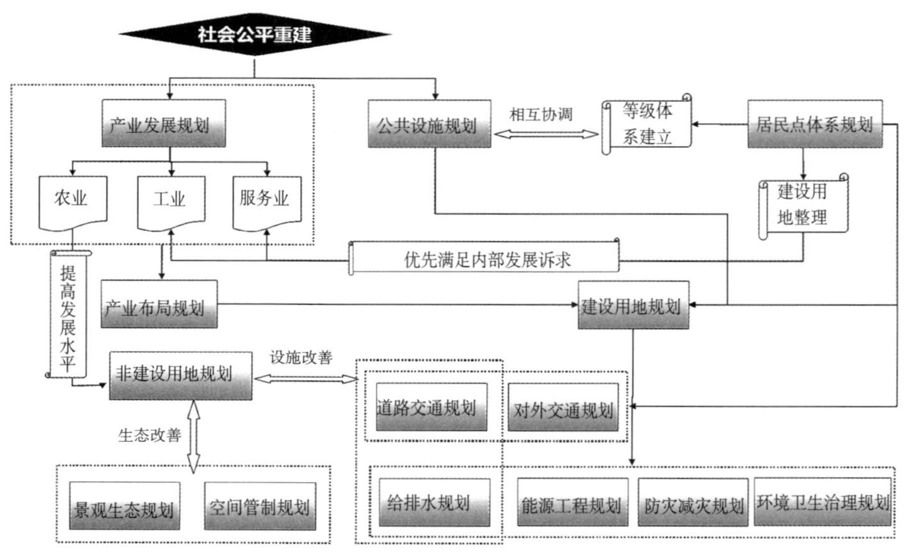

图 4　村镇规划中社会公平重建的区域性研究

3　县镇乡村域规划编制的主要内容

中国乡村地区发展，需要有步骤地实现农业现代化、减少农民数量和建设美丽乡村，尤其需要加强县、镇（乡）、村的地区规划，完善乡村地区规划体制，通盘考虑城乡发展规划的编制。中国乡村地区面广量大，规划基础薄弱，也不能盲目铺摊子做全覆盖的乡村地区区域规划。中国乡村地区县乡镇村等基层政权组织完备，可以按照乡村发展的需求编制必要的可以实施的规划。为了提高乡村地区规划编制和实施效率，可以将其划分为三个层次：①县域规划力求每个县政府负责编制，以县域经济和社会发展为主要目标，兼顾生态环境保护和新农村建设，做到"三规合一"，一级政府、一本规划、一张蓝图。②镇乡域规划，针对乡镇地区存在的区域问题和发展需求，决定是否编制该类规划，其中，为了强化规划的可操作性和可实施性，需要将镇域和乡域区分开来，按照问题导向和目标导向编制规划，镇域规划的核心是积极推进新型城镇化进程，乡域规划需要关注永久农村地区和基本农田保护地区划定。③村域规划实际上是典型的农村地区规划，我国农村类型多样，实行农村土地承包制度，因此，这类规划主要在于引导农民生产致富、方便生活、彰显特色，不需要千篇一律的规划模式和刻板的规划编制内容，为村民所想、为村民所用，就是这类规划编制的目标和内容。基于此，四类规划分述如下。

3.1　县域规划

县域规划将以发展县域经济为核心，充分发挥县域的自然、人口、经济和土地资源优势，对农村地区"山、水、林、田、路、房"进行全要素统筹规划，可以为广大农村地区的发展和推进新型城镇化进程提供规划支撑。

主要内容：县域规划要以促进县域经济社会发展为目标，积极推进多规融合和或多规合一，明确划定水源涵养区、生态保护区、城镇化地区和永久现代农村地区，规划建设与城市联系紧密的快速交通体系和现代化通信系统，构建城乡融合发展的县城—镇（乡）—村体系结构，按城镇 / 农村发展要求配置相应水平的水、电、路、燃料等基础设施和商贸、医疗、教育、文化、社会保障的社会服务设施，按照县情财力编制规划实施计划和对策措施（图 5）。

3.2　镇域规划

我国地广镇众，类型多样，要编制实用的镇域规划，首先需要进行镇域类型分类，再按照不同的类型配置不同的重点规划内容，使规划更具可操作性。

3.2.1　城镇类型和规划目标

根据我国当前经济社会发展水平和城镇化发展阶段以及建设现代化的小城镇的镇规划目标，可分为县域副中心镇、重点镇、特色镇、一般镇和卫星镇等五类（表 2）。镇域规划的编制应参考上述类型及其发展要点，深入完成重点步骤。

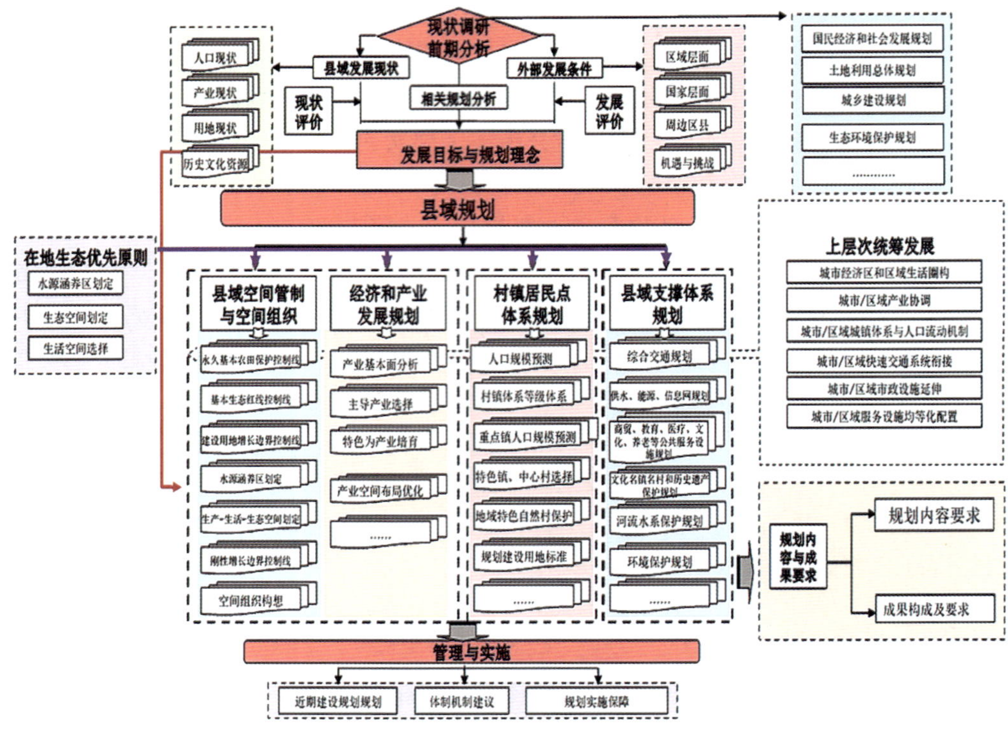

图 5　多规融合的县域规划内容和过程

表 2　中国城镇类型和镇域规划目标

城镇类型	概念	规划编制指导思想
县域副中心镇	除县城外，在县域经济社会发展中承担片区中心的建制镇	规划建设成为县域经济、文化、教育、医疗、交通、物流、农技的地方中心，市政设施和社会设施配置达到县城标准，配套建设重点中学（高中）、地段医院
重点镇	在县域内被国家部委、省市人民政府确定重点发展的建制镇	突出城镇优势提升城镇综合实力和竞争力，在镇域规划建设产业园和生态农业区，集聚人口、集聚产业，市政设施和社会服务设施达到或超过县城配置水平
特色镇	指具备一种以上发展优势特色的建制镇	注重挖掘提炼镇域特色要素，划定特色空间，保护特色资源，集中发展特色产业
卫星镇	位于城市周边、区位和交通优势明显的建制镇	依托母城的基础设施与公共服务设施发展，充分利用母城的资本、技术与市场等要素辐射，加快发展，逐步形成为自立性城镇
一般镇	一般建制镇	合理引导集中、集聚、集约的经济产业发展，构建镇域生活圈，将市政基础设施与公共服务设施向镇域地区延伸覆盖

3.2.2 主要内容和编制流程

镇域规划要以农村城镇化的重点地区建设为目标，强化镇村功能与空间资源的整合，突出居民点、土地、生态环境、经济发展等各类空间要素配置的集中、集聚与集约利用，循序渐进引导农民集中居住，推动产业园区规模化、现代化建设，鼓励农业土地适度规模经营和发展都市农业；实现基础设施向农村延伸和社会服务事业向农村覆盖，以农村生活圈组织为基础构建县城——镇区快速交通、通信、电力、供水等市政设施系统，建设沟通行政村农村地区干道网、公交网、商贸网、信息网系统以及教育和健康保障体系；塑造现代化小城镇景观、特色地域文化和生态环境（图 6）。

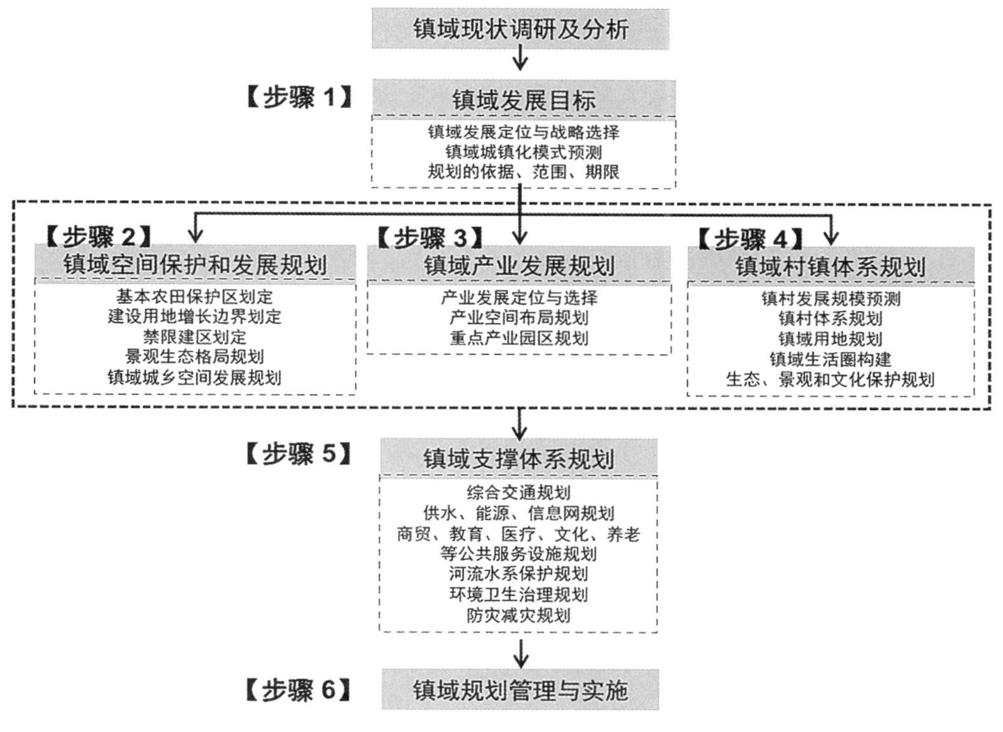

图 6　镇域规划主要内容和步骤

3.3 乡域规划

我国作为历史悠久的农业大国，幅员辽阔、乡村众多，且不同地区乡村各具特色，差异极大。保护乡村将是未来一段时间内规划师必须重视的问题。乡域规划不是消灭乡村，而是要繁荣乡村、保护乡村，将现代化、城市化要素注入乡村地区。因此，乡域规划完全不同于镇域规划，规划目标主要在于：推进农业现代化，积极改善农村地区落后面貌，实现城乡居民同步分享改革开放成果，逐步提高供水供电，信息化智慧化，环境保护和生态保育水平，为美丽乡村建设提供大平台。

3.3.1 乡域类型和规划重点

依据上述乡域规划目标和我国传统农业大国的特点，乡域类型主要从产业发展划分，分为农业、林业、牧业、渔业等类型，主要特点和规划重点见表3。

表3 我国的乡域类型和规划重点

类型	主要特点	规划重点
农业	以农业种植业为主导产业，大多分布在平原及丘陵地区；北方以旱田和水浇地为主，南方以水田为主	(1)以基本农田保护为核心的耕地保护，优化土地经营模式； (2)农业生产基础设施的提升，土地重划与农地整治； (3)农业景观和乡土文化的传承和延续，未来永久农村地区的划定
林业	以林业为主导产业，主要分布在东北地区(兴安岭、长白山等地区)及西南山区	(1)合理利用森林资源，注意风景名胜资源保护和相关休闲产业的培育； (2)关注林区生态作用，注意退耕还林和更新造林，林地保育和水土保持； (3)居民点体系调整与居住空间环境改善；公共服务设施提供
牧业	以畜牧业为主导产业，主要分布在内蒙古地区以及新疆、西藏、甘肃、宁夏等中西部地区	(1)生态先行，草场保护，退耕还草，水土保持；协调农牧结构； (2)科学利用，以草定蓄；布局养殖基地，构建畜产品加工体系； (3)居住空间优化；完善公共服务设施
渔业	以渔业和水产养殖等为主导产业，主要分布在东南沿海地区、河湖水系沿岸地区	(1)水体保护，生态恢复与水污染防治； (2)规模化特色化养殖，水产品加工和相关休闲产业发展； (3)岸线生态及景观保护，防洪排涝及防风防汛； (4)居民点体系调整与居住空间环境改善；公共服务设施提供

3.3.2 主要内容和编制流程

乡域规划要以确保农业生产、粮食安全为主要目标，明确划定基本农田保护区和永久现代农村地区，严格保护水土自然资源和农村自然生态系统；推进“一村一品”、“接二连三”的农林牧渔大农业发展；以农村生产——生活圈组织为基础，以自然村为单元，以方便生产和生活为目的优化农村村庄空间布局；进行农村水利、基本农田、机耕路网系统、现代精准农业设施规划布局，配套种子、农副产品仓储、农村物流和农产品市场体系建设，以乡驻地和中心（行政）村为基点建设农技、农机、农产品市场营销、物联网培训和运营体系，有条件的地区发展乡村旅游、农家乐和居家休闲度假旅游；发挥中心村的作用，合理配置基础设施和社会公共服务设施。乡域规划应以农业现代化为基础、展现美丽永久农村地区景观特色为依归（图 7）。

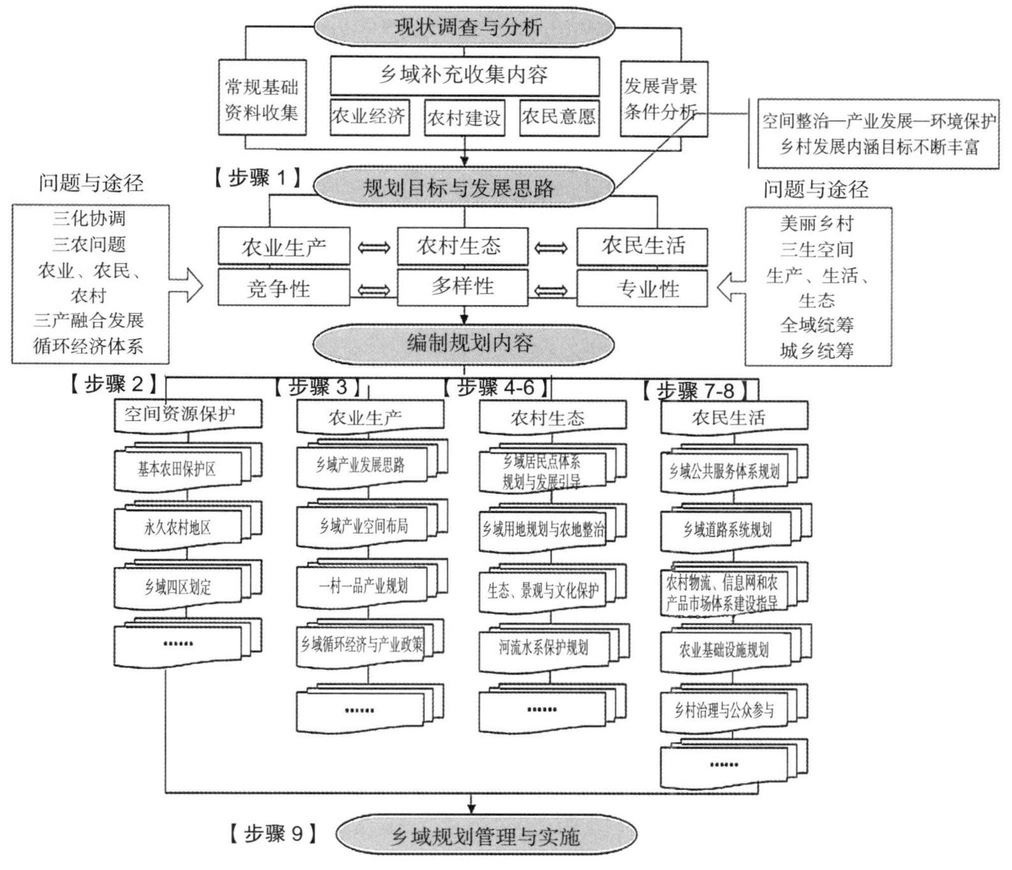

图 7　乡域规划主要内容及其相关关系

3.4　村域规划

3.4.1　村域类型和规划重点

我国农村数量大，类型多，发展不平衡，村域规划需要尊重发展水平、尊重地域特色、尊重农民自身意愿，这样才能收到事半功倍的效果（表 4）。因此，村域规划主要在于：充分考虑村集体和村民自治的重要特征，重点解决农村生态资源保护、实现农业现代化以及公共服务设施与基础设施均等化等问题。

表 4　我国的村庄类型和阶段规划目标

规划目的	村庄类型	阶段规划目标					
		产业发展	文化传承	环境保护	空间布局	服务设施	综合防灾
美丽乡村	城镇化地区	▲	▲	●	●	●	●
	城乡过渡地区	▲	▲	●	▲	▲	●
	永久农村地区	□	▲	●	▲	▲	●
魅力乡村（传统村落、特色历史文化村寨）	城镇化地区	▲	●	▲	▲	▲	▲
	城乡过渡地区	▲	●	●	▲	▲	▲
	永久农村地区	□	●	●	▲	▲	▲
富裕乡村（一村一品、农村土地适度规模经营、乡村旅游）	城镇化地区	▲	▲	▲	▲	▲	▲
	城乡过渡地区	●	▲	●	●	●	▲
	永久农村地区	●	●	●	●	●	●

注：▲为确定的规划目标；●为可选择的规划目标；□特定的规划目标。

3.4.2　规划主要内容

村域规划要以农业土地适度规模经营为基础进行基本农田建设，以发展现代农业为目标，培养现代农民、种养大户和农副产品职业经理人，形成“一村一品”地域特色农业体系；保育村域自然景观格局和历史记忆与文化传统；加强农村环境面源污染治理，形成“美丽乡村、魅力乡村、富裕乡村”集中展示地区。在城镇化地区，积极对接城镇发展空间，循序渐进引导农民向城镇集中，实现产业集聚和产业升级，发展都市农业，实现农村城镇化。在城乡过渡地区，以镇为核心，鼓励土地流转和空心村整治，优化村镇体系，发展都市农业和配套产业。在现代永久农村地区，以乡带村，推广农田土地整理和农业土地适度经营，保护农村生态系统，改善农业生态条件和生态环境，发展“一村一品”、现代农业和特色农业。

4　县镇乡村域规划内容的协调和衔接

综上所述，我国乡村地区规划具有三个层次四种类型，对一个地域而言，需要规划内容协调和空间衔接，这样的协调和衔接离不开各类规划内容重点的差异性。据此，需要进行县镇乡村域规划内容的协调和衔接（表 5）。

表 5 县镇乡村域规划内容的协调和衔接

	研究重点	主要内容	实现目标	理论思想
县域规划	•“三生”空间划定，水源涵养区、生态保护区、城镇化地区和永久农村地区划定； • 建设与城市联系紧密的快速交通体系和现代化通信系统； • 构建城乡融合发展的生产—生活圈	• 确定县域经济发展目标和发展战略； • 县域空间分区管制与空间组织； • 县域产业发展与空间布局； • 县城—镇（乡）—村体系结构； • 按城镇 / 农村发展要求配置相应水平的水、电、路、燃料等基础设施和商贸、医疗、教育、文化、社会保障的社会服务设施	• 促进县域经济发展； • 促进空间整合及城乡融合发展； • 推进“多规融合”或“多规合一”	• 城乡统筹发展； • 区域综合发展规划
镇域规划	• 强化镇村功能与空间资源的整合； • 人口、产业和土地的集中、集聚与集约发展； • 构建地方生活圈； • 地方文化、区域景观和美丽城镇特色塑造	• 生态、生活和空间划定与空间组织； • 构建县城—镇区快速交通、洁净水、清洁能源、现代信息网等系统； • 建设干道网、公交网、商贸网、信息网系统以及教育和健康保障体系	• 现代化小城镇发展基础和环境， • 农村城镇化重点和示范区	• 花园城市
乡域规划	• 永久农业地区划定； • 水土自然资源和农村自然生态系统保护； • 农村生产生活圈组织； • 协调居民点与农地关系	• 划定基本农田保护区和永久农村地区； • 推进“一村一品”、“接二连三”的“六次产业”发展； • 优化农村村庄空间布局； • 农村基础设施、市场体系和培训体系	• 确保农业生产、粮食安全； • 农业现代化的永久农村地区	• 农业和农村经济
村域规划	• 农业土地适度规模经营； • 现代农民培育条件建设； • 农业经济和乡村发展	• 满足农业土地适度规模经营的基本农田建设； • 培养现代农民和种养大户和农副产品职业经理人条件建设； •“一村一品”地域特色农业体系； • 保育村域自然景观格局和历史记忆与文化传统； • 加强农村环境面源污染治理	• 自下而上解决“三农问题”	• 美丽乡村； • 魅力乡村

5 结语

面向广大乡村地域的规划，需要立足现代化农村、农业发展，面对三农发展实际问题，协调现代城乡空间关系，与我国城镇化发展及其区域分异相联系，充分考虑村集体和村民自治的重要特征，从区域层面综合考虑村镇规划的编制和实施技术，重点解决农村生态资源保护、城镇化推进、农业现代化发展、公共服务设施与基础设施建设之间的问题。加强县镇（乡）村地区规划，促进城乡发展一体化，也需要完善以城带乡的乡村地区基础设施建设机制，优先推进城乡基础设施互联互通，因地制宜提高乡村地区基础设施和公共服务设施配置水平，创新乡村地区基础设施和公共服务设施规划、融资、建设、管理机制，实现城市资源、社会资本和管理人才向乡村地区有序流动的新格局。

参考文献请见原文。

（撰稿人：顾朝林，清华大学建筑学院；张晓明，国家发展和改革委员会中小城镇研究中心）

需求导向下以社区为单元的村庄规划编制方法

——以陕西省富平县荆川村为例[1]

1　引言

我国以往的村庄规划大多采用自上而下的编制方法，规划的动机和目标主要表现在如何实现乡村社会城市化、土地使用城市化等方面。近年来伴随着科技进步及快速城镇化建设的推进，乡村的发展受到更多因素的影响，出现了加快发展和转型变化的新格局，规划越来越注重以人为本，着力于解决“三农”问题，推动农村地区的生产、生活与生态和谐发展。

本文尝试将“社区”理念引入村庄规划中，并将其作为一个乡村社会生产、生活的基本单元，将村民摆放至主导村庄建设的位置，同时充分利用本地乡土资源，激发源自村庄内部的生长能力，协调产业经济、社会文化和生态环境的发展。在具体实践中，结合村庄实地调研结果，以村民的内在需求为导向，探寻具有特色的社区单元空间，厘清产业、环境和管理之间的相互关系，达到村庄和谐发展的目的。

2　社区单元体系构建

2.1　社区单元的内涵

根据社区概念的演进和基本特征，本文将“农村社区”的概念界定为“农村地域一定规模人群的社会生活的共同体”，它是当前我国乡村发展中的一种建设类型，而不是一个新的行政层次。从这个角度看，社区单元是强调在一定地域范围内，以社会关系为基础组织起来的，居民共同生活、拥有共同利益、拥有自身文化的社会特定组织群体。

[1] 本文摘自《规划师》，2016（1）：57-62。

2.2 以需求导向为核心的社区单元

社区单元作为一个社会生活、行政管理和规划建设的基本单位，其基本内容涵盖经济产业、社会文化和物质环境三方面，规划在对这三方面进行协调发展的同时，更重要的是营造出社区精神，因此，在村庄规划中，应以村民为主体，充分发挥其主观能动性，依靠本土资源培养内生型的村庄规划自治体系。

基于上述理念，本文认为乡村社区单元的构建应从满足村民需求的角度出发，实现村庄规划中空间体系向需求体系的转变，以村民的需求为导向成为社区单元建设的关键。通过分析村民的消费结构和心理意愿，将村民的需求划分为保障需求、安全需求、发展需求和期望需求四个层次：①保障需求是指村民正常生活、村庄正常运转的需求；②安全需求是指村民稳定生活、村庄建设安全的需求；③发展需求是指满足村民舒适、快乐和安逸的需要；④期望需求是指村庄潜在的发展力提升，是在基本保障得到满足的情况下，通过村民剩余体力和智力的支出满足更高层次的发展需求。

2.3 构建社区单元的规划编制体系

基于上述需求分析，村庄规划应建立以社区为单元、以内在需求为切入点的规划编制体系。具体而言，需要以实地调研为基础、以村庄现状问题为导向，形成保障需求导向下的社区管理体系、安全需求导向下的空间布局体系、发展需求导向下的经济产业体系和期望需求导向下的环境整治体系四大基本支撑体系，使村民具有归属感和责任感（图 1、图 2）。

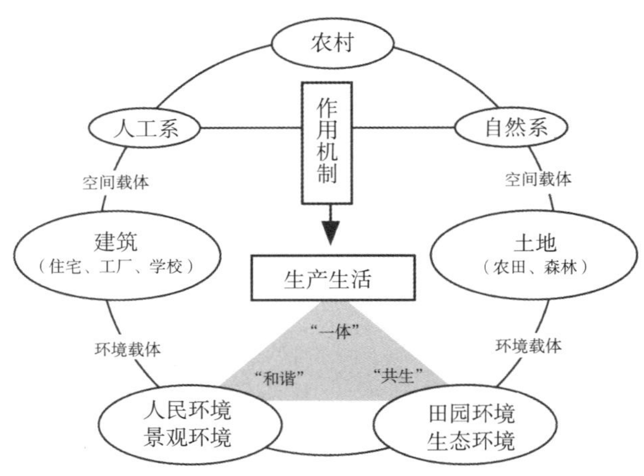

图 1 社区单元内在支撑体系

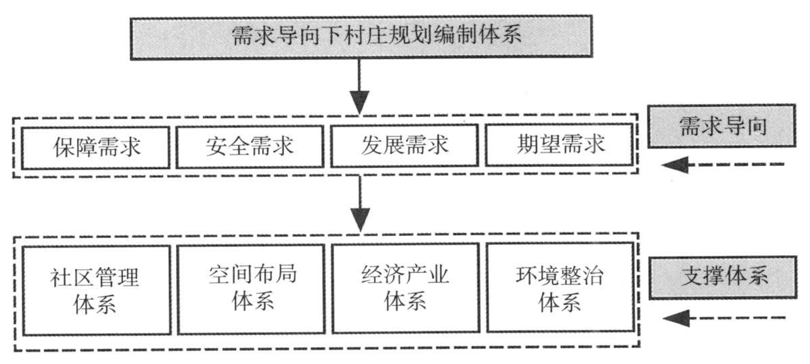

图 2 需求导向下以社区为单元的村庄规划编制体系

（1）保障需求导向下的社区管理体系

社区管理体系的构建应改变原有单一的农村管理模式，在社区建立后，构建一种以基层自治为主体，政府加以引导，各类公司及咨询委员会协作处理村庄经济事务的多元管理体系。

（2）安全需求导向下的空间布局体系

乡村作为人类居民点的基本单位，经过几百甚至上千年与环境的适应和自然演化，成为自然生态系统的有机组成部分，安全性与适宜性应成为村庄选址和建设的首要考虑因素，因此在规划建设过程中，一要将村庄的基础设施的建设纳入到整个镇域范围内进行考虑，建立完善的基础设施网络；二要基于安全理念对村庄的用地布局、防灾提出切实可行的整改措施；三要防止村庄宅基地无序蔓延而侵占耕地，以农田景观的保护为基础，协调生产与生活、资源利用和环境保护的关系，构建安全的生态景观格局。

（3）发展需求导向下的经济产业体系

随着农村改革开放步伐的加快，农村社会逐步走出封闭的圈子，社会新兴产业增多，农民谋生范围扩大、谋生渠道增多，且其他产业的经济来源和收益相对于目前的农业经济效益要高出许多，加上村镇缺乏生产企业，越来越多年轻人长期在外打工，由此出现了留守儿童 / 老人、“空心村”等社会问题，在关中地区此类问题更为明显。在此背景下，如何活化农村业态，利用现有的产业基础、资源条件培养优势产业，形成“一村一品”，成为村庄发展首要解决的问题。

笔者认为，可通过宅基地的置换和复垦，整合零散的小块农用地，改变小规模种植的农业模式，培育现代农业园、生态果园等现代化农业生产区，向农业生产的规模化、专业化、品牌化发展，提高农用地的产出率和农产品的附加值。同时，可引入现代化管理体系，健全专业化、社会化服务体系，大力发展农产品电子商务等现代流通业态，使农业与农产品加工相结合，与农产品销售、电商物流、生态旅游和个性消费等相结合，延长产业链条，实现三次产业的有机融合。

（4）期望需求导向下的环境整治体系

村庄的空间形态是在自然地理条件的影响下形成的，不同的地域环境形成了形态各异的村落空间，村庄长期存在的地域性特征是由自然演变而成的乡土肌理。因此，村庄规划应充分结合自然条件、尊重地方传统风格，使新建住宅与原有建筑在图—底关系上相融合；对保留建筑进行肌理修补，延续传统的空间肌理，挖掘文化内涵，塑造具有地域特色的乡土建筑风貌，使其既有地域文化又不失现代气息。通过整体提升村庄的景观风貌，使村庄呈现出文化的延续和内在吸引力，让村民在心灵上更具有文化的认同感。

3 需求导向下以社区为单元的富平县荆川村规划实践

3.1 村庄概况及基本特征

荆川村位于陕西省富平县淡村镇的南部，距离镇区 5km，北邻富淡二级公路，交通条件便利。全村有 6 个村民小组，共 548 户、1500 多人（图 3）。受传

图 3　荆川村在富平县的位置

统耕作模式和耕作半径的影响，各个村民小组的人口规模平均为 200 ～ 400 人，且小组的空间分布较为均质。受地域发展条件和民俗文化等因素的影响，村庄非农化进程较为缓慢，目前仅有 2 个村民小组的耕地流转入荆川村域内的农业博览园和薰衣草庄园（图 4）。

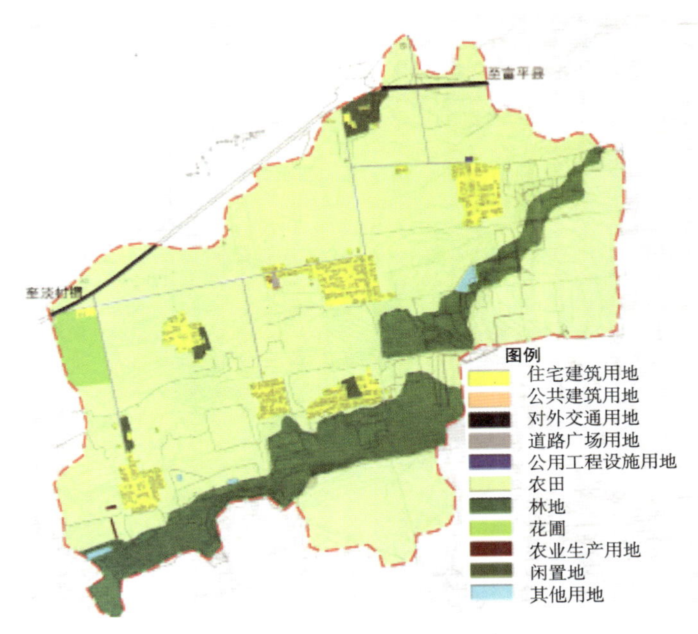

图 4 荆川村土地利用现状

荆川村无突出的发展优势，作为关中地区的普通村庄，其面临的问题也正是关中地区大多村庄在发展过程中普遍面临的问题。通过分析发现，自然村的分布和规模主要受传统耕作模式和耕作半径的影响，而非农化进程缓慢则主要受优越的农业条件及长期以来相对保守的地域文化等因素的影响，同时生活、生产方式的改变容易使传统文化因缺少相应的承载空间而逐渐消失。

3.2 村民需求分析

在村庄规划开始编制前，需对村民需求进行详细的分析、分类。项目组通过逐户访谈、发放问卷和村民座谈等形式进行深入调研，将其家庭收入、生活主要来源、外出打工情况、子女教育、宅基地范围、村庄环境及村民未来发展诉求进行了详细统计，参与访谈的村民年龄大部分集中在 6 ～ 18 岁和 41 ～ 65 岁之间。调研结果显示，村民对土地的依赖性正逐渐减弱，年轻人（特别是年轻男子）纷纷外出务工，形成了“打工经济”，造成了村庄“空心化”、留守儿童 / 老人较多的困境（图 5 ～图 7）。

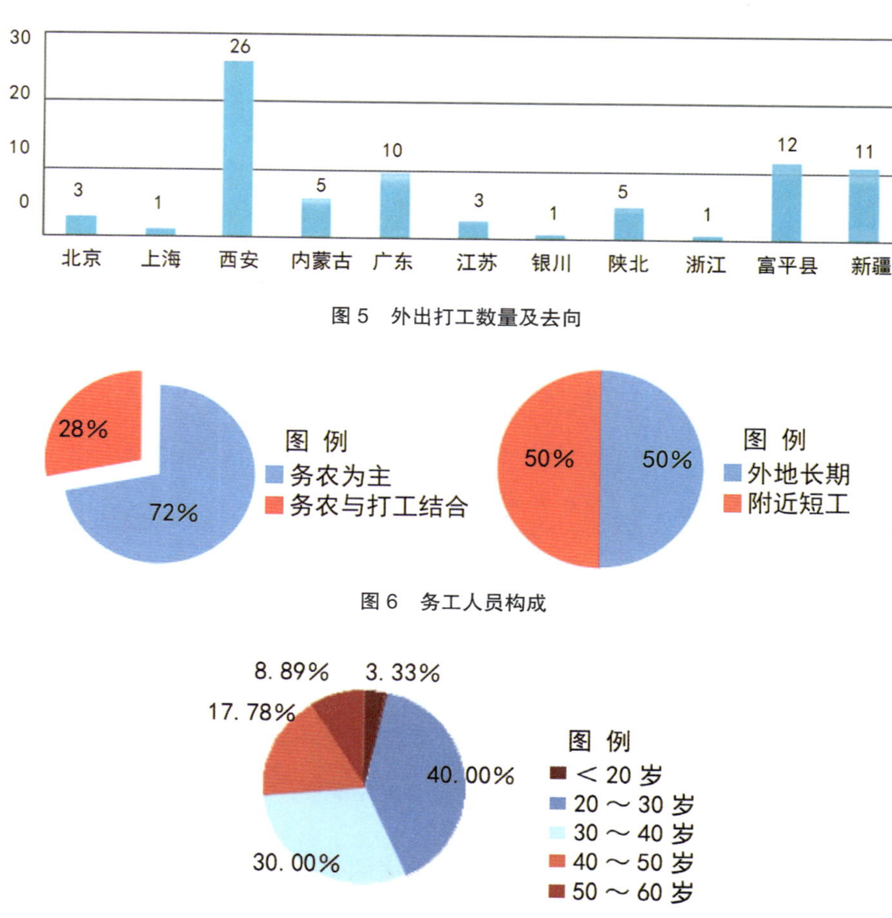

图 5　外出打工数量及去向

图 6　务工人员构成

图 7　务工人员年龄构成

此次调研在反映上述问题的同时，也很好地反映了村民的切身需求。在调研过程中，村民不仅对村庄提出了发展设想，也表达了对改变生产方式和生活环境的意向，主要体现在改变低收入现状、保证就近就业、解决山洪造成的居住安全问题、完善基础设施建设和改善人居环境等方面（表 1）。

3.3　规划构思及策略

通过村庄的全面规划和改造，实现社会经济与生态环境的有机融合，建设具有完备的生活功能、良好的自然生态环境的现代生态新村，在改善村民生活条件、优化居住环境的同时，有效节约土地资源，促进村庄经济发展和农民增收，

表 1 村民需求调查

内容	保障需求	发展需求	安全需求	期望需求
基本特征	自上而下的管理体制	农业生产并没有从村民的生活中彻底脱离出来，农业耕作仍然是村民的主要生活方式和经济来源。人均耕地少、农业设施不完善，导致亩产效益低下	有5个小组在不同程度上受过山洪的影响，南程组、南韩组由于靠近塬面，故受灾点较多。基础设施及公共服务设施标准较低	村主建设良莠不齐，地域特色逐渐消失，缺乏良性交往空间，“空心村”现象逐步加剧，传统村落活力渐逝
主观诉求	落实相关政策，保障基本的生活	生活无保障，希望改变低收入的状况	在生活条件上，希望增加排水设施、活动场地，完善环卫设施	希望恢复村庄干净、整洁的环境

探索村庄规划建设的新模式和新机制。

通过对以上调研结果的分析，结合荆川村的资源禀赋、经济产业条件和村庄建设情况，为满足村民的切身需求，规划采取渐进式发展模式，确定了以下四大发展策略。

（1）为满足保障需求，充分调动村民的积极性，加强村民自治，实现社区化管理，并提出多元化的管理运行体系。

（2）为加强村庄整体安全格局建设，规划适度集中布局用地，实现由同质分散到差异聚整的转变。在配套设施建设方面，提出设施分级配置，完善生态设施，构建绿色生态体系。

（3）在发展需求方面，采取产业多元化引导方式，提出由单一的以农业耕种为主转向农业设施现代化、乡村旅游多元化的发展策略。

（4）在期望需求方面，梳理村庄的空间要素，通过改造提升的方式，营造良好的生活环境，同时，增强村民的地域归属感和文化自豪感，引导村民自觉自愿地参与到村庄的建设中。

通过上述四大策略，最终形成村庄经济和环境的互利共生，实现村庄生产、生活、生态和谐发展的目标。

3.4 规划内容

3.4.1 社区管理

在此次规划中，村庄管理模式由传统村庄管理模式转化为多元合作的社区治理模式（图 8），即政府保护、公司及咨询委员会协作、村民自治的合作管理体系，同时，成立由镇政府牵头、镇—村两级的莲湖村管理委员会，并制定相关政策，激励村民回流；负责农业博览园和薰衣草庄园开发前期的行政管理与资金筹措工作，与咨询委员会共同负责村庄的规划建设工作。对于村庄内的经济活动，构建由居民个体经济、投资公司及集体经济共同经营的管理框架，公司主要负责招商引资、管理运行和基础设施维护等工作。

村民全程参与是本次规划的重要内容。村庄环境整治工作关系到村民的具体利益，作为村庄的主体，村民积极参与到村庄整治规划全过程中，对规划的可操作性起到了关键作用。规划主要构建了 3 个阶段的村民参与程序：第一阶段为调研阶段，主要工作是收集村民意见；第二阶段为规划编制阶段，重点是征求村民对规划成果的意见，在编制过程中多次召开村民意见沟通会，让村民参与到规划决策中；第三阶段为规划公示阶段，在规划方案报送主管部门审批前，将规划方案的重点内容制作成公示板，在村委会进行公示，并收集村民对规划方案的反馈。

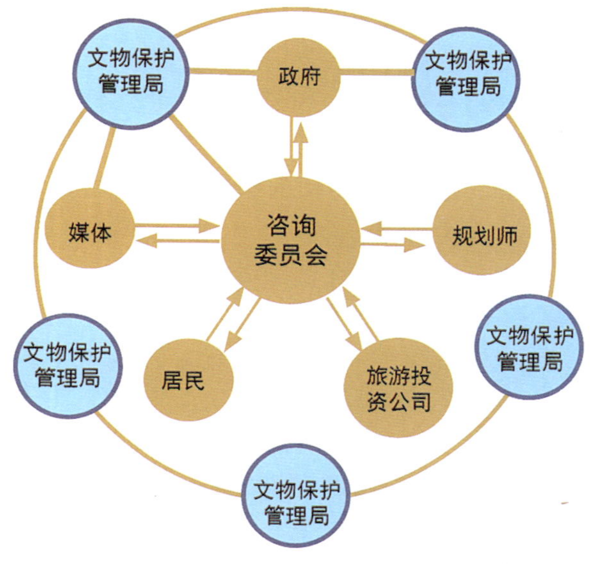

图 8　社区管理体系

3.4.2　空间布局

（1）村域空间用地适宜性评价。能否合理控制村域空间格局，直接关系到能否建构起安全的乡村生态格局和打造适宜的村庄人居环境。在荆川村整治过程中，规划运用多因子综合评价法进行城乡建设用地适宜性评价。规划选取影响村庄未来发展的主要因素——地形地貌、对外交通、乡村道路、地质灾害和服务设施等，在评价区域内划分网格型的评价单位，将所选因子进行分项，并加权叠加出适宜性综合评价值，最终依据评价值区间划分出适宜建设用地、可建设用地和禁止建设用地（图 9）：禁止建设用地为荆川南部靠近台塬、存在地质灾害的区域；适宜建设用地为靠近富平——淡村二级公路、村庄公共设施服务半径范围内区域；可建设用地为开发建设活动需采取一定工程防治措施的区域。

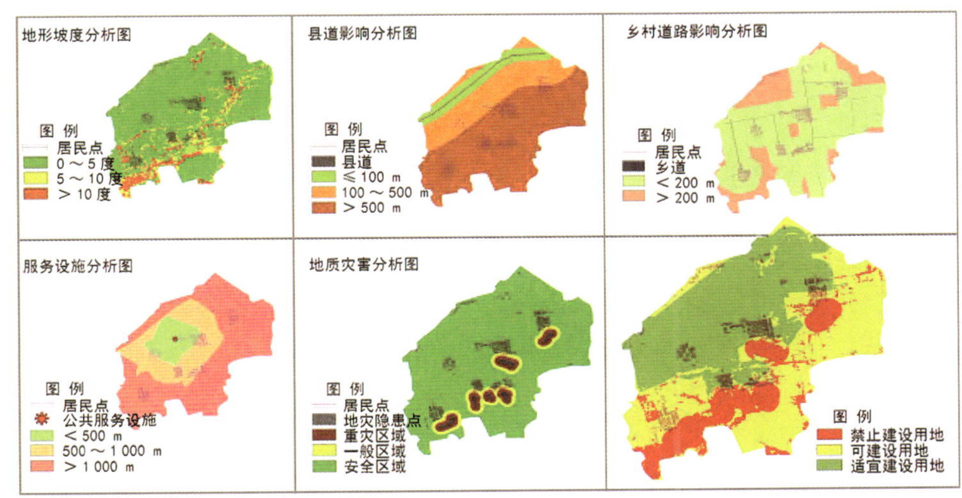

图 9　建设用地适宜性评价

（2）安全和适宜的村庄建设用地选择。规划将影响荆川村发展的因素转化为每个村民小组的评价指标，通过打分赋值及层次分析的方法，构建各小组综合发展评价指标体系（图 10）。

一级系统	二级系统
人口条件	各组人口规模
	劳动力结构
经济条件	经济发展
	设施水平
	拆迁成本
	环境质量
用地条件	空废院
	村内空闲地
	人均耕地面积
	人均宅基地

→

	东刘组	田家组	南权组	南韩组	南程	东村
各组人口规模（人）	456	385	186	312	244	283
长期打工人数比例（%）	12	20	10	32	22	16
设施内容	村委会、医疗站、幼儿园、商店	商店、排水设施	商店	无	无	无
道路硬化	主要道路硬化		主要主要道路硬化	主要主要道路硬化	无	无
建筑质量好比例（%）	42	32	56	49	51	86
户均年收入（万元）	0.5～1	0.5～1	0.5～0.8	0.3～0.6	0.6～0.8	0.3～0.6
空心率（%）	9.7	19.6	5.26	8.23	6.7	3.9
空闲地面积（hm²）	0.45	0.57	0.05	0.45	0.54	0.62
户均耕地面积（亩）	8.3	6.2	7.9	3.2	8.3	10
人均宅基地面积（m²）	324.9	287.3	251.2	310.1	233.9	247.7

图 10　各村民小组发展条件评价推导

规划最终将村民小组划分为保留型、控制发展型和撤并型 3 种类型（图 11）：田家组仍以居住功能为主，并为农博园提供配套服务；东刘组除兼有居住功能外，还兼有村域的公共中心、关中文化展示中心的功能；南权组主要为薰衣草庄园的配套旅游服务组团。

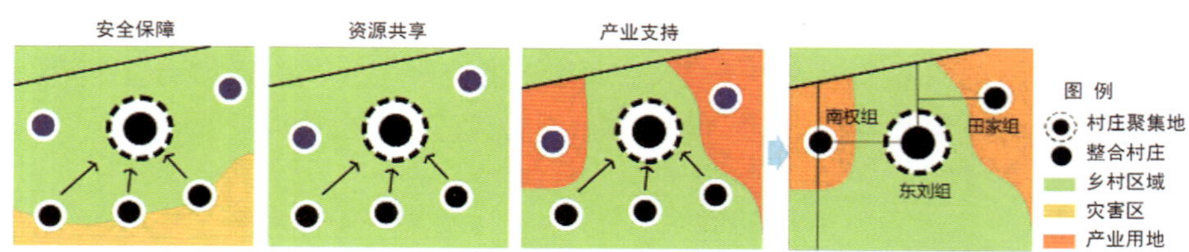

图 11　荆川村 3 种村民小组的类型划分与整合

3.4.3　经济产业

规划充分挖掘荆川村现有农业种植、柿子经济林和家庭养殖业等资源条件，整合村域范围内的产业用地，引导农业生产向规模化、专业化和品牌化发展，同时，规划转变单一的经济发展方式，综合开发农业的多样性，以农业为基础，从农村生活、农业耕作和农业景观中挖掘旅游资源，打造集休闲、观光和体验于一体的乡村旅游产业。荆川村未来以现代农业为主导产业，以乡村旅游为辅助产业。

（1）主导产业——现代农业发展策略。规划打造了“一带六园”的现代农业发展结构（图 12）：①“一带”为优质果品种植带，规划充分利用地形及现状特征，沿塬坡进行果品种植。②“六园”为设施蔬菜种植园，布置在富淡二级路南侧，易于销售和运输；生态农业示范园，布局在田家组东侧靠塬面处，兼有农业生产和生态景观观光功能；现代花卉种植园，布局在东刘组南北侧的地势平坦处；花木草坪种植园，位于荆塬塬面上，与荆塬村合作打造集现代农业观光和休闲于一体的特色园区；特色苗木种植园，结合薰衣草庄园，配套种植具备观赏价

图 12　村庄产业发展布局

值的特色苗木；特种养殖基地，以空废弃房屋为基地，进行适当的建筑改造，发展荆川村的规模养殖业。

（2）辅助产业——乡村旅游业发展策略。荆川村拥有优越的交通区位和薰衣草、柿子林等特色农业景观，并有着深厚的东府文化，因此可综合培育农业的经济、社会和生态功能，推进农业多元化发展。规划依托薰衣草花田观光区，结合周边特色苗木种植区，形成婚纱摄影及影视拍摄基地；依托农耕文化展示区，结合生态农业示范园，发展以农业耕种、农产品采摘为主的休闲体验农业；整治东刘组内的建筑风貌，使其成为东府文化及乡土文化的集中展示区域；积极培育已有一定基础的“农家乐”产业，形成集“吃、住、玩”于一体的“农家乐”休闲度假区，促进荆川村第三产业的发展（图 13）。

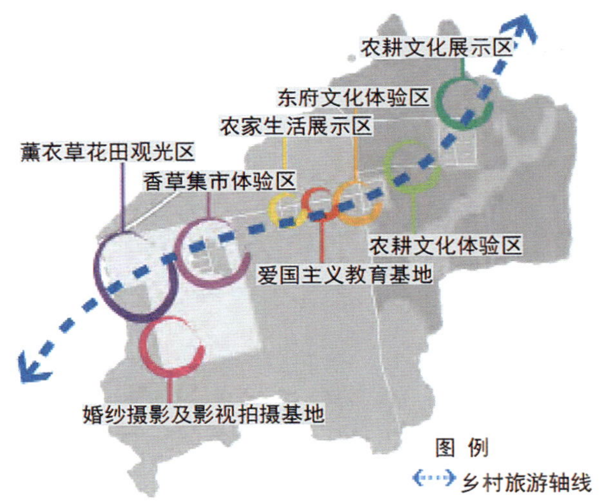

图 13 村庄旅游发展布局

3.4.4 环境整治

在环境整治方面，规划主要挖掘文化特色与生态特色，顺应村庄肌理，从宏观、中观和微观 3 个层次分类、分级整治村庄环境。

（1）在宏观层面，将村域划为农田风貌保护区、生态林带保护区、开放公共空间控制区和居民建设控制区，并对每个分区的范围、保护内容及控制要点提出引导措施（表 2）。

（2）在中观层面，规划依托荆川村的“田、院、林、塬”四大要素，确定“阡陌纵横、田院共融、塬林相连”的规划理念，以“延续—整合—提升—激活”为思路进行空间布局，并对道路、绿化景观进行整治（图 14）。规划充分考虑村民的生活习惯、民俗风情，在遵循因地制宜和就地取材原则的基础上，引导村民参

表 2　控制分区一览

控制内容	农田风貌保护区	生态林带保护区	开放公共空间控制区	民居建设控制区
控制区性质	生态农业保护区	自然景观保护区	社会交流空间保护区	传统文化保护区
分区依据	土地利用规划	土地利用规划	社会交流频率	建筑特色评价及建筑质量评定
分区划分	以现有农田为基础，在保证基本农田数量不变的情况下，可适当置换用地	林带一级保护区、林带二级保护区（一级保护区外延20m 范围）	以主要街巷空间为主，依托树木、广场共同构成需要保留的交往空间	民居建设一类控制区； 民居建设二类控制区
控制保护内容	基本农田、重要试验田	经济林木	村口空间、主要道路空间、重要集会场所	传统民居、建筑风格、色彩、体量

图 14　村庄平面布局

与到村庄环境整治工作中，推广关中地区的传统营造技术，利用本地的材料进行街巷风貌提升，并种植本地树种，在宅前空地种植农业作物，营造具有地域特色的乡土景观。

（3）微观层面的整治主要包括对建筑风貌、公共空间及庭院的整治（图 15）。在建筑空间组织过程中，充分利用自然景观、建筑，尊重原有的肌理关系，进行空间上的织补，形成具有关中地域特征的院落空间格局。新建住宅统一采用关中民居元素，建筑层数为 2 ～ 3 层，通过建筑平面布局、色彩控制和细部设计来协调荆川村整体风貌，如纵向进深院落布局、坡屋顶和局部装饰砖雕。

图 15　环境整治前、后对比

此外，规划注重对传统风貌保存较好的民居建筑进行保护与再利用。这类民居建筑普遍建于新中国成立以前，为土木结构，现大多破败，部分院落原有居住者搬离，衰败成为空废院落。规划对这类建筑进行修缮整治，保留原有建筑形态，改造为景观建筑，并培育现代的文化展示、餐饮等功能，促进传统民居的再生利用。

4　结语

村庄规划是一项复杂的系统工程，也是一个长期的过程。村庄演变具有内在的生长逻辑，因此需要从乡村视角来进行村庄建设，明确村民的建设主体地位，加强村庄的自组织能力，借助外部资源激活村庄的内生动力，推动村庄的可持续发展。本文将社区作为村庄发展的基本生活、生产单元，不仅对产业、环境、空间和管理三个方面进行控制与引导，还在村民需求体系的框架基础上，提出了有针对性、有侧重点的思路，从而加强村庄规划的可实施性及引导作用，从可操作的视角探索解决“三农”问题的对策。

（《陕西省渭南市富平县淡村镇荆川村村庄规划》获 2013 年全国优秀城乡规划设计村镇类一等奖。）

参考文献请见原文。

（撰稿人：赵卿，硕士，陕西省城乡规划设计研究院规划师；宋玢，助理规划师，现任职于陕西省城乡规划设计研究院；赵薇，陕西省城乡规划设计研究院规划师）

城乡互助[1]

1 引言

社区支持农业（Community Supported Agriculture，CSA）起源于20世纪70年代的瑞士。与中国目前的状态相似，当时的消费者为了寻找安全的食物，农民与消费者互相支持以及承担粮食生产的风险和分享利益。这种城乡的消费者与生产者相互支持，发展本地生产、本地消费的微型区域合作方式随后在世界范围内得到传播，其含义也从最初的生产与消费合作延伸出更多的内涵。

进入21世纪以来，随着中国消费者对农产品安全的要求不断提高，社区支持农业的理念在中国开始流行，涌现出了一批草根组织。有机农业、永续农法和生态保护等可持续农业理念成为CSA草根组织的一致追求。与此同时，它的理念逐渐超出了有机生产和生活的范畴，更多是引导和教育人们怎样看待这个世界，思考人与自然的关系，并与人们的价值观和生活方式相联系，追求人和环境的和谐。

根据中国的实际、农业特点与发展规律，我认为CSA不应该停留在城市社区对农业的支持层面，而应该体现新型的城乡关系，是城乡互助农业的一种形式。因此，把文章题目定位在“城乡互助农业发展的基础与条件”，是想表达两层含义：一是城乡互助农业发展的依据是什么，即讨论一下城乡互助农业存在的理论基础和必然性。二是论述如何才能创造城乡互助农业发展的环境，即讨论城乡社区互助农业的条件。

2 发展的依据

互助农业之所以成为可能，首先是一方的存在能满足另一方的需求。从消费者角度看，追求健康的农产品以满足健康需要是最为直接的诉求。近些年来，食品安全问题频发，诸如地沟油、瘦肉精、镉大米、三氯氰胺牛奶和毒蔬菜等现象

[1] 本文摘自《人与生物圈》，2016（5）：6-9。

的存在，挑战了人们安全需求的底线，引发了人们对土地污染和农产品安全的担忧。于是，城市白领们就开始到乡村去寻找安全的农产品，甚至自己承包一小块地亲自种植农作物。然而，他们毕竟不是农民，很难坚持农业生产，也很难保证自己生产出的农产品会真的安全，于是就有了与农民的合作。

农民在以往的生产过程中遇到的最大问题是农产品难卖，农产品到了相对过剩的阶段，农民种啥都会遇到难卖的问题，而试图通过调整农业结构、发展高附加值农业、呼吁优质优价以及发展农业互联网等解决农民增收问题，在理论和实践上都不现实。于是，农民明白了这样一个道理：要获得稳定的农业收入就必须防止生产过剩，而通过建立互信机制，生产让人放心的高品质农产品卖给熟悉的相互信任的消费者，是实现增收的有效的途径，于是就有了农户与消费者的对接。这种生产者与消费者的相互满足是建立在相互信任基础上的，随着交往互动的不断深化，消费者的需求内容不断丰富，从最初的安全农产品需求，逐渐扩展到了农业体验、休闲度假、复兴乡村文化和参与乡村营造等内容，甚至对城市特定人群产生了一种强大的吸引力，吸引人们来乡村生活。

农业自身的多功能特点为满足消费者多样化需求提供了可能。随着对农业特点认识的提高和农业农村相关知识的普及，人们越来越认识到农业的意义和乡村的价值，农业除了生产丰富的农产品之外，还有重要的生活价值、生态价值、文化价值以及对人们实施教化的价值。因此，体验农业、休闲农业、观光农业、旅游农业以及教育、科普等农业形态应运而生。特别是农业的教育价值被认识以后，面向青少年的“开心农场”、“农业实践基地”等形式受到人们的普遍欢迎，成为实施“全人”教育的有效途径，也极大丰富了农业类型和农业形态。

3 发展的基本条件

第一，要有市场。生产者和消费者都有需求，即消费者有消费健康食品的需求，农民有增加收入的需求，双方都有改善生态环境和追求可持续发展理念和信仰，又存在满足双方需求的条件，才能形成互补。互补性是城乡互助农业得以实现的首要条件。因此，有必要分析消费者的需求。几年前，我们针对北京市民做过一项农业与乡村需求的调查，发现市民对农业和乡村的需求十分复杂，排列出来大约有 20 多项，排在前五位的分别是：乡村的自然环境、安全农产品、农家饭与民宿、农事体验，以及寻找民俗与乡愁。乡村与农业的发展要针对城市人的需求并加以满足，如良好的生态环境、科学的生产方法、有吸引力的农产品类型、农业体验和乡村体验的环境条件、乡村与农业文化的挖掘，以及丰富与发展等。需要指出的是，无论是乡村建设还是农业的发展都不能为了单纯迎合城市消费者的需求而违背农业和乡村发展规律。只有遵守农业发展的规律，农业才有生命力，才能可持续地满足消费者需求。在实践中，诸如只要农业景观而忽视农产品的做法往往不可持续。

第二，不能忽视乡村的存在。在很多人看来，谈农业好像与乡村没有关系，这等于把农业与乡村割裂开来。实际上，农业离不开乡村。如果说农业可以离开乡村而存在，那么这种农业不仅是单调的，而且是高成本的，没有文化的，往往是不可持续的。乡村对农业的贡献大体上表现在三个方面：一是方便农业生产，乡村正是在长期适应农业生产的过程中形成的，发展出了适应农业生产的农家院落和村落形态，农产品晾晒和加工场地，农家储存空间和各类农机具，甚至田间道路、水利设施等都是围绕乡村而形成的。二是帮助农业实现有机循环，传统农业本来是封闭的循环农业，在石油农业占据主导地位后，循环农业被削弱或消灭，当人们反思农业发展问题时，惊奇地发现传统有机循环农业更符合现代可持续农业理念，而乡村正是实现农业有机循环的重要节点。没有了乡村，种植业与养殖业的循环就会中断，村民们生产与生活的循环就会被消灭。目前在乡村出现的垃圾问题、过量施用化肥农药导致的环境污染问题，可以说都与忽视了乡村与农业的关系有关。三是农业文化的载体，丰富的农业文化不仅表现在农业生产过程中，也表现在村民日常的生活、习俗和信仰中，一旦没有了乡村，农业文化就没有藏身之处。

城乡互助农业是社会发展到一定阶段出现的必然现象，是城市特定消费者群体与乡村社区的互动，只有把农业放在乡村社区环境下才能体现农业的灵性和活力，才能发现和体会到农业文化的真谛。一个与乡村无关的孤立的农场，不可能满足消费者如此综合的需要。一些农业开发区、高新农业园区之所以缺少活力和灵性，其中一个重要原因在于人为地把农业与乡村截然分开。

第三，要以农民为主体。既然是互助农业，消费者和生产者处于平等的互动地位，但是农业生产者是消费产品的提供者，掌握和控制更多的信息，因此在互助主体中占主导地位。目前的城乡互助农业相当一部分产品的提供者不是农民，而是城市白领、工商企业、技术人员或艺术家等，他们有技术、有资金、有创意、有理念、有情怀，在发现农业价值和开发农业产品、研究和满足消费者需求等方面发挥着积极的启蒙和引领作用。但是也必须看到，这种作月只有和农民结合才能落地生根，才能变成普遍的事实。如果认为农民落后而追求那种排斥农民的农业，或者把农民仅仅当成一个雇用对象，失败就是必然的。

第四，微观组织形式是家庭农场。家庭农场以家庭成员为主要劳动力，这种农业生产单位具有稳定性和综合性等特点，是最适合发展城乡互助农业的基本单位。稳定的家庭农场可以使农场经营者具有长远的预期，为长远规划、耕地保护、农产品开发、品牌建设以及发展可持续农业和多功能农业提供基础。唯有如此，才能形成城市消费者对农场的稳定与长远消费预期，培养稳定的互助农业对象。家庭农场的综合性不仅表现在种植业与养殖业的结合，也不仅仅表现为种植业的多样化，而是可以真实地实现农业产业的深度融合。在家庭农场环境中，农业的生活价值、生态价值和文化价值等农业优秀遗产可以充分得到活化的保存，生态农业、旅游农业、体验农业、景观农业以及教育与科普农业等均可以实现，农产品加工业和乡村手工业等可以发育成长。与此同时，以采摘、农事体验、农家乐、民宿和休闲等为主要内容的第三产业也能找到理想的载体，即实现了“文旅农的融合”。

当然，城乡互助农业还依赖人们价值观念的更新，需要消费观念的变革，更需要全社会对农业、乡村和农民的理解和尊重，也离不开新型城乡关系、土地制度，以及政府对农业的支持政策等保障措施。相信城乡互助农业作为现代农业的一种形态会受到越来越多的关注，得到越来越多的认可，获得越来越大的发展空间。

参考文献请见原文。

（撰稿人：朱启臻，中国农业大学农民问题研究所所长、教授、博士生导师，中国人与生物圈国家委员会专家组成员）

新型城镇化背景下镇村布局规划的江苏新实践

——以扬州市市区镇村布局规划为例[1]

1 引言

改革开放以来，在农业生产、农民生活和土地利用等方面，中国乡村都经历了一个剧烈变动的转型过程。2000年代中后期，在“城乡统筹”政策的引领下，农村地区开始了新一轮的乡村转型，并呈现出农民就业非农化程度高、外出务工时间长期化的趋势，城乡之间的人口流动日益频繁。与此同时，农村人口老龄化和空心村现象日渐凸显，传统的乡土社会正逐步消逝，引发了学界对乡村问题的持续关注。

2011年，我国城镇化率首次超过50%，标志着我国出现了“从关心城市到关心乡村问题”的宏观政策拐点。随着中共十八大“新型城镇化”的提出，我国镇村发展步入了新的阶段。与传统的城镇化相比，新型城镇化着重强调“城乡统筹、城乡一体”，开始从“城镇的单视角转向城镇和乡村协调发展的双视角”。在这一过程中，城镇化工作的重点将更关注镇村发展，促使农民在生产生活中“农民市民化、致富有出路、乡愁有所寄、权益有保障”。由此，新型城镇化背景下的镇村布局规划面临着更多的挑战和更高的时代要求。

在上述背景下，江苏省于2014年开始推进新一轮的镇村布局规划编制工作。本文基于《扬州市市区镇村布局规划》的编制实践，对新时期下江苏省镇村规划编制的新探索进行梳理和总结，旨在为同类型规划的编制提供借鉴。

2 江苏省历轮镇村布局规划检讨

从20世纪90年代后期“离土不离乡”的苏南模式，到2000年代中期的“新

[1] 本文摘自《中国名城》，2016(3)：29-34。

基金项目：国家自然科学基金——中国“新城运动”的格局机制与管治研究(编号：41471133)。

农村建设”浪潮，再到近年来的“美好城乡建设”工程，江苏省关于镇村规划建设的研究和实践一直走在全国前列。随着城乡关系的不断发展，江苏省已开展了多轮镇村布局规划的编制，其经验和教训值得借鉴与反思。

（1）第一轮镇村布局规划（1995 ～ 1996 年）

20 世纪 90 年代，在《村镇规划标准》和《江苏省村镇规划建设管理条例》等政策文件的指导下，江苏省开始展开关于镇村规划的实践探索。1995 年以来，江苏省展开“两区”划定工作（基本农田保护区和村镇建设规划区），制定了中心村建设规划，并根据当时的经济发展水平和农民建房需求，因地制宜进行实施。此轮规划促进了农民集中居住建设，对发展镇村经济、改善农民的生产生活条件有明显成效。然而，这轮规划仅在经济发展较好的村庄才有条件组织实施，覆盖面并不广。此外，规划中“中心村——基层村”的两级结构相对单一，对村庄特色保护的重视不足。

（2）第二轮镇村布局规划（2004 ～ 2006 年）

2000 年代，随着“城乡统筹”的提出和新农村建设工作的开展，江苏省全面启动镇村建设工程，并出台了《江苏省村庄建设规划导则（试行）》指导镇村布局规划编制。此轮规划致力于引导农民集中居住和土地集约利用，推进镇村基础设施建设和环境整治工作。然而，由于当时省内镇村情况复杂，加之规划师对城乡统筹内涵的理解尚有差异，导致出现了规划编制任务指向、镇域规划形式主义严重、镇村规划特色缺乏、政策保障乏力等问题，规划可操作性不强。因此，该轮镇村布局规划实施效果并不理想。

（3）第三轮镇村布局规划（2014 ～ 2016 年）

2014 年，为了进一步优化城乡空间结构，提高镇村建设水平，江苏省出台了《省政府办公厅关于加快优化镇村布局规划的指导意见》、《省住房城乡建设厅关于做好优化镇村布局规划工作的通知》等一系列政策文件，指导新一轮镇村布局规划工作的展开。这一轮规划更注重“发展”的村庄，充分尊重农民和乡镇自身发展意愿，同时更重视因地制宜，差别化指导，强调规划的科学性、合理性和可操作性，避免再出现以往镇村建设中不符合农民意愿的大拆大建和强推“农民上楼”。本文将以《扬州市市区镇村布局规划》为实证案例，总结江苏省新一轮镇村布局规划的编制方法和实践经验，作为发达地区的江苏经验将对全国其他地区的镇村建设具有重要借鉴意义。

3 规划区概况

3.1 扬州市区镇村现状分析

扬州市位于江苏省中部、长江北沿岸。作为长三角核心区北翼中心城市和苏中、苏北重要的门户枢纽，扬州市区位条件优越，经济基础扎实，镇村发展态势良好。《扬州市市区镇村布局规划》的规划范围为《扬州市城市总体规划（2011-2020）》确定的规划区范围内、中心城区外围地区的21个镇（街道）（图1），共涉及326个行政村，5492个自然村庄。规划区内村庄数量庞大，布局离散而不均质。此外，规划区内涉及里下河地貌、夹江地貌、丘陵地貌和平原地貌等多种地理环境，不同地形条件下形成的村庄空间呈现出不同特征，区域差异明显。

图1 规划区范围

3.2 扬州市上轮镇村布局规划检讨

2005年，在江苏省《关于做好全省镇村布局规划编制工作的通知》文件的指导下，扬州市邗江区和江都区（原江都市）分别编制完成了首轮镇村布局规划。此轮规划旨在通过统筹考虑村庄布局、产业集聚、基本农田保护以及各项重要基础设施建设，合理确定全区范围内村庄的数量和布局，引导“农民向城镇集中、产业向园区集中、农业向规模集中、居住向社区集中”。规划提出将扬州郊区范围内7573个自然村庄按照不同类型调整至951个规划居民点，村庄撤并比例高达87.4%。

该规划自实施以来，对扬州市区镇村体系产生了较大影响。一方面，随着规划的实施，村庄数量大幅减少，建设用地得到集约，农民集中居住工作初见成效，相关配套政策也不断完善。而另一方面，该规划在实际操作过程中也暴露了诸多问题：首先，规划提出的村庄撤并力度过大，操作相对困难；其次，缺乏对乡土特色的重视，部分历史建筑、街道随着村庄撤并逐渐消失；第三，由于政策制度尚不健全，未能充分考虑区域差异，给部分确有建房需求的农民带来生活上的困难。该规划的经验与教训为新一轮规划的编制提供了诸多启示。

2014年，扬州开展了新时期背景下的最新一轮镇村布局规划编制。通过新型城镇化背景下的城乡发展趋势研判和对上轮规划的总结和反思，新版规划在规划思路、方法、内容和技术上做出了许多新的探索和转变，旨在编制一个更加科学合理、符合农民发展意愿、可操作性强的镇村布局规划，进一步引导扬州城乡一体化发展。

4 新时期镇村布局规划编制的探索

随着江苏省新一轮的镇村布局规划工作的展开，《扬州市市区镇村布局规划》在江苏省出台的系列政策指导下，从探索自下而上规划模式、厘清半城市化地区村庄发展规律和确立村庄分类体系三个方面对新时期背景下镇村布局规划的编制进行了探索和创新。

4.1 探索自下而上的规划模式

就江苏省而言，无论是20世纪末“中心村”的大规模建设，还是21世纪初的“新农村”规划，以往的镇村规划均由中央政府推动，采取“自上而下”的编制路线。然而，由于“自上而下”的镇村规划模式不能全面反映基层政府和农民对村庄的建设意愿，落实难度较大；同时因为征地拆迁等原因，较易引发各类纠纷、冲突和群体事件。通过对“自上而下”规划模式不足的反思，江苏省本轮规划采取“村级酝酿，乡镇统筹，市县批准，省厅备案”的编制流程，在规划过程中强调由村级组织自下而上进行“民主规划”，旨在编制一个符合村庄自主发展意愿的新规划。

总体来说，规划编制工作经历了“自上而下指引——自下而上酝酿——各层级互动”的过程（图2）。在规划编制的前期阶段，依据现场调研、问卷调查和各乡镇访谈的情况，针对不同类型的村庄提出差别化的发展意见和指引，形成了《扬州市市区镇村布局规划纲要》，以此作为规划编制的技术纲领指导规划工作展开。在规划编制过程中，首先由各行政村结合自身村庄发展实际，向镇政府上报重点村、特色村和一般村的规划布点意愿。随后，镇政府对各村上报的规划意愿进行统筹安排，完善本镇村庄布点规划，并将结果进一步上报扬州市政府。此后，规划局对各镇上报结果进行二次校核和统筹，拟定初步规划结果，与各区、乡镇政府进行充分的意见征询和沟通，逐步完善规划布点安排，确定最终的规划结果，并上报给省厅备案。

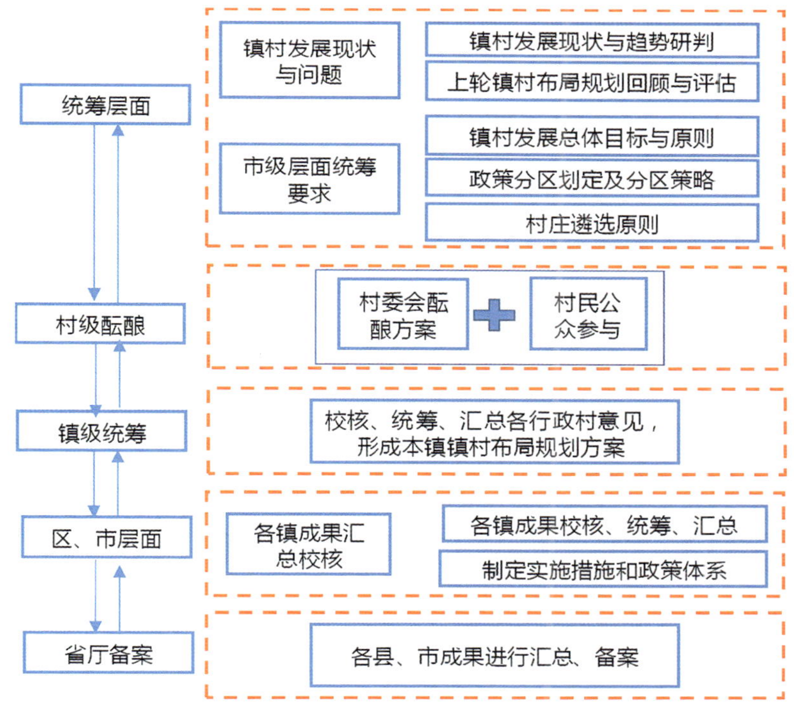

图2 规划编制流程

资料来源：参考文献

“自下而上”规划模式的探索，使规划编制更符合各村庄、街镇的自身实际和发展意愿，有效确保了规划的可实施性。与此同时，规划师的角色从单一的规划“制定者”转换为“指导者”和“把关者”，进一步促使了规划从“精英规划”向

"民主规划"的转型。"自下而上"与"自上而下"两个层面的良性互动，使得规划编制在关注公众决策的同时更趋科学合理。通过规划的编制可以看到，当代规划已经进入公共政策范式领域，规划民主变革是不可逆转的潮流。新时期镇村布局规划的编制应更多着眼于规划的"社会性"，通过"镇村自治"导向的规划流程民主变革，集合"乡村社区"的不同利益方，催生"见贤思齐、崇德向善、奋发有为、造福桑梓"的强大内生力量，有助于引领乡村规划从他组织走向自组织。

4.2 厘清半城市化地区村庄发展规律

本规划的覆盖范围位于扬州市城市郊区，城乡联系密切、流动频繁，同时也存在着空间碎化严重、空间利用无序的问题，具有典型的"半城市化"地区特征。规划从理论研究入手，以田野调查为依托，通过配额抽样和便捷抽样，对扬州市城郊地区城镇化趋势和农民迁居意愿进行问卷调查，旨在探究半城市化地区城乡流动的现状和特征。通过问卷分析可以看到，扬州城郊地区正发生着剧烈的乡村变迁过程，呈现出如下规律。

4.2.1 镇村发展地域差异明显

本次规划区内的 21 个街镇的地理条件多样，社会经济发展情况迥异，镇村发展的地域性差异较为鲜明。为避免再次形成"一刀切"式的政策，规划通过校核各镇村自然条件、社会经济发展状况及与主城区关系特征，将规划区范围划分为滨江开发型、都市近郊型、都市远郊型和跨界发展型等四种类型。在滨江开发型地区，工业园区发展态势良好，农民就地城镇化特征明显。规划提出在这一地区严控农民建房，引导农民向城镇集中。在都市近郊区，由于过去政策严禁一切村庄建设行为，许多危旧房屋也未能进行改造。规划指出在这一地区政策制定要"有堵有疏"，允许有建房需求农民在规划定的区域内新建房屋，同时进一步扩大镇区农民集居点建设。在都市远郊区，经济条件相对落后，因此规划要求在政策和资金扶持的同时，鼓励农民向镇区集中，同时顺应建房潮流，在远离镇区的农村地域建设农民集中居住点以保证耕作半径。而在跨界发展型地区，规划引导这一地区镇村与泰州进行积极的跨界融合，协调城乡发展。

综上所述，规划区范围内各个镇街由于地理条件和经济社会特征迥异，呈现出较为明显的区域差异。规划通过明确各政策分区特征及现状问题，为各分区制定差异化政策指引与实施措施，引导镇村因地制宜、健康有序发展。

4.2.2 乡村衰退现象开始出现

伴随着工业化和城镇化双重驱动下的农村劳动力大规模迁移，规划区内乡村"空心化"和"老龄化"问题突出，乡村衰退现象开始显现。通过问卷分析发现，有 38.3% 的务工农民长期居住在城镇地区，且部分受访者表示，其家人也会随同进入城镇居住。随着大量青壮年劳动力向城镇流动，村庄内留守的多为老人、妇女和儿童，村庄“空心化”趋势日渐凸显。与此同时，随着外出务工人员的比重增加，城郊农村地区常住人口年龄结构也发生变化。在问卷调查尽量选择年轻人的情况下，受访对象年龄仍偏向“老龄化”，60 岁以上受访者比例达 37%。由此可见，扬州市城郊地区的农村出现了较为明显的衰退现象，其中，远郊地区由于建房时间更为久远，房屋相对破败，乡村衰退现象更为突出。

针对村庄衰退这一现象，规划一方面提出推动村庄特色产业发展，夯实镇村发展的经济基础，引导村民就近就业。另一方面，规划在公共服务设施和基础设施配置的过程中强调“均等供给，按需配置”，避免过程性浪费。此外，规划通过政策制定引导农民向城镇集中，并建设农民集中安置区以改善衰退村庄居民生活条件。

4.2.3 农民集中居住大势所趋

长期以来，由于对农村建设管控不足，我国农村建房普遍较为粗放。为推动土地集约利用、拓展城镇发展空间、促进城乡统筹，扬州市近年来积极推进农民集中居住工作，到 2014 年末规划区范围内共建设农民集中居住点 38 个。从问卷调查数据看，有 45% 的受访者表示愿意集中居住，其中，有 63.6% 的受访者表示原意进入镇区集中居民点居住，以享受镇区便利的生活条件和良好的公共服务，另有 36.3% 的受访者由于乡土情结等原因，更倾向于在本村集中。

基于此，规划梳理总结出了一系列值得推广的农民集中居住模式：第一种是政府推动建设模式，是指上级政府颁布相关政策后，由镇级政府出台符合农民利益的具体拆迁补偿安置措施，引导农民迁入集中安置区，在此过程中，政府以远低于市场的价格向农民出售集中居住区住房，让农民切实感受实惠；第二种是项目推动模式，是指通过重大基础设施项目的建设，将沿线的农民迁入规划安置区集中居住，在这一过程中，政府可以通过“先建后拆，边建边谈”的方式引导拆迁农民迁入集中区；第三种则是村集体自发建设模式。由于部分村集体经济实力较强，农民也有集中居住的意愿，辅以上级政策的支持，使农民集中居住工作易于进行。以上三种模式具有较强普适性，可对此类农民集中区建设起到指导作用。

规划通过调研分析，立足半城市化地区特征，厘清了规划区村庄发展规律，并将其作为规划编制的重要依据，提出切合当地实际的实施措施，构建因地制定的政策指引，保障规划有效落实。

4.3 确立村庄分类发展体系

江苏省在针对本轮镇村布局规划制定的一系列政策文件中，对村庄分类的方法提出了明确的要求。本次规划依据上述政策规定，综合考虑扬州市各乡镇的发展情况，构建了“重点村——特色村——一般村”的三级村庄结构体系（图 3）。基于此，规划综合考虑各村自身条件和发展现状，依据生态保护和基本农田保护的需要，从区位条件、村庄规模、文化属性、村庄环境、公共及基础设施、产业特色、农业生产方式、周边资源条件等 8 个方面提出村庄分类原则，引导村庄正确把握自身定位，确保规划合理性。

依据各政策分区要求和村庄分类原则，结合各镇街发展实际，本次规划共划定重点村 312 个、特色村 23 个、一般村 4367 个，其中，重点村的确定主要依据各行政村和各乡镇自主酝酿的名录，并由规划人员依据村庄分类原则进行校核，得出最终结果；特色村的确定既参考了各行政村、乡镇自主上报选点，又根据规划人员进行的实地调研踏勘结果，进行专家打分并确定最终特色村名录。

同时，规划还对不同类型的村庄做出具体发展指引，引导重点村通过完善公共服务设施和基础设施配套，成为城镇服务乡村地区延伸的中心节点，发展为“康居村庄”；引导特色村通过依托自身特点、强化特色产业发展、营造特色村庄空间格局，发展为“美丽乡村”；此外，引导一般村通过村庄环境整治，达到“整洁村庄”的要求。“重点村——特色村——一般村”的村庄结构体系，能有效引导村庄差别化发展，在切实带动基础良好、特色鲜明的村庄进一步发展的同时，也充分尊重了村庄演变的规律。

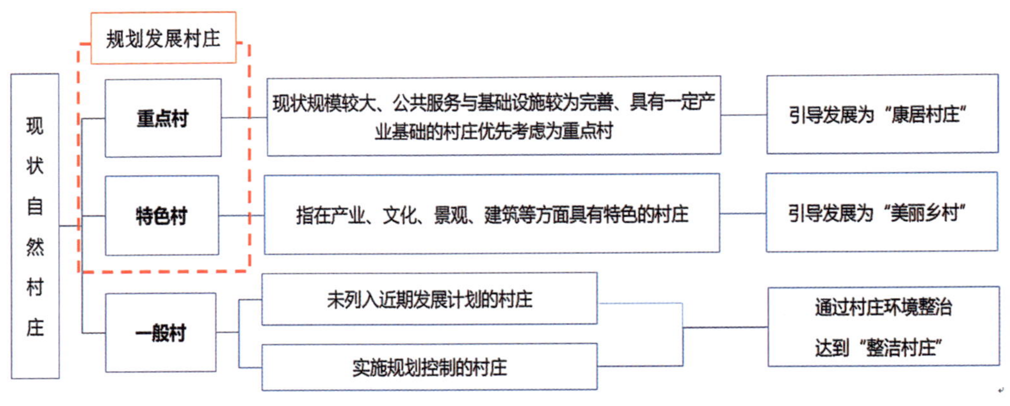

图 3　村庄规划体系

5　结论

在新型城镇化的时代背景下，乡村地域的转型与重构正不断深化，镇村规划面临着巨大的变革。从江苏省最新一轮镇村布局规划实践中可以看到，新时期背景下镇村布局规划应着重关注以下几个方面：首先，要充分尊重基层组织及农民对村庄发展的实际需求和意愿，通过“自下而上”的规划模式，鼓励村镇自治和公众决策，避免不符农民意愿的“大拆大建”和强推农民上楼的现象出现，确保规划科学可行；其次，规划编制要立足理论研究，准确把握镇村发展的现状与问题，厘清镇村发展趋势，其结果将成为规划编制的重要参考和依托；第三，规划通过构建“重点村——特色村——一般村”的村庄布局体系，一方面，选择自身条件优良、富有挖掘潜力、发展特色鲜明的村庄，制定针对性的发展指引措施，另一方面，对一般村庄进行严格的控制和科学的指引，充分尊重村庄发展规律，引导镇村良性发展，进而积极稳妥推进新型城镇化，促进城乡发展一体化。

参考文献请见原文。

（撰稿人：罗小龙，南京大学建筑与城市规划学院教授，博士生导师；何瑞雯，南京大学建筑与城市规划学院硕士研究生；刘豫萍，南京大学建筑与城市规划学院硕士研究生；陈眉舞，南京大学城市规划设计研究院，高级规划师，博士）

北方平原地区小城镇“海绵化”建设的基础和策略 [1]

1 海绵城市建设背景

从 2013 年 12 月“海绵城市”概念提出至今，住房和城乡建设部和国务院办公厅先后发布了《海绵城市建设技术指南》(2014.10)，以及《关于推进海绵城市建设的指导意见》(2015.10)，部署推进海绵城市建设工作；2015 年 4 月，确定 16 个城市作为海绵城市试点建设城市。如今，海绵城市建设工作又迎来了新的关键时刻：2015 年 12 月 28 日，全国住房城乡建设工作会议明确提出继续大力推进城市基础设施建设，全面规划启动海绵城市建设以及“推进城市修补、生态修复工作”，这一系列决议标志着海绵城市建设工作从重点城市个别试点进入广大城乡全面推进的重要阶段。

会议同时提出了“把县城规划建设工作提上重要日程，改善县城人居生态环境”等与小城镇建设密切相关的重要内容，标志着以县城为核心代表的量大面广的小城镇(2014 年，全国共 1425 个县、20401 个建制镇)迎来了建设的重要机遇。

虽然当前海绵城市建设试点及推广重点均为大城市，但应看到连接城乡的小城镇的建设质量和效果将直接决定了我国城镇生态化发展的根本基质。尤其是在县城规划建设工作被正式提上重要日程的关键时期，一定要把握好机遇，将生态文明建设理念全面植入小城镇规划建设中，预见性的看到小城镇“海绵化”建设的必要性和必然性。同时，清晰地认识到小城镇“海绵化”建设绝不能盲目冒进，不能简单复制大城市建设经验，不能不加取舍挪用国外技术。在建设前必须立足地域环境，认清自身建设的基础条件，明确目标、需求、容量等关键问题，才能合理确定相关设施类型及规模等核心建设内容，方能使小城镇的海绵化建设落在

[1] 本文摘自《小城镇建设》，2016(5)：22-27。

基金项目：国家自然科学基金重点项目“快速城镇化典型衍生灾害防治的规划设计原理与方法”(编号 51438009)，国家自然科学基金青年项目“关中平原小城镇内涝生态自平衡模式与空间匹配方法研究”(编号 51508441)。

实处，切实发挥应有的作用。

2　北方平原地区小城镇“海绵化”建设的基础

我国北方三大平原包括东北平原、华北平原和关中平原，通过对水害相关资料的整理分析，发现北方地区水害高发区大都位于三大平原内。故而平原地区应该是北方海绵城市建设的重点区域和首选区域。

2.1　地形平坦不利排水

平原地区地势大多平坦或起伏较小，适于各类建设活动，但也因为平坦客观上给城镇人工管道模式排水增加了难度。

2.2　短历时强降雨集中

我国北方平原区的年降水量大多在 400 ～ 800mm 之间，东北平原降水量的 85% ～ 90% 集中于暖季（5 ～ 10 月），雨量的高峰在 7 ～ 8 月；华北平原夏季降水占全年 50% ～ 75%；关中平原 70% ～ 80% 的降水集中于 7 ～ 9 月（见表 1）；可知北方三大平原地区降水的时间分布极不均匀，年降水量的 3/4 集中于夏秋，尤以短历时大雨量的暴雨最为常见，极易造成短时雨水量激增，增加市政管网压力，带来内涝隐患。小城镇已然成为防范气象致灾的薄弱地区，近年来，小城镇的灾害事件中大多呈现出“小城镇大灾难”的趋势。

同时，我国北方平原区地下水资源大多缺乏，且开采过量，整体上城镇均处于缺水状态，亟需科学可持续的配置水资源，多渠道采取节水措施，其中，充分利用雨水资源是重要途径之一。

2.3　小城镇高增速亚健康

改革开放以来历经三十多年快速城镇化发展，我国建制镇数量增长迅猛，从 1978 年的 2173 座发展到 2014 年的 20401 座，年均增加 506 座。平原区由于自然地理条件较好，适宜人类生产生活，历来是我国经济高度发达、城镇和人口密集的地区，加之缺少地形制约，更成为小城镇密集发展的地理区域，但小城镇普遍规模较小、人口吸纳能力较弱、生产力水平较低、经济较差。据相关统计，截至 2009 年全国建制镇镇区平均人口规模约为 1 万人，人口超过 3 万人的城镇不足 1000 座。

表 1　北方典型城市平均月、年降雨情况一览表
（平均数据 1921 ～ 2010 年，极端数据 1951 ～ 2014 年）

	1月	2月	3月	4月	5月	6月	7月	8月	9月	10月	11月	12月	全年
哈尔滨	3.4	5.3	9.7	18.4	40.4	84.4	142.7	121.2	57.6	25.9	9.6	5.8	524.4
长春	3.2	4.5	12.3	21.9	49.9	99.7	161.1	121.6	51.9	28.9	10.3	5.0	570.4
沈阳	6.0	7.0	17.9	39.4	53.8	92.0	165.5	161.8	74.7	43.3	19.2	9.8	690.3
北京	2.7	4.4	9.9	24.7	37.3	72.9	160.1	138.2	48.5	22.8	9.5	2.0	532.0
天津	2.4	3.6	8.1	22.1	37.3	80.6	148.8	124.1	44.6	26.3	10.7	2.8	511.4
济南	5.7	8.5	15.3	27.4	46.4	78.3	201.3	170.3	58.5	36.5	16.2	8.2	672.7
石家庄	3.9	7.4	11.3	17.8	36.9	56.7	141.1	148.3	48.1	27.3	13.2	5.1	517.1
太原	3.0	5.2	13.4	19.9	33.3	55.9	102.1	107.0	51.6	25.6	10.7	3.2	431.1
郑州	9.6	12.8	27.2	30.6	63.7	66.5	147.7	137.1	76.1	38.3	21.8	9.4	640.8
西安	6.7	9.8	27.1	37.5	54.9	84.5	97.5	78.6	94.1	61.7	21.5	7.3	561.2
兰州	1.4	2.6	9.2	14.7	33.2	44.0	67.0	73.8	40.7	21.3	2.8	0.9	311.7

2.4　建设模式套用城市

在快速发展的过程中，现行小城镇往往忽略自身处于“城”与“乡”之间的现实条件和特点，一味追求城市的规模要求、规划建设套用现代城市规划技术模式，小城镇空间形态呈现“摊大饼”格局，内涝防治采用现代城市雨水管道人工排放方式。同时，又因急于求成而造成了建设用地迅速扩张，人均城市建设用地数量大，土地资源极为浪费；且土地利用模式单一，建设方式粗放，导致城镇地域特色丧失、人居环境质量不高。结果造成小城镇普遍存在“排水困难、内涝频发、结构失衡与特色衰败”等一系列问题。

2.5　小城镇“海绵化”建设的优势

发展中的小城镇较之大中城市，具有总体规模较小、土地资源较充沛、城镇可塑性较强的优势，因而，调整起来更为灵活，可用于城镇海绵体铺设的空间更多。同时，小城镇职能和结构相对清晰，涉及的影响因素更易梳理，“海绵”设施规模和技术相对容易实现，借助模型模拟及设施配置可快速解决问题，使得海绵化建设周期较短、见效更快。

综上，平原地区小城镇自然环境方面先天易涝，城镇建设方面整体总量大但单个规模小，且采用了大城市的用地扩张和“管道快排”的建设模式，与实际发展水平不相符。小城镇“海绵化”的建设应针对这一现实问题，并充分发挥自身

优势，通过建设一方面解决水生态、水安全、水环境、水资源问题，另一方面检查小城镇已建成区的问题，系统梳理出用地浪费、潜在危险等区域，为后续规划建设提供可信的科学依据。

3 北方平原地区海绵城市建设现状

2015 年海绵城市第一批 16 个试点城市中北方有 5 个，其中 4 个位于三大平原内，1 个位于平原过渡地带：白城（东北平原北部）、迁安（华北平原东部）、济南（华北平原中部）、西咸新区（关中平原中部），鹤壁（太行山东麓向华北平原过渡地带），符合城市发展及内涝灾情现实，也是各区域海绵城市建设的代表。

除了前述降水量少且暴雨集中、地势平坦等共性问题外，三大平原还有各自的客观现实问题：

以白城为代表的东北平原，气候高寒、砂砾地质、盐碱地、湿地多、泡塘多。白城在 $25km^2$ 生态示范区基于原有的泡、塘、沼等生态资源，结合新开河、灌溉区等工程，全面打造以湿地为核心要素，与城市建成区融为一体的“海绵城市”。

以迁安（县级市）、济南为代表的华北平原，城镇群发达，地下水过量开采导致巨大漏斗，地面沉陷严重，内涝灾情严重。迁安海绵城市建设区域 $20km^2$，通过滦河治理和贯穿城市的大型带状公园建设，重点以吸收、渗滞为主，涵养水源；济南大明湖兴隆片区 $39km^2$，包含山体、山前坡地和山前平原三种典型地貌，确定了以“蓄、渗”为主的思路，从城市水系统、园林绿地系统、道路交通系统、建筑小区系统、能力建设与监测系统五大方面进行海绵城市建设。

以西咸新区为代表的关中平原地处西北地区半干旱区域，是典型的资源型缺水地区（人均水资源占有量为全国水平的 10.6%），河道断流、水质恶化、地下漏斗区扩大等水生态问题逐年严重，同时小城镇规模较小且经济水平较低。而西咸新区是我国首个以创新城市发展方式为主题的国家级新区，发展现代田园城市为其总体策略。海绵城市从生态敏感区保护、水生态修复及低影响开发三个层面着手系统化建设，试点区域为沣西新城核心区，面积为 $22.5km^2$。

此外，基于三大平原不同的土壤、地质、水文条件，在海绵化建设过程中，还需要根据具体条件采用适宜地域的建设措施。

4 北方平原地区小城镇“海绵化”建设的策略

将北方平原地区小城镇“海绵化”建设的核心策略可总结为“两个转变、四个侧重、两个关键”，即“转变城镇发展理念和规划编制思路，侧重竖向设计、源头削减、单元划分以及地下处理，把握好系统衔接和建设时序两个关键。”

4.1 两个转变

4.1.1 转变城镇发展理念

海绵城市建设核心意义在于以城市建设模式带动整体发展模式的“理念转变”，是“人与自然和谐”这一生态文明价值观在全社会范围内的构建过程。

理念的转变往往是最困难、最关键的一环，生态文明建设理念不难理解，但将其常态化的落实在规划建设中则需要很大的决心和坚持。尤其是经济水平有限的以县城为代表的北方平原地区小城镇，更应该坚定不移的及时调整发展及建设理念。在小城镇建设时遵循生态优先原则，努力挖掘地域自然适应、文化传承、经济可行的经验和方法，将自然途径与人工措施相结合，在确保城市排水防涝安全的前提下，最大限度地实现雨水在城市区域的积存、渗透和净化，促进雨水资源的利用和生态环境保护，才能保障未来小城镇海绵化、健康化、美丽化的发展。

4.1.2 转变规划编制思路

现行小城镇规划技术体系中，雨洪管理规划在总体规划的决策阶段没有发挥作用。绝大多数城镇是在用地布局规划完成后，再据此配套相应的排水规划、防灾规划等市政基础设施规划，只能从技术角度设法配合用地布局的需求，仅担当空间规划的附属角色，规划编制的再好也只能起到“头痛医头、脚痛医脚”的补救作用。

应当在现有规划编制体系和步骤中突出并强调雨洪管理规划、防灾规划的生态决策作用，前置其编制顺序，并与海绵城市建设规划结合起来，将之置于小城镇总体规划中的方案决策阶段，使城镇空间规划在其科学约束下有序进行。

4.2 四个侧重

4.2.1 竖向设计——核心环节

海绵城市建设的一个基本前提是依靠水的重力特性，减少雨水形成的地表径流，因此，合理的竖向设计是决定海绵城市建设成败的核心环节，尤其是北方平原地区地势平坦，竖向设计更加成为本区域内海绵城市建设规划设计的重点和难点。首先要通过模型计算，制定合理的竖向设计、排水分区，合理的竖向设计有序组织各个收水分区，确保每个“海绵体”都可以在其服务区域内发挥作用，否则即便“海绵体”建成了雨水也流不进去。对于已建成区内的积水的城市道路，通过设计纠正其内存在竖向问题的区域；对于各个地块内则可本着“整体协调重点突破”的思路，应优化道路横坡坡向、路面与道路绿化带及周边绿地的竖向关系，同时通过微地形的改造形成有利于各类源头收水设施的竖向条件等。

同时，要制定相应的措施确保落实，如西咸新区在排水防涝规划确定了合理竖向设计的基础上，在控制性详细规划及用地规划设计条件中将竖向作为一个专门的要求，从规划管理上确保竖向落实。

4.2.2 单元划分——根本措施

小城镇建设中一个比较明显的特点就是地块尺度较小，且没有大面积集中连片的单一功能区，居住、商业、公服等交织，在总体层面可以划分为若干个基本构成相似的、符合小城镇职能和规模的自平衡单元，每个“自平衡”单元可以看作为一个细胞，这些细胞可以构建成村镇“自平衡”个体。每个自平衡单元都满足“海绵化”设计的要求，从而快速达到城市自平衡体系，可以实现区域内雨水的收集、消减，最终达成海绵城市建设效果。

“自平衡单元”的提出与落实，可实现单元地块内降雨“蓄、渗、用”的分布、分时平衡，是低影响开发理念的本土化演绎与基本落实。在海绵城市建设过程中，合理的自平衡单元划分及其规模测算是保障小城镇“海绵化”建设经济性、实效性的便捷、有效措施，可以快速实现城镇的“海绵化”。在划分自平衡单元的基础上，通过明确源头控制设施系统的规模及其服务区域最优比后，可通过计算确定单元内用水量、明确降水、蓄水的规模，进而明确空间对应关系；其次，在总体层面上确定小城镇雨涝自平衡体系的层级、设施类型和布局要求；再次，探寻单元间互相影响和组织的规律和方法，并由此对小城镇空间规模测算提供科学、生态的依据。

4.2.3 源头削减——主要内容

在《海绵城市建设技术指南》当中明确提出，海绵城市的核心是加大城市径流雨水源头减排的刚性约束。由于北方地区小城镇气候及设施特点，一般暴雨通过灰色基础设施就能满足要求，而极端天气下的暴雨排水控制是重点。

小城镇原有灰色排水设施标准较低，如果按照超强暴雨进行改造，从经济性考虑，小城镇难以承受其成本。所以北方平原地区小城镇应在原有设施的基础上，重点从源头上予以消减，具体通过分散的、小型的、靠近源头的设施，在雨水进入市政排水管网之前，使其下渗、缓排，缓解原有设施压力，并加以净化和利用，辅以适当的中途转输和末端调蓄设施。

西咸新区沣西新城形成了建筑与小区、绿地与广场、城市道路、区域水系四级源头控制体系。规划布局了 6.8km 绿廊、1km^2 中央公园、30 多个社区公园，所有道路均采用了“生态滤沟”雨水利用设计。通过同德佳苑等保障房小区的海绵化建设，确保地块对雨水应收尽收；建设尚业路等多条绿色道路，确保市政道路绿地的入、渗、滞、蓄；基于中央绿廊形成海绵城市雨洪调蓄枢纽（见图 1）。

2015 年 4 月 30 日西咸新区短时强降雨，2h 降雨量高达 25.2mm，雨水经该上游 LID 设施吸收、下渗后，饱和雨水再溢流到渗井、绿地，最后进入市政管线范围内。通过实验及数据分析，此次降雨过程中，汇水区受水量共计 $7.1m^3$，观测坑中共汇集雨水约 $1.9m^3$（不含下渗），道路 LID 设施雨水消纳率为 73%。

上述消减设施从实际建设角度简单易行，且造价低廉，确能达到显而易见的效果。但在不同区域的设施建设，要注重本土化应用，如在西咸新区时间过程中，由于关中平原空气中浮尘比例相对较高，透水混凝土铺装在使用过程中容易造成堵塞，导致维护成本较高，这也说明本土化源头消减建设时应慎重选择适宜的技术，试验后再推广。

4.2.4 地下处理——基本保障

海绵城市建设中的各种低影响开发设施的根本目标是有效吸纳、蓄渗和缓释雨水，在建设中除了注意满足地表景观效果的要求外，更重要的是做好各类设施的地下部分，才能从根本上保障设施的高效、长效运转。不能只做到表面上的渗透、绿色、下沉和滞留，应该充分结合地域地质、水文特点，科学设计各类设施地下部分各层的材料、厚度及组合关系，并按照先地下后地上的顺序进行施工。

a. 同德佳苑雨水花园

b. 环形公园生态草沟

c. 尚业路等道路下沉式绿地隔离带

图 1　沣西新城海绵城市建设实景

同时，小城镇由于地下空间的开发尚未成规模的开展，故而在进行低影响开发设施地下处理时可以对城镇地下空间的开发进行合理规划，既为雨水回补地下水提供渗透路径，也为小城镇未来地下空间开发理清基础条件。

西咸新区规划、科研、施工三方联动，通过设立雨水利用监测点，对有关LID设施的水质净化、水量削减、负荷承载等指标进行监测，实地的实验，并基于研究结论，制定出台了《西咸新区生态滤沟系统设计指南（试行）》和《西咸新区雨水花园系统设计指南（试行）》，指南中详尽地给出了不同设施的地下处理技术，为海绵城市建设提供科学依据，通过技术力保建设的高效率、高质量。

4.3　两个关键

4.3.1　衔接

源头径流控制系统与城市雨水管渠系统的有效衔接是海绵城市建设的关键点之一，只有处理好两者的衔接关系，才能使建设经济可行，才能保证系统的高效运转。快速城镇化发展阶段，我国绝大多数城镇都是在“管道快排”思路的指导下进行规划建设的，城市雨水管渠系统承担着排水的核心角色，源头径流控制系统的规划与建设必须与之协调好关系，由传统排水系统实际情况来确定源头径流控制系统的规模、类型、分布。既要做到新建的源头径流控制系统有效运转，又不浪费原有的城市雨水管渠系统。在海绵城市建设中，首先通过模型量化测算出源头径流控制系统建设前后，不同降雨条件下雨水径流的总量和峰值的变化，明确两个系统在雨水渗透、收集、储存、调节、转输、截污净化与排放等方面各自的地位、作用及承担的任务量。在设计层面应统筹城市雨水管渠系统、源头径流控制系统及超标雨水径流排放系统，共同组织径流雨水的收集、转输与排放；同时，在实际管理和操作层面要制定细则保障这种衔接的实现。

4.3.2　时序

要充分认识到“海绵城市”建设是一项意义深远、周期较长、利在千秋的工作，需统筹协调城市开发建设各个环节，不能急于求成、敷衍了事。建设任务从提出到具体化，直至建设完成，必须建立起合乎逻辑的程序，需要对建设全过程的步骤和方法有科学的认识、合理的安排。首先把握问题、明确目标，即立足客观事实找准本地小城镇自身存在什么样的水问题，可以从现有易涝点着手准确切入，明确根本原因所在，以及造成这些问题的核心要素与城镇建设的关联度，制定符合当地实际的建设目标并细化相关规划控制指标；继而技术试验、示范建设，立足于不同功能、不同区位选择合适的示范点进行“海绵化”建设，通过细致的试验和数据记录，总结出采用何种措施、植物种类是因地制宜且经济可行的；最后选择推广、常态建设，结合上一阶段的试验成果，将成功经验进行推广，在城镇各层级、各相关规划中均应遵循低影响开发理念，落实低影响开发设施建设的主要内容。

5 结语

文章提出在我国全面推进海绵城市建设过程中，基于地貌类型则平原地区应该是重点建设区域；基于城市规模则小城镇的“海绵化”建设更应该得到重视的观点。总结了我国北方平原地区小城镇发展中的现实问题和优势，归纳了其“海绵化”建设的核心策略，并简要介绍了关中平原西咸新区沣西新城海绵城市建设试点的做法。以期借助当前全面规划启动海绵城市建设以及“把县城规划建设工作提上重要日程，改善县城人居生态环境”等一系列有利于小城镇健康发展的契机，推进平原地区小城镇低成本、低能耗、生态化、可持续建设模式的实践与研究，相关成果将对我国小城镇生态文明建设起到积极作用。

参考文献请见原文。

（撰稿人：徐岚，注册城市规划师，西安建筑科技大学建筑学院讲师；雷振东，注册城市规划师，西安建筑科技大学建筑学院教授，西安建筑科技大学弱势群体人居环境工程技术研究所所长，绿色建筑工程技术中心副主任）

守得住的“乡愁”

——法国城市规划案例对中国城镇化的启示[1]

1 中法城市化进程比较

全球化加快了城市化的速度，根据联合国专家的预测，2030 年世界城市化率将达到 60%，2050 年这一比例将上升到 70%，因此城市化进程已经无法逆转。由于历史原因，我国的城镇化起步较晚，直到 1949 年新中国成立以后才开始对城市化建设进行探索，而直到 1978 年改革开放以后，才真正走上健康的城镇化道路。根据国家统计局的数据，中国城市化率从 1978 年的 17.9% 至 2011 年的 50%，只用了不到 30 年的时间便完成了城市化进程。在这个快速城市化进程中，我国难以避免地出现了很多发展问题。2015 全国两会政府工作报告并且明确指出了我国目前正面临着城镇化带来的严峻挑战，比如城市人口激增、建设用地粗放低效、城镇空间分布和规模结构不合理、自然历史文化遗产保护不力、城乡建设缺乏特色等问题。与此同时，政府也提出了“新型城镇化”的理念以指导我国现阶段和未来可预见的快速城市化进程，根据我国新型城镇化主要指标规定，到 2020 年我国城镇化率要达到 60%，这意味着我国已经全面进入城镇化高速发展时期。

历史上，中法两国长期实行中央集权制统治，以小农经济占主导地位，因此两国的农业发展历程也近似。但是就城市发展而言，法国的城镇化进程比我国起步要早，始于 19 世纪 30 年代，当时法国城市人口才 10%；到了第二帝国时期，法国城镇化在全国范围内展开；到了第三共和国后期，法国已经基本实现城市化，据统计 1931 年法国的城市人口达到了 51.2%；在 1994 年，法国的城市化率已经达 95% 以上。因此我国的城市化进程要远远落后于法国，但是单就城市发

---

[1] 本文摘自《中国名城》，2016（6）：66-74。

基金项目：国家社会科学基金全国艺术学项目“文化景观遗产的‘文化 DNA’提取及其景观艺术表达方法研究”（编号：15BG083）。

展速度而言，中国城镇化的速率是惊人的，我国只用了近 30 年的时间便走完了法国近百年的城市化历程。

进入 21 世纪以后，中国一味追求速度的发展模式出现了越来越多的弊端，如何在接下来的快速发展阶段寻求更健康、可持续的发展模式是新时代的课题。法国作为一个城市化高度发达的国家，其城市规划经验非常值得现阶段的中国学习。但是由于中法两国政治体制和国情不同，城市发展所处的阶段不同，以及社会环境和资源不同，法国的城市建设经验不能简单移植到中国，但是更全面、深入地了解与研究法国城市规划案例，有助于我们更好地借鉴他人的经验，更实际地探索自己的道路，而不是“拿来主义”地停留在新潮的概念和形式上。

2 中国快速城镇化带来的三大问题

中华文明五千年，留下了无数瑰宝。就城市文化而言，包含物质文化和非物质文化两方面。城市的非物质文明涉指民俗文化、居民的乡愁记忆等，而物质文明体现在城市的古建筑、古街道、古街区等。但是随着城市化进程的加快，各个城市之间的竞争也越发激烈，争先在最短的时间内达到城市化率的指标。如此一来，城市竞争倒是成了恶性竞争，只看指标不看重城市文化，我国很多城市都出现了“千城一面”的现象。笔者对中国现阶段快速城镇化建设中普遍存在的三种情况提出批判。

2.1 “新城”成为“混凝土森林”

为了追求城市现代化的速度和效果，高层建筑群往往成为“新城”的标志。21 世纪以来，人们看到了上海作为金融中心的蓬勃发展，看到了浦东新区的快速发展，陆家嘴的崛起。因此很多后来发展的新城都开始照搬这样的发展模式，例如提出“将新城打造成为我市的‘陆家嘴’”之类的口号。这些新城建设的决策者在很大程度上忽略了上海作为“金融中心”这样的城市背景，忽略了上海极大程度地与世界接轨的开放程度；同样他们也没能认识到大城市中的高楼大厦主要是为了解决城市人口密度过高这样的本质问题。决策者一味地主张现代化城市的口号，在新城中大兴高层建筑，没有根据地方特色制定规划，很多小城市由于人口的增加量跟不上新城开发速度，与此同时新城建筑利用率又极低。因此在制定新城规划与建设的决策中，一定要充分考虑到城市发展现状，选取适合的发展模式，不要盲目地大批量建造高层建筑，杜绝“混凝土森林”的现象（图 1）。

图 1 中国城市建设中的“混凝土森林”

2.2 老城拆迁——留不住的“乡愁”

由于过分地追求发展速度，老城拆迁是能起到“立竿见影”效果的城市更新手段，甚至在城市改造的过程中，不乏无视市民意愿，强买强拆的现象。一座城市的魅力在于它独有的韵味，而这种韵味往往最能在旧城的街头巷口被捕捉到。在这里，人们可以从老人们那儿听到他们关于这座城市的记忆，可以切身感受到一座城市的历史和价值。因此笔者认为对老城进行成片地拆迁是不人道而且不明智的，老城中的一砖一瓦都是城市记忆的载体，是需要被保护的。即便城市在不断地扩张，不断地有新的城区涌现出来，但是只要城市中还留有老城区的方寸土地，城市居民的记忆便有处可寻，“乡愁”的滋味还可寻觅。我们应该充分挖掘并复兴老城区的文化，使其彰显一座城市的特色和魅力。

2.3 古城开发的三重误区

历史文化名城的保护专家阮仪三指出我国古城开发存在的三重误区——走到哪里都是“千城一面”，“假古董”遍地，有的地方甚至变成了“洋建筑”的试验场。第一重误区是指古城开发“拆旧建新”的过程并没有严格遵循原本的古城文化。由于我国幅员辽阔，不同的城镇地形地貌不同、文化背景也不同，因此我国的历史名城具有多样性。但是现在很多地方推行旅游开发，如果盲目地拆除旧建筑，而又不能遵循原意建新，把城镇建成一样的面孔，出现“千城一面”的景象，古城失去了原有的价值。更有甚者将“拆旧建新”变成了“拆真建假”，建成了成片的“假古董”，进入了第二个误区。比如很多城市仿古建造所谓的“汉街”，但是建筑样式却又不是汉代风格，“汉街”便变成了一个笑话。所谓的第三种误区，是指一些地方虽然拥有历史底蕴，但却为了追求洋气，在古城中兴建西洋样式的建筑，破坏了城市的古色古香。

3　法国城市规划的成功案例分析

同质化现象，在中国城镇化发展的道路上已经愈演愈烈，城市失去了原有的特色，居民对家乡的记忆渐渐无处可寻。众所周知，法国是一个文化强国，它在城市历史遗产以及城市文化的保护方面具有丰富的实践经验，因此出现了很多具有文化特色的城市，除了最知名的时尚之都巴黎外，还有历史名城里尔、度假天堂尼斯、“世界葡萄酒中心波尔多”以及因戛纳国际电影节而负盛名的戛纳等。针对中国城市发展中出现的“千城一面”的现象，本文选取了三个法国城市——巴黎大区、里尔、戛纳作为案例，分别从新城规划、旧城改造以及城市品牌打造三个角度，来分析法国是如何避免城市发展趋同，并且通过建设和强调城市文化特色而让城市获得长足的发展。

3.1　巴黎大区（Ile-de-France）：五座新城的规划

20 世纪 60 年代，巴黎的城市建设趋于完善，不断地吸引着大量的外来人口，巴黎城市建设已经满足不了激增的人口。为了保护巴黎旧城，在戴高乐总统主持下，法国出台了巴黎大区总体规划，并首次提出将新城作为平衡巴黎市中心人口以及就业的主要方式，进而减轻巴黎市中心的负担以及预防可能由巴黎市郊发展不平衡所带来的隐患。巴黎新城的规划和建设被普遍认为是世界上新城规划的典范，在每个新城规划与建设的前期，政府部门会组织成立区域性的公共规划机构（tablissements publics d'aménagement de la region，EPA）来专门负责新城的规划、开发以及建设工作，国家干预的痕迹非常明显。EPA 成员以规划人员为核心，包括建筑师、景观设计师、经济学家等各个方面的专家及社区代表等。随着新城的发展日趋稳定和成熟，新城的规划管理权逐渐会转移给新城居民代表，由他们成立新的政府机构并且选择新城未来的发展方向，而 EPA 机构的去留则由 EPA 自定。

为了把巴黎大区的影响力辐射到巴黎盆地的其他地区，新城的选址一般集中在距离巴黎市中心 25 ～ 30km 范围以外的区域，并且优先选择那些原有城镇较为密集的地区进行开发和建设，其最终目的是利用这些现有的城市来容纳巴黎大区的新增人口和庞大的市政建设量。从 20 世纪 60 至 70 年代，巴黎大区陆陆续续地设置了五个新城，分别是埃夫里（Evry）、赛尔吉蓬图瓦兹（Cergy Pontoise）、伊夫林（Yvelines）、马恩拉瓦莱（Marne la Vallée）以及默伦塞纳尔（Melun Sénart）（图 2），整个巴黎的土地面积拓宽了四倍。在 1976 年之后的 30 ～ 40 年时间里，新城吸收了 20% 的巴黎大区新增人口和建设量，避免了城

图 2 五座新城区位图

资料来源：http://e-cours.univ-paris1.fr/modules/uoh/paris-banlieues/u7/co/3-3.html

市过于分散及建设远离基础设施的情况。

1990 年巴黎新城的人口数据如表 1 所示，至 1990 年为止，居民人口普查总数为 65.4 万人，而 1975 年的预期人口就应该要达到 157 万，显然最初的预期值过分高估了新城对人们的吸引力。

表 1 巴黎新城人口数据表

设立日期	预计人口总数		人口普查总数	
	1972 年	1975 年	1982 年	1990 年
埃夫里（1969 年 4 月 12 日）	200000	390000	48000	73000
赛尔吉蓬图瓦兹（1969 年 4 月 16 日）	60000	200000	102000	159000
伊夫林（1970 年 10 月 21 日）	95000	340000	93000	129000
马恩拉瓦莱（1972 年 8 月 17 日）	130000	340000	153000	211000
默伦塞纳尔（1973 年 10 月 15 日）	80000	30000	47000	82000

但是为什么在 21 世纪初的十年时间里，新城能够吸收 20% 以上的巴黎大区新增人口，大大缓解了巴黎市区的压力，出色地完成了原定的任务呢？原来这五座新城并没有脱离于巴黎独立发展，它们与巴黎市区之间通过搭建便捷的交通网络，共同组成了完整而和谐的城市体系。为了将巴黎新城与老城相连接，政府逐步建起五条遍布整个法兰西岛的巴黎大区快铁（Réseau Express Régional，

RER)。目前为止，RER 已经形成了五条线路，巴黎大区快铁的所有线路都是以地下线形式穿过巴黎市中心，与郊区铁路连成了一个功能完备的，连接市区与郊区的铁路网。由于郊区铁路的终点站设在城市近郊区域，不能直接到达市中心，因此巴黎大区快铁和郊区铁路两者在功能上相补，共同承担起每天运送大量而集中的往来于市郊的上班族们，极大程度上分担了巴黎地面交通以及老式地铁线路的压力。总之，交通网络的规划与建设，对于缓解市中心住房紧缺、人口密度过高以及城郊发展不平衡等问题至关重要。另外，这五座新城的规划理念各不相同，特色鲜明，给巴黎的发展注入了新的活力。

第一个新城是埃夫里(Evry)新城，建于 1969 年，以高新科技产业为主。新城位于巴黎的东南角，距离巴黎市区 26km，通过巴黎大区快铁等交通方式可达市区。新城设立伊始便规划了工业用地，得益于便捷的交通条件，吸引了大批企业在此创建工厂。这些企业不仅为新城居民提供了工作岗位，也为巴黎市区居民以及周边其他城市居民提供就业机会。从 20 世纪 70 年代开始，EPA 与新城市政府共同着手新城的规划与建设工作，工作的中心在于建设集合式住宅和配套的公共设施，以及围绕埃夫里—瓦尔德艾松大学(Université Evry Val d'Essonne)建立大学城等。1998 年，法国基因遗传研究中心落户于新城中心，新城政府逐步开始利用大型的国家工程来带动城市的发展。

第二个新城是赛尔吉蓬图瓦兹(Cergy-Pontoise)新城，建立于 1969 年，以文化产业以及旅游度假产业为主。新城距离巴黎市区约 30km，1987 年 RER 开始通线于此。根据法国统计及经济研究所(INSEEI：Institut National de la Statistique et des Etudes Economiques)的统计数据，该区域的人口从 1968 年的 41576 人增加到了 2007 年的 191795 人，在将近 40 年的时间里，新城人口增长到了原来的近 5 倍之多。由于赛尔齐蓬图瓦兹大学坐落于新城，所以形成了一定规模的大学城，另外国际新城规划研究中心也坐落于此，因此新城形成了很强的文化与研究氛围。因为新城位于卢浮宫至拉德芳斯广场的轴线上，新城中心可与拉德芳斯广场遥相对望，所以每年吸引了大批游客。另外，瓦兹河(la rivière de l'Oise)穿流过赛尔吉蓬图瓦兹新城，形成了一个马蹄形的河湾，目前这里已经形成了一个 250 公顷的自然公园——赛尔吉蓬图瓦兹休闲基地(Base de loisirs de Cergy-Pontoise)，这里成了水上运动爱好者的观光胜地。因此赛尔吉蓬图瓦兹新城的旅游度假产业也开始了蓬勃的发展态势。

第三个新城是伊夫林(Yvelines)新城，建立于 1970 年，新城主要开发高级住宅以及发展旅游业。伊夫林新城位于巴黎的西面以及西南面，距离巴黎市区 20km，与凡尔赛宫相距仅 7km 左右。由于毗邻凡尔赛宫，因此具有优越的人文资源以及旅游资源。另外伊夫林新城具有得天独厚的自然资源——什弗留兹山谷

（la haute vallée de Chevreuse）以及法国韦克辛高原（le Vexin francais）。在快速城市化的进程中，为了更有效地开发和利用自然资源，推动地区建设以及保护历史、自然文化遗产，法国政府在伊夫林新城区创建了两个自然公园。自然公园对公众开放，人们可以在风景宜人的公园内享受徒步或骑行的乐趣。

第四个新城是马恩拉瓦莱（Marne la Vallée）新城，建立于1972年8月17日。城区产业以服务业为主，2000年迪士尼乐园的入驻更是带来了大量的就业岗位，推动了休闲娱乐业的发展。它是五个新城中离巴黎市区最近的新城，也是发展得最快而且最成功的一个。在自然条件方面，新城以北临着马恩河，南部靠着一大片森林，特殊的自然环境决定了新城独特的规划方式——依托马恩河谷和巴黎大区快铁 RER A 呈轴线带状分布（图3）。新城总的用地规模为152km²，由于用地规模较大，新城沿着 RER A 和马恩河南岸，在原有的26个分散的小镇的基础上，将城区分为了四个片区。大片的森林和绿地将四个片区相互阻隔，并且在每个片区内设立一个公共服务中心，整个新城俨然一个森林公园。

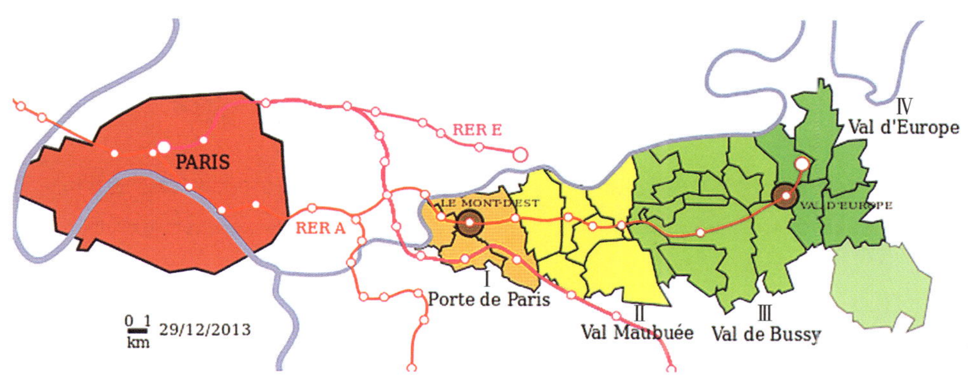

图3 马恩拉瓦莱新城

资料来源：http：//www.ou-travailler.com/marne-la-vallee-travailler-bureaux/

第五个新城是默伦塞纳尔（Melun Sénart）新城，建于1973年，位于巴黎市区东南方向约35km处。塞纳尔新城保留了十个布里人村落以及他们的自然环境遗产，成为新城的市镇，其中八个在塞纳尔和马恩交界区域（Seine-et-Marne），两个在埃松省（Essonne）。然而作为巴黎大区的第五个新城，默伦塞纳尔在建设初期遭受到了很多挑战，主要有与其他新城之间的竞争激烈、交通基础设施建设薄弱、经济危机的冲击等等，这些问题使得新城在前期发展缓慢。好在 EPA 作出了明智的规划调整，结合新城建立在一个农业区的区域特点，定位为创建一座集合了城、郊生活优势的示范城市。四十年来 EPA 在新城建设的过程中，考虑到了城市环境的各个层面，包括住房、交通、商业园区用地规划以及自然环境保护，目前塞纳尔新城已经发展成为一座适合居住的活力城市。目前新城里有38000座住宅，其中67%为独立住宅；城市人口在2007年达到110000人，其中1/3人口小于20岁；城市基础设施建设完备，有至少800个组织，小学、初高中、大学一应俱全。

当然塞纳尔新城不同于其他新城的特色是显而易见的——新城的用地中农业用地及林地景观等自然绿地占到了新城总面积的71%，如图4所示，光是农业耕地便占到了39%的城市土地。由此可见，塞纳尔新城的一大特色便是农业产业非常发达。又如图5所示，该地区盛产多种类型的农副食品，其中小麦是产量最高的，达到40%，其次是大麦、玉米、甜菜、油料作物等农产品。可以说，塞纳尔新城在四十年的发展中找到了自己的特点和优势，是巴黎新城中的一匹强劲黑马。

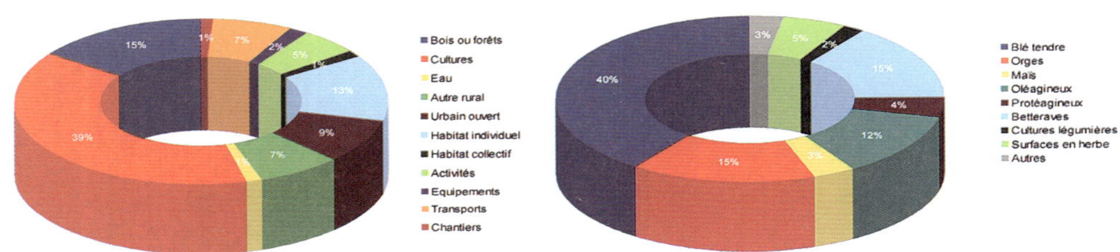

图4　塞纳尔新城规划用地类型图

资料来源：http://www.senart.com/agriculture/

图5　塞纳尔新城2010年农作物产量结构图

资料来源：http://www.senart.com/agriculture/

3.2　里尔（Lille）：古城区的保护与更新

在快速城市化的进程中，法国非常重视对历史建筑以及城市文化遗产的保护，同时又意识到对于后代的责任感和使命感。20世纪60年代初，为了应对大规模的城市改造对历史建筑的威胁，法国制定了影响广泛的《马尔罗法》。该法把历史街区列为保护区，并且规定保护区内的历史建筑不能随意整修、拆建，所有者若对文物进行维修必须要在拥有资历的建筑师的指导下进行，并且政府会发放对应的补贴。法国政府一方面通过制定详尽法规对于旧城进行保护，另一方面又能根据不同城市的特点以及实际发展情况进行长远的城市规划。正是因为决策机构的这种高瞻远瞩，法国在古城保护方面卓有成效，更是让大批的历史建筑和文化古迹在大规模的城市现代化建设中得以保存。其中，里尔是法国古城保护和发展的一个代表，本节将对里尔古城区的保护与更新措施进行研究。

相传里尔建城于公元640年，但是它首次被载入法国宪章还要追溯到1066年。里尔最初作为杜勒河的货运港口，到了中世纪发展成为一座贸易城市，而今已经成为法国的第五大城市，是法国北部最大的城市。里尔悠久的城市历史，积淀了大批的历史文化遗产，加之令人瞩目的城市保护成果，让它在2004年获得了“欧洲文化之都European Capital of Culture”的称号。坐落于里尔北部的老城区，可以说是里尔人民的骄傲，这里有保留完好的法国各个时期、不同风格的历史建筑，古色古香的历史街区，集中体现了这座城市的历史古韵。图6所示为1641年的里尔地图，如今的里尔古城区基本保留了当时的格局，成为法国著名的名胜古迹游览地。

图6 1641年的里尔古城

资料来源：http://en.wikipedia.org/wiki/Lille

其实在二战后法国的快速城市化进程中，里尔古城区在很长的时间里，一直处于无人问津的闲置状态。1964年3月14日，由Six-Thiriez女士带头组建了里尔旧城修复协会（Renaissanee du Lille Ancien ，RLA），由行政顾问、市政、学校、金融公司、文化机构等代表组成，RLA能够更好地推动和实施于1962年发布的《马尔罗法》中的保护区规划。RLA对于里尔历史城区的发展具有重大意义，一方面它积极监督和参与古城保护区内的古建筑设计与维修工作，与建筑业主一起对古城区的历史建筑进行设计和整修，形成全民自发的维护体系；另一方面它通过各种途径向当地居民宣扬里尔历史的重要性，比如在街区放映历史图片、在学校开设相关讲座等，以此来提高民众对城市文化的保护意识。1980年，RLA出版了“Bulletin——公报”，来刊载维护老里尔所进行的工作和存在的问题，包括对单体建筑的维修及整新，工作成果或不足的纪录，甚至对于法国相关政策的不满等等。RLA严格的监管工作一直持续到现在，并且它的监管范围一直在拓展，工作也愈加地细化，从最初的专门针对政府划定的古城保护区内的古建筑、古街道进行维修，到现在的对非保护区的有价值的历史建筑、有特色的近代建筑以及近代艺术产品进行保护，甚至对于古城区的霓虹灯、广告牌等细节的样式都要进行把控。从某种程度上来看，RLA 就是里尔城市的保护大使，它的存在令人感动。

除了国家立法和当地组织配合推动旧城保护以外，为了寻求古城区的发展与更新，政府进一步发展了老城区的旅游业以及相关的文化活动和贸易活动，以此来推动里尔古城区的活力。其中，每年九月份的第一个周末，在老城区举行的里尔跳蚤市场（Braderie de Lille）已经成为里尔的一大品牌活动。它最早起源于 12 世纪，目前已经发展成为法国乃至欧洲最大规模的跳蚤市场。活动期间，跳蚤市场占据的街区总长度可以达到 100 公里以上，如此大规模的活动吸引了超过一万的商铺，每年吸引着至少两百万游人。另外，里尔古城的街区将居住与商业功能结合，具体方法是：在保护古建筑风貌的前提下，对建筑内部结构进行调整，把建筑高层空间打造成为更加适宜现代人的居住空间；而建筑低层空间则开发成为商业空间，这样一来老城街区则自然转型为商业步行街，当地居民也能从中得到利润。通过旧城改造与更新，里尔古城区恢复了活力，吸引了很多大牌商铺入驻，如今这里已经成为里尔城市的高级商业中心。

3.3 戛纳（Cannes）：打造城市文化品牌

戛纳位于法国南部蔚蓝海岸（Cote d'Azur）地区，毗邻地中海（图 7），是法国著名的海滨旅游度假胜地。历史上，戛纳是一个地中海地区的一个小渔村，图 8 展示的是 1772 年戛纳渔民出海的景象。直到 19 世纪，英国和欧洲的皇家贵族开始盛行来戛纳过冬，戛纳才逐步开始作为海滨度假城市而得到快速发展。但是戛纳真正拥有享誉国际的知名度，还要归功于从 1939 年开始举办的戛纳电影节（Festival de Cannes）。戛纳电影节为期十天，每年五月份举办，至今已举办过 68

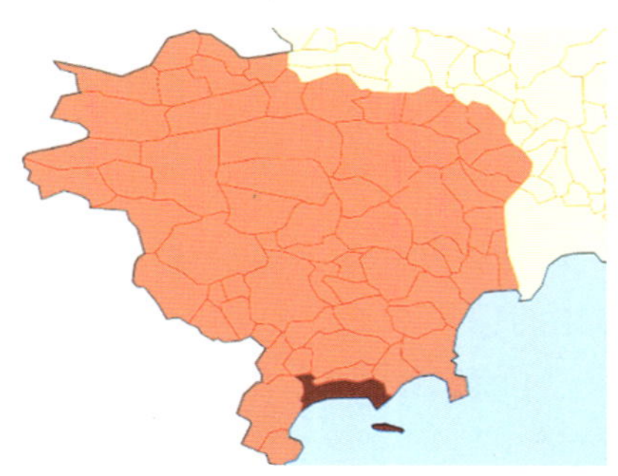

图 7 法国戛纳区位图

图 8 1772 年戛纳渔村景象

资料来源：http://fr.wikipedia.org/wiki/Histoire_de_Cannes

届，拥有非常大的国际影响力，是世界四大电影节之一。“金棕榈奖”与奥斯卡金像奖的“最佳影片”分量相当，它的奖杯外观为金制棕榈枝，灵感源于戛纳当地的特色植物棕榈树，代表着戛纳电影节的最高荣誉。每年电影节期间，便聚集了大批的国际明星和社会名流，因此戛纳电影节便成为戛纳的对外宣传窗口，更成为城市的一个文化品牌。

从戛纳的城市发展可以看出，法国的城市化进程并不是只体现在城市硬件建设，还体现于对城市文化品牌的培育。半个多世纪以来，法国政府一直对戛纳电影节提供了大量的帮助和支持。1949 年兴建了第一座电影宫，1979 年增建卢米埃尔宫，之后又开辟了拥有 30 多个展厅、面积 1.3 万 m^2 的大型电影交易市场。除了为戛纳电影节大力增加城市基础设施建设，法国政府每年还会派出部长级别的领导参加电影节开幕式。戛纳电影节自创办之日起，就得到法国外交部、教育部、国家电影中心的支持和资助……一般每届电影节的开幕式上，都有一名法国部长级的官员亲自出席并致辞。在戛纳 50 岁的大典上，法国前总统希拉克专程从巴黎飞抵戛纳致贺。正是因为得到了各方面的支持，戛纳电影节的影响力才不断发展壮大，目前，戛纳电影节每年吸引至少 6 万名电影界专业人士和 20 万名游客，电影节所创造的直接经济价值达 2 亿欧元，间接经济价值达 7 亿欧元。每年有 4000 多部影片在此交易，销售额达 10 亿美元。从这些数据可以看出，戛纳电影节不仅作为城市文化品牌为戛纳带来了声誉和人气，更是大大推动了戛纳的经济发展，具有长远的经济和社会效益。

4　法国城市案例的启示：中国城市发展应如何守住“乡愁”

我国进入快速城镇化发展时期，很多城市都出现了“千城一面”的现象，城市在规划建设的过程中失去了原有的色彩，居民对故乡的记忆也越来越模糊，乡愁的滋味已经不需要通过“背井离乡”来体会了。这种尴尬的社会现象，是由城市建设一味“求快”、“求量”，而忽略了城市文化特色造成的，这在无形中伤害了原有居民的故乡情结，更不利于城市的长远发展。因为一座城市如果要具备自身的竞争力，必然要在城市发展和建设的过程中突出城市文化特色。法国作为一个文化强国，它对于城市历史遗产以及城市文化的保护和发扬具有丰富的实践经验，因此形成了很多具有文化特色的城市。

4.1　规划新城是解决大城市发展问题的有效途径

巴黎大区的新城规划政策不是针对某一个历史时段的城市问题而特定的，它对于巴黎的长久发展至关重要，是一项高瞻远瞩的决策。巴黎政府充分意识到城市建设建设与城市化速度不匹配将会带来的问题。因此从 20 世纪 60 年代开始，陆续规划了五座新城，这些新城有效分担了巴黎市区的压力，并且摸索出了适合自身发展的规划方案与建设模式。规划新城，是巴黎高度城市化的发展需求，也是带动巴黎大区整体发展的有效手段。

在当今中国城镇化发展中，政府面对大量涌入大城市的外来人口，应当如何有序地安置城市新人口、合理地规划好城市扩张的计划以及有效地应对城市化带来的社会问题，这些都是严峻的挑战。从巴黎大区规划的经验来看，建设和发展新城是应对这些挑战的有效手段。新城的规划是从宏观的角度来整体协调区域的城市化发展，对城市结构进行调整，进而改善城市状况以及提高地区整体实力。而对于城市中心来说，新城不仅分担了市中心的压力，更重要的是可以不用为了满足高度城市化的发展需求而对市中心的城市建设“大动干戈”，这样就有效降低了城市化高度发展对老城区的冲击，进而守住属于一座城市的历史和记忆。

另外，巴黎大区的五座新城规划并没有脱离于巴黎独立发展，它们与巴黎市区之间通过搭建便捷的交通网络，共同组成了完整而和谐的城市体系。最令人欣喜的是，这五座新城在规划建设的过程中，最大限度地保留了原本的自然环境和区域文化风情，并对这些特色加以开发和利用，结果自然是每个新城都形成了鲜明的个性，并且得到了长足的发展。新城无疑给巴黎大区的经济和社会发展注入了新的能量，更加巩固了巴黎作为国际大都市的地位。所以，对于我国而言，大城市在规划新城的同时，更要尊重每个新城原有的区域特色——自然环境特色、人文风俗特色等等，甚至在长期规划中将这些特色打造成新城的文化品牌，进而找到新城产业发展的方向和定位。在新城规划的伊始，就注重对城市文化的挖掘和利用，从而有效地避免出现“千城一面”的现象，让新城居民的“乡愁”同样有处可寄托。

4.2 旧城区保护与开发是城市发展的新动力

法国里尔古城的发展经验告诉我们，城市化并不是一味地造“新”，更需要修“旧”。里尔 20 世纪 60 年代开始，成立了旧城修复协会（Renaissanee du Lille Ancien，RLA），RLA 对于里尔历史城区的发展具有重大意义，一方面它积极监督和参与古城保护区内的古建筑设计与维修工作，与建筑业主一起对古城区的历史建筑进行设计和整修，形成全民自发的维护体系；另一方面它通过各种途径向当地居民宣扬里尔历史的重要性，比如在街区放映历史图片、在学校内开设相关讲座等，以此来提高民众对城市文化的保护意识。另外，由 RLA 出版的刊物都会对这些修复方案和监管工作进行详细记载，如此一来，不仅古城新历史得到了记录，古城的保护经验也被妥善记载。从里尔的古城保护经验来看，这种以地方机构协助城市保护的模式，取得了非常大的成效，非常值得我国借鉴。

旧城的保护与开发可以为城市注入新能量，进而驱动城市发展。从里尔古城的发展和更新经验来看，政府大力发展了老城区的旅游业以及相关的文化活动和贸易活动，推动了城市的经济和社会发展。为了保障老城区居民的利益，里尔老城的历史街区是兼具居住与商业功能的。历史街区改造的具体形式是，在保护古建筑风貌的前提下，对建筑内部结构进行调整，将建筑低层（三层以下空间）打造成商业空间，比如咖啡店、书店、商铺等，使得老街区形成一条商业步行街；而建筑高层，则打造成为更加适合现代人居住的空间。这样的改造模式，不仅给老城区带来了商业发展，当地居民也可以选择继续居住在老城区并通过房屋租赁得到收益。反观我国，因为历史街区开发引起的矛盾屡见不鲜，主要是因为在规划之初并没有充分考虑到当地居民的利益，甚至给他们带来了日常生活的不便，诸如生活环境嘈杂、公共设施被占用等等。因此法国旧城保护与开发的经验是非常值得我国学习的。

4.3　城市文化品牌是城市取得长足发展关键

我国用 30 年的时间走完了西方国家近百年的城市化进程，但“千城一面”现象却是城市化发展急于求成带来的恶果。如何在城市化快速发展的时期，找准并发展城市特色是一个非常大的挑战。而所谓的城市特色，除了从历史文化的角度挖掘，还可以通过树立和打造城市文化品牌的手段来得以实现。从戛纳的城市发展可以看出，法国的城市化进程并不是只体现在城市硬件建设，还体现于对城市文化品牌的培育。半个多世纪以来，法国政府一直对戛纳电影节提供了大量的帮助和支持。如今戛纳电影节不仅作为城市文化品牌为戛纳带来了声誉和人气，更是大大推动了戛纳的经济发展，具有长远的经济和社会效益。

显然，从法国的城市建设经验来看，城市文化品牌的培育，并不是短期就能实现的。而我国的现状是，很多城市只是在城市规划初期提出了一个战略性口号，而后期的城市建设并没有继续跟进和推动城市文化品牌的发展，结果往往只是雷声大雨点小，收效甚微。毫无疑问，城市软实力的建设可以为城市取得长足发展，而这种实力往往是在潜移默化中提升的，更是需要政府部门的长期支持。戛纳的城市文化品牌建设经验可以为我国城市发展提供新的思路——除了守住“乡愁”以外，城市也可以开发出新的文化，这也是时代发展的必然需求。

5　结语

城镇化进程是每个国家由农业社会向工业社会转型的必由之路。在城市发展的过程中，难免会对城市发展的定位以及方向产生迷惘，政府如何进行决策往往对城市的发展产生重大的影响。但是目前尚处于发展中国家的我国，比起发达国家，虽然城镇化的进程起步较晚，但是倘若能学习到发达国家的建设经验，并加以提炼和发展成具有中国特色的城镇化道路，将能大大提高城市转型的效率。近年来我国已经在不断地探索适合我国国情的城镇化道路，并提出了“新型城镇化”理念，提倡城市的发展应该是具有长远规划性的，要结合自己的历史文化、自然条件甚至人文条件制定发展路线。由此在快速的城镇化进程中，让城市突显自己的特色，在激烈的城市竞争中获得优势。本文总结了法国城市发展对中国的城镇化建设具有借鉴意义的一些发展经验，希望中国的城镇化进程能尽可能规避发展风险，能真正走向健康、高效的发展道路。

参考文献请见原文。

（撰稿人：丁窈遥，上海交大媒体与设计学院艺术硕士生；周武忠，上海交通大学媒体与设计学院教授，博士生导师，国际设计协会副会长。）

第二篇　特色小镇

从开发区到特色小镇：区域开发模式的新变化 [1]

1 “开发区”治理模式的形成及转型压力

开发区以及各类新城、新区、特区已经成为拉动中国经济增长的主要力量。据商务部的统计，2014 年仅 215 家国家经济技术开发区与 115 家国家高新区就国家级开发区累计实现地区生产总值 14.25 万亿元，占全国地区生产总值比重达到 22.5%，其中第二产业增加值约 10 万亿元占全国的比重高达 36.7%，而且这一比例还在持续提高。如果算上大大小小的省、市乃至县、乡镇级开发区，所占比重则更加惊人。开发区的兴起构成了中国经济成长的关键版图，其依托的“开发区治理模式”也构成了我国治理体系中一个重要的组成部分，尤其对地方政府行政架构及权力运作模式都产生了深刻影响。

从世界范围内来看，兴建开发区是新兴国家实现快速工业化和城市化的重要路径。“开发区”与旧有经济和政治体系有相对区隔，可以先行建成相对完善的物质基础设施以及更加有效的产权保护制度，并构建一种更加稳定、可预期的政企关系。而且开发区通常会成为制度改革和创新的先发区域并享受到财政、税收、土地等方面的政策优惠，使之能够形成“制度创新——发展红利”的租金激励结构，推动园区内资源的高效配置。

我国开发区建设始于自 1984 年，迄今已经演变成为一个种类繁多、规模庞大的体系，目前我国已批准建立各类国家级开发区 496 家，包括国家经济技术开发区 219 家、国家高新技术产业开发区 129 家、保税区 13 家、边境经济合作区 15 家、出口加工区 63 家，以及旅游度假区等其他类型的国家开发区 57 家。而各地以工业园区、产业园区、高教园区、旅游度假区乃至新区、新城等名义开发的开发区项目则是名目繁多，其中仅列入《中国开发区审核公告目录》（2006 年

[1] 本文摘自《城市发展研究》，2017（1）：51-55。

基金项目：浙江省社科规划项目（17NDJC205YB）；杭州市社科规划“人才培育计划”专项立项课题（2016RCZX24）。

版）的各类省级开发区总量超过 1346 家，目前新一轮的《中国开发区审核公告目录》目前正在修订之中，具体的数量可能还会进一步增加。

自开发区设立以来，我国开发区管理体制经历了多次调整变化，并且形成了多种模式。但共性特征是市场机制与政府主导同时存在，其中根据政府对开发区运行的介入强度又可以有多种类型的划分。其中，“管委会—公司”的组织架构、“项目制”运作的常态化、“土地—财政—金融”三位一体的经营模式，是我国开发区体制最典型的特征。

开发区模式在经济绩效方面具有极大的优势，但同样也面临着一系列的深层次困境。开发区在目前面临的困境，虽然主要表现为产业困境、经济困境，但本质上是以开发区带动经济发展的这种治理模式面临着转型挑战。随着中国城市土地的高强度开发，土地供应瓶颈凸显；传统上开发区主要承载了经济发展功能，随着开发区逐步市区化，公共服务不足矛盾突出；与此同时，兼具政府与企业双重身份在便于权力扩张和资源整合的同时，也导致控权机制弱化，开发区成为腐败高发区。

2 “特色小镇”：对开发区模式的超越

“特色小镇”的名称并非浙江省首先提出，北京、云南、广西等省市之前都曾提出过建设“特色小镇”或类似的概念。早在 2011 年 5 月，云南省人民政府出台了《关于加快推进特色小镇建设的意见》。但这一时期的特色小镇，基本上还是以“建制镇”为发展依托，把特色小镇作为推动农村工业化、农业现代化，构建合理城镇体系的组成部分。实际上，直到今天，仍然有不少地方小城镇建设、城乡一体化建设等政策性文件中使用“特色小镇”的概念。因而，当浙江省“特色小镇”的提法抛出之后，学界仍存在着一个认识上的逐步深化过程，很多学者仍偏向于从“新型城镇化”、“产业集聚区”等方向来对其进行解读阐释。

但实际上浙江省“特色小镇”建设具有独一无二的内涵：特色小镇“非镇非区”，不是行政区划单元上的一个镇，也不是产业园区的一个区，而是融合产业、文化、旅游、社区功能的创新创业发展平台。这使得浙江省“特色小镇”建设超越了行政区划的范畴，也超越了通常意义上产业发展的范畴，其本质上是对特定空间内各类生产要素、制度要素、文化要素的重新整合和高效利用，是对政企关系、政社关系的一次重新定义，也是对区域治理模式的一次全新探索。从这意义上讲，浙江“特色小镇”的建设开创了一种新型的地方政府治理模式，尤其在中国经济步入调整期、传统开发模式出现疲态的情况下，“特色小镇”以其对政府公共服务、产业资本及社会元素的全新组合，激荡出地方社会经济发展的新型驱动力。

2.1 “特色小镇”是对治理要素的统合利用

浙江省特色小镇的区域位置与面积设置与开发区有着显著的区别：从浙江省第一、二批78个特色小镇的区位分布来看，多数位于城市中心区域或毗邻城市中心区域，这一情况在杭州、宁波等中心城市表现得更为突出。而《浙江省人民政府关于加快特色小镇规划建设的指导意见》（以下简称指导意见）中对于特色小镇“总面积3平方公里左右、核心区面积1平方公里左右”的规定，也使特色小镇不可能像过去开发区建设一样采用“摊大饼”的方式，通过粗放型经营推高经济总量。实际上《指导意见》中明确要求把小镇建设成为A级景区，根本的目的不仅仅在于强调发展旅游产业，更重要的是借助于这种方式打破传统产业之间的隔阂，形成资本、文化、人才、产业等要素的重新组合，并在这种重新组合中不断创造出新的机会、激发出新的动能。特色小镇的“特”，必须从创新中寻求、从资源优化重组中寻求，最终形成自身的竞争优势。从这个意义上看，特色小镇战略是真正意义上的“底层要素创新”，为两创工作提供了坚实的基础，同时也有力破解了传统开发区模式遭遇的“土地瓶颈”。

2.2 “特色小镇”能够有效回应多元化公共服务诉求

开发区模式秉持的是一种典型的发展型政府逻辑，经济成长指标是开发区管理机构的中心任务，其公共政策难以反映、平衡日益多元化群体的差异化诉求，甚至会产生弱势群体权益从属于地方财政收益等情形。“特色小镇”建设则把企业、创业人员、旅游者、本地居民等不同群体、不同层次公共服务需求融为一体，相互补强和增进。而且这种公共服务的增加，并非以牺牲特定领域、特定群体的利益为代价，而是能够更好地满足不同群体的差异化需求，提供了多层次、多元化的公共服务供给。从这个意义上讲，“特色小镇”治理模式同时也是践行了公共服务服务的“供给侧”改革。

更为重要的是，特色小镇战略实现了经济发展成就迅速转向社会建设成果。使得全体社会民众可以更快地分享经济、产业成长带来的好处，这超越了简单经济指标累加的发展模式，真正把经济成长的数字显化为社会民众可以方便感知、受益，真正从居住者、创业者、旅游者层面实现了“人本”意义上的产城融合。

2.3 特色小镇理顺了政府、市场与社会的关系

“特色小镇”既不是一级建制行政层级，也不是独立于既有行政体系之外的“开发区”，这使得“小镇”能够更好地发挥其联结政府、市场与社会的纽带功能。“开发区”模式下“管委会—公司”的组织架构使政府能够有效整合、动员各类经

济要素，在这个过程中政府是引领者，而其他市场和社会主体是跟随者，市场机制服从于政治机制；但“特色小镇”则是聚合政府、市场与社会资源的空间与平台，政府资源能够利用“小镇”作为载体与市场、社会资源实现更好的协同合作。政府不再直接介入大规模的建设与投融资工程，而是回归公共服务、制度保障以及环境改善这些公共性职能，也不再同时具有“政府”与“企业”的双重身份，政府“公权力”与市场“私行为”能够得到有效区隔，进而也大大降低了权力滥用的风险。

2.4　“特色小镇”能够形成有效问责机制

问责是公共权力运行闭合链条中至关重要的一环，也是促进政府绩效持续提升的重要手段。但由于类似区域开发工程往往涉及多元要素，责任链条不够清晰，尤其我国对决策权的问责目前仍缺少有效手段的情况下，“审批制”的园区设立模式往往存在责任虚置的问题。“特色小镇”建设则用“创建制”代替传统的审批制。《指导意见》中明确规定，特色小镇的创建要通过“自愿申报、分批审核、年度考核、验收命名”的流程，且在省配套奖励措施上还规定一旦考核没有达标，不但会追回，还将“倒扣”。下属各地级市出台的配套政策中，基本上也都做了类似的规定。“宽进严定”、“能进能出”的原则，以及公示考核的流程都保证“特色小镇”创建并非一劳永逸的过程。从实际运行情况来看，2016 年对首批列入“特色小镇”培育名单的项目中已经有了被“降级”的案例，这也反映了相关制度在操作上的实效性。另一方面看，《指导意见》中对于特色小镇培育周期的规定，以及验收通过后予以“挂牌认定”的处理方式，也反映出“特色小镇”相比于开发区，不仅仅是区域治理的过程，更是一个具有价值导向的治理目标，并能够以此来评判“特色小镇”创建工作的具体成效。

从 2015 年推出“特色小镇”以来，浙江省先后进行了两批共 79 个省级特色小镇的认定工作。虽然仍然还处于试点的阶段，但其效果已经逐渐展现，尤其是作为一种新型的地方政府治理模式，其呈现出的诸多做法对于开发区治理模式中存在的困难与问题能够很好地回应，并可能代表今后一段时期取代开发区模式的中国地方政府治理模式转型取向。其在新型政府、企业、社会关系构建、政府考核与激励方式转变等方面所采取的系列创新举措，也将为未来一段时期和谐发展、持续增长的新动力。

3　特色小镇治理模式仍然面临的挑战

浙江省特色小镇建设目前已经初见成效，涌现出一批综合效益好、特色鲜明的案例，不仅受到国家层面的肯定和推广，许多省市已开始学习浙江建设经验，上海、江苏、福建等省已经出台了类似的促进特色小镇建设指导意见。但目前特色小镇建设毕竟刚刚起步，还处于探索试点阶段，要真正成为经济发展的主体、实现政府治理模式的深层次转换，仍任重道远。从目前的实践情况来看，虽然整体上成效卓著，但在第一轮特色小镇考核过程中也有不少地方仍存在着投资相关性差、特色优势不鲜明等问题，用传统开发区模式办"特色小镇"等问题，有些地方问题还相当严重。总体而言，特色小镇治理模式的成熟完善还需要解决以下几个方面的问题。

3.1 发展理念转换的挑战

从传统的"开发"模式转向特色优势培育策略，需要政府尤其主要领导具有更加宽广的视野、更加长期的布局，要避免"立等可取"、"立竿见影"的惯性思维。对于很多习惯了传统"开发区"治理模式的领导干部而言，要彻底转换发展观念，避免把小镇做成摊大饼、搞成新一轮的无序竞争。

首先，业绩理念要从"显性化"到"隐性化"的转变。"特色小镇"强调的不是规模竞争，而是层次竞争，其目的不是推高产业数据，而是要形成在特定领域的持续影响力。因而要把发展目标设定从显性化的数字指标转向更加隐性化的品质感受。当然，目标设定的"隐性化"并不代表没有标准，而是强调要淡化短期内数据的比重，更侧重于服务对象的主观感受。

第二，投资理念要从粗放式化转向精细化。"特色小镇"的优势在于"特色"，而特色凝聚困难，耗散容易。传统的开发区模式下虽然也强调要引入优质资本，但一般来说主要考虑的是资本规模、产业能耗、利税水平、技术标准，并不会涉及园区产业的特色凝聚。如何在资本引入和特色培育之间做到综合平衡，需要小镇管理者不但有"引入"的意识，更要有"选择"的智慧。

第三，经营理念要从要从直接操办转向培育、养成。开发区模式下作为管理机构的管委会往往习惯于直接介入产业发展环节，或者利用政府设立的开发区投资公司平台进行强势规划干预。"特色小镇"的运作虽然仍需要政府的引导规划，但基础运作方式是"政府引导、企业主体、市场化运作"，政府要摆脱大包大揽建设园区的传统思维模式，职能当逐步转向了制度构建、环境营造、服务提升。

第四，竞争理念要从同业竞争走向错位竞争。开发区之间竞争往往是同类业态间的比拼，是优惠政策、基础设施、区位条件等"硬件"的直接对抗。但"特色小镇"之间的竞争则多数是存在于不同业态之间，即使几个小镇产业性质相近，也都会尽量避免业态完全重复。而且小镇之间的竞争也弱化了经济类指标的直接比拼，从而使每个小镇都有空间实现自己独有成长模式。如何更好地利用这种空间，也需要进一步思考。

3.2 政府能力提升的挑战

从开发区模式转换到特色小镇模式，政府不再直接进入市场参与竞争，但这绝不意味着政府的职能弱化、工作轻松了，相反，政府越来越多的要作为方向的引领者、规则的制定和维护者、制度的供给者，对政府的能力要求更加高，新的角色要求领导干部、工作人员都要有更多的能力提升。而这种政府能力的提升，是无法通过要求“全员招商”等简单方式实现的，需要创新制度、提升官员个人能力。

另外对政府能力的挑战，还包括跨部门、跨区域协调能力的挑战。从目前情况来看多数都是成立了“协调委员会”，由本级政府主要领导干部担任负责人，政府主要组成部门参与，通过联系会议的方式推动并解决特色小镇建设工作中遇到的困难。但这种由主要负责人亲自挂帅、多个部门综合参与的协调模式，往往要耗费大量的综合协调成本，而且仍然是一种临时性做法。真正把“特色小镇”工作作为一种转变发展模式的长效机制来对待，则要逐步从依托外在机构、权力的“硬性”调整转向更加富有弹性和效率的“软性”协调，各部门、各区域之间的横向配合，减少协调成本。

3.3 优质化公共服务的挑战

早期开发区模式的竞争力主要依靠“政策扶持”与“制度红利”，通过特殊的税收、用地优惠政策增强对外来投资的吸引力。随着开发区特殊政策逐渐取消，其竞争力则主要体现在产业链条完备、基础设施优越以及政府机构精简等方面。而“特色小镇”肯定无法复制开发区模式下的竞争力方案，其要想吸引优质资本、打造特色优质产业，必须依托于提供更加优质的公共服务。优质的公共服务既包含了自然风貌、生活配套等“硬”设施，更需要优质化的医疗、教育资源，优质化的政府公共服务水平等“软”的配套。对于地方政府而言，如何更好地提供优质化的公共服务，也是政府能力的另一重表现。

3.4 特色优势产业营造的挑战

特色小镇面积限定在3平方公里左右，其中核心区域一般不超过1平方公里，且区域大部分分布在城市中心城区附近，难以通过大规模土地开发拓展产业规模，必须通过对既有土地上资源的优化盘活实现效益升级。提高单位面积、单位投资、单位人口的产出就成为特色小镇建设的必由之路。而从欧美国家的经验来看，许多著名特色小镇成功的关键在于嵌入特定区域及其历史人文背景下的“产业生态位”。但特色优势产业并不容易轻松构建，尤其在全省各地纷纷积极申报特色小镇建设，很多地市都设置了市、县级特色小镇培育计划的大形势下，很多原本基础并不占有的特色小镇项目想要提炼出自身的优势和特色，往往具有较大的难度。这种情况下，如何判断特色小镇的准入门槛、严格特色小镇考核标准，避免特色小镇一哄而上带来资源上浪费，也需要予以妥善应对。此外，在特色小镇建设中还要避免地方政府进行“土地经营”的冲动，防止特色小镇“房地产化”可能导致的房地产业对其他特色优势产业的挤出风险。

4 结论与展望

特色小镇与开发区无论在形态和策略上都有很大差别：特色小镇是小区域、小范围内的精耕细作，而开发区则更多是大空间、大范围的全面开发；特色小镇强调的是对产业的耐心培育，开发区则是由政府进行强势主导，更注重快速上马抢占先机；特色小镇突出特色、优势上的差异化，而开发区之间则具有更加强烈的直接对抗和竞争；特色小镇中产业只是其中一部分内容，是一种区域综合治理，而开发区具有更强的产业集聚性和经济先导性。总体而言，特色小镇更轻、更有特色；而开发区更突出经济性。但两者的治理逻辑和目标在很大程度上又是相通的：特色小镇与开发区都是对特定区域内各类元素的优化重组，都强调单位面积和投资的产出比，考核指标中都看重投资的规模数量，激励政策也都主要集中在税收优惠以及用地指标方面。从某种意义上来看，特色小镇治理模式可以看作是开发区治理模式的升级版本，是开发区治理模式在经济社会发展达到一定高度之后的突围转型，也是对开发区治理模式尤其是开发区模式套用到城市经营领域之后各类问题的一种“纠偏”。

特色小镇模式并非对开发区模式的完全否定或全面取代。开发区模式已经被证明是一种高效的资源整合与经济发展策略，对于维持和拉动我国经济发展发挥着至关重要的作用。开发区在规模工业、产业集聚和形成技术创新优势方面仍具备无法取代的优势。事实上，很多高新技术和新兴产业比较集中的开发区，近年来也在不断进行自我升级优化，也有效弥补了在社会治理、公共服务领域的短板。特色小镇模式的经验，可以为开发区治理模式的转型提供非常有益的经验。尤其是特色小镇并非一级建制，不涉及行政区划的重新调整，这也使得其与既有的开发区治理模式在很大程度上可以形成一种并行和互补。开发区可以通过建设“特色小镇”为依托，保有其产业优势的同时，弥补其公共服务领域的短板，并逐步实现发展模式的转型升级。

从体量上看，特色小镇目前仍远远不能与开发区相比较，无论区域面积、产业规模、产出总量以及覆盖人口，都与开发区存在数量级上的差别。特色小镇目前仍然处于经验积累和路径探索阶段，涉及的主要是“增量”部分。但其代表了治理模式的一种转型升级方向，浙江省《指导意见》中也已经提前预留了用特色小镇模式化解开发区存量的制度接口。2015 年浙江人均 GDP 超过 12000 美元，已处于工业化后期，即将迈入高收入发展阶段，也将在全国各省份中率先遇到治理模式调整所需要应对的系列挑战。“特色小镇”治理模式的形成，其实是浙江省为回应这种挑战所做出的探索创新，是对既有“开发区”模式的再次超越。但随着“特色小镇”建设热潮的出现，一些地方也出现了借“小镇”概念对原有发展模式重新“包装”的现象。地方政府要有效控制“特色小镇”建设的规模和数量，避免把原有“开发”模式搬入特色小镇运营模式中来，尤其要杜绝“特色小镇”建设的“房地产化”，真正把“特色小镇”打造成为优势产业集聚和优质公共服务供给的平台，避免重蹈土地财政的误区。

参考文献请见原文。

（撰稿人：周鲁耀，浙江大学城市学院城市治理与立法研究中心副主任，公共管理学博士，主要研究方向为地方政府治理；周功满，浙江师范大学法政学院）

特色小镇发展水平指标体系与评估方法[1]

1 引言

改革开放后，中国以惊人的速度开展城镇化建设，一直以来工业化水平高于城镇化水平，小城镇作为乡村剩余劳动力就地城镇化的空间载体，在中国城镇化进程中发挥了重要作用（吴一洲和王琳，2012）。进入当前新常态发展阶段，一直以来的"增长主义"发展模式难以为继（张京祥等，2013），资源瓶颈、生态瓶颈和劳动力瓶颈等发展阶段的标志性门槛开始促使城镇化进行转型。以浙江为例，浙江是典型的人多地少，人口密度高，空间资源瓶颈突出的省份，在新的发展阶段必须探索如何在有限的空间内，提高经济效益（吴一洲等，2010）；浙江的城镇化主体是块状经济，产业升级滞后市场和消费升级，需求不足，需要通过产业的更新换代来刺激内需，扩大产业市场规模；产业升级需要人才和高端劳动力的支撑，产业的竞争已经演变成产业链的竞争，另一方面创业也是拉动就业和产业升级的主要驱动力，必须探索如何聚集创业人才、风投资本、科技孵化器等，从而促进产业链、人才链、资本链实现快速耦合，形成新经济的生态圈和高端产业链；城乡接合部是城镇化最为活跃的区域，是城乡二元结构的融合点，建设符合城乡融合要求的空间载体，是满足现代都市人的生活品质追求和加快农业现代化的重要基础。

在此发展背景下，2014 年底在浙江省委经济工作会议上，浙江在国内首次提出了打造"特色小镇"的发展战略，2015 年初正式将"加快规划建设一批特色小镇"列入政府重点工作计划。按计划，浙江将在未来三年内把重点放在培育上百个特色小镇上，聚焦电子信息、环境保护、医疗健康、休闲旅游、潮流时尚、金融服务、高端装备制造等七大产业，兼顾特色农副产品如茶叶、黄酒、中药，特色手工艺品如丝绸、青瓷、木雕、根雕、石雕、文房等历史经典产业（浙江省

[1] 本文摘自《规划师》，2016（7）：123-127。

基金项目：国家自然科学基金项目（51578507）、浙江自然科学基金项目（LY15E080024）、浙江省哲学社会科学规划课题（16NDJC203YB）。

人民政府，2015）。作为深化城乡统筹发展和推动传统经济转型升级的重要战略之一，特色小镇的建设意义主要有以下六个方面：经济新常态下新增长点；“众创空间”新孵化器；信息经济等智慧产业新集聚地；新型城镇化转型升级新载体；新一轮产城人融合的新平台；“两美”浙江新景区。

本研究拟通过对特色小镇的内涵和特征分析，构建基于特色小镇发展导向的评价框架和指标体系，旨在为科学全面地评价新时期小城镇的综合发展水平提供依据。

2 “特色小镇”的内涵、特征与发展理念

“特色小镇”并不是一个行政意义上的城镇，而是一个大城市内部或周边的，在空间上相对独立发展的，具有特色产业导向、景观旅游和居住生活功能的项目集合体。特色小镇既可以是大都市周边的小城镇，也可以是较大的村庄，也可以是城市内部相对独立的区块和街区，其中部分服务功能可以和城市共享。

“特色小镇”的核心是特色产业，一般是新兴产业，比如私募基金、互联网金融、创意设计、大数据和云计算、健康服务业，或其他智力密集型产业。“特色小镇”也是一个宜居宜业的大社区，既有现代化的办公环境，也有宜人的自然生态环境、丰富的人性化交流空间和高品质的公共服务设施。特色小镇建设将秉持“政府引导、企业主体、市场化运作”的原则，控制规划占地面积在 1 ～ 3 平方公里左右，旨在打造成一个高度产城融合空间，并体现其特有的地域文化。同时特色小镇建设要达到 3A 级以上景区标准，休闲旅游类小镇须以 5A 级景区标准作为其建设硬指标（浙江省人民政府，2015）。总之，“特色小镇”是按创新、协调、绿色、开放、共享发展理念，结合自身特质，找准产业定位，科学进行规划，挖掘产业特色、人文底蕴和生态禀赋，形成“产、城、人、文”四位一体有机结合的重要功能平台。

具体规划建设中，“特色小镇”的发展秉持四大发展理念：产业定位摒弃“大而全”，力求“特而强”，避免同质竞争，差异错位发展，保证独特个性；功能体系摒弃“散而弱”，力求“聚而合”，重在功能融合，营造宜居宜业的特色小镇；城镇形态摒弃“大而广”，力求“精而美”，形成“一镇一风格”，多维展示地域文化特色；制度设计摒弃“老而僵”，力求“活而新”，将其定位为综合改革试验区，“特色小镇”优先作为政策试点示范基地，把握政策先试先行机遇，体现制度供给的“个性化”。

3 “特色小镇”发展水平评估框架构建

从特色小镇的内涵出发，将其发展水平评估体系分为四个维度，分别为产业维度、功能维度、形态维度和制度维度；将发展理念和内涵进行交叉构建，得到下面的评估框架（图 1）。

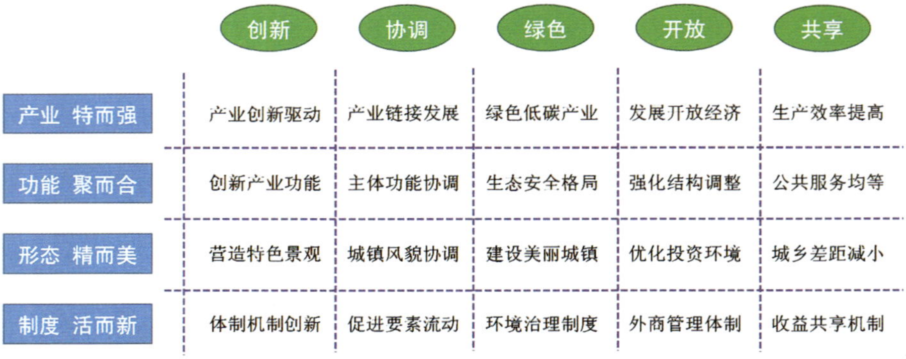

	创新	协调	绿色	开放	共享
产业 特而强	产业创新驱动	产业链接发展	绿色低碳产业	发展开放经济	生产效率提高
功能 聚而合	创新产业功能	主体功能协调	生态安全格局	强化结构调整	公共服务均等
形态 精而美	营造特色景观	城镇风貌协调	建设美丽城镇	优化投资环境	城乡差距减小
制度 活而新	体制机制创新	促进要素流动	环境治理制度	外商管理体制	收益共享机制

图 1　特色小镇发展水平评估框架图

产业维度，特色小镇的产业应具有一定的创新性和特色性，并且能和周边产业或者自身形成一定长度的产业链，强调绿色低碳型产业，产业的经济开放性和生产效率较高。

功能维度，特色小镇的功能应具有一定的集聚度和和谐度，经济、社会和生态等各功能之间协调发展，功能结构合理，公共服务功能均等化程度较高。

形态维度，特色小镇就是要全面体现“特色”，除了特色产业以外，空间上也要体现明显的特色，建筑、开放空间、街道、绿化景观和整体环境都要体现相应的特色，具有较为统一和鲜明的风貌特征，城乡空间形态和环境质量协调发展，投资的空间环境品质较好。

制度维度，特色小镇在一定意义上，也是一个特殊政策区，围绕特色小镇的发展目标，建立起与其发展相适应，设计能激励相应产业、资金和人才进驻的制度，以及保障特色小镇可持续发展的环境治理和收益共享的机制。

4 “特色小镇”发展水平评估指标的选取与体系建构

“特色小镇”发展水平评估指标体系是综合运用城乡规划学、城市经济学、产业经济学、环境科学、生态学、公共政策理论和系统科学等基础理论，通过数据统计、计算、综合的分析方法，进而反映特色小镇发展综合水平的一整套的指标体系。“特色小镇”发展水平评估指标体系应该准确体现“特色小镇”的特点，形成一个有机的评估系统，此外，在选取评价指标时还应遵循下列原则。

（1）典型代表性原则：各维度所选取的指标应为特色小镇评价目标服务，立足于特色小镇的本质内涵，能够全面科学地反映出特色小镇的综合发展水平。

（2）系统全面性原则：所选取的指标应涵盖经济发展、社会公平和生态环境等各个维度，不应片面强调经济效益和规模，还应注重风貌和生态可持续发展等。

（3）相对独立性原则：指标的选取应相对独立且不相关，不能互为解释，以确保最终评价结果的全面性和科学性。

（4）共性和个性相结合原则。既包含共性指标，具有可比性，便于指标比较，又包括个性（特色）指标，可以反映“特色”建设进展和成效。

（5）可操作性原则：所选取的指标应数据明确，且有一致的统计口径，可较为简便地获取，同时也可以量化和对比。

（6）动态适应性原则：由于特色小镇因时因地而不同，因此所选取的指标无论在指标维度、指标权重和具体指标选择等方面都应具有动态性，能根据新的发展形势和背景进行适应性调整。

（7）以人为核心原则：整个指标体系最终虽然是定量的综合评分，但在具体指标设计中，应同时考虑主客观相结合的模式，将特色小镇的使用者、经营者、管理者和旅游者等微观主体的主观感受和体验也纳入到指标体系中。

指标筛选先由专家进行推荐，在每个维度选取具有典型性的指标，对特色小镇的产业、功能、形态和制度的相应规模、结构、状态与效率等动态趋势等进行科学评价和综合评估，全面反映特色小镇各子维度和总的综合发展水平。在具体指标选择时，低于 50% 的专家认为该指标不重要，则该指标就淘汰；统一归并相关性强的指标或者选择相对容易获取的指标；根据 3 轮专家咨询后的综合结果，采纳 80% 以上的专家认同的指标，形成最后的指标体系。

参考了已有学者的相关研究（荣西武，2005；张美亮等，2013；陈良汉和周桃霞，2015），本指标体系分为特色小镇基本信息、发展绩效和特色水平三部分：

（1）基本信息指标主要是统计特色小镇的建设、投资和规划进展；

（2）发展绩效指标主要是反映特色小镇在产业、功能、形态和制度四个子维度上的发展效率和成绩；

（3）特色水平指标主要考虑特色小镇主导产业的较大差异，根据特色产业的划分分别确定不同产业相应的评价指标。

具体指标体系和数据获取方式如表 1 所示。

表 1 “特色小镇”发展水平评价指标体系

第一部分：特色小镇基本信息统计体系

	统计信息	单位	数据获取途径
特色小镇基本信息	特色产业定位	—	申报材料与基础资料
	特色小镇主管单位	—	申报材料与基础资料
	建设运营主体	—	申报材料与基础资料
	特色小镇客厅建设情况	—	统计数据
	规划面积	平方公里	统计数据
	规划建设用地	亩	申报材料与基础资料
	固定资产投资计划	亿元	申报材料与基础资料
	实现税收计划	亿元	申报材料与基础资料
	旅游接待总人数计划	万人次	申报材料与基础资料
	下放补助计划总量	万元	申报材料与基础资料
	小微企业引进计划总量	个	申报材料与基础资料
	税收总额	万元	统计数据
	税收占本县（市、区）税收的比例	%	统计数据

第二部分：特色小镇发展绩效评价指标体系

准则层	指标层	单位	极性	数据获取途径
产业维度	特色产业服务业营业收入占小镇服务业营业收入的比例	%	+	企业报表与统计数据
	特色产业工业总产值占小镇工业总产值的比例	%	+	企业报表与统计数据
	全部从业人员期末数	万人	+	统计数据
	高新技术企业数占全部企业的比重	%	+	企业报表与统计数据
	R&D 经费占 GDP 比重	%	+	企业报表与统计数据
	高中级技术职称人员	人	+	企业报表与统计数据
	“新四军”创业人员数	人	+	企业报表与统计数据
	专利拥有量	个	+	统计数据
	万元 GDP 能耗	吨标准煤 / 万元	-	统计数据
	万元 GDP 耗水量	立方米 / 万元	-	统计数据

续表

准则层	指标层	单位	极性	数据获取途径
功能维度	地均 GDP	万元 /ha	+	统计数据
	产业链竞争力水平	分	+	专家打分
	人均 GDP	万元 / 人	+	统计数据
	特色产业投资占总投资的比例	%	+	统计数据
	人口密度	人 /ha	+	统计数据
	固定资产投资完成额	万元	+	统计数据
	工业废水达标处理率	%	+	统计数据
	城市生活污水处理率	%	+	统计数据
	非国有投资总额占投资总额的比例	%	+	企业报表与统计数据
	固定资产投资占年度固定资产投资计划的比例	%	+	企业报表与统计数据
形态维度	城镇视觉风貌评分	分	+	专家 / 群众打分
	绿地率	%	+	统计数据
	开放空间评价	分	+	专家 / 群众打分
	城镇场所人气评价	分	+	实地调查统计
	环境空气达标率	%	+	统计数据
	镇区噪声达标率	%	+	统计数据
	地表水水质达标率	%	+	统计数据
	公共文化设施建筑面积	平方米	+	统计数据
制度维度	企业准入门槛评价	分	+	专家打分
	相关管理部门行政效率评分	分	+	专家 / 企业 / 群众打分
	人才引进计划落户人数	人	+	企业报表与统计数据
	年环境信访量	人次	+	统计数据
	数字化管理覆盖面积比	%	+	统计数据
	外商直接投资总额	亿美元	+	统计数据
	民生支出占财政支出比重	%	+	统计数据
	公共 WIFI 覆盖率	%	+	统计数据
	公共资源的合理共享度评分	分	+	专家 / 企业 / 群众打分

续表

第三部分：特色小镇特色水平评价指标体系				
准则层	评价指标	单位	极性	数据获取途径
信息产业	信息经济制造业总产值	万元	+	企业报表与统计数据
	信息经济服务业营业收入	万元	+	企业报表与统计数据
	所用专利中本国专利所占比重	%	+	企业报表
金融产业	金融业产值	万元	+	企业报表与统计数据
	入驻金融投资机构个数	个	+	企业报表与统计数据
	管理资产规模	万元	+	企业报表与统计数据
旅游产业	旅游业总产值	万元	+	统计数据
	旅游接待总人次	万人次	+	统计数据
	星级宾馆数量	个	+	统计数据
	住宿业床位数	个	+	统计数据
	游客服务满意度得分	分	+	专家 / 游客打分
	特色小镇景区等级		+	统计数据
时尚产业	时尚业总产值	万元	+	企业报表与统计数据
	时尚品牌出口占品牌总销售额比例	%	+	企业报表与统计数据
	省级及以上品牌产品（名牌、商标、商号、产品）个数	个	+	企业报表与统计数据
	研发与设计师人数	人	+	企业报表与统计数据
高端装备制造	高端装备制造业总产值	万元	+	企业报表与统计数据
	规模以上企业数	个	+	统计数据
	高新技术企业数占入驻企业数比重	%	+	企业报表与统计数据
	新产品研发经费支出	万元	+	企业报表与统计数据
环保产业	环保产业制造业总产值	万元	+	企业报表与统计数据
	环保产业服务业营业收入	万元	+	企业报表与统计数据
	政府环保投入额	万元	+	统计数据
健康产业	健康产业总产值	万元	+	企业报表与统计数据
	健康服务人次	人次	+	企业报表与统计数据
	持证健康服务人员数量	人	+	企业报表与统计数据

续表

准则层	评价指标	单位	极性	数据获取途径
历史经典产业	展览馆（博物馆）总面积	个	+	统计数据
	省级以上非物质文化遗产项目数	个	+	统计数据
	国家级、省级大师人数	人	+	企业报表与统计数据
	国家级、省级非遗传代表性传承人	人	+	企业报表与统计数据

5　“特色小镇”发展水平综合分析模式研究

当前多指标综合评价方法主要包括综合加权法、DSS 评判法、理想点法、向量排序法等。综合了多种指标综合方法（吴琼等，2005），本次特色城镇发展水平的指标综合方法选择采用基于钻石模型的全排列多边形图示指标法，钻石的两极分别为特色小镇建设程度和特色水平，中间的主体是四个维度的发展绩效（图 1）。各指标值标准化采用双曲线标准化函数，将各指标值标准化到 –1 至 1 之间；所有维度指标标准化值都能构成一个正多边形的雷达图。将两极和四个维度作为综合指数，综合发展水平指数构成的多边形中心点到顶点的线段为各综合指标标准化值所在区间 [–1，+1]，而标注值 0 为临界线，其以下其值为负，以上其值为正（图 2）。这种综合评估分析模式，既有单项评分指标又有综合指标，既有几何直观的表现形式又有具体解析数值，每个指标都有上限、下限和值。指标下限可

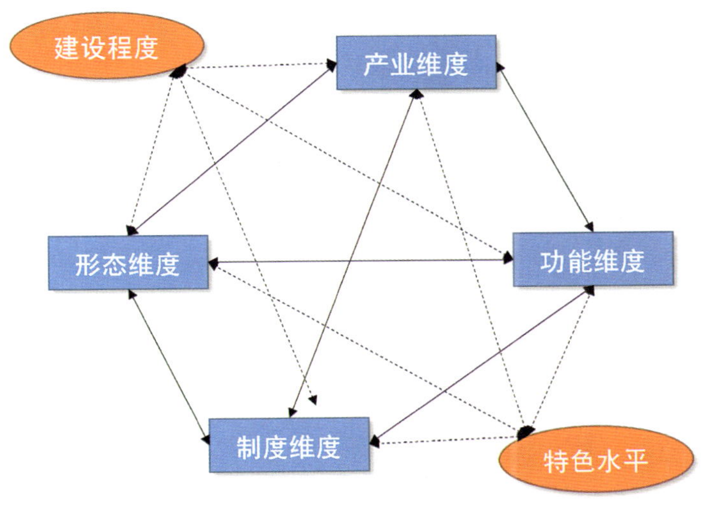

图 1　特色小镇钻石模型评价体系图

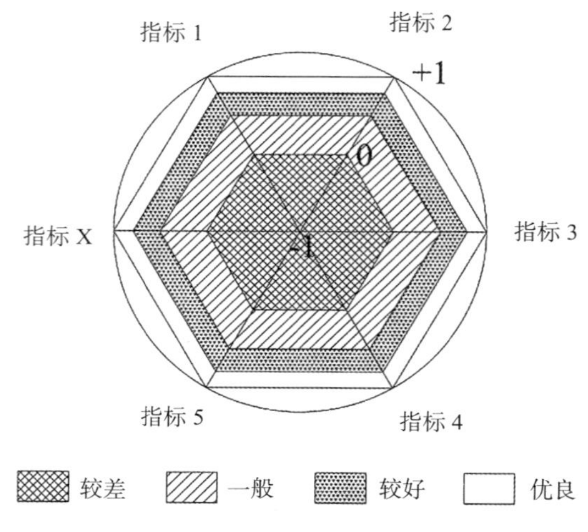

图 2 全排列多边形图示指标法示意图

以根据特色小镇群体中的最小值确定，指标上限可以根据最最大值确定，临界值采用平均值，如省（市县）内全部城镇的平均水平。

6 结语

特色小镇发展水平的评价是一个具有重要现实价值的工作，本研究重在对特色小镇的指标体系进行框架性分析，由于特色小镇处于发展初期，许多特色小镇还处于规划策划阶段，因而本研究尚不能给出具体的案例进行实证。本研究构建的指标体系拟在特色小镇的第一个考核期满（三年后）后开始逐年动态跟踪评估，以后将会对本评价指标体系进行修改和补充，并给出相应特色小镇评价结果的应用实证，对本指标体系的有效性进行验证。特色小镇评价指标体系可以用于评价和比较我国各地小城镇的综合竞争力，有助于在我国当前城镇化新阶段中为有针对性地提升小城镇发展绩效提供依据，促进小城镇的可持续发展。

参考文献请见原文。

（撰稿人：吴一洲，博士，浙江工业大学建工学院副教授、硕士生导师、城乡规划学科负责人；陈前虎，博士，浙江工业大学建工学院教授、执行院长、硕士生导师，小城镇城市化协同创新中心主任，浙江省城市规划学会小城镇学术委员会主任委员；郑晓虹，浙江工业大学人居环境规划与设计方向硕士研究生。）

全域视角下的最美乐居小镇规划

——以《海口市演丰镇总体规划修编（2013—2030）》为例[1]

1　引言

小城镇作为城市和农村的结合点，是农村地区与城市联系的重要节点，对于推进城镇化的进程有重要的意义。传统的镇域规划存在重镇区发展、轻镇域发展的现象，缺乏对镇区外围的非农产业用地的统一安排与部署，对整个镇域空间资源和城乡关系没有起到应有的配置及调控作用，无法具体指导村庄居民点的用地建设。新形势下，将全域视角理念与镇域总体规划相结合，以全域规划为龙头，以多规协调为抓手，以产业为纽带，以特色引领小城镇建设，打造美丽乡镇，具有重要的理论价值和实践意义。

演丰镇位于海口市美兰区中部、东寨港西岸，镇域规划总面积为127.18km^2，镇区规划面积为4.5km^2，是海口市首批统筹城乡示范镇、计划单列镇。演丰镇是海南岛主要的红树林分布区之一，不仅自然资源优越，还拥有“海底村庄”、玛祖文化和冼太夫人文化等人文资源，具有建设美丽乡镇的独特资源条件（图1，图2）。基于此，本文以演丰镇为例，重点结合《海口市演丰镇总体规划修编（2013—2030）》，探讨如何运用全域规划的发展理念，整合自然资源和人文资源，建设最美乐居小镇，以此推动演丰镇的新型城镇化。

2　相关概念

2.1　全域规划

“全域”是近年来地区经济社会发展的一种创新思维。从字面上理解，“全域”意味着某一区域的全部，其主要内容是指在某个行政区域内，将该区域作为一个

[1] 本文摘自《规划师》，2016（12）：121-128。

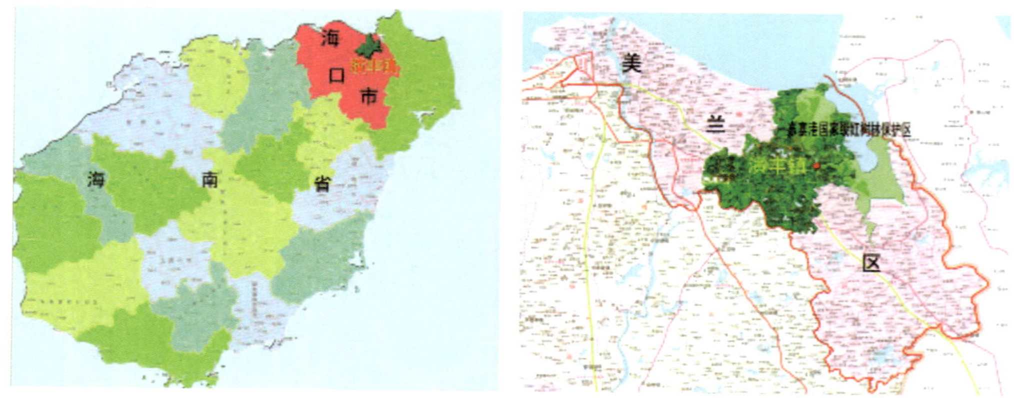

图 1　区位分析图

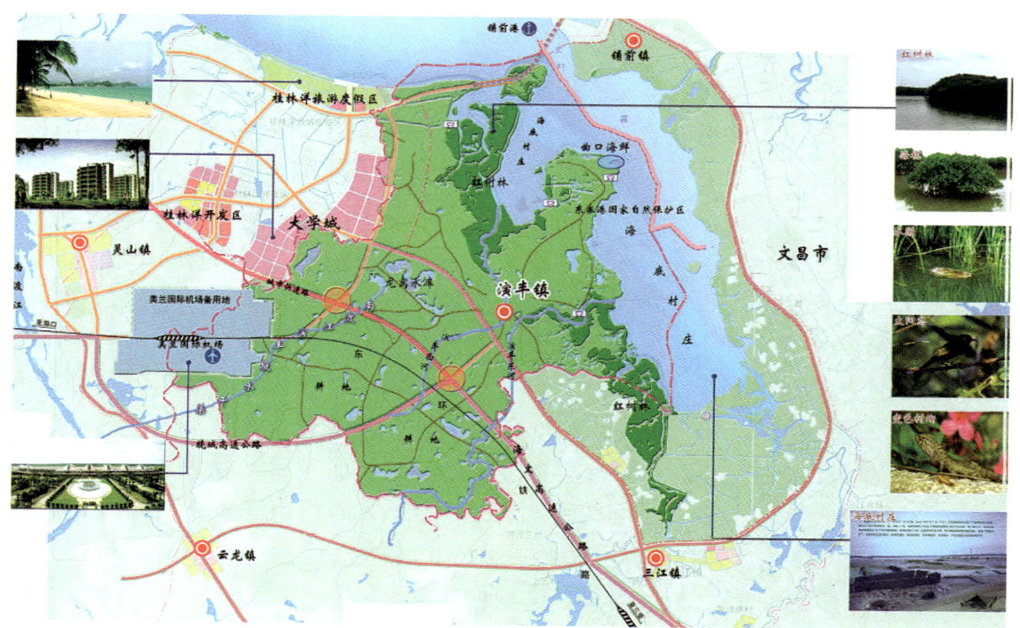

图 2　资源分析图

整体进行统筹考虑，打破城乡、区域等的限制，推动规划实现“全域覆盖”、交通保持“全域畅通”、社会公共服务达到“全域均衡”、资源得到“全域共享”，推动区域的政治、经济、文化与社会建设一体化发展，整体推进城市和农村的现代化，努力构建现代城市和现代农村和谐相融、历史文化与现代文明交相辉映的新型城市形态。

新时期，城镇发展需要在全域层面对资源要素进行梳理，突破传统发展的路径，以实现发展模式从“一隅”到全域的转变。具体而言，包括 3 个层面的内容：

一是“全空间”的转变，即全域规划具有全地域性，不仅涉及城镇建成区，还包含广大乡村地区及大量非建设用地，实现空间上的全覆盖；二是“全要素”统筹，即在整个镇域空间范围充分调动各个发展要素（如社会、经济、土地与生态等），对空间发展与资源承载、产业驱动、基础保障、生态保护进行系统性计划和布置，提出多要素的控制线，确保对镇域范围内重点保护空间的控制，引导建设与保护空间的分离；三是“全类别（全方位）”的考量，即关于设施规划的内容，要考虑区域协调、与上位规划的衔接互动，挖掘小城镇特色，做出优化区域生产力格局的基本价值判断，基于多规协调在全空间的覆盖中进行综合部署，衔接、协调各项设施规划。

总之，城镇全域规划是一种以物质空间利用为手段，从镇区到镇域、从建设要素到非建设要素、从微观到宏观进行有机整合和系统规划的新理念，是城乡规划学界在新时期对传统城乡规划理念进行反思及创新的积极探索。全域规划是以促进城乡经济、社会、人文和生态等全面协调与可持续发展为根本任务，通过对全域范围的发展资源空间进行优化配置、产业升级与低碳转型、生态环境保护及制度改革和体制创新等，推进城镇的生态文明建设、美丽乡镇建设，涵盖从规划目标到实现路径的全方位设计。

2.2　特色小镇

目前，城乡差距是镇级行政主体面临的主要问题之一，而城市、乡村规划分治的问题在城乡规划中一直没有得到妥善解决。全域规划虽然强调城乡的协调发展，但并不意味着要消除城乡之间的差异，也不意味着社会空间要由非均质向完全均质演变。在进行城乡统筹规划的过程中，应尊重乡镇所具有的独特的历史文化及自然环境，注重保护历史文化遗存，着重突出乡镇的建筑特色风情与自然环境特色，不能把“整套城市规划的东西”和“流水线生产的工业产品”简单地搬到乡村中去，而应注重城乡在景观风貌和生活文化等方面的差异性。因此，从全域视角进行规划时，应充分挖掘和利用小城镇的特色资源，以特色引领小城镇的发展。

随着小城镇青年返乡需求的提升、城市人民生活方式的转变，小城镇的发展也迎来了新的机遇。特色小镇建设是统筹城乡发展的重要载体，是经济发展的一个新引擎，能有力带动中国广大农村和县城的经济发展。与普通小镇相比，特色小镇的培育主要是打造特色鲜明的产业形态、和谐宜居的美丽环境、彰显特色的传统文化，提供便捷完善的设施服务，建设充满活力的体制机制。也就是说，特色小镇既要“宜业”，又要“宜居”“宜游”。

特色小镇是结合产业、文化、旅游及社区的理念设计的多功能产业聚集平台，也是“产、城、人、文”四位一体有机结合的重要平台，具备产业上“特而强”、功能上“有机合”、形态上“小而美”、机制上“新而特”四大特征。特色是小镇的核心要素，产业特色是重中之重。因此，从全域的视角整合城镇资源，找准特色，凸显特色，放大特色，是小城镇建设的关键所在，这也是防止“千镇一面”现象的根本措施。从这个角度而言，培育特色小镇，重在因地制宜、写好“特”字文章，让特色小镇的品质立得住、叫得响、行得远；要以新的理念打造地方的核心特色，摒弃传统“大而全”的思维模式，主攻最有基础、最有优势、最具潜力的特色产业，用特色产业来牵动和激发小镇的生气与活力，让特色小镇真正成为小镇发展的命脉之源。

3　全域视角下特色小镇的规划思路与重点

3.1　规划思路

以新时期小城镇发展需求和发展面临的主要问题为出发点，确定规划的重点内容，使规划更具有针对性和可操作性。以城乡规划来统领各类专业规划，将土地利用规划、产业规划、生态保护规划与旅游发展规划加以衔接，通过镇域总体规划“一张蓝图”把多个规划融为一体，形成“政策合力”，以推动社会经济的发展。也即是通过“全域规划”对城乡空间进行统筹与规划，实现规划从城市到乡村之间的均衡配置，促进生产要素在城乡之间的自由流动。

与以往的镇域规划相比，“全域”视角下的镇域规划，应注意在理念上进行更新与突破：①着眼全局。规划突破城乡之间的界限，改变传统“重镇区”的发展模式，将小镇视为一个整体进行通盘考虑，综合考虑全镇域的发展需要，加大统筹发展的力度。②注重公平。规划的立足点由以往“关注市民利益”向“关注全民利益”转变，摒弃以城市规划建设模式为中心的思想，按照农民生产、生活方式引导农村环境的改善；提倡公共产品的均等化配置，提供城乡平等发展的机遇，加大农村地区文化、教育、医疗卫生和交通等方面的研究与规划编制，兼顾城乡发展和社会保障。③突出弹性。小镇社会经济发展存在不确定性，在规划编制时应注重弹性和可操作性，改变以“数量推导”为主的思路，按照资源条件、环境容量与市场选择约束下的“动态平衡”思路配置资源。

3.2　规划重点

在对小镇的资源特色进行分析、总结和提炼的基础上，总结出小镇的最大特色，提出了小镇发展的总体定位，确定小镇发展的主导功能，并以规划为龙头，以项目为抓手，以产业为纽带，以智慧科研创新为驱动，以生态文明建设为主线，以绿色低碳产业为主导，以城乡统筹为路径，重点从全方位、全要素和全空间 3 个层面进行统筹规划，推进示范镇建设，促使小镇朝着空间布局合理化、土地利用集约化、产业发展高端化、基础设施现代化、城镇管理精细化和基本权利平等化的新型城镇化方向发展，最终实现以“生态”统领镇域社会、环境和经济的全程建设，以“乐居”统领镇域就业、消费与生活的全民建设，以“绿色”统领镇域产业、生态与文化的全域建设，构建“业有所就、技有所授、医有所保、老有所养、居为所有、富为所创”的城乡统筹发展体系，实现以特色引领城镇发展的目标（图 3）。

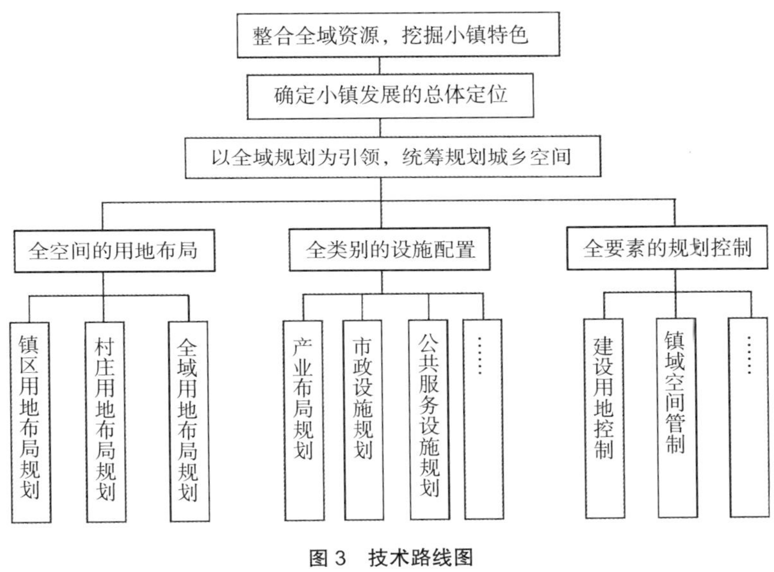

图 3　技术路线图

4　全域视角下演丰镇最美乐居小镇规划实践

4.1　挖掘小镇特色资源，打造最美乐居小镇

4.1.1　演丰镇域资源分析

演丰镇的区域条件较为优越，距海口市中心 26km，距美兰国际机场 5km，至东线高速公路入口 29km，交通便利。演丰镇属热带气候，年平均温度为 23.8℃，受热带海洋气候影响，夏季炎热多雨。演丰镇大部分地形为缓坡丘陵，海拔在 2.5 ～ 16m 之间，大部分地区地势平坦，坡度在 15% 以下。现状农村居民点大多分布松散，数量多、规模小，居住环境优美，但基础设施和公共配套设

施不完善(图 4)。

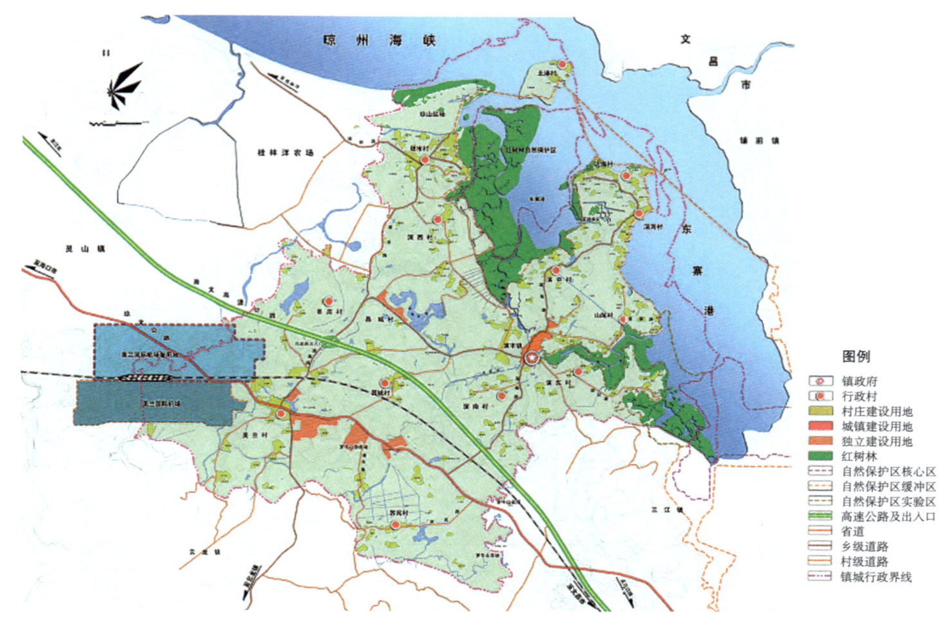

图 4　镇域村镇体系现状图

演丰镇域内拥有丰富的资源，如林业资源、世界地质奇观“海底村庄”、河网水系与岸线资源、海产资源和历史文化资源等。以林业资源为例，演丰镇是全国红树林分布最集中、面积最大、品种最齐全的地点，被誉为“红树林之乡”。红树林作为胎生植物，具有奇特的生态景观和科学、观赏价值。为保护红树林，1980 年在演丰划定我国规模最大的红树林自然保护区—东寨港红树林保护区，该保护区被联合国定为世界最有保护价值的湿地之一。海南特色的热作物景观，除品类繁多的红树林外，在演丰镇域内有着极为丰富的种类，如黄皮、乌榄和橡胶等。如此丰富的热作资源，必将成为游客的兴趣所在。

不仅如此，演丰镇域范围内共有 48 处文物古迹，以及龙尾桥、林市村、海南第一宫和非物质文化遗产公仔戏等 67 项(处)。其中，明万历年间(1605 年)琼北大地震造成陆地沉陷形成东寨港，海水倒灌后，72 个村庄沉入海底，退潮时，古村庄遗迹依稀可见，形成海底村庄的地质奇观，是世界上最大的陆地沉陷地震遗址，被评为市级文化遗迹。这些遗迹见证了地球上海陆变迁的全部过程，是演丰镇潜在的旅游资源(图 5)。

4.1.2　最美乐居小镇规划目标的提出

在对演丰镇的资源特色进行分析、总结和提炼的过程中，总结出演丰镇的最

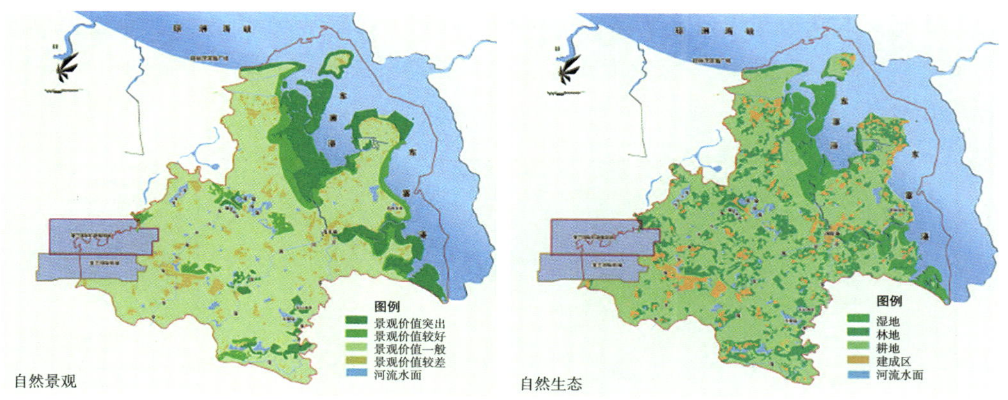

图 5 镇域自然景观、生态价值分析图

大特色就是红树林，自然生态环境优越，且旅游发展已先行一步，初具规模。规划应充分发挥红树林这一特色资源优势，整合演丰镇域内的自然资源、人文资源，将旅游服务业作为龙头，坚持可持续发展的理念，以生态保护和修复优先为原则，将演丰镇打造为绿色低碳、生态智慧的最美乐居小镇。

4.2 以全域规划为引领，统筹规划城乡空间

4.2.1 全空间的用地布局

建设新型农村社区，推进城乡空间的合理化布局，为新形势下城乡一体化发展提供良好的空间发展载体，是促进城、乡、村在社会、经济、生态环境和空间布局上实现整体协调发展的根本途径。按照城乡统筹发展的要求，将城镇体系建设向农村延伸，变城镇与农村的二元体系为一元体系，构建城乡一体化的空间网络体系，探索城乡空间的优化模式，形成多层次、网络化的城乡空间发展格局。同时，在城市与乡村之间建立起能促进要素自由流动、产业分工协作、土地竞争性利用和价值链循序提升的良性发展关系，促进城乡经济社会一体化发展。

规划以城乡居民点为导向，从镇区与镇域两个角度出发，统筹布局全域用地，整合全域城镇与村庄建设用地，进行镇区、村庄和全域用地的布局规划。

（1）镇区用地布局规划。在总体布局上，应充分考虑镇区用地现状，合理利用现有的公共设施和基础设施，依托老城区发展新城区；集约利用土地，整合用地功能，逐步调整城市布局结构；适应长远发展需要，规划布局体现阶段的完整性，土地利用体现兼容置换的可能性，使总体布局具有一定的弹性和灵活性；城市空间布局与城市综合发展目标相匹配；注重社会经济环境效益的协调统一。

规划运用景观生态学规划原理，采用斑块、基质和廊道布局体系，充分利用演丰镇的自然环境特色，在不破坏原生景观的前提下，保留自然村落形态，保留

自然林地，把林地与水系作为城市的斑块、廊道，镶嵌于城市用地布局之中，形成城市“绿廊”和“蓝肺”与城市相互交融，构筑“城—水—林”相融的自然、和谐城市形态(图 6)。

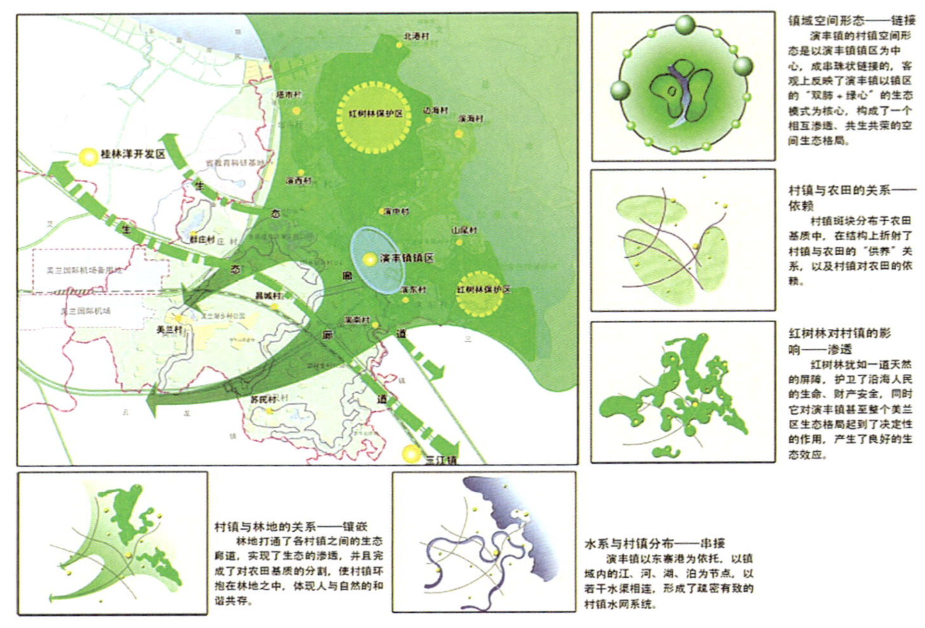

图 6　镇域生态景观分析图

在此原则指导下，镇区从总体上形成“一心、两轴、三片区”的布局结构：“一心”，即在演丰西河两岸形成的综合服务中心；“两轴”，即贯穿镇区东西向沿北环路形成的交通发展轴和贯穿南北向沿演美路形成的交通发展轴；“三片区”，即镶嵌在镇区内、被水系分隔成的 3 个组团——东部商务休闲片区、西部生态居住片区和北部综合生活居住片区。在此基础上，综合考虑土地利用总体规划所划定的镇区开发与保护用地范围，对镇区内的各类用地进行空间布局，确定其用地比例(图 7，图 8)。

(2)村庄用地布局与规划。在全空间理念指导下，注重对村镇发展布局进行引导，落实居民点用地空间。同时，应注重从两个角度对村镇体系进行统筹规划：①区域协调发展角度。规划应分析区域发展态势对村镇的影响，以前瞻性的目光看待村镇在区域中可能扮演的角色和未来的发展定位。②镇域统筹发展角度。根据镇域内各村的区位、资源、交通条件及人口分布情况等，综合确定镇域范围内的镇中心区、新型农村社区、农村一般社区和一般农村居民点，并对建设用地指标配给、公共服务设施配建与发展政策扶持等方面进行综合部署。

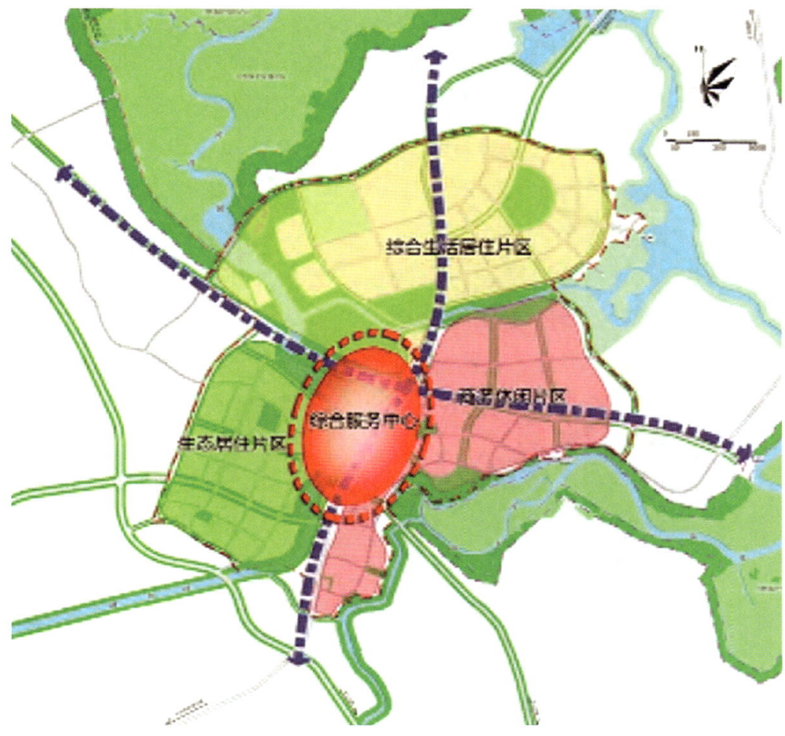

规划结构：

一心、两轴、三片区

“一心”：演丰西河两岸形成的综合服务中心；

“两轴”：贯穿镇区东西向和南北向的两条交通发展轴；

“三片区”：镶嵌在镇区内被水系分隔成的3个片区——东部商务休闲片区、西部生态居住片区、北部综合生活居住片区。

图7　镇区功能结构规划图

图8　镇区用地布局规划图（调整方案）

演丰镇域居民点按照“全域规划”的发展理念进行重构。打破城镇规划以往单纯以行政村为基本单位的“镇区—中心村—基层村”镇村体系的划分方式，以大型产业项目为支撑、以空间地域关系为基础、兼顾公共服务设施合理服务规模，构建演丰镇“一级社区—二级社区—三级社区—美丽村庄”的新型农村社区体系，实现规划从城市到乡村之间的均衡配置，促进生产要素在城乡之间自由流动。

新型农村社区建设，是指打破原有的村庄界限，形成农村新的居住模式、服务管理模式和产业格局，就地实现城镇化，改变农民的生活和生产方式，提升农民的生活质量，集约节约用地，调整、升级优化产业结构，促进农民就地、就近转移就业，加快缩小城乡差距，让农民共享经济发展、社会进步所带来的物质和精神文明成果（图 9，图 10）。

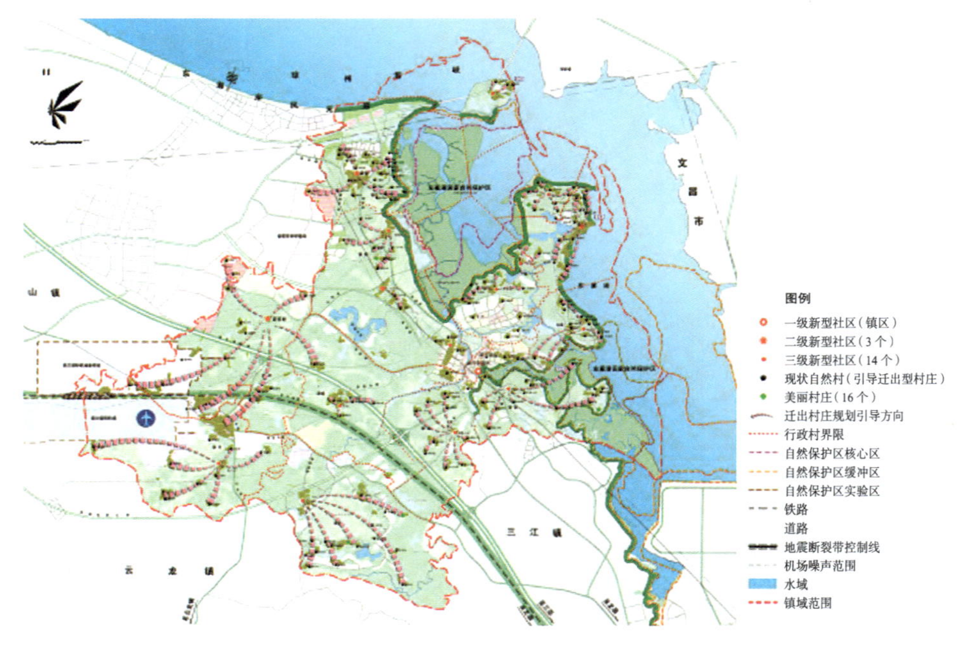

图 9 镇域村庄发展引导规划图

（3）全域用地布局规划。根据整体性要求合理划分镇域空间。在保持用地总量不变的情况下，不同规划期限内的各类用地保持增减动态平衡。在镇域空间上，建设用地和非建设用地的边界要与土地利用规划保持一致；在非建设用地的分类上，也要与土地利用规划相衔接。综合全域发展现状与趋势分析，结合镇区和村庄用地布局规划，从全空间的角度，确定村镇用地在镇域空间上的总体形态，落实全域用地空间布局。

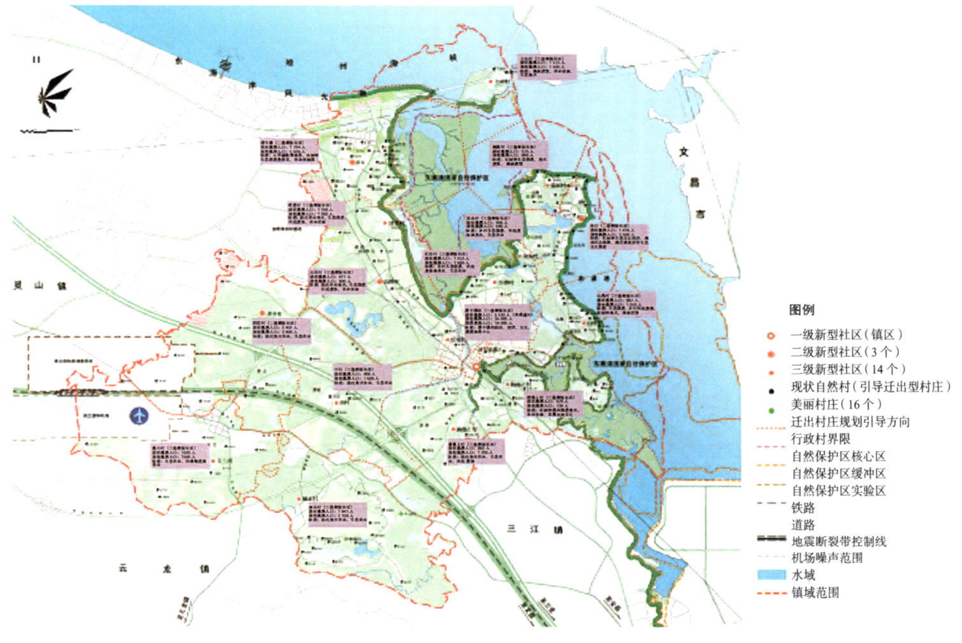

图 10　镇域村镇体系规划图

在传统的由“城镇等级结构、职能体系结构、空间布局结构”组成的城镇规划“三结构”的基础上，规划强调对城镇用地的总体布局，根据演丰镇的现状、自然地理条件、生态资源、交通资源和产业引进等条件，将演丰镇划分为“一心、一带、两河、三廊、四区”的空间布局结构，并提出相应要求，形成镇域用地空间布局“一张图”。其中，“一心”，即镇区及镇区周围的综合服务中心；“一带”，即以东寨港旅游区为主体，凸显海湾旅游、休闲的滨海红树林风光带；“两河”，即镇域内自南向北流的演丰东河与演丰西河；“三廊”，即沿东寨港大道形成的纵向交通走廊，从绕城高速公路至东部半岛的交通发展走廊，沿横向跨越镇域的海文高速公路、东环铁路、海文公路与海涛路形成的横向交通走廊；“四区”，即东部半岛红树林乡村旅游区、西部红树林生态湿地旅游区、南部高效生态农业区和北部自然保护区（图 11，图 12）。

4.2.2　全方位（全类别）的设施配置

全类别的设施配置主要包括产业、市政公用设施和公共服务设施的配置。应贯彻“多规协调”的思路，通过和国民经济与社会发展规划、各专项规划的衔接，根据镇域及镇区规划的内容，统筹安排镇域内的产业布局及市政设施与公共服务设施。

（1）产业布局规划。根据对演丰镇的产业发展方向分析、演丰镇优劣势分析

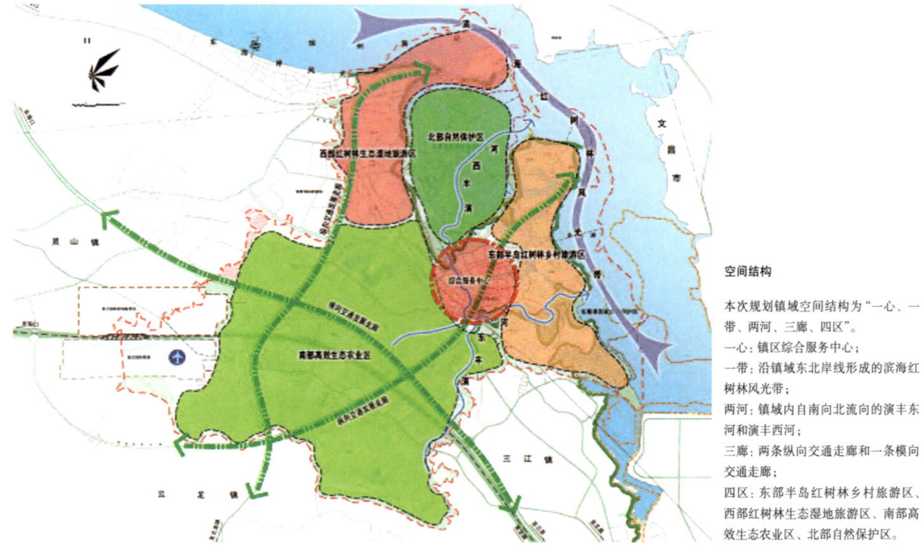

图 11　镇域空间结构规划图

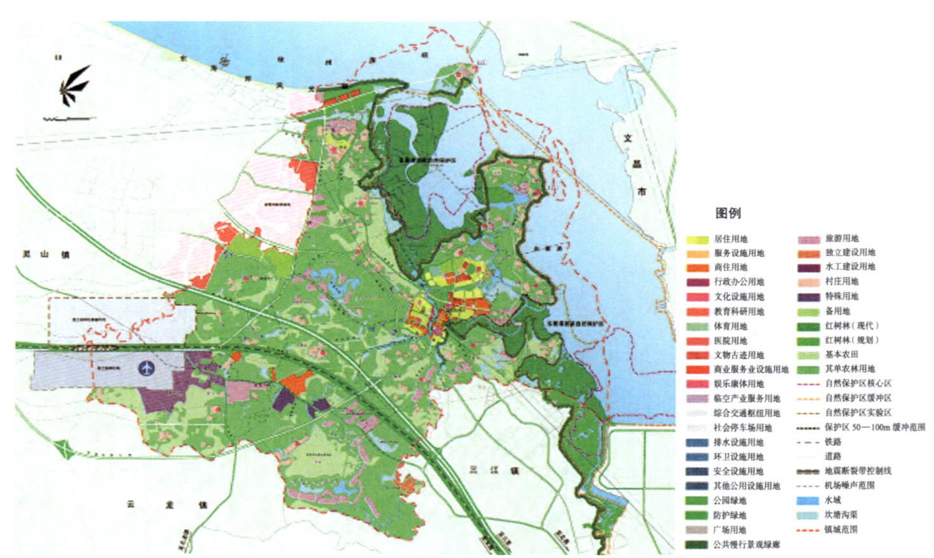

图 12　镇域用地布局规划图（调整方案）

及现状各产业在国民经济中所占比例与增长态势，在充分利用资源的基础上，充分挖掘优势条件，规避或改造劣势，将劣势转化为发展的动力，以可持续发展为前提，以能带动演丰镇垮跃式发展的产业为重点，确定演丰镇产业发展方向为：重点发展以红树林保护开发、文化挖掘为核心的生态旅游业；以生态农业、观光休闲农业和品牌农业等为标志的现代农业；以临空服务、教育服务和生活配套等为主导的现代服务业。

在此基础上，确定产业发展战略：提升发展以旅游业为龙头的服务业，优先发展高新技术产业，升级发展热带特色农业，实施“大企业进入、大项目带动、高技术支撑”的产业发展战略。

当前，演丰镇应重点从两方面推动产业发展：①充分利用东寨港红树林国家自然保护区、“海底村庄”和田园风光自然生态环境等资源优势，重点开发红树林观光旅游、渔家风情体验及生态农业观光体验等旅游产品，使之成为自然生态和文化生态完美融合的休闲观光乡村旅游点。②通过保护性开发红树林资源，建设湿地公园，大力发展野生生物和生态等方面的科研与教育功能，打造海口市自然科学教育基地，以此带动旅游休闲，使之有别于一般观光景点的特色。

到 2030 年，演丰镇将实现以旅游业为主的第三产业领跑全镇的经济，农业从镇域经济的主导地位退居第二位的目标。演丰镇将建设成为海南省面向全国的窗口，成为游客抵达海南的第一接待枢纽，成为“向世界展示海南”、向全国推出热带海岛风土人情的门户，成为游客在海南北部、东北部旅游的基地式大本营（图 13）。

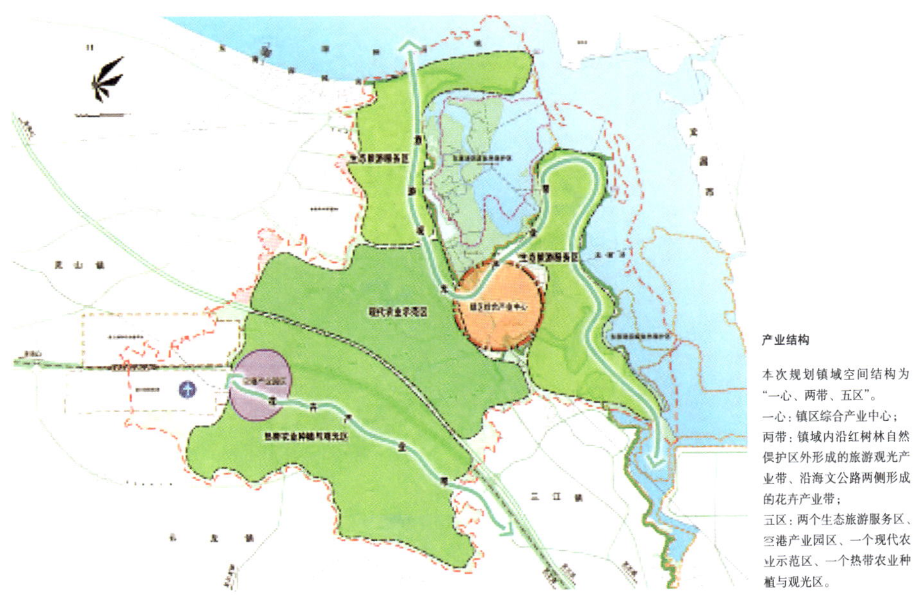

图 13 镇域产业布局规划图

（2）市政设施规划。结合现代演丰镇城镇体系构建，构建城乡一体的新型基础设施体系；对城乡能源、交通、电信、环保、环卫与防灾等基础设施进行统一布局和建设；统筹考虑城市和农村的需要，做好基础设施的衔接，积极推进供水、燃气、供热、污水和垃圾处理向村庄延伸，努力形成城乡一体的新型基础设施体系。

规划应重点完善由道路交通系统、港口和机场等构成的镇域综合交通基础设施网络建设，包括镇域对外交通规划、镇区内部交通规划和镇域乡间道路规划 3 个层次，实现镇域交通基础设施全覆盖。其中，在道路交通方面，对外交通由高速公路（海文高速公路、绕城高速公路）、东线铁路、省道和跨海大桥构成；内部道路分为“区域性干道—主干道—次干道—支路”四级，规划在现状路网的基础上，优化路网结构，提升道路等级。在交通流量大的路段，要硬化道路，使城镇与旅游景区之间、与村庄之间、各个村庄之间的联系更加顺畅，保证镇域交通通达。同时，干路两侧设置慢行道，与包括木栈道路等各种形式的慢行道共同构筑网络化慢行交通体系，慢行交通应连接至镇区内每处旅游资源，且应实现 100%绿化覆盖（图 14）。

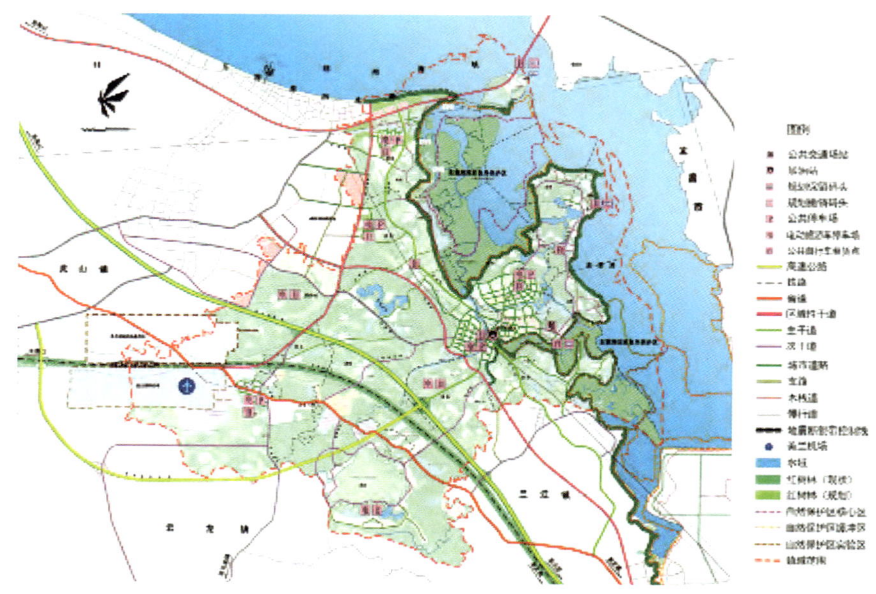

图 14　镇域综合交通规划图

（3）公共服务设施规划。演丰镇内村庄现状公共服务设施都是以行政村为基本单位进行配置的，公共服务设施类型包括了村委会等行政管理设施，小学、幼儿园等教育设施，文化室、戏台和体育健身场所等文体设施，卫生室等医疗设施，以及防洪楼等防护设施等。规划按照一级社区、二级社区、三级社区、美丽村庄的实际分布情况，对公共服务设施进行合理配置，以方便居民就近使用为原则，使城乡居民能够享受均等化的公共服务（图 15）。

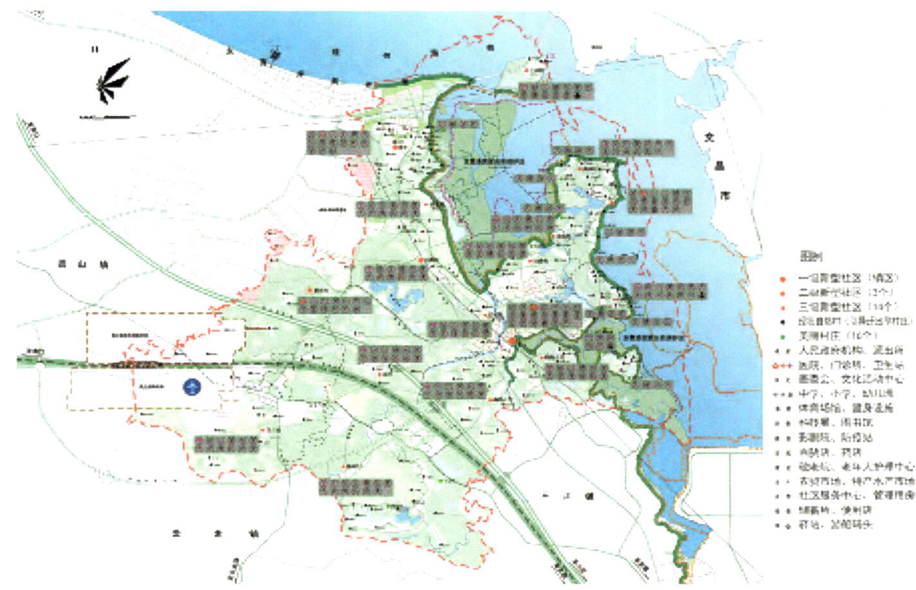

图 15　镇域公共服务设施规划图

为此，镇域内进行镇村公共设施的规划和建设时应遵循以下原则：①动态整合原则。由于镇域内旅游开发的需要，规划需要对部分村庄进行迁并，因此在公共设施的配置上，要考虑到未来村庄迁并的可能性与阶段性，统筹安排设施布局，避免公共服务设施重复建设的浪费。②区域共享原则。镇域内村庄分布较广，与镇区的距离远近不一。公共服务设施的布局需要充分考虑镇区与村、村与村之间的设施共享，增加设施利用率，减少重复投资，方便当地居民的使用。③公益性设施优先安排原则。突出政府职能，对公益性、非营利性公共服务设施（如图书馆、敬老院、医院和学校等）在规划上应予以优先安排，促进公益性事业健康发展；其他营利性设施可结合旅游服务设施进行统一配置。④分级分区弹性设置原则。根据镇域内镇村体系的特点，规划将镇域内镇村公共设施分 4 级进行配置，打破服务半径与规模的僵化指标体系，根据实际的住区及村庄分布特点，在发挥优势资源覆盖范围的原则下，使服务半径与设施规模更具弹性和灵活性，分级、分区、分期对公共服务设施配置做出统筹安排。

4.2.3　全要素的规划控制

通过对镇域各建设要素的分析，从用地总量、空间管制和发展引导等方面对演丰镇全域进行规划控制，以实现全要素的规划引导与控制。

（1）建设用地控制。村镇建设用地的总量控制包括 3 个方面的内容：①建设用地的合理规模，即结合村镇人口分布情况，通过资源环境承载力分析，确定镇域范围内合理的城镇建设用地、农村集体建设用地和农村居民点的建设用地规模。②建设用地的流转，即保持建设用地总量不变，按照城镇建设用地和农村建设用地“增减挂钩”的原则，根据经济社会发展情况，合理推进建设用地的流转。③农业生产用地的用途调配，即应对农村地区农业生产用地使用权流转的需求，在镇域规划中统筹考虑农业生产用地的用途调配，推进农业规模化经营，促进特色农业生产基地的建设。

（2）镇域空间管制。划定“四区四线”，对演丰镇的镇域空间进行生态空间管制。“四区”，即禁止建设区、限制建设区、适宜建设区和已建区，演丰镇“四区”的规划重点在于强调对红树林地区的保护、对自然环境的保护和对旅游资源的保护。“四线”，即道路红线、蓝线、绿线和紫线。其中，道路红线规划有意识地引导城镇空间布局向着交通方便的地方聚集，通过这种交通组织，使规划更具科学性；蓝线的划分在于着重保护水资源；绿线的划分在于着重保护自然生态；紫线的划定主要是指在演丰镇域划定对“海底村庄”的保护范围，也就是岸线范围（图 16）。

总而言之，对演丰镇进行“四区四线”的空间管制，是一种生态优先、交通先导的规划过程，控制生态底线，建设一个良好的人居环境，为镇区建设规划打下基础。

图 16　镇域空间管制规划图

5 结语

在全域视角下，《海口市演丰镇总体规划修编（2013—2030）》以全域规划为统领，统筹城乡空间，对演丰镇域内资源的空间配置进行通盘考虑，对各类发展要素进行优化重组，引导城乡均衡发展。在综合考虑发展与保护、城镇与乡村协调发展的方针下，对演丰镇未来的经济社会发展、区域空间发展与生态环境保护等做出全局性、方向性、长远性的谋划，重点挖掘演丰镇的资源特色，确定未来发展的主导产业，构建特色小镇，而非面面俱到；注重区域协调发展和可持续发展，根据演丰镇的经济社会发展实际，提出构建最美乐居小镇的总体定位，并从全空间的用地布局优化、全类别的设施配置和全要素的规划控制三方面落实各项措施，推动方案的实施，推动演丰镇朝“生态”“乐居”“绿色”的方向发展，实现以“全域规划”的发展理念为指导，以特色引领小城镇发展的目标。

（《海口市演丰镇总体规划修编（2013—2030）》荣获2015年度海南省优秀城乡规划设计奖村镇规划类二等奖。）

参考文献请见原文。

（撰稿人：吴小平，高级规划师，注册城市规划师，海南省城市规划协会副理事长，海南大学和海南热带海洋学院硕士生导师，现任职于海南华都城市设计有限公司；刘筱，规划师，现任职于海南省白沙黎族自治县住房和城乡建设局；费立荣，规划师，现任职于海南华都城市设计有限公司）

特色小镇导向下的小城镇发展路径探索

——以浙江省兰溪市马涧镇为例[1]

1 引言

2014 年下半年，浙江省结合新型城镇化的要求，积极推动特色小镇建设的研究，2015 年 4 月，浙江省政府出台《浙江省人民政府关于加快特色小镇规划建设的指导意见》(浙政发〔2015〕8 号)，提出在全省规划建设一批特色小镇，将特色小镇打造为创新、协调、绿色、开放以及共享发展的重要功能平台。并要求特色小镇的建设要突出产业上的“特而强”、功能上的“聚而合”、形态上的“精而美”以及体制机制上的“活而新”。

特色小镇建设的最终目的是为了推进供给侧结构性改革，加快产业的转型升级与城乡一体化发展，因而特色小镇的建设并不就是简单的着眼于现有资源特色较为明显的小城镇特色化发展，更需要将区域层面的小城镇进行统筹考虑，协调布局。本文正是通过对特色小镇内涵的解读，总结现有的特色小镇发展模式，提取具有共性的发展策略，将其嵌入到其他小城镇的发展路径之中，进而提出以特色小镇为导向的小城镇发展策略。并以兰溪市马涧镇发展路径构建为研究对象，探讨如何融合特色小镇的建设发展模式，实现自身产业、文化、旅游和服务的融合发展，以期为小城镇的进一步发展提供一定的理论借鉴和经验总结。

2 特色小镇的内涵解读

2.1 产业转型升级的新平台

产业定位是特色小镇的核心环节，通过找准自身特色并紧紧围绕主导产业，

[1] 本文摘自《创新村镇规划 促进乡村复兴——第三届全国村镇规划理论与实践研讨会暨第二届田园建筑研讨会论文集》，2016：311-316。

兼顾历史经典产业，挖掘自身资源特色，选择最有优势的特色产业，突出重点，讲究特色。通过人才、技术、资本的高端集聚，突出单项特色产业，加快推进产业集聚、产业创新和产业升级，形成新的经济增长点，并以此为带动，打造全新的产业平台。

2.2 多功能融合的新型空间

在突出产业主导的基础上，结合浙江省丰富的山水人文资源，突出地方文化特色，深挖、延伸、融合产业功能、文化功能、旅游功能和社区功能，以文化为“内核”，产业为“主导”，旅游为“支撑”，坚持产业、文化、旅游“三位一体”；生产、生活、生态“三生”的融合发展，将特色小镇打造成一个有山有水有产业、有人文，一个让人愿意留下来创业和生活的特色小镇。

2.3 空间高度聚合的经济增长点

特色小镇是破解浙江高端要素聚合度不够的重要抓手，强调在有限的区划面积内，突出人才、技术、资本等高端资源要素的高度聚合，实现小空间大集聚、小平台大产业、小载体大创新；推动产业的集聚、创新与升级，形成新的经济增长点。

2.4 政企分工明确的新载体

政企分工明确，突显政府服务功能。以政府为主体，完善各类服务设施布局，注重对文化内涵的挖掘传承、生态环境的保护以及对规划编制和各类项目的监管。充分发挥企业在产业发展中的积极作用，发挥市场在资源配置中的决定性作用，推动地方经济快速发展。

3 特色小镇现有发展模式总结

3.1 以业兴镇，打造品牌特色小镇

主要有新型产业带动以及传统产业转型升级驱动两种类型，如基金小镇、江南药镇等。都有一定的产业基础，且基础设施配套较为完善，区位优势明显，是最先一类被选为特色小镇试点的城镇类型。在这类小城镇特色化构建的过程中，强调以产业创新为主线，以空间布局为支撑，突出特色产业。围绕特色产业，推动产业功能的升级与拓展，并与生态、生活功能相融合。构建具有独特品牌特色的，兼具文化、生活、旅游以及服务功能的特色小镇。

3.2 以文活镇，构建旅游特色小镇

以文化或生态资源为依托，以旅游功能为主导的休闲度假型小城镇如温泉小镇、嘉兴旅游特色小镇等。此类小镇的特色化构建，着重突出以下几点：充分发挥其文化资源以及生态本底优势，突出鲜明的地域特色和个性特征，将文化的传承与生态环境的保护相结合；产业上，以文旅产业的发展为主线，完善相关旅游服务配套设施；在项目布局上，做强城镇休闲旅游功能的同时，通过发展都市农业、生态农业园等观光农业，促进三产与一产的融合发展，并带动相关农产品加工、旅游工艺品加工等二产的发展。

3.3 小结

特色小镇的构建因其空间载体不同、发展内涵不同，而发展重点各异，但总结起来，在发展路径上却有着其共同的特点（图 1）。主要体现在如下几点。

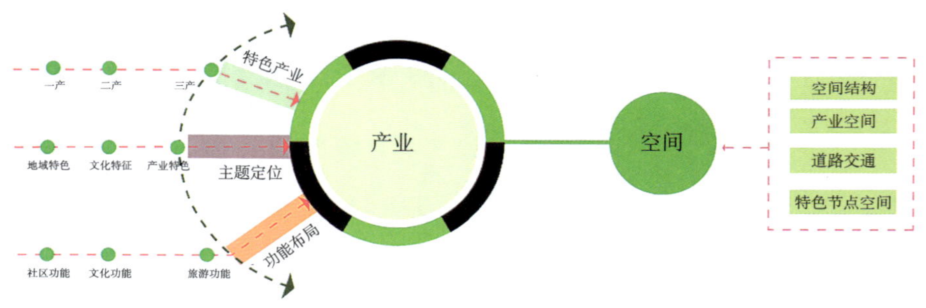

图 1 现有特色小镇发展模式简图（作者自绘）

3.3.1 产业上，以特色产业驱动产业整合

结合现有产业基础、产业特色，融入区域整体产业布局，对接区域发展，确定主导特色产业，以主导产业为驱动，进行产业链的衍生，促进三产的融合发展。

3.3.2 功能上，以产业发展促进功能融合

围绕产业体系的构建，以产业链为依托，融入地方文化、社会以及地域特征，将产业特色与地方文化特色相结合，构建多功能融合下的具有品牌特色的小镇。

3.3.3 空间上，以产业布局带动全域提升

产业的发展离不开空间载体上的落实，主要以产业的发展布局方向及其对未来对城镇空间发展影响的评估，对城镇空间结构进行优化调整。并从设施提升，节点优化上，提升城镇服务功能，打造宜居宜业的特色小镇。构建以产业发展带动城镇发展，以城镇发展促进产业升级的产城融合新载体。

4　特色小镇导向下的小城镇发展路径构建

4.1　融合“特色小镇”内涵，构建特色化的小城镇

因资源禀赋以及地理区位的不同，小城镇发展路径的构建不应只是简单的复制特色小镇的成功经验，而是将其内涵真正的结合到小城镇的发展之中，因地制宜，因城而异，在对小城镇现状发展状况进行充分分析研究的基础上，对未来发展趋势做出合理的预判，以区域产业差异化布局为前提，结合现有产业基础，以传统优势产业定主导特色产业，并与空间发展布局相耦合，实现产业与空间布局的对接，在产业规划确定的基础上，植入社区、文化以及旅游功能，做到多功能的复合发展，最终通过全域的提升建设，为城镇建设发展，产业转型升级奠定基础（图 2）。

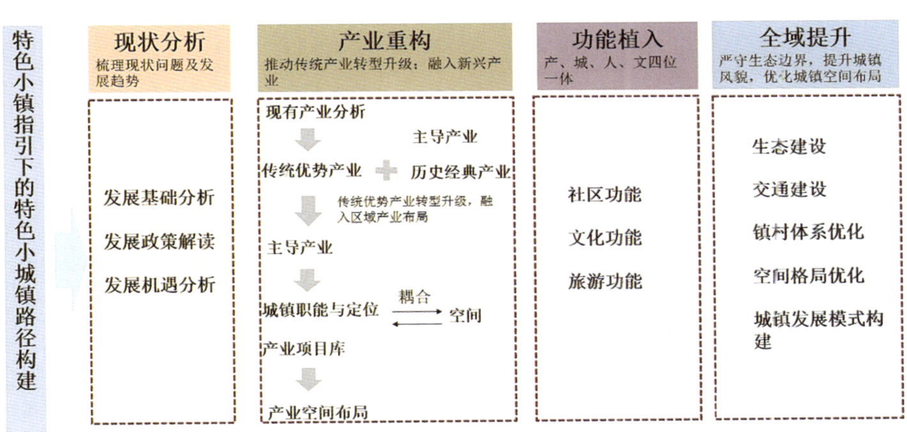

图 2　特色小城镇建设路径图（作者自绘）

4.2　构建“大镇区”，形成镇域内的“特色小镇”

随着美丽乡村建设成果的逐步展现，村庄环境以及各方面设施快速提升，村民逐渐回流进入乡村，乡村活力得以提升。因而在村镇体系布局中，不应再是一味地推动人口往镇区的集聚，而是因地制宜，因时而异的调整政策，推动人口的就地城镇化，以集镇为核心，周边中心村庄为载体，推动镇域人口在大镇区范围内的集聚，同时又根据周边中心村庄与镇区功能定位的差异化，实现一村一产，

一村一品，以产业促就业，以就业带动人口在集镇周边的分散集聚。从空间布局上，契合特色小镇在有限的空间范围内促进各要素高度集聚的内涵，将大镇区打造为镇域产城融合的新载体。总体上，实现镇域人口在大范围内的集聚，小范围内的分散（图 3）。

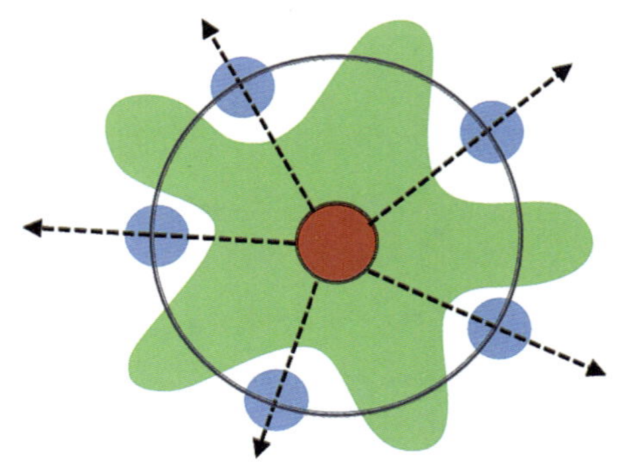

图 3 大镇区结构图

4.3 深挖产业类型，培育特色产业

特色小镇的构建更多的是基于产业为导向的特色化构建，因而小城镇应立足于现有产业基础，挖掘自身优势资源，在此基础上，结合上位规划的产业布局，通过在区域层面对产业进行产异化调整，构建凸显自身特色的产业定位。坚持以创新驱动技术革新，以创新创业推动产业内部革命，加快推进产业之间的融合发展。以增链、补链以及拓链的方式，延伸上下游产业链，推动三产间循环关系的构建，以一产促二产，最终带动三产协调发展。

4.4 完善管理体系，构建特色服务型政府

地方政府应及时抓紧转变管理思路，以市场经济为导向，推动政府定位转型，构建服务型政府，专注于设施完善以及规则公平的维护，避免对产业发展细节的过多干预。同时积极顺应新技术，新产业的变革需求，完善硬件及软件设施，优化各类配套服务制度，吸引优秀人才以及相关企业的入驻，带动地方经济发展，社会进步。充分发挥基层政府的优势，调动地方民众参与家乡建设的热情，妥善协调各方利益诉求，在推动经济发展的同时，注重对生态环境的保护。

5 兰溪马涧镇发展路径建构实践

马涧镇作为浙江省兰溪市的一个综合型小镇，就其地理位置以及发展过程中

所面临的问题而言，不论是在东部地区还是中、西部地区，都具有一定的典型性。通过对马涧镇的特色化构建路径研究可以为其他小城镇提供参考和借鉴。

马涧镇位于浙中城市兰溪市东部的中心位置，距离兰溪市区仅 16 公里。镇域面积 159 平方公里，辖 33 个行政村，总人口 5.1 万人，集镇建成区面积 93.58 公顷，常住人口 1 万人。马涧镇农业种植发达，种植面积保持在 5.4 万亩左右，其主要种植品种为水果和粮食作物，水果产量保持在 1.7 万吨左右，居兰溪市各乡镇水果产量榜首，号称“水果之乡”。

马涧镇工业企业数量在兰溪市排名第五，与相邻的香溪镇基本持平，工业产值占兰溪市工业总产值的比重 9% 左右。2015 年，全镇国内生产总值为 27.2 亿元，其中第一产业 4.5 亿元，第二产业 15.4 亿元，第三产业 7.3 亿元。一、二、三产业结构依次为 14 : 57 : 27。其中工业产业仍是马涧镇的主导产业，增速在 10% ～ 15%，增长较为平稳；一产增速 5% 以内、有下降趋势；三产则增长缓慢，增速约 5% ～ 7%，呈上升趋势。整体呈现出工业为主导，农业稳定发展，休闲旅游缓慢增长的经济发展态势（表 1，图 4，图 5）。

表 1 马涧镇 2011 ～ 2015 年经济指标一览表

	年末总人口（人）	二产总值（亿元）	三产总值（亿元）
2011	47763	9.7	4.6
2012	47167	12.4	5.8
2013	46920	12.6	5.9
2014	49950	13.7	6.6
2015	51000	15.4	7.3

图 4 马涧镇近五年工业总产值变化表

图 5 马涧镇近五年企业个数统计表

5.1 马涧镇发展面临的问题

5.1.1 城镇化水平低，镇区人口集聚不明显

近年来，镇区人口规模保持在 4 ～ 5 千人，镇域常住人口 4.1 万人，其中 80% 为常住人口，流动人口占 20%，流动人口中外出务工人口占据着绝大部分，

比如在全镇青壮年工作岗位调查中，实现就地就近就业的仅占 52%，其余则主要依赖外出务工寻求就业岗位。总体城镇化率为 12.2%，远低于 2010 版总体规划预测值 30%。

与城镇人口集聚效益较弱形成对比的是，得益于美丽乡村建设的开展，马涧镇中心村人口均达到预期规模。

5.1.2 产业发展缺乏统筹，特色不显

马涧镇杨梅种植面积占兰溪市杨梅种植面积一半以上，是兰溪市杨梅的主产地（图 6）；但从浙江省层面来看，温州丁岙杨梅、宁波荸荠杨梅以及台州东魁杨梅，均有其悠久的种植历史且种植规模较大，因而不论是种植规模还是杨梅品牌的带动效应，兰溪市杨梅并不具备突出的产业优势（图 7）。

工业产业的发展虽具一定的规模，但以印刷纺织等传统产业为龙头，缺乏创新，在市域层面缺少竞争力。

旅游业基本处于起步状态，旅游人口主要靠一产带动，一年一度的杨梅节能吸引上万外来人口，但均为短暂停留，缺乏对马涧镇的深度体验游览。

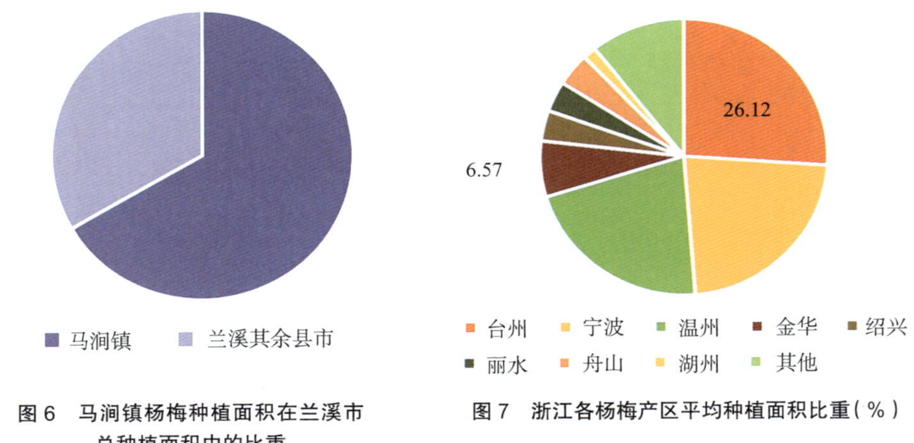

图 6 马涧镇杨梅种植面积在兰溪市总种植面积中的比重

图 7 浙江各杨梅产区平均种植面积比重（%）

5.1.3 镇村非均衡发展，城镇呈一核多点状布局

2015 年，马涧镇城镇居民人均收入 2.4 万元，低于全国平均水平；与此相对比的是，在马涧镇美丽乡村建设的扎实推进下，以马坞、殿里为代表的众多乡村，凭借其优良的生态环境以及完善的基础设施覆盖，不断吸引着村民回村发展，农村居民人均可支配收入高达 1.6 万元，高于全国和兰溪市水平。因而，目前马涧镇人口的流动是两方面的，一方面中心村周边的人口就近进入中心村，一方面是由政府主导的，拆旧换新，进入镇区安置房入住。整体呈现出，镇区一核独大，重点中心村逐步发展的态势。

5.2 马涧镇特色化小城镇建构路径探索

5.2.1 产业重构，凸显自身产业特色

充分结合自身的资源特色，在产业融合发展的基础之上，结合省域层面的“7+1”产业体系，突出特色产业，做强产业链。

做精一产，坚持农业“规模化、品牌化、专业化”的发展原则，树立“生态、绿色、高效、精品”的现代农业发展理念，以农业产业化为核心，积极拓展品牌农业，大力提高农业科技含量和绿色化水平，形成全产业链式的农业经营发展模式；大力发展城郊农业、休闲农业、设施农业，提升现代农业发展水平。

做大二产，发挥马涧的区位、交通与产业平台优势，在产业体系上融入兰溪市，对接金华市，实现差异化、特色化发展。整合现有产业平台资源，培育精品企业，对接兰溪市新型产业园区建设，重点发展以先进装备制造业和时尚纺织业为龙头的大型企业，通过大产业、大项目以及大企业的联动发展，积极承接周边产业的辐射带动，改造提升传统产业。

做特三产，全方位对接金华山旅游经济区，构建城镇南北向旅游发展带，依托临金高速公路下盘山入口的建设，发展现代物流业，保障马涧产品流通；完善镇村配套设施建设，做好生活性服务业；注重科技研发、科研创新、电子信息系统、文化旅游以及综合服务的构建，推动产业发展由资源依赖型向创新驱动型转变。

根据产业发展的现有基础，从区域统筹的层面进行产业的差异化布局，梳理产业发展的薄弱环节，在保持自然环境特色的基础上，增强增长产业链，细化产业布局，根据产业分布及其功能分异，构建三产的项目建议库，切实推动产业的转型升级以及融合发展。

5.2.2 多功能融合，支撑小镇特色的形成

5.2.2.1 服务功能

区域层面，将其定位为服务于兰溪市整个北部地区，带动整个东线生态旅游发展的集散地；从镇域层面来说，定位为镇域的服务核心，通过做强集镇的服务功能以及加大对科技创新、成果转化和规模化种植的扶持力度，完善各类基础设施与服务设施，为企业的入驻以及品牌孵化提供支撑。

5.2.2.2 旅游度假功能

发挥优良的生态本底资源以及历史文化资源优势，对接区域交通条件的提升以及南部金华山旅游经济区的开发，在现有基础上，完善各类旅游服务设施的布局，结合殿里村、马坞村以及富竹坑村等特色乡村的优势资源，开发具有地方特色的旅游项目，将其打造为兰溪市的乡村生态旅游基地和义乌、金华的后花园。

5.2.2.3　宜居生态功能

注重生态环境的保护和生态平衡，提倡低干预式的开发建设，营造良好的人居和旅游环境，形成以人为本、各类要素集聚的宜居宜业宜游的生态特色小镇。

5.2.2.4　产业转型升级示范功能

重点打造马涧镇与梅江镇合建的兰溪市新型综合产业园区，完善各项基础设施配套，推进工业平台做强提质，北部其他乡镇工业逐步整合、缩减、拆并，向产业园区集中，促进产业的集聚与整合，推动产业之间的协调合作、转型升级。

5.2.3　构建“大镇区”，形成特色展示区

以集镇为核心，周边重点村镇为依托，依照特色小镇的要求，推动人才、技术、资本等高端资源要素在大镇区范围内的高度集聚，在马涧镇则是构建以原有马涧集镇为服务中心，另有石渠、马坞、仁塘、大塘等四个城镇社区和红卫、西湖等 10 个基层村为依托的马涧大镇区，这里所讲的大镇区不是指建设用地范围上的蔓延扩散，而是产业配套、基础设施以及公共服务设施在空间分布上有针对性的差异化布局，区别于以往赶农民入城式的异地城镇化，在大镇区范围内，各节点村庄分担不同的产业功能，以产业定设施，完善相应的服务配套，并保留各村庄之间原有的生态空间，在实现村庄城镇化的同时，实现村民的就地城镇化，进而将原有的乡土记忆空间进行了延续，称之为留得下的乡愁（图 8）。

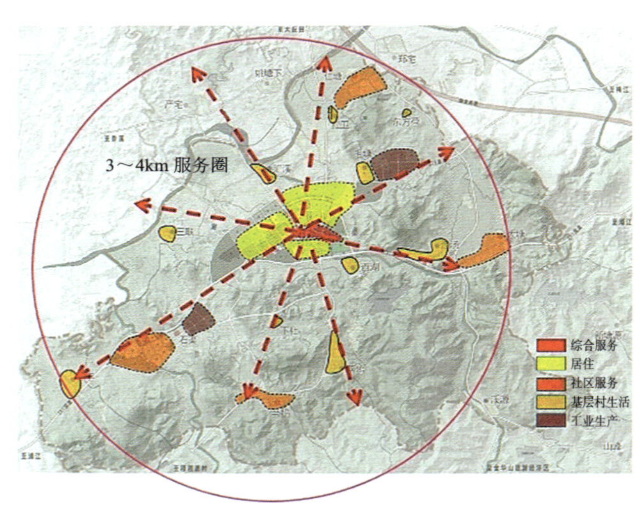

图 8　大镇区辐射结构

5.2.4　严控生态边界，营造生态特色

对接上层次主体功能区划，明确上层次规划中划定的禁止准入区、限制转入区和重点准入区在马涧镇域的具体范围。结合 ArcGIS 对马涧镇地形地貌、起伏度、水库防护、生物保护以及地址灾害敏感性的综合分析，划定马涧镇整体的生态敏感性分布空间（图 9），并以此为依据，结合土地利用规划中的开发建设状况，划定全域的生产、生活以及生态的三生空间（图 10）。在后续规划建设中，严守生态边界线，将生态特色作为其发展目标中重要的组成部分，确保未来的马涧是一个有山有水有故事的小城镇。

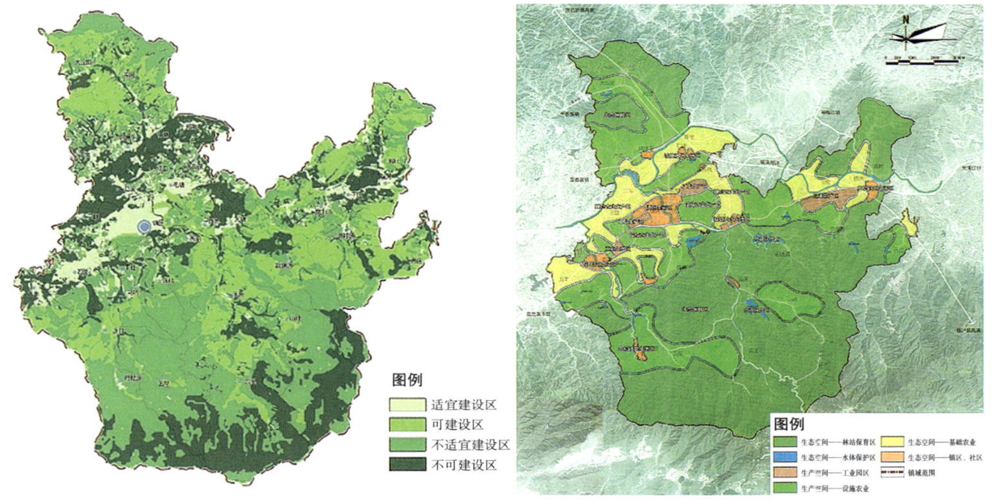

图 9　生态敏感性分析图（作者自绘）

图 10　三生空间划定图

6　结语

综上所述，通过对特色小镇内涵的解读，结合马涧镇特色化构建的实际案例，针对特色小镇引领下的小城镇特色化构建的过程，其实质则是特色产业的构建过程，基于产业的合理选择，在与空间布局相耦合的过程中植入文化、旅游以及社区功能，并最终依托全域设施的提升建设及空间的布局优化进行落实的过程。当然，不同的小城镇所面临的问题也不同，其发展路径自然也不是全然一致。因而对于小城镇的研究以及发展路径的探索，也是长期性、动态性和持续性的。

参考文献请见原文。

（撰稿人：耿虹，华中科技大学城乡规划系教授；李明祥，华中科技大学城乡规划硕士）

基于生态与人文理念的小城镇特色规划设计策略

——以陕南小城镇为例[1]

我国小城镇在快速发展过程中，普遍存在自然和文化个性被破坏的状况，“特色危机”不容忽视。我国政府关于推进新型城镇化建设的相关政策导向提出了个性鲜明、具有特色优势的小城镇建设要求，如何彰显小城镇特色成为规划设计中一个值得探讨的问题。以陕南地区为例，自然环境独特而人文历史深厚，传统小城镇特色鲜明，当代城镇特色缺失问题反映出城镇规划建设理念存在偏差。本文在梳理小城镇特色相关理论认知的基础上，结合陕南地区自然人文背景探讨小城镇特色规划设计策略与方法，以期对当前新型城镇化建设实践提供借鉴。

1 小城镇特色及特色规划设计的内涵

1.1 小城镇特色的概念与内涵

所谓“特色”是指某事物显著区别于其他事物的风格和形式，是由事物赖以产生和发展的特定环境因素所决定的，为其所属事物独有。小城镇特色是指特定环境因素影响下小城镇物质形态和社会文化形态所具有的差异性与特殊性，其内涵是指决定小城镇构成要素的本质属性，这种属性通常具有独特的表现形式，体现了城镇的个性。小城镇特色呈现出整体性、形象性、标识性等基本特征，一般具有较高的公众认同感，以及一定的感染力与影响力。

1.2 小城镇特色的构成与表现

小城镇一般包括建制镇（含县城镇）和集镇，虽然在功能性质、规模上有别

[1] 本文摘自《城市发展研究》，2017（1）：56-62。

基金项目：中央高校基本科研业务费专项基金资助项目（xjj2015129）。

于城市，但同样是一个复杂的系统，其特色可以体现在城镇的社会、经济、文化、自然地理等构成要素的某一个或几个方面。小城镇特色是由城镇的自然环境特征、社会经济特征和地域文化特征共同构成的特征系统。这些特征的体现首先源于小城镇赖以形成与发展的环境因素及特色资源。城镇特色资源包括对城镇特色的形成和创建具有一定影响力的自然资源、人文资源与人工环境资源（表 1）。具有特色的小城镇，一般是某些特色资源在地理空间上相对富集。因此小城镇特色可以理解为其拥有的特色资源所表现出来或进一步衍生形成的城镇本质属性及独特个性。

表 1　小城镇特色资源构成

小城镇特色资源	含义	构成
自然资源	小城镇特色构成的基本要素，是自然存在的环境要素，城镇建设与发展的物质基础及生态保障	城镇特有的地形地貌、河流水系、气候条件、森林植被、地方物产等自然要素
人文资源	小城镇特色体现的重要内容，以历史文化资源为代表，具有物质和精神两种形态，是城镇特色内涵不可替代的构成要素	城镇发展历程中形成或积淀的文化观念、宗教信仰、民俗风情、历史典故、文物古迹及民间工艺、传统产业等人文要素
人工环境资源	小城镇特色构成的主要部分，由城镇的建成环境空间资源与景观资源构成，是城镇空间形象的重要体现	空间资源包括城镇空间结构、形态、肌理、尺度等，景观环境资源包括城镇的建（构）筑物、环境小品、公园、绿地、广场等

图表来源：自绘

小城镇特色可通过外在视觉形象与内在文化底蕴来表现，这也是特色感知的主要途径。外在形象主要指人们直观看到的静态物质空间环境，包括城镇自然环境、空间形态、建筑风貌等；内在文化底蕴体现在精神层面的文化观念、风俗习惯等人文要素以及动态生产生活方式（如特色产业活动、大众文化生活等）。其中外在物质环境可充分利用城镇特色资源、通过规划设计进行特色塑造，而内在文化底蕴一般具有一定的历史延续性，可以通过规划设计表达文化理念、引导文化活动等方式进行特色传承与强化。

1.3　小城镇特色的形成及特色规划设计

小城镇特色的形成可以“自发而成”，也可以“设计而成”。前者以传统聚落基础上形成的小城镇为代表，依托山水自然环境，受到“崇尚自然”、“天人合一”等传统文化观念的影响，在城镇发展建设中“自下而上”形成自然和人文特色。后者主要是指小城镇在政府主导的规划思想指导下，通过有意识的规划建设手段，“自上而下”塑造形成的城镇特色。

从城镇发展的历史过程来看，传统建造经验影响下形成的小城镇，利用自身具有的资源条件，采取了适应地域自然地理与气候环境的建设方式，从而表现出鲜明的地域特色，其本质体现了可持续的城镇发展方式。当代城镇化建设中形成的“千城一面”、“特色消失”问题，究其原因是对城镇发展自身条件的忽视以及规划设计主导思想存在偏差。

因此，当代城镇建设需要引入“特色规划设计”概念，从总体规划到建筑设计各个层面，把握城镇的差异化特点，寻求发挥自身特色的发展之路。城镇特色规划设计是寻找、挖掘和塑造城镇特色的过程，其实质是通过规划设计手段突出城镇特色，并使其成为城镇可持续发展的内在动力，以及提升城镇影响力和竞争力的重要手段。

特色的塑造一方面需要一定的客观基础，小城镇在自然地理、历史文化及空间环境等方面具有的特色资源是特色规划设计必须充分利用的前提条件。另一方面，需要相应的特色规划设计思想与方法，在尊重及借鉴“自发形成”的传统城镇特色基础上，融入当代城镇规划理念与方法，通过“设计而成”强化城镇特色。

2　陕南地区小城镇特色分析及现状问题

2.1　城镇特色资源丰富

陕南地区地处陕西南部秦巴山区，我国南北地理气候的分水岭，包括汉中、安康、商洛三个地级市。区内水系丰富，汉江、嘉陵江、丹江穿境而过，支流密布；地势起伏多变，地貌类型主要有秦岭、巴山山地以及汉江沿岸丘陵、河谷盆地，形成“两山夹一川”的地貌格局（图 1）；这里气候适宜，动植物资源极其丰富。优越的自然地理条件使陕南小城镇在生态环境及自然景观等方面呈现出独有的特色。

陕南地区历史悠久，春秋战国和汉代时期，文化发展已较为成熟；东邻中原、南接巴楚的地理区位，使这里成为巴蜀文化、荆楚文化和中原文化的融汇之地。明清时期，大量移民迁移至此，新的移民文化丰富了陕南地区的文化色彩。南北交融的多元文化背景影响下，该地区人文积淀丰厚，文物古迹分布广泛，非物质文化遗产丰富，众多小城镇在民俗风情、传统建筑风貌等方面体现出文化内涵独特的魅力。

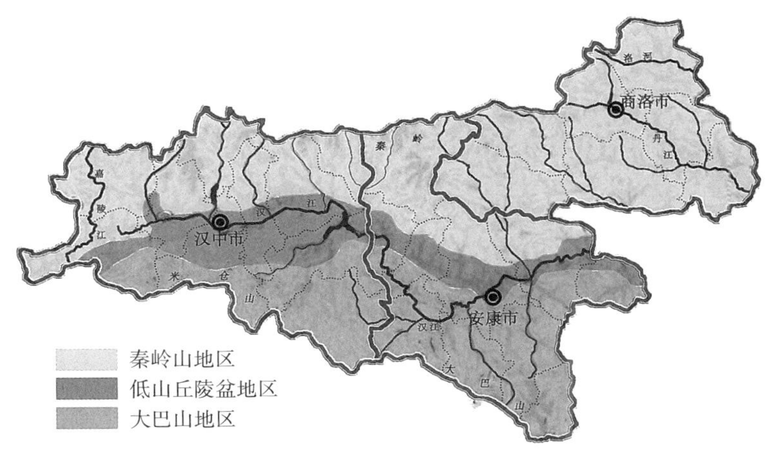

图 1 陕南自然地理概貌

资料来源：根据陕西省地图改绘

2.2 传统小城镇特色多样

陕南地区传统小城镇依托其丰富的自然资源及人文资源，在长期的发展过程中形成了独特的人居环境，城镇选址布局、空间形态、传统文化等方面呈现出丰富多样的特色。

一方面，地形地貌、河流水系作为城镇自然资源，是城镇整体格局特色形成的重要影响因素。从其所处的山水格局大环境看，陕南小城镇多依山而建、倚水而居，主要包括平原盆地、低山丘陵、中高山地三类不同地理形态，由此可将城镇分为不同类型，分别呈现出团状集聚、带状分布、自由分散等不同的空间形态特色。小城镇建设发展适应于地域环境，体现出传统人居环境建设中尊重自然、倚水择地、天人合一的人文理念与朴素生态观（表 2、图 2）。

表 2 自然环境影响下的陕南小城镇山水格局与空间形态特色

城镇地理形态	城镇山水格局及空间形态特点	典型案例
平原盆地	城镇位于地形平坦、地面起伏较小的平原盆地地区，多临河而建，便于耕作；城镇形态呈团状聚集，空间较为规整，布局紧凑，格网道路为主，城镇由中心沿主要道路向四周辐射扩展	上元观镇、谢村镇、城固县城、洋县县城、石泉县城、洛南县城
低山丘陵	城镇位于低山丘陵地区的山间河谷，或利用相对平缓的低山坡地和坡脚；由于受到地形的限制，城镇多沿河流两侧或地形走向呈带状发展，用地较为狭长，空间上连续呈带状或多个组团串接状	蜀河镇、棣花镇、青木川镇、宁强县城、汉阴县城、旬阳县城

续表

城镇地理形态	城镇山水格局及空间形态特点	典型案例
中高山地	城镇依山而建，山势陡峭，沟壑纵横，位于山坡或谷底，呈小型团块沿不同高程分布；受地形的限制与影响较大，各组团（建筑群）自由分散，集聚程度较低	华阳镇、凤凰镇、云盖寺镇、佛平县城、镇巴县城

资料来源：参考长安大学研究资料自制

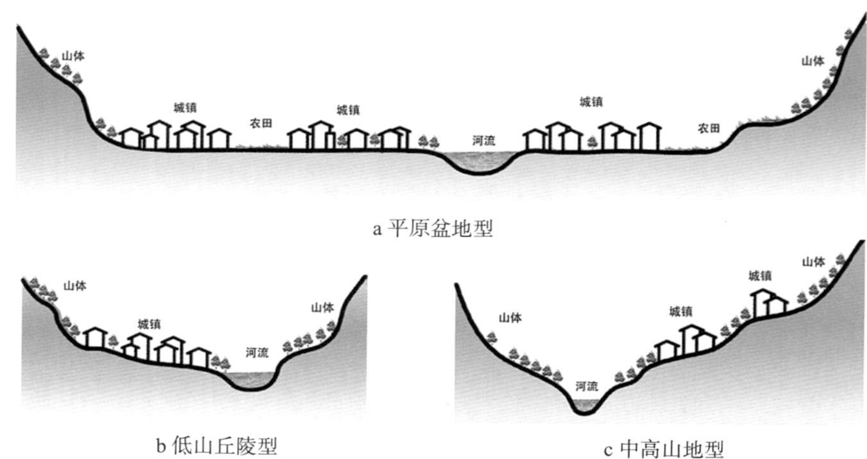

a 平原盆地型

b 低山丘陵型

c 中高山地型

图 2 小城镇山水格局示意图

资料来源：自绘

另一方面，小城镇的人文资源是城镇在历史发展过程中沉淀的文化精髓，不仅引导着人们的生产生活方式，也对小城镇特色形成具有重要影响。陕南地区文化底蕴深厚，受到不同文化渊源的影响，主要有商贾文化、采集渔猎文化、农耕文化，直接影响着城镇产业活动和民众生活，体现出不同的文化特色（表 3）。

表 3 不同文化渊源影响下的陕南小城镇特色

城镇文化渊源	城镇产业与生活特点	典型案例
商贾文化	交通便利，良好的物资集散地，近代商帮商会活动频繁，促进集镇和集贸市场的形成，地方商业贸易繁荣，并相应带动了地区的服务业，各地会馆建筑、传统商业街等多有分布	蜀河镇、龙驹寨镇 华阳镇、青木川镇
采集渔猎文化	山高林密，水资源及林特产品丰富，盛产茶叶、水果、草药等采集类物产。倚重山水、崇拜自然的观念有着较广的社会基础，多有道教遗迹分布，民间祭祖活动多属于对自然神的供奉	长安镇、平梁镇 堰口镇、焕古镇

续表

城镇文化渊源	城镇产业与生活特点	典型案例
农耕文化	地势平坦、灌溉方便之地，盛产油菜、水稻等农作物。以儒家文化为思想基础，具有较为浓郁的伦理色彩，整体呈现出封闭自足的人文心态	巴山镇、阳春镇 洛河镇、大贵镇

资料来源：自制

总之，陕南地区传统小城镇的形成和发展充分利用山川河流自然资源，体现了顺应自然、因地制宜的朴素生态观，并由此孕育出独特的地域文化，形成生态与人文特色鲜明的城镇人居环境。

2.3　城镇特色现状问题

在快速城镇化进程中，陕南地区的小城镇建设也呈现出一定的盲目性。由于对特色资源的保护与利用不当，城镇特色缺失问题一方面表现在城镇自然环境特色的弱化：规划建设生态观念薄弱，忽视了自然资源的独特性，城镇扩展过程中不断地“吞噬”自然，开挖山体、侵蚀河道、侵占农田和林地等，导致资源过度开发、生态环境破坏，人工建设景观与自然环境不相协调。另一方面是城镇历史文化与风貌特色的衰退：“拆旧建新”使许多历史文化遗产遭受破坏，照搬照抄、模仿大城市建广场、盖高楼，或是盲目仿古、拼贴建筑符号，对原有风貌造成了破坏。同时由于对“城市化”的片面理解，传统的生产生活方式被简单替代，许多民风习俗、手工艺等渐渐被遗忘，造成城镇文化特色流失、“文化认同感”缺失的尴尬局面。

可见，“特色危机”往往与“生态失落”、“文化失落”相关联，而生态与人文是城镇生存与发展的核心要素及生命力所在，从生态与人文视角重新审视城镇规划建设理念，将为促进城镇可持续发展的特色保护与重塑提供有效方法。

3　陕南小城镇特色规划设计策略

3.1　基于生态与人文理念的小城镇特色规划设计思想

新型城镇化发展强调生态文明，城镇建设追求人与自然的协调，因地制宜、与生态保护相结合。在生态理念引领下，有效保护与合理利用地域自然环境，则有利于形成小城镇独特的景观生态特质，增强其识别性。新型城镇化建设同时倡导保护和传承传统文化，规划设计应树立人文理念，尊重城镇发展历史中留存的物质与非物质文化遗产，延续地域历史文脉，体现城镇的人文内涵，增强其精神感染力。

青山绿水、亲近自然以及民风乡情、地域文化是小城镇与大城市相比的最大优势，在当代城镇发展中是具有巨大市场需求与吸引力的稀缺资源，也是小城镇特色规划必须紧紧把握的关键要素。因此，在充分研究小城镇的自然环境、历史文化、资源现状与特征基础上，分析、研判城镇特色资源，借鉴传统小城镇融入生态与人文思想的理念与方法，确立特色规划的理论框架，从总体规划—城市设计—建筑设计不同层面，寻求彰显地域生态与人文特色的城镇规划设计策略与方法。

3.2 城镇特色资源调查评价及特色定位

城镇特色资源调查与评价是城镇特色规划的基础，保护和创新城镇特色的前提工作，目的在于挖掘最能代表城镇特色的优势资源，掌握特色资源的丰富度和分布等，并做出客观科学的评价，使城镇特色规划有据可依。常用的评价方法有定性分析法、定量分析法以及定性与定量结合的方法等。在城镇特色资源评价基础上，明确小城镇特色类型及其内涵，结合城镇发展潜力，确定小城镇特色定位及塑造重点，指导进一步的特色形象体系构建。

以汉中市宁强县青木川镇和安康市平利县长安镇为例，对特色资源进行定性分析（表 4）。青木川镇位于陕、甘、川三省交界处，历史上的秦蜀咽喉之地、茶马古道驿站和边贸重镇，文化底蕴深厚、山水风景秀美，可将其定位为以文化体

表 4　青木川镇和长安镇特色资源分析

特色资源	青木川镇	长安镇
自然资源	河谷坪坝地带，低山丘陵地貌；凤凰山、龙池山、金溪河、玉泉坝河等山水资源；青木川国家级自然保护区，珍贵野生动植物种类繁多，湿地植被保护良好	浅山川道地貌，两山相夹；女娲山、伏羲山、长安河、石牛河等山水资源；北山有林木，南山有茶园，土地肥沃，茶叶种植基础条件优越
人文资源	魏辅唐、青木树等传奇人物与民间故事，商贾文化，乡绅文化，羌族文化；荣盛昌、洪盛昌、荣盛魁等传统商铺，魏氏庄园、辅仁中学等文物建筑；民风民俗、民间艺术等非物质文化遗产，相关文学影视作品	采集渔猎文化，茶文化，女娲文化，女娲墓、女娲庙、玉皇宫、火神庙、舍利塔群、武皇太子坟等古迹
人工环境资源	带状城镇空间形态，回龙场老街，民居建筑，滨河栈道，城镇新街等	带状形态城镇，徽派民居建筑，商业步行街，中心广场，城镇主街等

资料来源：自制

验为主导的乡村旅游和休闲小镇，特色塑造重点应在人文与自然景观交融的感知体验。长安镇位于陕南地区“东大门”，是全县茶叶基地镇之一，自然资源丰富、具有特色产业优势，可定位为集绿色茶产业及其衍生文化于一体的特色小镇，特色塑造重点应在生态环境的保护与利用、特色产业的发展与提升。

3.3 小城镇特色规划设计策略与方法——以青木川镇和长安镇为例

3.3.1 宏观层面构建城镇山水格局，发展特色产业

小城镇特色规划应当落实到不同尺度的城镇空间，从不同层面展开。宏观层面的特色规划主要在城镇总体规划中把控。在城镇特色定位基础上，通过城镇规划结构、布局形态、道路系统、功能组织、特色产业规划等，保护与利用生态环境及特色资源，构建与自然和谐的城镇山水格局。规划结构应注重城镇空间与山、水、田、林的融合及自然景观的引入，建立乡土景观系统；布局形态及道路系统应保护并延续城镇肌理，顺应自然生态条件，有机组织功能组团；特色产业规划应该因地制宜，利用当地特色产品打造特色产业链，保护、传承与创新非物质文化遗产，形成产业、文化、旅游三位一体，生产、生活、生态融合发展。

青木川镇坐落于凤凰山与龙池山之间的金溪河畔，呈现出背山面水的风水格局，老街沿河流走向呈弧形带状发展，分布有陕南规模最大、保存最完整的清末民初民居建筑群（图 3）。但是新街的建设使城镇整体空间出现断裂点，新旧两区联系不紧密。因此在宏观规划设计层面，城镇整体空间应延续“两山夹一川”的山水格局，新区规划顺应河流山川走向组织路网，延续老街的有机形态。同时考

图 3 青木川回龙场老街风貌

资料来源：自摄

虑两侧山体景观的呼应，以城镇街道、开放空间等形式实现新旧两区视线的通透与功能联系；依托金溪河建设“Y”字形生态廊道，形成自然生态与城镇景观的融合（图 4）。在产业规划方面，可依托古镇丰富的人文资源与浓厚的文化气息，构建多种非物质文化遗产的展演平台，发展“观光游览—休闲体验”文化旅游服务业，打造不同文化主题的系列旅游产品，突出青木川多文化交融的人文特色。

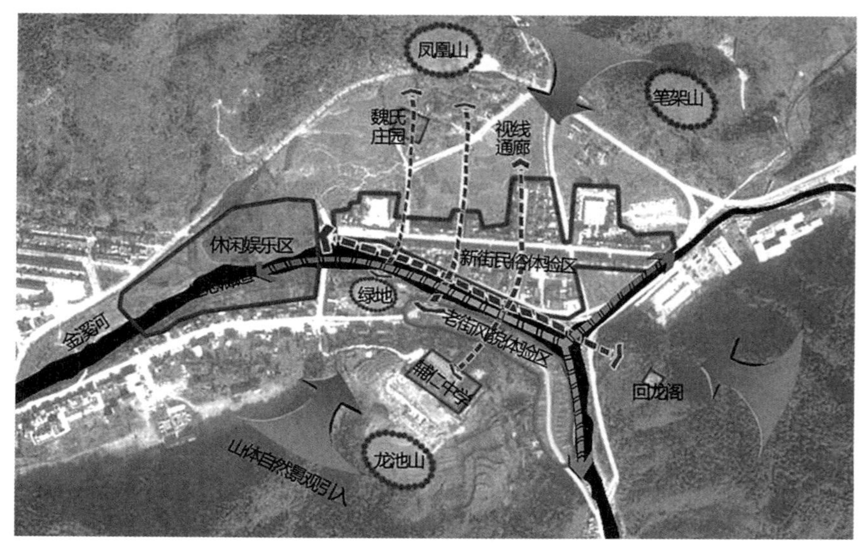

图 4　青木川空间结构分析图

资料来源：自绘

长安镇的发展建设主要在长安河与石牛河之间沿 308 省道两侧进行，带状延伸的空间格局使得镇区内用地布局单一、缺乏联系，城镇成为“自我封闭系统”未能与周边山水环境有机结合。因此在空间结构优化层面，可采用“内紧外松”的思想，城镇内部空间组团式紧凑发展，边缘区则顺应山体走势灵活布局，并利用视线通廊实现两侧山体自然景观的引入与各功能区的空间联系。通过整治河流、修复河道周边生态环境以及保护田园、茶园、果园、鱼塘等农业景观，将功能组团镶嵌于山水田园中，构建保障城镇生态安全的“城中有园、园中有城”的景观格局（图 5）。此外，长安镇具有历史悠久的“茶庄—茶农—茶园”产业体系，但产业链仍处于较低层次，产品附加值不高。通过建设品牌茶园、茶叶加工基地及茶文化博览园、茶乡风情园等，提升传统产业，发展以“茶文化”为主导的“采摘—展示—体验”文化产业及旅游观光业。

3.3.2　中观层面塑造城镇景观风貌，结合自然与人文

中观层面城镇特色规划主要是城市设计层面的景观风貌塑造，顺应山水、契

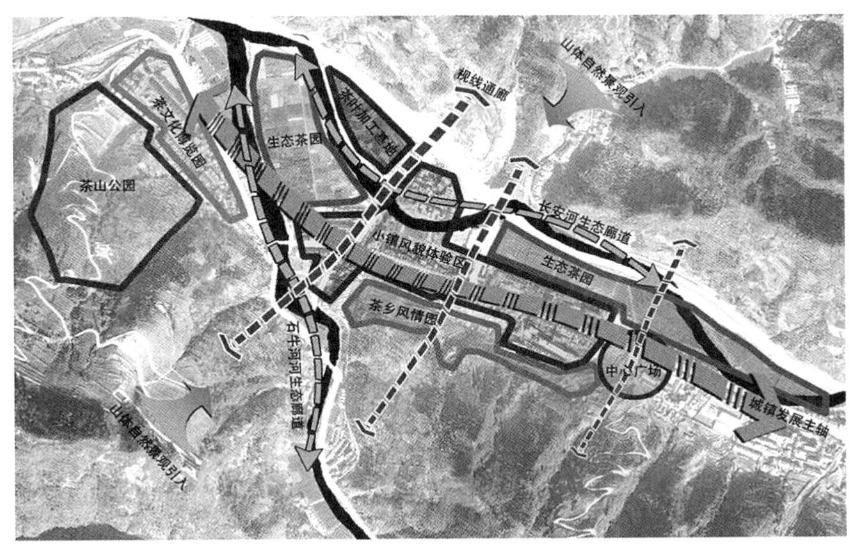

图 5 长安镇空间结构分析图

资料来源：自绘

合地形，注重与当地民俗传统和历史文化的结合。可从“景观核”、“景观轴”、“景观节点”三类要素进行与宏观层面相衔接的城镇景观系统规划设计。其中“景观核”一般为城镇历史风貌区或景观标志区，包括城镇重要人文历史景观和自然景观；“景观轴”是指城镇线性景观要素，如历史街区、滨河岸线等；“景观节点”则是景观轴上或各个分区内的景观中心。依据小城镇所处的自然地理环境及历史人文环境，构建点、线、面不同形态景观单元相结合的景观体系，强化乡土风貌。

青木川镇的景观风貌设计可利用金溪河作为主要自然“景观轴”，回龙场老街作为重点保护的人文“景观轴”，飞凤桥作为联系新旧两区的人文“景观核”，以辅仁中学、魏氏庄园、回龙阁等文物建筑作为人文“景观节点”，利用凤凰山、笔架山、龙池山等自然“景观节点”，引导观赏视线，形成自然环境与人文环境相互映衬。古镇整体风貌应具有较强的协调性，“设计而成”的新街应与“自发而成”的老街保持一定风貌与功能的完整性，以老街引导新街风貌，新街补充老街功能。新街可延续老街的空间肌理及其蕴含的生态经验，通过与金溪河垂直的街巷引入水陆风，以适应当地气候环境，营造具有良好生态与人文气息的城镇空间。

长安镇的景观风貌设计中，沿河流进行景观绿化建设，保护河道生态系统，形成自然“景观轴线”；在镇区中部结合茶园形成“景观核”；充分利用周边山体、茶园、街道开放空间，设置具有地域特色的文化广场、茶庄等“景观节点”，构建山水秀丽、风情茶乡的景观意象。此外，保护城镇主街道历史形成的陕南徽派建筑风貌，控制建筑尺度，通过设置街头绿地、休憩空间引入自然景观，营造具有地方特色的“青山粉墙黛瓦、小桥流水人家、游园赏景品茶”美好生活环境。

3.3.3 微观层面体现建筑环境特色，融入文化内涵

在微观层面，城镇特色的塑造主要体现在建筑与环境设计上，包括传统建筑的保护与利用，新建建筑的传承与创新。新建建筑风格应体现地域文化，提取传统建筑风貌的特色符号及空间内涵，如屋顶形式、体量比例、色彩材质、空间形态与尺度等，融入现代设计手法，在布局形式及立面构成等方面协调与统一；环境设施设计也应融入当地的文化色彩，为城镇特色塑造“锦上添花”。此外，通过传统建筑空间的保护与更新，创造地域民俗文化展示与活动的场所，发挥传承历史、弘扬文化的作用。

多元文化的交融孕育了青木川古镇独特的建筑形式，现存老街建筑主要是明清时期的建筑特点，并具有陕南民居和民国时期中西交融的建筑特色，民居多为前店后宅式土木结构的院落。在历史建筑的保护与更新过程中，应延续古街肌理，采用天井式、L 式、一字式平面布局，提取老街建筑的典型特征，结合地形错落布置，使街巷空间保持连续性，并与自然环境相互融合（图 6）。利用出挑的屋檐以及天井实现遮阳避雨和通风采光的功能，延续人与自然和谐共生的地域文化内涵与生态设计经验。立面材质的选择考虑木、砖、石等乡土材料的使用，色调以青、灰、白、原木色为主，突出地域建筑特色。街道环境设施在色彩、材质、造型上要与建筑相匹配，并与景观环境相融合。

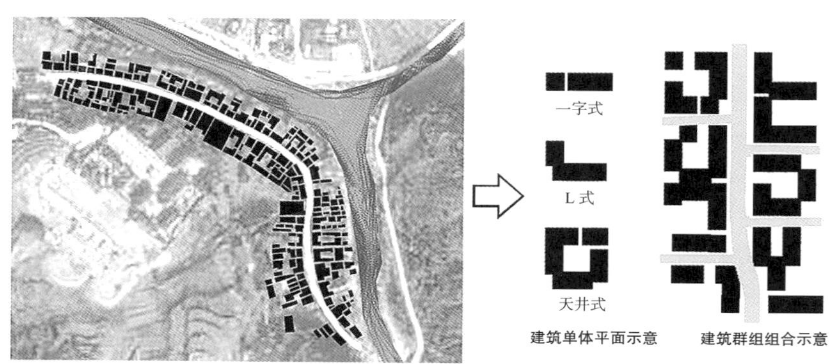

图 6 青木川镇老街肌理提取

资料来源：自绘

特殊的地域文化背景使长安镇的建筑表现出“青瓦白壁马头墙，古香古色格子窗”徽派建筑特点，但新的建设缺少对特色的塑造，与环境的协调性不强，且

整个城镇明显缺乏环境设施。在建筑与环境设计层面，首先应对沿街立面进行建筑风貌整治，借鉴徽派建筑“灰砖白墙”、“马头墙”、“格子窗”等建筑符号蕴含的文化意象，以及高墙小窗、围合感较强的特征，形成自己独特的风格（图 7）。结合地形地貌，因地制宜地将建筑与环境相结合，挖掘茶文化内涵，设置具有当地文化符号、形象特征的主题雕塑等环境设施。

a 洪家大院（文物）

b 茶叶专家大院（新建）

图 7　长安镇徽派建筑风貌

资料来源：自摄

4　结语

小城镇特色源于其特色资源，尤其是自然环境及历史文化所具有的特征性属性，它是城镇生存与发展的重要依托。小城镇特色规划的本质是挖掘城镇发展潜力、发挥自身优势，引导其可持续发展。特色规划设计建立在城镇特色资源调查与评价的基础上，准确定位城镇特色发展方向，融入生态与人文理念，从宏观、中观、微观不同层面确立规划设计的策略与方法，构建城镇山水格局、塑造城镇景观风貌、体现建筑环境特征，通过规划设计手段利用特色资源、引导特色产业，彰显小城镇的自然与人文特色，建设生态和谐、人文深厚的小城镇人居环境。

参考文献请见原文。

（撰稿人：张定青，西安交通大学人居环境与建筑工程学院建筑学系副教授，博士，研究方向为城镇人居环境可持续发展与生态规划；孙亚萍、郭伟，西安交通大学人居环境与建筑工程学院）

全国特色小镇创建培育认知与解读[1]

1 引言

2015 年底，我国城镇化水平达到了 56.1%，城镇化已经步入到中后期发展阶段，随着新型城镇化的提出以及互联网经济发展的推动，小城镇的潜在发展动力得到了进一步的激活，内部承载功能也更趋多元。产业集聚已成为小城镇发展的动力之源，促进乡镇产业与小城镇的对称互动是小城镇产业发展的可行路径。返乡创业、乡村旅游逐渐兴起，小城镇的发展建设继 20 世纪 80 年代乡镇企业发展高潮后，迎来了第二次重大机遇期。浙江省为紧抓发展新机遇，积极开展特色小镇创建的实践探索，其成功经验引发了社会各界的广泛关注，对全国小城镇发展起到了示范作用。为探索小城镇建设健康发展之路，促进经济转型升级，全国特色小镇培育也已成为了当前新的战略选择。

2 浙江省特色小镇的探索实践

2.1 特色小镇是浙江省适应经济新常态的新探索

特色小镇创新实践是浙江站在供给侧改革的新起点上，战略性地破解浙江经济发展的三大难题——空间资源瓶颈、有效供给不足、高端要素聚合度不够。改革开放以来，浙江省从农村工业化起步，走出一条不同于传统工业化模式的发展道路，逐步形成了不同产业、不同特色的块状经济（图 1）。经过 30 多年的发展，随着土地、劳动力等要素成本的不断上升，传统块状经济和区域特色产业由于缺乏创新、产业低端、资源利用粗放，其竞争力日趋下降，产业可持续发展面临新的挑战。正是在这样的背景下，特色小镇应运而生。

浙江省基于国家战略、浙江省情和国外特色小城镇经验，启动了创建特色小镇的战略实践，旨在通过打造一批产业“特而强”、功能“聚而合”、形态“精而

[1] 本文摘自《小城镇建设》，2016（11）：20-24。

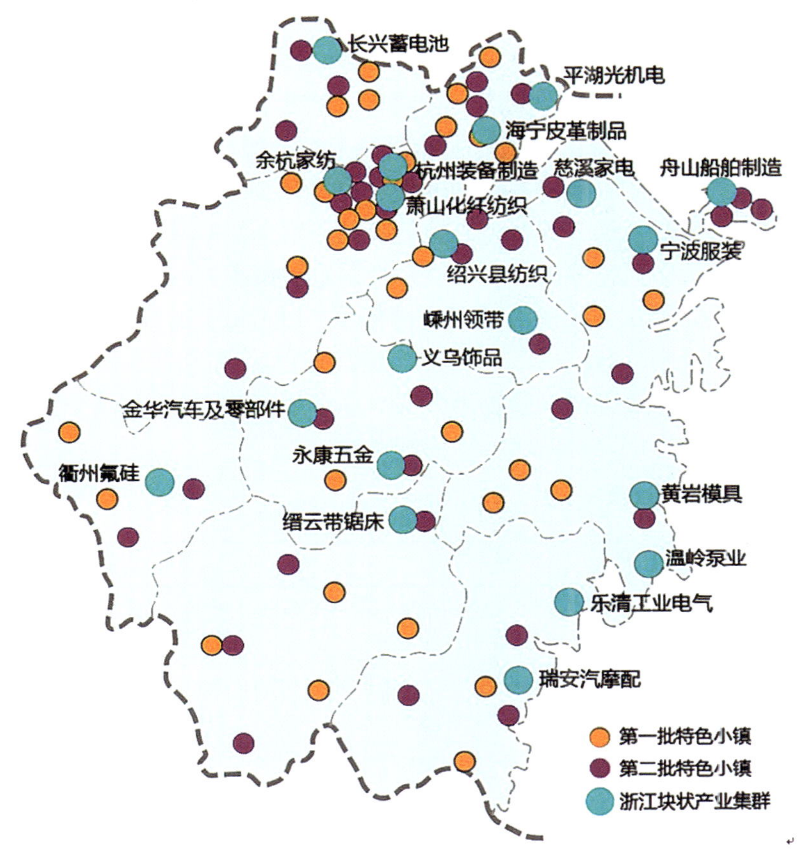

图 1　浙江省特色小镇及块状产业集群分布情况

美”、制度“活而新”的创新型平台。从浙江省云栖小镇举行的首场阿里云开发者大会上“特色小镇”一词被首次提及；到 2014 年底在浙江省委经济工作会议上，浙江在国内率先提出打造特色小镇的发展战略；直至 2015 年初正式将“加快规划建设一批特色小镇”列入政府重点工作计划；以及同年 4 月 22 日，浙江省政府公布《关于加快特色小镇规划建设的指导意见》(以下简称《意见》)，正式明确了特色小镇的定位和要求，提出：“特色小镇是相对独立于市区，具有明确产业定位、文化内涵、旅游和一定社区功能的发展空间平台”，标志着浙江特色小镇创建正式步入了实施阶段。

2.2　浙江省特色小镇创建成果显著

2015 年 6 月 4 日，浙江省正式公布第一批省级特色小镇创建名单，全省 10 个区市的 37 个小镇列入首批创建名单，随后，又在 2016 年初公布第二批 42 个小镇。浙江省特色小镇首次采用创建制的方式发展培育特色小镇，产业定位着力聚集于：信息经济、环保、健康、旅游、时尚、金融、高端装配制造等七大产业，兼顾茶叶、丝绸等历史经典产业。同时，笔者发现浙江特色小镇的提出基础丰厚，原有块状经济为特色小镇的创建提供了良好的产业基础支撑和发展空间。块状经济中大量的中小企业具有较强的创业精神和经济活力，专业市场与特色制造业互为依托、联动发展，为特色小镇的提出奠定良好的基础。

浙江省小城镇特色化发展的经验，对全国小城镇发展起到了示范作用。浙江省在优化配套扶持政策方面的经验仍值得借鉴。继《关于加快特色小镇规划建设的指导意见》出台后，浙江省政府各部门围绕特色小镇的产业发展、规划建设、资金支持、统计监测等方面，陆续出台了一系列相关政策（如表 1）。为特色小镇的发展建设进一步提供完善的政策依据和保障。

表 1　浙江省特色小镇的相关政策

编号	发布时间	文件名称	发布部门
1	2015.6.1	浙特镇办〔2015〕2 号文件（第一批省级特色小镇创建名单正式公布）	特色小镇规划建设工作联席会议办公室
2	2015.6.29	《关于推进电子商务特色小镇创建工作的通知》浙电商办〔2015〕6 号	浙江省电子商务工作领导小组办公室
3	2015.9.2	《关于加快推进特色小镇建设规划工作的指导意见》浙建规〔2015〕83 号	浙江省住房和城乡建设厅
4	2015.9.15	《关于开展第二批省级特色小镇创建名单申报工作的通知》浙特镇办〔2015〕6 号	特色小镇规划建设工作联席会议办公室
5	2015.9.17	《关于开展特色小镇规划建设统计监测工作的通知》浙特镇办〔2015〕7 号	特色小镇规划建设工作联席会议办公室
6	2015.10.9	《浙江省特色小镇创建导则》浙特镇办〔2015〕9 号	特色小镇规划建设工作联席会议办公室
7	2015.10.15	《关于金融支持浙江省特色小镇建设的指导意见》杭银发〔2015〕207 号	中国人民银行杭州中心支行 特色小镇规划建设工作联席会议办公室
8	2015.12.28	《浙江省特色小镇建成旅游景区的指导意见》浙旅政法〔2015〕216 号	浙江省旅游局 浙江省发展和改革委员会
9	2016.3.16	《关于高质量加快推进特色小镇建设的通知》浙政办发〔2016〕30 号	浙江省人民政府办公厅
10	2016.3.18	《关于开展第一批省级特色小镇创建对象 2015 年度考核的通知》	特色小镇规划建设工作联席会议办公室

3　全国特色小镇培育的战略选择

3.1　国家政策提出全国特色小镇培育要求

现阶段，基于对我国乡镇体系经济职能转变和城镇特色化发展趋势的正确判断，以及浙江特色小镇的经验借鉴，全国特色小镇培育工作已全面开展，并上升为国家战略。作为新常态下经济转型升级的新举措，特色小镇培育工作抓住了小城镇的发展机遇，成为落实供给侧结构性改革的重大创新、新型城镇化发展模式的创新探索、推动新常态经济升级转型的重要抓手、“双创”战略的有效尝试。

2016 年 7 月，住房和城乡建设部、国家发展改革委、财政部联合下发《关于开展特色小镇培育工作的通知》（建村〔2016〕47 号）（以下简称《通知》），明确提出全国范围内加快发展特色镇。《通知》就开展特色小镇培育工作的目的予以了明确，即“牢固树立和贯彻落实创新、协调、绿色、开放、共享的发展理念，因地制宜、突出特色，充分发挥市场主体作用，创新建设理念，转变发展方式，通过培育特色鲜明、产业发展、绿色生态、美丽宜居的特色小镇，探索小镇建设健康发展之路，促进经济转型升级，推动新型城镇化和新农村建设”。根据《通知》要求，住房和城乡建设部随后下发了《关于做好 2016 年特色小镇推荐通知》，并评选并公布了第一批 127 个全国特色小镇。

3.2　首批全国特色小镇发展初见成效

通过对 127 个特色小镇进行数据分析和系统梳理（图 2），研究表明，首批特色小镇的特色类型较为多样，主要包括：休闲旅游型、现代农业型、工业发展型、历史文化型、商贸物流型和其他特殊发展类型（如基金小镇、金融小镇、

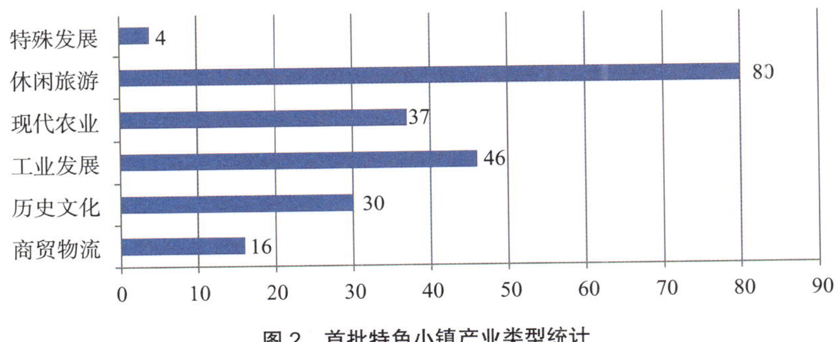

图 2　首批特色小镇产业类型统计

文创小镇等）。

首批特色小镇在培育特色产业、镇容镇貌营造，特色文化传承、设施服务完善、体制机制创新等方面已卓有成效，在省内发挥了示范带动作用，走在了我国小城镇特色化之路的前列。

在产业形态方面，首批特色小镇经济实力强，产业活力旺盛，且具有较强的农村就业人员吸纳能力，有效带动了周边地区的产业发展，其中有近一半的特色小镇 GDP 在 10 亿元以上。在环境风貌方面，首批特色小镇大部分制定了有效的环境卫生管理与监测制度，景观绿化建设情况良好，整体能够做到环境干净整洁。在传统文化方面，几乎每个小镇都拥有独特传承的民俗活动、特色餐饮、民间技艺、民间戏曲等传统文化类型。在设施服务方面，首批特色小镇的对外交通条件良好，大多数镇配套有二级以上公路，教育、医疗、养老与商业在满足基本需求基础上普遍有所提升。在体制机制方面，首批特色小镇在发展理念上实现了与时俱进，起到了示范带动作用，组织机构设施相对完备，近九成的特色小镇实现了“一站式”综合服务。

4　特色小镇建设发展的相关建议

根据《关于开展特色小镇培育工作的通知》（建村〔2016〕47 号）要求，到 2020 年，全国要培育 1000 个左右各具特色、富有活力的休闲旅游、商贸物流、现代制造、教育科技、传统文化、美丽宜居等特色小镇，引领带动全国小城镇建设，不断提高建设水平和发展质量。在未来特色小镇的培育工作中，创新特色小镇规划、建立科学评价体系、优化配套扶持政策等措施，将会成为有效选择。

4.1　创新特色小镇精准规划模式

浙江特色小镇通过强化战略谋划，注重规划引领，防止一哄而上、重复建设、千城一面、同质竞争。同样，全国特色小镇在空间载体、特色内涵、外部条件，以及规划内容、实施要求等方面具有明显的多元、复合特征。为应对当前特色小镇的发展建设需求，在创建制的模式下，特色小镇的规划需创新求变。

本文首次提出特色小镇“精准规划”的概念与范畴，是在首批特色小镇创建培育初期，特色化发展面临诸多挑战的大背景下提出的。特色小镇的发展承载着区域产业转型升级的重要责任，其发展的示范带动性以及迫切性要求我们必须从“精准规划”的意义上来规划小城镇的可持续特色化发展之路。“精准规划”创新的核心是“精准”，只有做到精准定位特色主题，精准构建产业发展体系，精准设定项目体系，精准塑造文化灵魂与空间风貌，才能创建培育出具有全国影响力的不断创新的具有特色灵魂的特色小镇。那么如何进行特色小镇的“精准规划”呢？可以从以下几个方面加以思考。

（1）精准定位

最为重要的是明确小镇的“特色主题”。“特色主题”是小镇冠以“特色”之名，并实现小镇产业定位“特而强”目标的根基。主题定位应基于小镇资源、区位特色，把握小镇核心市场群体，融合特色文化基因，进而设定精准的定位与发展路径。达到定位目标是一个漫长的过程，需要排除阻力，长期始终如一的沿着既定的方向走。

（2）精准构建产业体系

传统规划体系注重用地，以用地需求来倒推人口增长，经济发展。通过空间优势和劣势分析，确定产业定位，依托产业定位指导空间布局、城市风貌塑造等。整体来讲是一种自上而下的规划模式。特色小镇精准规划应创新传统规划模式，通过规划单位、政府与企业群体产生良好互动，引入一两个龙头企业，依托龙头企业与其他企业间的相互联系，以及众筹模式等手段带动相关企业进入，进而打造若干个“项目包”。依托这种“大项目支撑，小项目扩张”的“项目包”形式精准确定小镇项目体系，最后通过项目体系确定精准的产业布局体系。这种自下而上的规划形式巧妙地实现了“产业策划、空间规划、项目计划和资金筹划”四划同步，将概念规划直接精准引导到实际项目落实阶段，以项目反馈规划，保证了规划的强操作性、强方向性、强执行性。

（3）精准融合空间与文化

特色小镇精准规划最终要保证空间层面的精准，包括选址与用地的精准，空间风貌塑造的精准和文化塑造的精准。

选址应依托城区、镇区、开发区、产业新城或科技园区等既有产业平台，促进原有平台的功能完善和产业升级；用地应以存量用地为主、新增用地为辅，按照“存量更新、集约用地”的发展要求，尽量结合旧城区、旧镇区、旧园区、旧厂房等更新改造来建设特色小镇，避免新一轮产业用地扩展；空间风貌塑造是小镇避免“千镇一面”，寻求自身特色的重点，建议规划融合本地文化元素、现代时尚元素，在人适合的尺度与细节上寻求创新，将文化与空间精准融合。

4.2　建立科学评价体系

在全国迅速推进特色小镇培育工作的当下，需要通过建立起一套科学的指标体系，用数据实施评价、服务决策，为有针对性地提升小城镇发展绩效提供依据。同时也为下一步构建特色小镇监测评估数据库提供有效保障。

全国特色小城镇是具有特色鲜明的产业形态、和谐宜居的美丽环境、彰显特色的传统文化、便捷完善的设施服务、充满活力的体制机制，集“产镇人文”特色于一体的建制镇。因此，对全国特色小镇评价体系进行构建时，需要从产业、环境、文化、设施服务、体制机制等五方面进行考虑。对产业特色的评价可主要关注小镇的产业定位是否有特色，是否做到了“人无我有，人有我特”；关注小镇的产业是否有品牌优势，是否能真正带动农业发展，吸纳农民就业等方面。对环境风貌的评价可从整体到局部，关注小镇的整体格局是否依山就势，见山望水；街巷风貌和建筑风貌是否彰显了地域或民族特色等。文化特色的评价可从文化传承和文化传播两个维度进行考虑，不仅关注其文化传承性，还要关注是否树立了深入民心的小镇文化风尚；设施配套可从道路交通、公用设施、公共服务等方面进行评价；同时关注小镇的发展理念模式、规划建设、社会管理等方面的体制机制活力。

4.3 优化配套扶持政策

当前，全国特色小镇的建设工作为我国小城镇发展带来了新一轮的重要机遇，为推动特色小镇的持续发展，政府部门应该积极推动促进特色小镇发展的体制改革，优化配套扶持政策。通过改革赋予小城镇在土地、财政、税收、融资等方面更为普适性的自主权，激发自下而上的发展活力，使特色小镇成为经济新常态背景下，促进产业转型升级和城乡统筹发展的重要主体和空间平台。

5 总结

全国特色小镇的建设已上升为国家战略，是落实供给侧结构性改革的重大创新、新型城镇化发展模式的创新探索、推动新常态经济升级转型的重要抓手、“双创”战略的有效尝试。这标志着全国小城镇建设发展迎来重大新机遇，各地区应紧抓时代机遇，依托自身悠久的文化底蕴、独特的生态环境，良好的产业基础，因地制宜、突出特色的发展。

在具体工作中，我们应该准确把握国家特色小镇的内涵与精髓，深入理解其面向建制镇的出发点，从小城镇整体发展出发，突出其特色，而不是单纯的以一个区域优质单元去推广。因此，“产城人文”的真正内涵更必须贯彻在“四位一体”的整个框架中，在小镇发展建设的基础之上，更加注重产业的特色化发展、风貌的特色化打造、文化的传承与发扬、设施服务的配套完善，同时敢于创新，增强体制机制活力，进一步提升、推动小城镇的特色化、可持续发展。

参考文献请见原文。

（撰稿人：单彦名，哈尔滨工业大学建筑学院城乡规划专业在读博士研究生，国家注册规划师，中国建筑设计院城镇规划设计研究院历史文化保护规划研究所所长，高级规划师，研究方向为镇村规划与发展；马慧佳、宋文杰，中国建筑设计院城镇规划设计研究院）

“特色小镇”影响下的小城镇建设模式反思

——以永康市龙山运动小镇为例[1]

1　特色小镇的概念

从2014年10月提出到初见成效，浙江特色小镇已历时近两年。结合省政府相关文件和两年来的项目实践，“特色小镇”的概念特征可总结为：相对独立于市区，区别于行政区划单元和产业园区，具有明确产业定位、文化内涵、旅游和一定社区功能的发展空间平台。

2015年4月，浙江省政府出台《关于加快特色小镇规划建设的指导意见》，对特色小镇规划建设的总体要求、政策措施等做出了规划。根据《意见》，特色小镇产业定位着力聚焦信息经济、环保、健康、旅游、时尚、金融、高端装备制造等七大产业，兼顾茶叶、丝绸等历史经典产业，特色小镇规划面积一般控制在 $3km^2$ 左右，而建设面积一般控制在 $1km^2$ 左右。特色小镇原则上3年内要完成固定资产投资50亿元左右（不含住宅和商业综合体项目），所有特色小镇要建设成为3A级以上景区。产业投资、高标准环境和土地要素成为特色小镇创建的核心要求。

2　龙山运动小镇的由来

2.1　龙山发展概况

龙山镇所处的永康市是“浙江省体育用品制造业基地”和目前唯一的“中国全地形车生产基地”，龙山镇是浙江省省级中心镇、省级体育强镇、省级森林城镇等，同时也是永康市的工业重镇，具有截流效益较好企业外流的区位优势（见图1）。龙山镇目前以铸造和五金加工为主，形成了铝材、电动工具、五金工具、

[1] 本文摘自《小城镇建设》，2016（3）：54-61。

汽摩配件、日用五金制品、服装、绣品为支柱的多门类产业发展格局。这些相关产业密切关联运动休闲产业，同时依托永康运动休闲产业大环境，为龙山运动小镇明确主导产业奠定了初步产业基础。

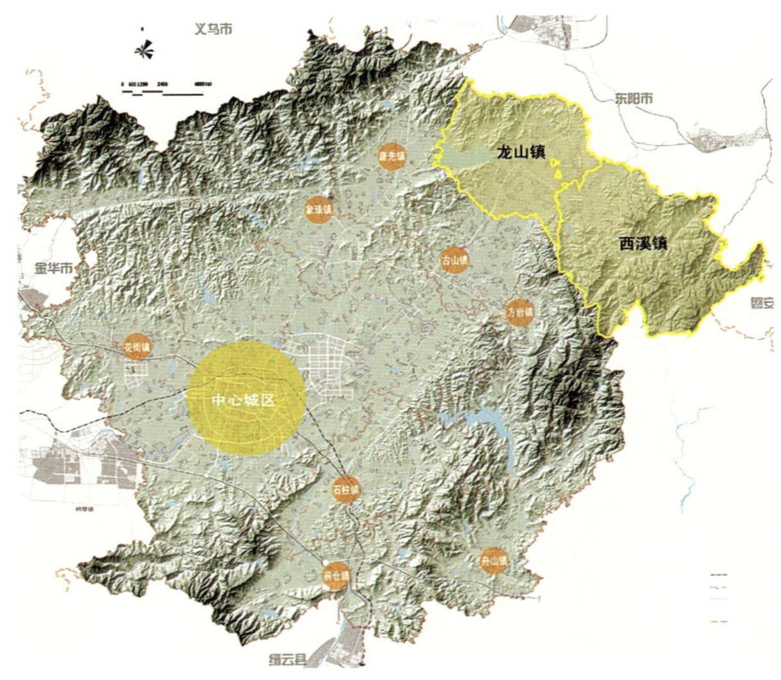

图 1　龙山—西溪在永康的区域位置

2012 年 12 月首个浙商回归创业创新园的落户在资金、政策以及土地指标等方面都给予了龙山一定的支持，园区重点发展先进装备、新材料、汽车零部件三大制造业和现代物流、研发设计等生产性服务业。当年年底成功引进企业 11 家、总投资 35 亿元，2014 年底确定项目投资总额近 20 亿元的 9 个二期入园项目，这进一步增强了产业发展引擎，人口也呈现出了流动度高的特征。

经过多年建设和几次行政区划调整，龙山镇的城镇空间仍以“三组团”结构和沿路发展为主，松散、不规则的带状形态削弱了龙山作为永康市北部新增长点的合力，尤其不利于产业集聚和结构的优化以及城镇化质量的提升。

2.2　龙山西溪小城市建设状况

2010 年 12 月浙江省政府出台《关于开展小城市培育试点的通知》，将培育小城市作为推进新型城镇化的重要抓手。作为试点镇，不仅在经济上予以扶持，在土地指标、管理体制、税收等多方面都有较大的倾斜。为了加快永康东北区域的发展，平衡市域经济、促进区域一体化发展，永康市委市政府于 2014 年初提出了在龙山、西溪两镇积极培育小城市的策略。

龙山—西溪小城市规划面积约 $28km^2$，包括龙山、西溪两镇主要建成区及周边一定范围的发展空间。经过两年多的培育，龙山、西溪在空间上虽有一定趋势的相向融合，但在核心功能、发展规模和经济实力上都与小城市有一定差距，并未真正成为永康市域新的增长极（见图 2）。

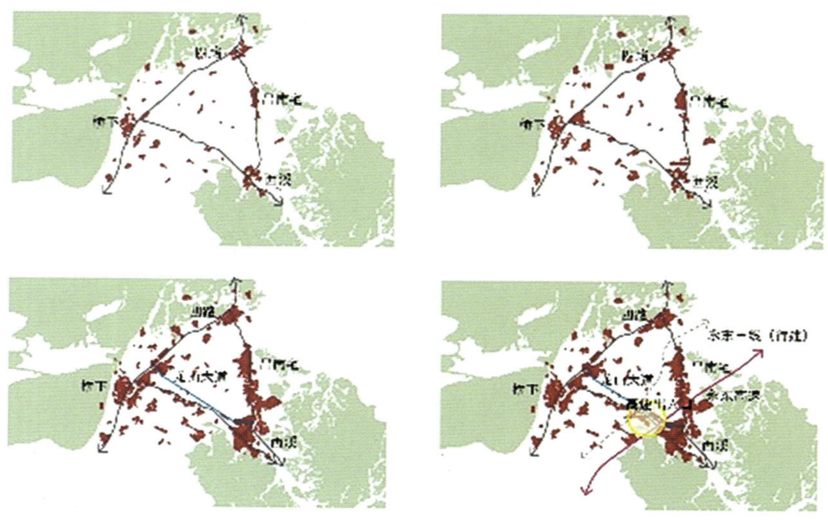

图 2　2001 年至 2015 年龙山西溪发展空间演变分析图

2.3　小结：龙山及龙山西溪小城市的困境

龙山西溪两镇虽然被列为小城市培育，但其原规划仍旧沿袭了城市化和工业化的路径，以劳动密集型产业布局和低成本的土地、税收政策吸引投资。这种传统模式即使在浙商回归园落户后，也并没有真正构建起“产城互动、产城融合”的基础体系，对龙山发展的推动作用也是有限的；反而是西溪镇另辟蹊径，通过对接横店影视产业看到了转型发展的一线曙光（见图 3）。另外由于上级政府没有为龙山西溪小城市设立统一的管理机构和运营共享机制，也没有强有力的第三方介入区域整合，因此龙山、西溪依旧按照各自的思路在发展，基础设施、公共服务设施仍独立建设和运行，实质上仍处于分镇而治的状态。

在经济新常态下，不论是龙山镇还是龙山西溪小城市均亟待寻求新的发展模式和有力的工作抓手，在产业、空间、人口、交通等方面，找到新的突破点和内生的动力引擎。而浙江省特色小镇建设恰好符合龙山发展的现实需求，既有强大的产业基础，也有良好的山水环境，更有政府大力推动的决心，所以运动小镇的创建不仅对龙山恰逢其时，而且会成为助力龙山、西溪走出发展困境，协力推进新型城镇化和龙山西溪小城市建设的崭新平台（见图4）。

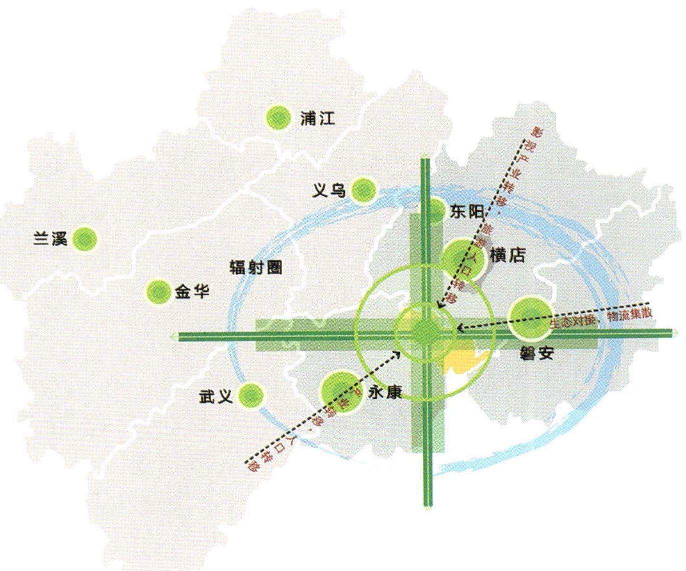

图3　龙山—西溪与周边城市关系示意图

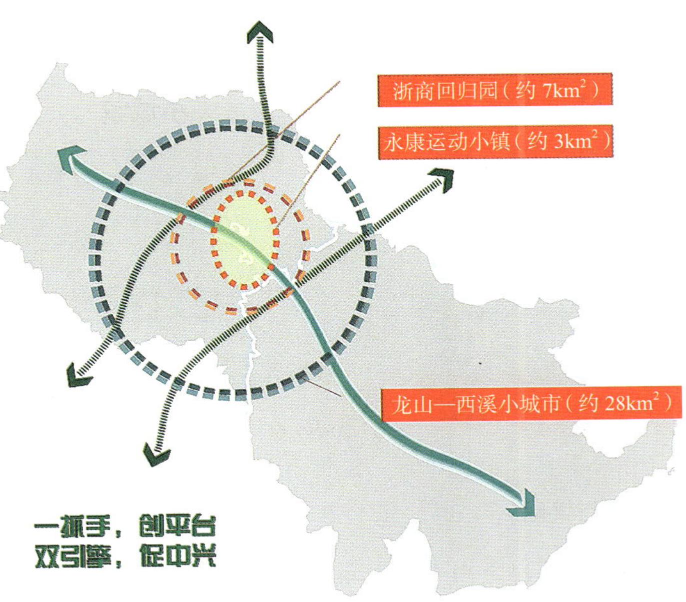

图4　三区关系——从浙商回归园到小城市试点到特色小镇

3 龙山运动小镇规划

3.1 规划思考

3.1.1 战略转变的关键

龙山镇在产业转型、城乡融合、区域发展等重大方面都面临着新一轮的发展竞争。龙山的战略转变是寻找一条符合自身特色、与周边城镇差异化发展、长久持续稳定发展的特色之路。龙山运动小镇如何推动这一战略的转变，进而推动龙山—西溪小城市一体化的成功是规划需要解决的首要问题，而关键在于明晰特色小镇与小城镇之间的互动影响机制。

3.1.2 特色小镇与小城镇之间的互动影响机制

特色小镇的创建要求对其选址有较为明确的限制，包括较好的产业基础、资源条件和适当的土地支撑、配套服务，又区别于城市功能区，有更高的生态环境要求，这一系列条件都基于小城镇来提供。特色小镇聚焦高投资、大前景的产业发展势必形成强大的引擎，辐射推动小城镇变革，为其建设增加动力；特色小镇的改革试验也迎合了小城市试点的要求，突出制度创新。这一系列互动影响机制是推动小城镇建设模式变革的有力依据，尤其对不符合特色小镇创建要求而有变革需求的小城镇具有深远意义，它使特色小镇的内涵和外延更具普适性（见图 5）。

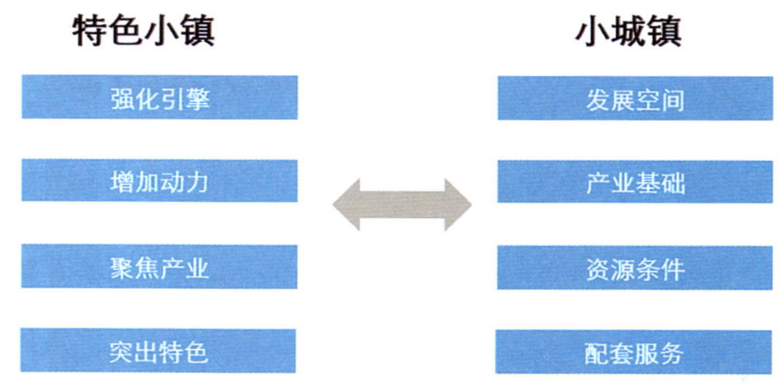

图 5 影响机制

3.2 规划方法与策略

3.2.1 自上而下 + 自下而上的规划方法

传统的命题式规划一般直接关注命题中的规划范围，就范围而提方案。龙山运动小镇规划依托特色小镇的创建要求，但不直接从特色小镇范围入手，而是遵从小城镇对特色小镇的影响机制，从小城镇发展的角度出发，聚焦于产业集中区，落实于特色小镇的行动范围（见图6）。

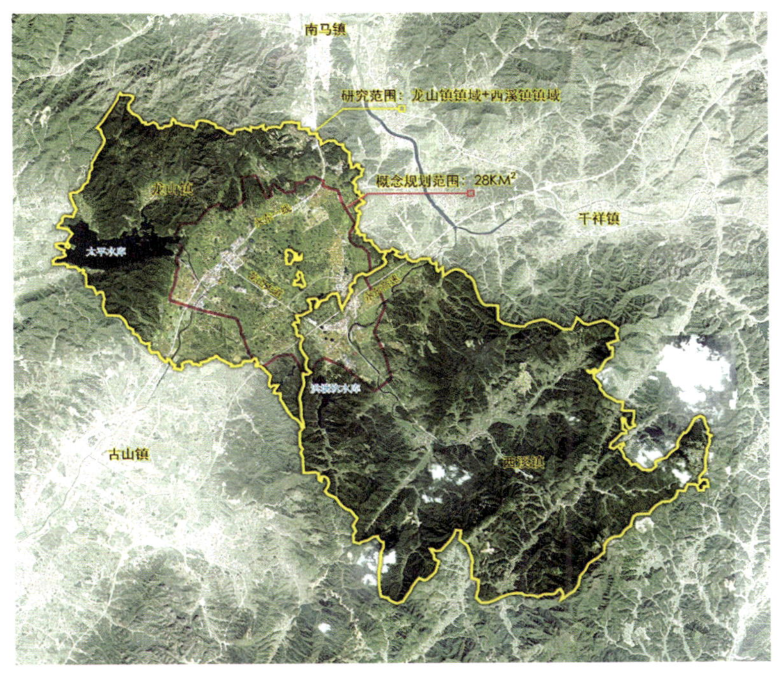

图6　龙山运动小镇规划层次及范围

3.2.2　多层次的规划范围和规划任务

研究范围：龙山、西溪两镇镇域范围。在区域竞合发展的视野下，分析小城镇的发展模式和产业体系与分工，挖掘自身条件和资源价值，结合有效政策影响，拓展更具内涵的发展方式及可实施性。

概念规划范围及任务：龙山西溪小城市范围。从区域竞合及产业整合角度，梳理龙山—西溪在区域发展中的机遇与困境，对龙山—西溪小城市的总体发展、特色产业以及业态细分等进行整体策划研究，提出总体构想和发展框架。

运动小镇规划范围及任务：围绕“低丘缓坡绿心”周边约3km²区域，其中建设用地面积约1km²。根据“特色小镇”创建要求，分析特色小镇体系及与小城市、浙商回归园的关系，立足自身资源条件，构建产业核心、企业主体的特色小镇总体发展思路与概念性方案。

3.2.3　整合全域的项目策划

结合特色小镇、小城镇、小城市以及村庄发展建设目标，基于产业价值链延伸，策划导入项目及提出发展建议。在空间上落实产业定位和产业联动，转换产业、文化、旅游以业态形式植入，将特色小镇小城市与镇域在生态、交通的资源基础上与旅游、人文景观、节事活动结合，创造新的项目联动。并制定项目库与行动计划，明确重点发展建设区域和重点项目（见图 7，表 1）。

图 7　龙山—西溪全域项目布局图

表 1　龙山—西溪全域项目库

	分区	主题	主导项目	细分项目
1	运动产业复合区	公共服务	龙山—西溪公共中心	医院、商业综合体、体育馆、写字楼、商务酒店、文化娱乐中心、配套居住
		运动休闲	运动休闲博览园（休闲运动、ATV 赛事场地）	运动休闲中心（运动主题馆：射击馆、击剑馆、科技运动体验馆等）、运动休闲产业基地（全地形车、房车、运动健身器材、户外休闲运动产品等的生产）、产业升级示范基地、先进五金制造业基地、龙山慢行游览黄金线、运动文化中心、产品展销中心（运动休闲产品、五金配件等的展销、检测、试验、改装）、R&D 公园（运动休闲产品研发、互联网交易云平台）、青少年体训中心（足球学校、小型 ATV 训练基地等）、体育酒店、创意型运动主题乐园等
		旅游服务	旅游集散中心	旅游客运中转站、停车场、游客接待中心、旅游票务中心、旅游产品购物中心、信息咨询中心等
		物流仓储	现代物流园	互通公司
2	文化休闲区	运动文化	运动主题文化村	运动文化主题餐厅（举办 ATV、滑板车、房车等各类主题活动）、文化艺术民宿（体现运动文化、运动精神）、创意工作室、休闲运动文化节（ATV 赛事等）、胡公庙会等
		文化展示	陈亮文化园	陈亮墓园、陈亮博物馆、森林茭杨等

续表

	分区	主题	主导项目	细分项目
3	山水生态隐逸度假区	运动养生	渔川运动度假	渔川运动驿站（高端运动休闲村）、滨水小筑等
		生态休闲	幽谷生态园	“永康”农园（省级精品农业园）、房车基地（户外休闲）、滨水特色酒店（帐篷酒店、集装箱酒店）等
		隐逸度假	隐居上产	隐逸上产（野奢民宿）
4	东西田园生活区	宜居生活	宜居市镇	宜居桥下、宜居四路、宜居吕南宅
		有机田园	田园生活	定制化农业庄园、水岸农舍、康乐农场、亲子农场、农夫市集
5	西溪影视风情区	影视旅游	西溪影视服务区	影视乐园、影视文化产业基地、特色外景基地、影视人才培训中心等
		宜居生活	宜居市镇	宜居西溪
6	富氧登山运动区	富氧登山	登山运动步道	休息站、露营区、接待站等
7	高山生态养生区	高山农业	现代农业示范区	甜蜜寨口（柏岩蜜梨基地）、阳光下徐（向日葵梯田），节庆（柏岩蜜梨节、向日葵观赏节）等
		创意乡村	伞伞棠溪	水街、集市、艺术民宿、农具展示中心、农家美食、登山健身步道 / 黄寮尖登高（永康第一高峰）等

3.2.4 加减乘除式的路径策略

3.2.4.1 产业作乘法

把握产业趋势和特色小镇产业要求，依托内外发展动力，重点明确产业定位及产业之间的联动策略。依托现有效益农业、运动休闲产业、五金业和影视产业，形成产业与产业、产业与文化、产业与旅游的互动，打造运动休闲产品、工业体验产品和现代农业体验产品（图 8 ～图 10）。

3.2.4.2 文化作加法

从文化影响力的大小、文化可演绎的空间和当下旅游市场热点出发，研究地域文化中可被永续传承、可支撑丰富体验以及具有市场潜力的文化要素。同时结合产业新生的文化内涵，以节事事件为契机，进行文化的再加工和再发展，使客群在消费与体验中感受文化情怀，从而形成长久黏性，推动即时体验向长期旅游目的地的转变。

3.2.4.3 空间作减法

当前龙山的城镇空间格局较为分散，不能承担建设永康市北部中心的责任，需转变空间发展模式，造血造心。即限制现有城镇空间扩张，集中资源优先打造小城市的公共中心，形成强核心引导下的区域融合，并为特色小镇的人才吸引创造条件。

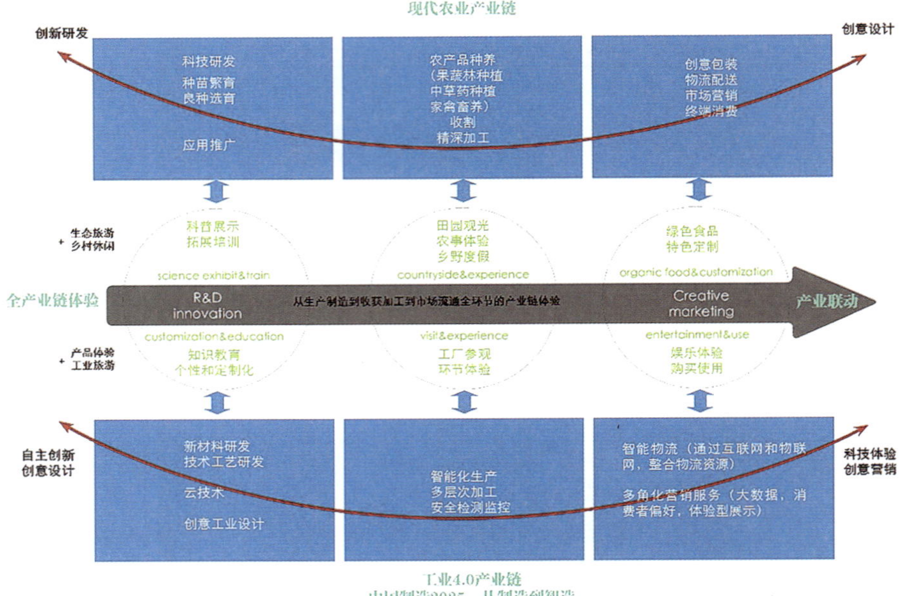

图 8　产业作乘法模式图一——全产业链体验分析

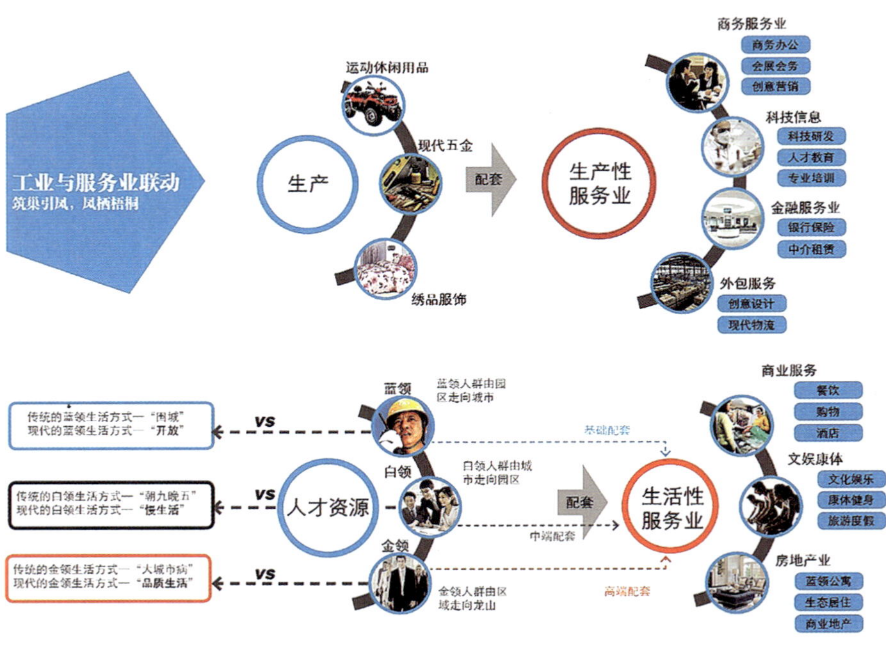

图 9　产业作乘法模式图二——工业与服务业联动分析

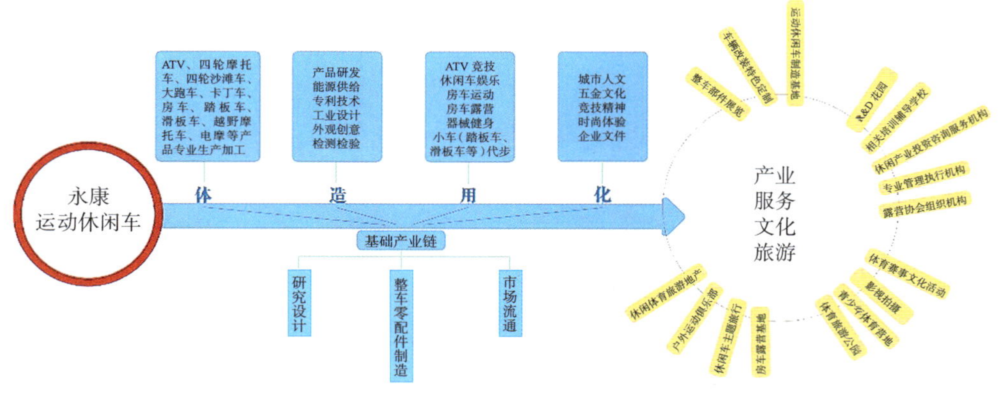

图 10　产业作乘法模式图三——产业与文化旅游联动分析（以运动休闲车产业为例）

3.2.4.4　风貌作除法

为主导产业腾笼换鸟、打造核心的同时，注重其他存量区域的风貌提升。在“五水共治”、“三改一拆”政策推行的后期，环境基础已然夯实，但特色营造不是简单的堆叠。规划引入精简主义目标导向下的环境和风貌提升，精选与特色小镇主导产业、核心文化关联紧密的风貌特色，以要素表达、以内涵深植，去繁存简、有机提升。

3.3　规划方案

龙山运动小镇现状以原生态低丘缓坡地貌为主，田园坑塘水渠交织，生态敏感性高。规划设计方案围绕低丘缓坡绿心周边展开，形成核心引领，点轴带动的空间结构。以城市外围生态山水和田园为主体，以运动公园作为景观核心区，依托引水渠和绿廊形成景观走廊，结合道路、水脉交汇形成的空间节点，塑造富有变化的开放空间系统。网络状的空间骨架构筑五大组团联动，小镇依托浙商回归园一期、二期用地和低丘缓坡地，形成以运动休闲为主导，融合生产研发、文化娱乐和旅游服务的功能体系，并保持与龙山—西溪小城市公共服务核心的紧密联系。既为小镇提供高层次的服务，又能搭建特色小镇向小城镇输血的机制平台（图 11 ～图 14）。

3.4　规划特点

3.4.1　理念渗透——137 全域运动理念

运动健康理念的包容也要求空间的包容承载，特色小镇的运动休闲项目是引领，但不局限于 3km^2 的区域。沿着水库、溪谷、山脊线布置，将龙山西溪全域

图 11　基于特色小镇与小城市互动互荣的空间布局效果图

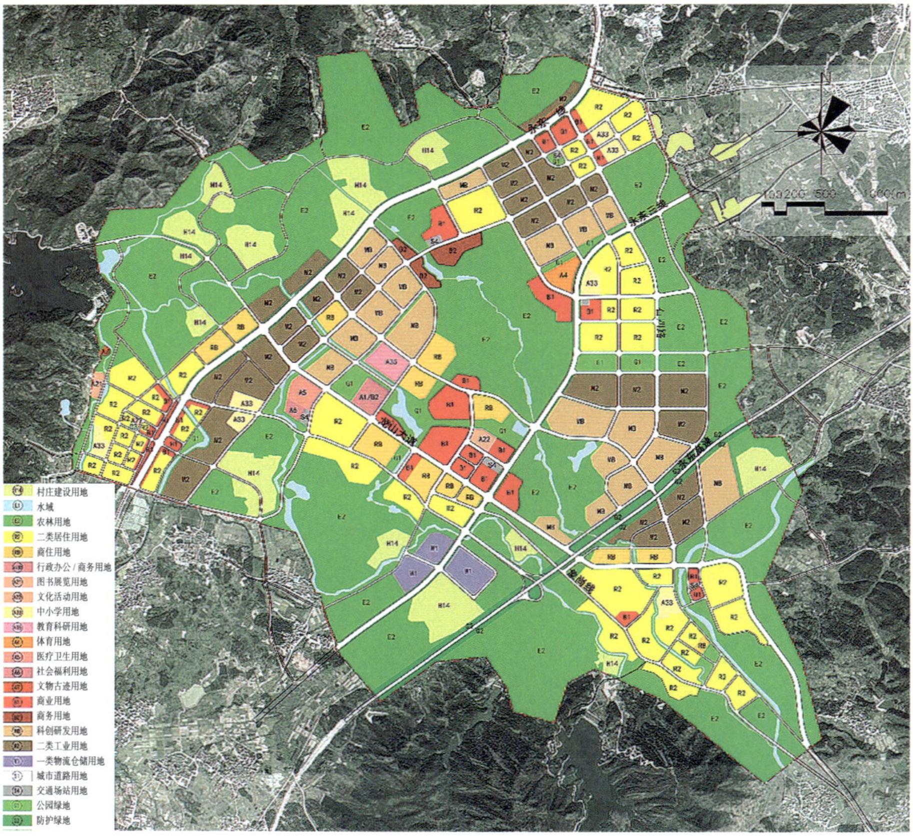

图 12　龙山—西溪小城市用地规划图

图 13　龙山运动小镇概念设计平面图

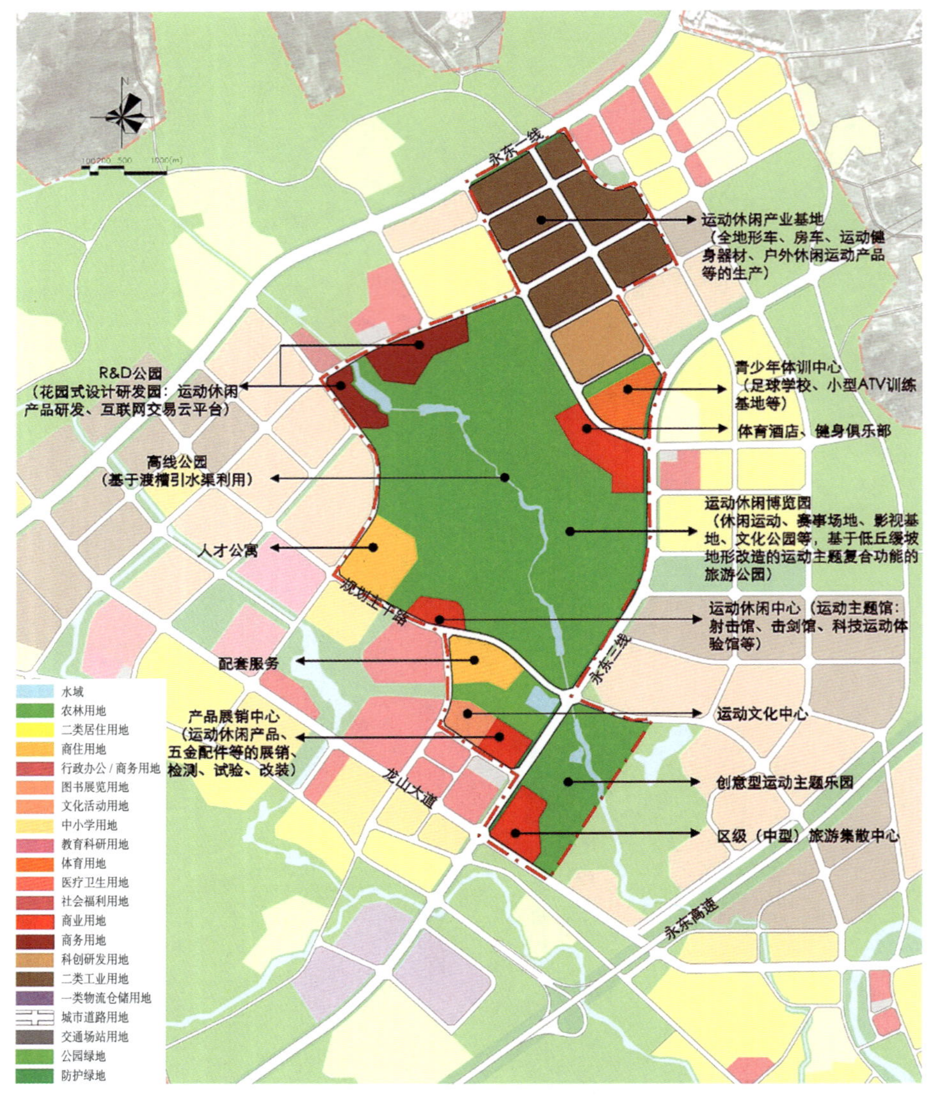

图 14　龙山运动小镇用地及功能布局

串景成网，以一条全地形车赛道及慢行游览黄金线、三条登山健身步道和七类运动形式，联动特色小镇内外运动休闲项目，全要素、全产业、全过程、全时空以及全方位地打造大体育、大健康融合之地（图 15 ～图 17）。

3.4.2　产业升级——制造业与运动休闲相结合

永康及龙山—西溪小城市有强产业基础，浙商回归园已打下初期的双创基础，规划紧扣产业特色，拟形成以全地形车、户外休闲用品、健身器材等为主要

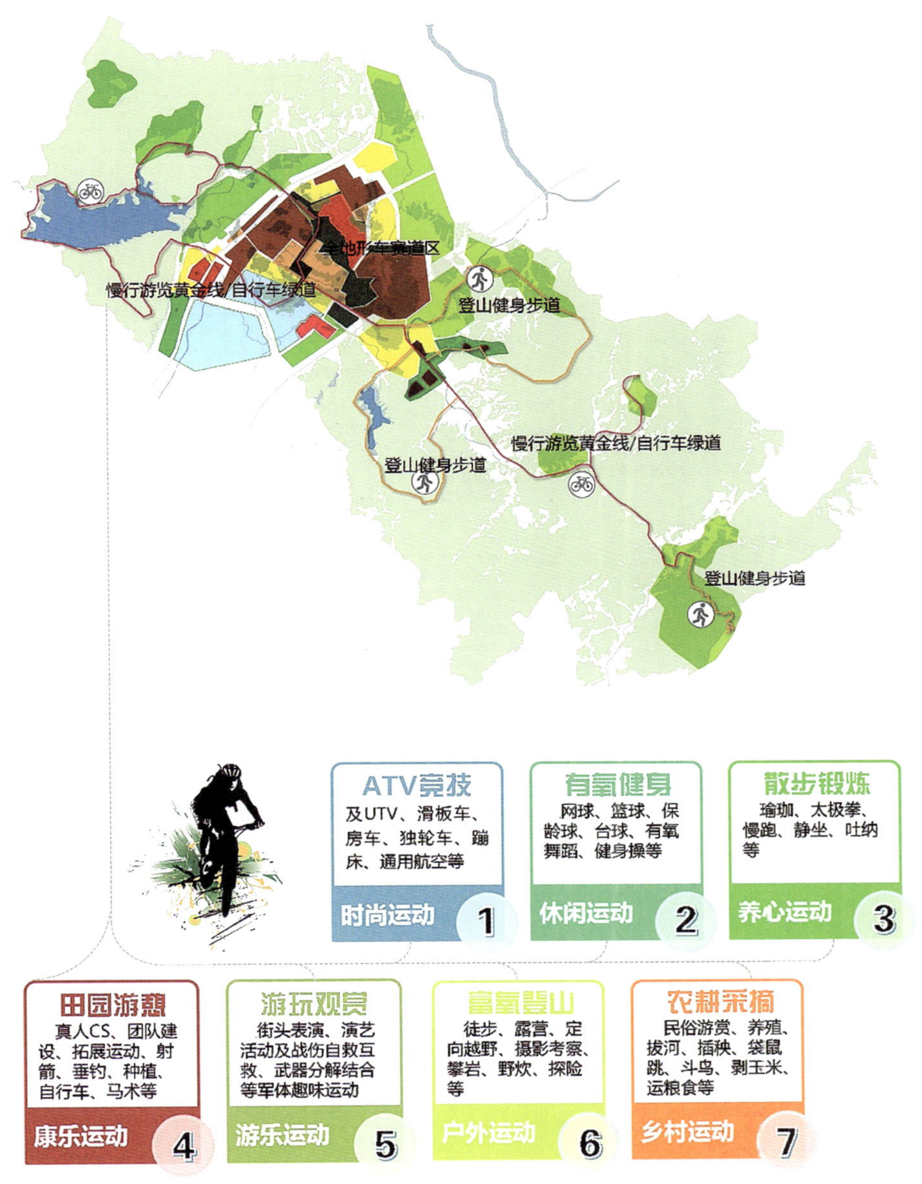

图 15 “137”全域运动理念图

产品的制造业集群，建成产业集聚、技术创新的示范基地。以运动及关联赛事整合产业资源、引导动力文化、带动消费发展。规划通过策划赛事及日常休闲运动项目，实现产业自身及与之相关的培训、高端休闲、深度旅游体验等产业的同步发展，推动整个行业的产业升级。

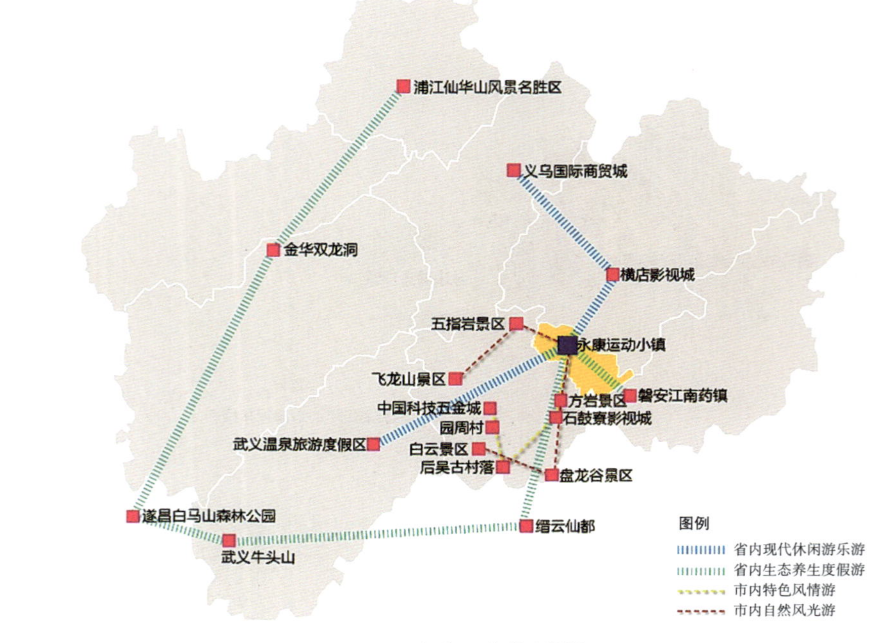

图 16　浙中区域联动游线

图 17　龙山—西溪全域不同主题游线

3.4.3　空间特色——低丘缓坡地设计利用

原则上尊重原生地貌形态，以生态利用的方式将项目落实于场地，减少土方工程的同时塑造小镇空间特色。设计结合低丘缓坡地起伏特征，将全地形车赛道和户外运动项目依地势布局，形成集培训竞赛、康体健身、娱乐休闲、旅游体验、影视拍摄于一体的多功能复合型功能集聚之心（图 18）。整理碎片化的坑塘沟渠，延续水脉肌理提升滨水空间形象，并利用高架的渡槽引水渠与坡地的交汇处设置瀑布水公园，在视觉上连接场地与高架渠，通过对渠本身的可进入式改造，在体验上加强立体步行交通的趣味性。

图 18 复合运动公园鸟瞰效果图

4 总结：特色小镇对推动小城镇建设的积极作用和影响机制

特色小镇的产业升级和产业链延伸必然推动小城镇的产业转型升级，七大万亿产业的门槛要求与之匹配的延伸产业有相应的品质和品牌。特色小镇的产业高端化将吸引中高端人才的入驻，成为引领高端消费的新依托，也会带动特色小镇内外的配套服务业高端品质化，吸引人才的同时留住人才。

特色小镇推动小城镇建设的积极性是显而易见的，但 $3km^2$ 的特色小镇建设是抓手，却不足以支撑整个小城镇的建设运转。特色小镇的资源、要素集聚势必影响小城镇对全域资源、要素的均衡配置，在肯定特色小镇对推动小城镇建设的积极作用的同时，也需要时刻基于两者的影响机制对特色小镇进行反思和修正。

注：参考文献请见原文。

（撰稿人：陈安华，浙江省建筑科学设计研究院建筑设计院总规划师，建科·曼嘉国际设计中心首席设计师；江琴，杭州曼嘉建筑景观设计有限公司、建科·曼嘉国际设计中心规划师；张歆，杭州曼嘉建筑景观设计有限公司、建科·曼嘉国际设计中心规划师；叶莹莹，杭州曼嘉建筑景观设计有限公司、建科·曼嘉国际设计中心规划师）

第三篇　传统村落

社会变迁视角下的历史文化村落再生的若干思考[1]

当前我国各地正在如火如荼地开展历史文化村落保护和利用工作，这是国家新型城镇化规划和城乡统筹协调可持续发展的重要实践。一些地方的实践工作取得了明显成效，许多自然衰败和正在消亡的历史文化村落得到了保护和利用。然而，由于种种原因，我国历史文化村落遭遇的自然破坏和人为损坏十分严重，无论是在理论认识层面还是在规划方法层面，都缺乏相应的指导。在保护和利用历史文化村落的实践方面存在诸多认识上的误区，导致了“建设性破坏”和“破坏性建设”的种种尴尬。总体上看，我国历史文化村落的保护和利用面临严峻挑战。

那么，如何从理论上认识我国历史文化村落物质空间环境的整体性衰败？如何理解当今我国历史文化村落正面临再生的必然性和历史性机遇？如何科学把握历史文化村落再生的规划建设实践、避免认识上的误区？本文针对上述问题展开讨论，一管之见，求教于同行。

1　历史文化村落再生的概念

“历史文化村落”是指具有一定的历史发展积累和传统文化构筑的乡村传统聚落。它与“传统村落”概念相近，但比后者更强调“历史文化”的内涵。

“历史文化村落”与“历史文化名村”两者有相同之处，也有不同之处。虽然两者都有“历史、文化”两个相同的关键词，都具有一定的历史发展积累和相应的传统文化构筑，但是，“历史文化村落”还没有上升到国家层级的“历史文化名村”之列，未被列入国家“历史文化名村”的名录中。其原因是多方面的，既有历史文化积累不够丰富或传统文化构筑不够完整、保护利用措施不够到位而造成破坏等方面的原因，也有尚未被发现或正在申请等方面的原因。在我国，与公布的历史文化名村相比，历史文化村落的数量更多，分布更为广泛。

“历史文化村落”概念中，关键词包括：“历史发展积累”、“传统文化构筑”、

[1] 本文摘自《城市规划学刊》，2016（3）：45-54。

“一定的”、“乡村”和“聚落”。其中：

（1）“历史文化积累”是指村落的发展具有一定的时间过程，通常经历过多个不同的历史时期，有着较为丰富或特定的文化特征，包括宗教文化或民俗文化等内容。

（2）“传统文化构筑”是指包括不同历史时期的古建筑和其他生产、生活等设施，如道路、桥梁、水利设施等。

（3）“一定的”是指上述“历史文化积累”和“传统文化构筑”具有较丰富和数量相对较多、规模较为集中的特点。

（4）“乡村”是指农耕时代下的自然山水和人工环境。

（5）“聚落”是指在特定生产力条件下，人类为了定居而形成的相对集中并具有一定规模的住宅建筑及其空间环境，和英文 settlement 相对应。

由于是传统农业社会背景，生产力水平相对落后，工程技术条件的限制难以对地形地貌施以很大改变，且建造取材主要依赖当地，手工建造难以规模化复制，因此，历史文化村落空间形态显示出更多的地域性、多样性特征。

我国许多地区长期处于农业社会的历史背景，造就了不同地域丰富多样的历史文化村落空间形态和内涵特征。例如，浙江省在《关于加强历史文化村落保护利用的若干意见》中，把历史文化村落分为“古建筑村落”、“自然生态村落”和“民俗风情村落”三种主要类型。

历史文化村落“再生”一词的含义，是基于对村落历史文化要素的调查研究，通过产业经济、社会文化和物质空间环境“三位一体”促进其内生活力的培育，实现历史文化传承和村落可持续发展的过程。它是“在旧貌保存和毁旧建新之间寻求符合国情和地情的‘第三条道路’”（常青，2006）。

2　研究进展

历史文化村落空间形态的多样性表象不仅具有生动的美学价值，而且也具有建筑学和城乡规划学的研究价值，长期以来引发学者思考和深入探索。

我国学术界大量的相关研究文献出现于 20 世纪 80 年代之后。20 世纪 80 年代中、后期，基于大规模各地民居调查，学术界出版了一系列地方民居调查的专著，例如《浙江民居》《安徽民居》等，形成了我国民居建筑学研究的一个热点。几乎在同一时期，“中国民居学术会议”致力于对中国传统民居与文化的研究（陆元鼎，1991）。该学术会议从 1991 年至 1997 年出版的五辑《中国传统民居与文化》，收录了全国各地参会学者的研究成果，对传统民居建筑的形成和发展进行了深入的研究。20 世纪 90 年代初，我国学术界对历史文化村落的研究开始出现文化人类学方面的探索，关注其空间表象后的文化含义（王文卿，1990）。彭一刚从村落的形成过程研究其景观环境的特征，指出由于各地区气候、地形环境、生活习俗、民族文化传统和宗教信仰的不同，导致了各地村镇聚落景观的不同（彭一刚，1994）。刘沛林（1997）对我国历史文化村落的选址、布局、意境追求和景观建构等方面进行了深度研究，指出“天人合一”和“人与自然”的朴素思想在“和谐的人聚环境空间”建设中的重要作用。李秋香（2002）基于我国 10 个较为典型的历史文化村落，从历史、文化、经济和行政管理的视角，综合研究了村落的特征和建筑风格。孙大章（2004）系统梳理了我国传统民居的建筑历史发展脉络和类型特征。单德启（2004）从传统民居地域文化的发展演进，论述了传统民居建筑再生的途径和方法。

随着我国城镇化进程加速，历史文化村落受到区域经济社会发展的影响，其村落空间形态也开始发生剧烈变化，学术界开始从区域经济、城镇化和可持续发展的视角研究我国历史文化村落空间结构的变迁（李立，2007）。刘森林（2011）围绕村落市镇景观的要素构成、处理手法、建构系统、人居观念与聚居模式等做了整理和深入分析，也涉及村落市镇景观变迁的社会机制和控制。

历史文化村落社会经济结构的特征和成因，一直以来也是社会学领域研究的范围（费孝通，1986，2005）。建筑学和城乡规划学把历史文化村落空间特征和社会内涵进行对照研究，并推及城乡历史文化聚落的视角加以研究，取得了新的突破（龚恺，2001；刘森林，2011；杨贵庆，1991，2014；张兵，2015）。

总之，学术界关于我国历史文化村落研究的成果如雨后春笋，层出不穷。不仅有国内研究者辛勤耕耘，而且国外学者的研究成果也不断地被介绍到国内（原广司，2003；藤井明，2003）。历史文化村落反映了特定时期经济、社会、文化和建造技术的特征。它们的空间模式不仅记录了人类定居生活对于自然环境适应或改造的智慧，而且也承载了居住集体行为下人们的社会关系和制度信息。因此，历史文化村落空间类型是一定历史时期生产力和生产关系的综合反映，具有丰富的社会学意义。“它们十分完整地保存着千百年来积淀下来的环境适应经验，历史文化信息以及‘或者的’风俗民情，是与地脉环境融为一体的风土生态系统”（常青，2006）。

3　当今我国历史文化村落物质空间环境面临整体性衰败

3.1　生产力发展对于交通的依赖性给村落带来的外部压力

传统农业发展主要依赖于农作物生产的环境，而无交通区位性。在人类历史发展进程中，当农业社会取代畜牧业而成为主要生产力发展方式，人类社会则进入了定居的时代。传统农业生产方式是最初定居时代重要的基础，而传统农业生产主要依赖土地、清洁并可持续的水源、较好的日照条件，以及能够抵御自然灾害的能力。只要具备以上条件，那么无论何种地理区位，都可以适合人类定居和繁衍。不论在平原地区、丘陵地区，还是在山地，只要具备这些条件，就可以满足先民开展生产生活需要。有的时候，山地、丘陵地区相比平原地区具有其他某些要素的优势，例如，更加具有隐蔽、安全和防卫的地形地貌条件，更加具有获得山溪作为饮用水的重要条件。今天看来在交通区位条件十分落后的山地村落环境，在传统农业时代并不显示出交通区位的弱势。传统农业社会下村落的空间分布应该是均质的。事实上也是如此，在我国广袤地域范围，只要是适应传统农业生产方式的地区，就存在相应的村落。

但是，“无交通区位性”这一发展规律被生产力的发展所打破。随着生产力发展，手工业从农业中分离出来之后，地理区位优势开始显现。那些便于步行交通或水运船只抵达的地区，往往成为“日中而市”的选择。集镇应运而生，随着集市发展，为交换商品行为服务的餐饮、住宿、娱乐，甚至文化教育、市场管理等一系列配套活动更加丰富，拓展了集镇的功能。在这样的环境下，那些靠近集镇的村落，比远离集镇的村落具有更加便利的交通优势。交通区位成为比较村落发展的重要因素。

交通区位随着生产力发展而成为更加重要的因素，拉开了不同地区历史文化村落的发展差距。随着汽车时代到来，那些交通可达性好的地区，成为形成“城镇”的重要选择。随着现代社会生产力发展，火车、航空、高铁等更加便捷的交通方式，促进了大都市的发展。伴随着工业化带来的城镇化，传统农业地区大多数青壮年劳动力为寻求更高收入就业机会和更理想化的城市生活，开始远离交通区位差的村落和集镇而迁居城市。在这个发展过程中，生产力发展对于便捷交通条件的依赖，给交通区位条件好的地区的历史文化村落变迁带来巨大的机会。靠近大城市的历史文化村落已经逐渐被城市“吞并”，而把远离大城市的农业地区的村落远远地抛在了后面。历史上“无区位性”、均质发展的农业地区村落，由于现代交通区位条件的差别而产生了越来越大的差距。那些在区位上弱势的历史文化村落，尽管在历史上发生过各种各样的辉煌，而如今正承受着沉重的交通外部压力而趋向整体性衰败（图 1）。

3.2 社会变迁下传统大家庭结构变化带来的根本冲击

我国封建社会传统大家庭结构瓦解，核心家庭成为主体形式。由于生产力发展阶段及其生产关系特征等种种原因，我国传统农业社会下的村落住宅建筑空间

图 1 地处浙江省台州市黄岩区西部山区宁溪镇乌岩古村村落衰败景象

资料来源：作者拍摄

组织呈现出以血缘、亲缘关系纽带而形成的聚居特征，同时，在空间序列上，除了与自然地形、地貌条件对应的“天人合一”等风水朴素思想之外，也反映着封建社会“夫为妻纲、父为子纲”的等级关系特征。例如我国各地历史文化村落不同类型的“四合院”、“三合院”等院落建筑形式，其建筑与院落等空间要素所组成的轴线关系，深刻反映着对天地、对祖先以及家族内部等级关系的社会内涵。村落住宅建筑外部那些院落、连廊、檐口下的连续空间所呈现的“空间流动性”，反映了当时大家族环境下的血缘、亲缘关系。在那样流动的外部空间里，人们串门交流的便捷性是显而易见的，儿童成长将受教于大家族所有的长辈，而非仅限于他们的父母。当然，另一方面，外部空间的流动性所具有的视线交流和活动联系背后，也体现了家族社会的控制作用。因此，历史文化村落建筑空间关系巧妙地成为其社会关系结构的物质表达方式。然而，随着传统大家庭结构瓦解，取而代之的是核心家庭结构，那么，住宅建筑功能和形式必然发生变化。核心家庭结构需要新的住宅建筑空间结构来承载，而村落的建筑空间结构已经不再适应新的家庭结构。

传统大家庭结构瓦解给予历史文化村落建筑空间形式带来根本冲击。其住宅建筑院落空间物质表象下的社会结构已经瓦解，已经没有相应的内在社会结构支撑（图 2）。因此，从理论上说，历史文化村落住宅建筑及其院落的物质空间环境的衰败已经成为一种必然。正是因为这一点，给当今关于历史文化村落的保护和再生，带来了很大的挑战。当下的保护和再生，不仅是甄别哪些是适用于建筑特

图 2　黄岩西部山区乌岩古村原来合院住宅已少有人住

资料来源：作者拍摄

色和村落风貌整体环境保护的技术措施，更重要的是找寻和判断哪些是相对准确的社会结构关系。

3.3　乡村社会结构变迁带来的重大影响

我国长期封建社会下宗法制度、约定俗成及落后生产力条件下农耕活动对于粮食收成的重视，体现在历史文化村落整体的空间布局结构上。例如，在村落环境中，宗教庙宇、宗族祠堂，以及民俗节庆的广场、钟楼鼓楼、戏台等重要的构筑设施，一般都位于村落环境中十分重要的位置，根据地形地貌条件，起到空间上控制的作用。然而，随着社会制度变迁，当今生产力条件和社会结构下，村落的生产生活已经不再举行此类物质或者精神方面的活动，因此，村落物质场所和设施已经不再具备相应的社会生活内涵，其衰退也就成为一种必然的过程。

随着乡绅阶层消失，乡村社会生活的组织方式也经历了重大变迁。我国历史文化村落的发展过程中，经历了由乡绅阶层作为村落事务运作核心角色的时期。担任乡绅角色的人，源于本村，见过世面，有较好的富裕程度，通常具有被村民认可的学识和品德，有着较好的沟通协调能力，并且和"官府"具有一定的对话能力。作为村规民约的制定者或执行者，乡绅成为维护村落公平正义、主持建设发展的核心人物。乡绅对于乡村自治和长期稳定发展起到了关键性作用。然而，当今我国乡镇管理制度下乡镇干部的流动性，决定了管理者和村民利益并不具有在血缘、亲缘上的天然一致性，因而难以获得当地村民的自然的认可。干部的流动性使得即使他们主观或客观上做错了决定而不会受到严格的惩罚或内疚，更不会导致亲属连带责任。因此，由于在制度上缺乏约束力，村民难以产生对于"外来"管理者发自内心的信任感。乡村社会组织结构变迁对历史文化村落的可持续发展带来一定的负面影响，导致其体制机制上缺乏活力而趋向衰退。

3.4 现代生活质量目标追求下对传统的离弃

由于当时生产力发展水平限制，大多数历史文化村落住宅建筑质量和基础设施配套水平堪忧。建筑就地取材，造就了别具一格的建筑风貌，但是从现代生活要求来看，建筑防水、隔声、采光、室内厨房设施、卫生设施等方面远远无法满足现代人的生活需求。尤其是在卫生设施方面，一些历史文化村落的住宅建筑大多没有现代水准的室内卫生间，村落中没有排污管道，更不要说是污水管网和污水处理设施（图 3）。过去生产力落后条件下的村落资源处于内部循环的状态，人口数量少，人畜粪便用于耕地施肥等再生循环，有限的生活污水排放进入水体，也可以通过水流带动和水体自净作用而达到自然平衡的效果。然而，为今社会，人们生活方式发生巨大变化，对于生活便捷舒适程度要求大大提升，历史文化村落当时的建筑状况和设施水平，已经无法满足现代人生活品质的要求，导致村落中新一代年轻人不断离开家园故土。

图 3　黄岩西部山区屿头乡沙滩村改造之前的室外破旧茅厕

资料来源：作者拍摄

另一方面，城市所具有的现代价值标准和审美偏好，吸引着农村青年人追求更为高品质的生活质量目标。无论是更为鲜亮的衣着、多样而快捷的饮食，还是配有冲厕功能和热水洗浴的室内卫生间、具有燃气设施的厨房，到拥有家庭小汽车的出行，“衣食住行”各个领域所带来的便捷生活条件，已经远远超越了历史文化村落。同时，城市所能提供年轻人的就业和生活娱乐网络，甚至包括隐姓埋名式的自由，加深了乡村年轻一代“逃离”落后的乡村物质生活环境。

4　当前我国历史文化村落再生的历史必然性

4.1　国家新型城镇化背景下的城乡统筹和可持续发展要求

当前，国家层面把保护和传承历史文化村落的工作提升到生态文明的新高度（仇保兴，2010；夏宝龙，2014）。《国家新型城镇化规划 2014-2020》指出：“适应农村人口转移和村庄变化的新形势，科学编制县域村镇体系规划和镇、乡、村庄规划，建设各具特色的美丽乡村”，同时指出“在提升自然村落功能基础上，保持乡村风貌、民族文化和地域文化特色，保护有历史、艺术、科学价值的传统村落、少数民族特色村寨和民居”。

从目前整体上看，尽管大多数历史文化村落物质基础条件十分薄弱，但是，由于其本身所固化的建筑文化及其承载的社会历史信息，对于当今现代化发展的社会阶段以及文明传承来说，具有十分重要的历史文化价值。优秀的历史文化村落建筑和空间环境，已经成为文明内涵的重要组成部分之一。因此，从国家层面高度重视这一工作，有效地推进了我国城乡统筹、区域协调和城镇化可持续发展。这些年在浙江省积极开展的历史文化村落保护和利用工作，正是在国家新型城镇化这一背景下的重要实践。这为历史文化村落再生提供了前所未有的政策保障。

4.2　生产力再次发生新的革命性变化对于交通依赖的转变

当今生产力发展进入了互联网的新时代，过去受制于区位交通劣势条件的历史文化村落获得了新生的历史性机遇。这是因为，随着互联网络、个人电脑、手机 WiFi、远程视频等一系列现代通信工具的发明创造，使得人们工作内容和工作岗位所处的地理位置获得了从空间上分离的可能性。即：一个人可以通过现代通信和作业方式远距离管理控制和操作设计，不必在生产第一线，不必在办公室内进行。因此，现代互联网发展已经引发了生产力新的革命，已经超越了信息革命初期的时空预想，颠覆了生产力发展对于交通依赖的传统模式。

在这样的时代背景下，历史文化村落再生将获得“破茧重生”的历史性机遇。正如前文所述，历史文化村落整体性衰败的重要原因之一，是来自于生产力发展对于交通的依赖性，使得广大交通区位条件落后地区的历史文化村落在历史进程中处于被淘汰的局面。而如今，交通区位因素一旦发生变化，那么，人们工作地的选择更加自由。随着城市集聚产业要素的传统形式发生变化，乡村将再次成为人们居住选择的重要对象之一。历史文化村落所沉淀的历史内涵、文化魅力以及物质空间环境的特色风貌，与城市比较，具有独特的吸引力和竞争力。

4.3 “大城市病”催生人们对于田园牧歌式环境的向往

大城市发展过程集聚了越来越多的“城市病”。大城市的人口过度拥挤给住房、交通、公共设施和基础设施带来巨大压力；大气污染、水环境、固体垃圾污染等严重的环境污染造成市民健康受到影响而直接或间接导致各种身体疾病，降低人们生活品质和幸福指数。此外，在快节奏的大城市生活环境中，人们并不具有充分的安全感，承受城市灾害威胁的忧虑，再加上人情冷漠、贫富差距拉大、社会矛盾冲突增加，快节奏的生活方式、市场机制下的激烈竞争、复杂的社会交往关系，以及在视觉上“混凝土森林”景象等工作和生活环境，给人们心理上带来巨大压力，深刻影响着当今大都市人际交往的模式和精神生活（杨贵庆，2012）。

相比之下，乡村的田园风光、相对洁净的空气和水质量等，成为如今和城市再次竞争的优势。长期以来，在依赖交通条件的生产力发展阶段，城市已经把乡村远远甩在了后面。然而，随着现代互联网等一系列便捷通信方式的发展，在无处不在的 WiFi 覆盖下，人们终于可以摆脱城市空间的制约，重新回到大自然的怀抱。身处清新空气绿色乡野，通过手提电脑或手机连接着任意遥远的地方，也许成为越来越多城市人的向往。

4.4 现代价值观念和生活方式多元化带来的居业新选择

现代价值观念和生活方式可能将影响一批城市年轻人到乡村创业和定居。乡村田园牧歌式环境的图景，以及历史文化村落环境积淀的深厚历史文化内涵，将吸引更多年轻人到历史文化村落环境中创业和定居。只要历史文化村落的物质环境适当加以改造，就能够满足多样的创意活动需要。一批城市中的年轻人，已经不满足城市较为封闭的空间限制，结成“青年创客”联盟等形式到乡村环境中释放自由的创造心灵。这对于历史文化村落的再生是一个较好的机遇。只要村落老旧住宅建筑内部配备必要的卫生洗浴等基础设施，对建筑结构予以安全加固等环境改造，在互联网 WiFi 环境中，就能够满足诸如各种艺术设计、手工制作等小规模的创意生活。而且，历史文化村落特有的历史人文积淀和自然山水环境，更能够激发此类创意设计的灵感。这也将赋予乡村旅游以新的内容，青年创客与旅游游客产生互动，有助于让青年创客的创意设计作品，有更多机会受到旅游者的青睐。

在另一方面，现代价值观念和生活方式也将会影响一批农民工返乡创业和居住。乡村青壮年劳动力“背井离乡”到城市打工，由于各种原因，他们中的多数人从事较为繁重、体力、危险并且低收入的工作，在城市中也难以找到身份认同。而且，当前城市公共服务体制环境下难以满足教育、医疗等重要公共服务的均等化水平。更为深层次的代价是，农民工远离家乡无法满足对于家人的照顾和亲情交流。他们中的一些人不乏有志向的且具有一定教育水平和创业能力的年轻人，只是他们苦于在家乡找不到合适的创业致富机会。如果历史文化村落能够再生发展，将会提供他们创业就业良机，实现人生梦想。此外，也将会有些在外打工多年的年轻人，他们已经具备了一定的积蓄和技能，正处于选择长期定居于城市还是返回家乡生活的两难考虑中。如果历史文化村落有了一些源于当地年轻人的返归，那么对于村落再生和可持续发展，他们无疑是一支重要的生力军。

5　为村落旧的物质空间重新定义新功能和新的社会结构

5.1　空间形式是社会生活的表达方式

我国历史文化村落空间具有鲜明的整体性特征，这些特征表象背后蕴含着相应的社会学意义（杨贵庆，2014）。历史文化村落空间形式是社会生活和社会意义的一种重要表达方式，可以在空间整体性特征和其社会学意义之间建立相应的关联，如图 4 所示。

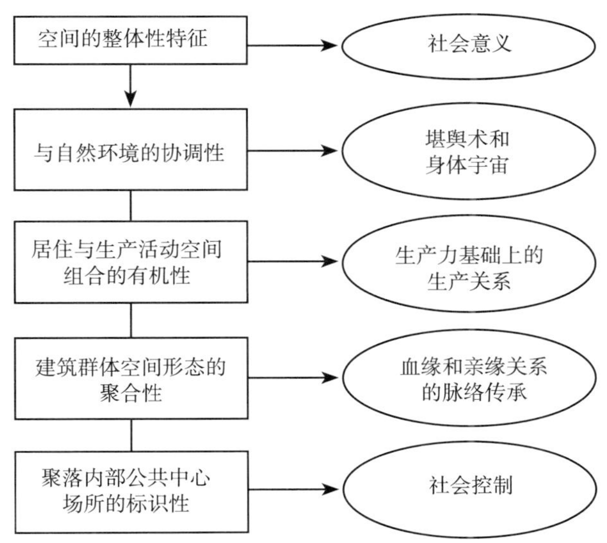

图 4　历史文化村落整体性特征对应的社会学意义示意图（杨贵庆，2014）

历史文化村落空间形态的整体性特征，其本质是当时当地社会、经济和文化的发展状态，具有特定的社会学意义（图 5）。因此，在物质空间和社会学意义之间可以建立相互承载和表达的关联。换言之，只有能够准确表达特定的社会学意义，空间才具有社会性。

图 5　黄岩西部山区乌岩古村建筑群体的整体性特征

资料来源：作者拍摄

5.2　村落旧的物质空间面临传承的挑战

在当今我国城镇化快速发展的背景下，农村的生产力条件发生了巨大的变化。历史文化村落当时当地的生产力和生产关系已经不复存在，现有的空间形式已经成为物质"躯壳"。如果从生产力和生产关系与社会结构的关联性来认识，当下历史文化村落物质环境和社会活力普遍衰败的困境则是难以抗拒的历史过程。因此，对于历史文化村落的保护和传承，不能只是从美学、建筑学和旅游者猎奇的角度去考虑如何美化，而是要从功能再生和社会动力上作深层思考。

从大量的调查研究来看，我国历史文化村落的物质空间难以直接承担新时代的乡村社会经济生活功能。这是因为，传统农耕时代的生产力水平下的物质空间环境反映着当时的经济、社会和技术水平，而当代新的生产力条件下的生产关系已经发生了根本性的变化。如果把传统生产力条件下的乡村社会经济功能比作"A"，把和其相应的物质空间环境比作"a"，那么，"A"和"a"在形态和意义上存在着对应关系。在当今生产力条件下的乡村社会经济功能比作"B"，把和其相应的物质空间比作"b"，那么同样，"B"和"b"之间也存在对应关系。从"A"

到“B”是历史发展的进程，具有必然性，不可逆转。然而，承载着过去时代“A”功能的物质空间形式“a”还依旧存在，但是已经难以承担今天“B”的功能。

那么，“a”既没有“A”功能的支撑，也无法支撑“B”的功能，即“a”所代表的历史文化村落物质空间形态只可能被逐渐弃置，并且不断受到风雨侵蚀而破败，没有被再利用的出路。因此，对于当今历史文化村落的物质空间的传承，只有通过适当改造后的“a′”，并且重新定义适合“a′”的新功能和新的社会关系“B”，那么，其物质空间形态才能获得支撑，才能够真正得以赋予新的“生命”。以上分析可以归纳为如图 6 所示的模式：

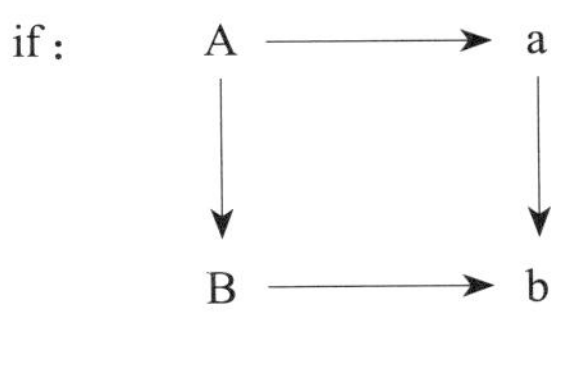

图 6　社会经济功能与物质形式的对应性示意图

5.3　为村落旧的物质空间传承找寻可持续发展动力

历史文化村落的传承是中华文明的重要物质载体之一，当代人需要努力探索那些和村落空间整体性特征十分贴切的新的社会经济活力，从而来重新定义村落的社会学意义。只有这样，村落物质空间结构形态与社会经济活动之间才能相互支撑，避免成为以传统物质空间为舞台而进行戏剧化表演的形式。

历史文化村落的再生过程具有其自身的逻辑框架（如图 7）。框图中间，村落的传统住宅及其空间关系，是由当时的生产力发展水平（农耕时代）及其所对应

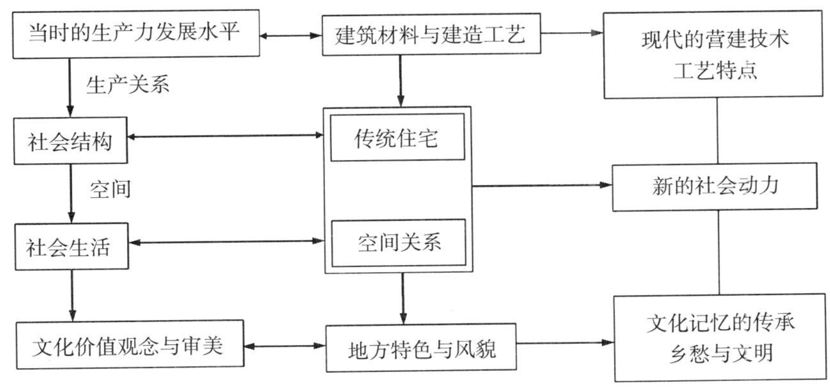

图 7　历史文化村落再生的逻辑框架

的社会结构、社会生活做决定的。它反映了一定时期的文化价值观念和审美情趣，并通过建筑及其环境的塑造，固化为地方特色和风貌特征。同时，当时的生产力发展水平也决定了特定的建筑材料和建造工艺。这种以地方材料和建造工艺为基础的建造传统，又通过传统住宅及其空间关系的塑造，成为地方特色和风貌特征的重要因素。

图 7 中，更要关注的是其右侧的一栏“新的社会动力”。传统住宅及其空间环境所依赖的传统“社会结构和社会生活”已经不存在了，按理说传统住宅及其空间环境也已经失去了存在的基础。然而，作为人类文明的重要遗产，传统住宅及其空间环境本身具有地方技术传统和建筑风貌特色的价值，这种价值已经成为地方文化的重要组成部分，应当予以保护和传承。对于成为“历史文化名村”的少数优秀村落，可以将它们作为“博物馆”或“文物”加以保护和利用，而对于大多数普通历史文化村落，应该予以再生和“活化”，成为“活着”的空间场所。因此，“新的社会动力”成为历史文化村落再生的重要内核。

那么，哪些新功能可以为历史文化村落原有物质空间的传承提供新的社会结构支撑？这需要针对不同地区、不同类型的村落对象加以“诊断”。通过对历史文化村落的现状进行全面、深入调查研究，发掘其历史文化要素特质，针对其区域环境和自身条件进行分析，从而梳理出发展机会，进行合理的功能定位，并做好近期和远期、局部和整体、保留和改造等方面的周全考虑，走出一条符合该历史文化村落实际的再生之路。

图 7 的右上方，“现代的营建技术和工艺特点”为历史文化村落的再生工程将提供技术支撑，成为实现“a′”的有效途径。“a′”作为支撑“新的社会动力”的物质空间形态，为“文化记忆的传承、乡愁和文明”提供了可持续发展的载体。在实际工作中，对于如何创新旧的物质空间形式，把“a”推向“a′”，将是一项具有创新意义的设计。

6 注重培育历史文化村落再生的内在活力

6.1 村落再生的产业经济活力

历史文化村落衰败的根本原因在于缺乏自身具有竞争力的产业经济活力。在我国长期传统农耕时代背景下，“耕读”文化价值观引导村民更加注重农业耕作，“重农轻商，读书考官，光宗耀祖”。进入工业文明之后，城市生产力迅速发展，而传统农业生产力滞足不前。由于工业产品和农产品之间不断拉开的价格“剪刀差”，且农业生产总值比重不断萎缩，农村地区逐渐成为落后的代名词，而一度兴起的乡镇工业虽然在短期内改变了农村落后生产力的状况，但是由于种种原因，总体上它没有得以可持续发展，相反，在一些地区乡镇工业发展导致了相当程度的资源浪费和生态环境破坏。因此，如今面对乡村发展，特别是历史文化村落再生，需要思考其内在经济发展动力和再生的活力。

积极培育具有自身特色的产业经济活力，成为当今保护和传承历史文化村落的重要命题。一方面，历史文化村落本身具有的历史、文化内涵和地方传统特色风貌，包括传统建筑、民俗风物，乃至特色餐饮小吃等，可以成为村落旅游产业发展的重要基础，以此带动旅游纪念品、当地特色农副产品、农家乐餐饮和民宿等一系列衍生产业类型；另一方面，历史文化村落还应当及时调整原有乡镇工业、村办企业的产业类型，特别是对于生态环境有着污染的企业，应当下决心予以调整甚至关闭。同时，还要夯实乡村经济发展的基础地位，提倡因地制宜，发挥乡村产业多样性，重视农村社区资金援助，以实现乡村经济发展的可持续性。

6.2 村落再生的社会文化活力

历史文化村落发展应当积极建构乡村社区组织机制，发挥自下而上村民自治的活力。村民委员会是村落社会组织的核心，而村民委员会主任、村支书等是村落发展成败的关键。要看一个村是否能够进一步发展，只要看这个村的村支书、村主任是否把精力投入到村庄整体、长远发展的事情上，要看他们之间是否团结、是否能够和上级行政主管部门进行积极有效沟通，争取更多外部发展资源，并获得村民的积极拥护。从长远看，村落再生的社会活力来自于村落自治，因此，代表着过去村落中“乡绅”角色的村支书或村主任，其大局意识和认知水平就显得非常重要。历史文化村落再生应结合地方情况的适宜性，加强村民参与，注重培养、提升村支书、村主任的管理能力和审美水平，通过各种喜闻乐见的形式开展对村民教育、培训，从而积累乡村“社会资本”。

充分挖掘村落的历史文化内涵，提升文化活力。历史、文化内涵是历史文化村落最重要的灵魂，它是有别于其他村落的独特性、不可替代性。一般来说，能够获得历史文化村落冠名的村，都有其自身的历史发展轨迹和文化资源积累。村落保护和发展，应当基于这些资源并加以发扬光大。同时，要系统整理和深入挖掘村落的历史、文化要素，分析这些资源要素对于当代人的新的价值，并结合村落的保护，融合到新的发展中去，成为较为固定的历史文化品牌，从而产生远近闻名、生生不息的历史文化传承（图 8）。

6.3 村落再生的空间环境再创造

历史文化村落的基础设施应予以积极配置。当前村落保护改造建设过程中，

（a）

（b）

图 8　黄岩西部山区沙滩村新建的社戏舞台（a）和演出时的盛况（b）

资料来源：作者拍摄

尤其要注重村落的各项基础设施建设和提升，特别是注重饮用水管网、生活污水排放管网的接户敷设，彻底消除室外简陋的旱厕。对于那些暂时无法接入到户排污管网的村庄，当务之急要建设好服务半径合理的公共厕所，满足村民基本生活设施条件。其他基础设施，诸如电力、电信、供热、燃气等，结合村落各自经济条件和地理条件加以改造和提升。

历史文化村落的空间景观环境应予以积极整治和再现。在对村落建筑性质、建筑质量、用地和建筑权属等进行深入调查的基础上，分别列出保护等级和具有潜在改建再生价值的各类建筑，充分利用被弃置的集体权属性质的建筑和场地。根据保护和再生规划所确定的新功能和活动内容，对建筑室内和室外场地进行精心设计和整治建设，再现历史文化村落的空间格局和历史景观特色，塑造宜居、宜业、宜游的乡村人居环境。历史文化村落的景观特征再现，应当注重村落整体空间格局与周边自然山水的相互关系，充分尊重先人关于“风水理论”中朴素的科学原理和选址智慧，应当注重村庄整体风貌特色的协调。此外，通过提升重点街巷空间和场所节点的环境品质，为村民公共活动和旅游者观光游览、参与互动等提供具有认知特色的场所空间（图 9）。对于那些有条件的历史文化村落，可以考虑将架设电线改造地埋方式，以提升村落街道空间的景观品质。

7　历史文化村落再生应避免的误区

7.1　对“历史内涵”认识的误区

究竟什么是历史文化村落的“历史”价值？这一点往往在实践中存在一些错误认识。一些地方历史文化村落保护的做法，是把村落的风貌特征回归到某一

（a）

（b）

图 9　黄岩西部山区乌岩古村村落环境改造前后比照改造前（a）；改造后（b）

资料来源：作者拍摄

个“历史”时期，然后以这个特定历史时期为标准，把不符合这个时期的其他年代的建筑遗存全部清除干净。有的地方甚至采用“整齐划一、统统刷白”的办法。这种做法不能一概推广运用。这是因为，某一个特定历史时期的历史价值固然重要，但也要尊重不同历史时期的文明遗存。历史文化村落发展至今，是不同年代累计的产物。例如，某一个历史文化村落主要民居建筑是在 200 多年之前的清代留存至今，但同时周边也有民国时期的建筑，以及在新中国成立之后人民公社时期、“文革”时期等多个年代留存下来的建筑，这些不同历史时期留存下来的建筑，都属于历史文化村落的历史价值（图 10）。

因此，“多样性”对于历史文化村落保护和再生工作来说应该予以重视。如果某一个特定历史时期留存的建筑最多，那么，可以以这个时期的建筑风貌为主体，兼具其他不同年代建筑的风貌。做到“统一中有变化，变化中有协调”。这种认识也同样适用于对村民住宅建筑立面改造，要视其不协调的程度加以区别对待。对于一看就不协调的要素，例如屋顶色彩五花八门、不锈钢材料光亮刺眼、欧陆风格照搬照抄等毫无地方传统风貌思考、样式低俗的建筑做法，应当予以坚决改造。而对于虽然看上去老旧或者色彩不一致，但是从整体上看仍然比较协调的建筑，则可以保持其原来样式，不必刷成统一颜色。一旦整齐刷新，反而抹杀了多样性和历史厚重感。

多样性和统一性兼具的原则，可以促进保护再生工作的创新，即把历史传统“被动式”消极保护转变为“创新式”积极保护。通过对历史文化村落建筑和空间特征的调查研究和风貌特征要素的提取，再运用到新功能的建筑和场所的设计方案中。这样做，既可以尊重历史传统，又可以通过保护和再生工作传承历史文化。

图 10　黄岩西部山区沙滩村人民公社时期的乡公所

资料来源：作者拍摄

7.2　对“文化审美”认识上的误区

对于如何再现村落的文化内涵，一些地方的做法令人担忧。例如，一些历史文化村落在其主要入口处，建设一处大广场，建造一个标志性的构筑。这些标志性构筑有的是提取传统建筑符号将其变异放大的大门，有的是堆砌一些带着传统要素的坛坛罐罐，等等。这些做法本意上是希望展示村落的文化内涵，标志这一村落的品牌和旅游景观。然而，有些做得并不妥当。

首先，宜人的空间尺度十分重要。历史文化村落原有建筑、院落和外部街巷空间组织的尺度是舒适宜人的。新加的建设应当与村落尺度相协调，不应当采用大尺度的广场，相反，应当采用小尺度小规模做法。

其次，新建筑或新构筑的功能实用性十分重要。过去历史文化村落中的任何建筑或构筑，都具有其特定的使用功能。例如，村落的入口牌门楼应当是行人可以通过穿越，而不是放在一个广场上仅作为观赏。这可以起到内外空间有别的效果，形成一个比较明确的边界界定，并可以形成村民心理上的认知，产生村落的归属感。有的历史文化村落入口门廊（或有“路廊”的形式）可以让路人稍作休息之功能，同时提供了村民见面交流的机会，这对于形成乡村社区网络具有积极的作用。而目前一些地方存在“为做而做”的倾向，在广场上做牌门楼则失去了原来的效果，已不具备任何实用功能。另外，要警惕把历史文化村落做成纯粹观赏游览的旅游景区，失去了它作为“活着”的乡村人居类型的内在价值。

第三，新建筑或新构筑的风貌样式十分重要。当前一些地方的乡村新建筑或构筑存在风格单调、内容杂乱、拼凑、装贴的倾向，十分琐碎和生硬。有的试图形成强烈的视觉冲击，满足外来游客的猎奇心理，这样做的结果在视觉上显得突兀和不协调。新加的建筑、构筑物与原来的大气和融洽相比较，显得小气和低俗，结果反而削弱了历史文化村落的内涵和品质，导致“建设性破坏”、“破坏性建设”。应当通过对历史文化村落风貌特色要素进行认真研究和分析提取，深入领会历史文化村落空间尺度和文化内涵，把最优秀的村落传统文化要素展示出来，通过领会和学习，努力再现到新建筑或构筑上，从而实现历史文化村落的保护和再生目标（图 11）。

（a）

（b）

图 11　黄岩西部山区乌岩古村改造后村民活动广场环境建筑风貌

资料来源：作者拍摄

7.3　对“利用”历史文化村落资源的误区

“利用”一词是希望通过历史文化村落的保护能够产生综合效益。然而，当前一些地方，对于历史文化村落导入的新功能其主要目的是产生经济效益。为了旅游开发，把原有村民通过拆迁、搬迁、置换等途径全部转移出去，那么，这种保护和利用工作就会变相成为“驱赶”原村民的行为。

相反，应当在历史文化村落保护和再生工作中尽可能多地引导和融入原村民参与。这样做不仅可以通过再生工程让村民获得经营发展的机会，得到更多的实惠，而且尽可能居住在原地，继续他们的日常生活，让村民成为历史文化村落的主人。应当警惕历史文化村落资源的全面私有化、专有化，避免历史文化村落的保护和利用成为“绅士化（gentrification）”的过程。传承至今的历史文化村落，在不同程度上具有其历史、文化方面的优秀资源，其保护和利用可能成为富人对于乡村文化资源的“入侵”，甚至变相为在文化上对农村和农民的“掠夺”。历史文化村落所积累的乡村文明作为公共资源，应当为社会所共有。一些地方的历史文化村落被市场资本整体买断，用来开发度假区或私人俱乐部，甚至动用政府资金为其配套建设道路和市政基础设施，这样做有悖于历史文化村落的保护和再生目标。

7.4 对再生技术内涵认识的误区

一些地方由于保护建设措施不当而造成的破坏令人十分痛心。调查发现，大量传承至今的历史文化村落一般都有其内在特定，不仅反映在其丰富的历史和文化要素多样化的外在表现形式，而且也反映在其内在的生态系统和价值观念。例如，它们与自然地形地貌、周边山水环境的有机结合，从而形成抵御自然灾害、子孙繁衍生息的可持续发展的生态支持系统。这种朴素的“风水”思想和防灾能力的智慧应当予以深刻领会和提炼认识。如果不考虑这一点，那么，对于村落的保护和利用，可能导致“好心办坏事”的结果。又如，当前某些不妥当的建设行为可能导致村落水系遭到破坏，乡村采用大量水泥铺地，或虽然采用传统大石板铺地，但石板下面却铺满水泥，导致雨水无法渗入地下，还有的因地面坡度、坡向不合理导致地面积水，等等。这完全有悖于古人早就具有的渗水入地、“海绵”吸收雨水的朴素生态思想（图 12）。

完全采用“修旧如旧”的做法，不一定适用于历史文化村落保护和再生工作。如果历史文化村落被定格为“历史文化名村”或是其中的一些建筑被确定为国家各级“文物”的，那么，这些应当依照相关的法律法规予以严格保护，不得损坏其“原真性”。然而，对于大量历史文化村落及其村落中的传统民居，不宜采用保护文物的办法。且不必说资金有限的问题，更重要的是指导思想不妥当。历史文化村落是“活着”的人居环境，应当根据时代发展、生活需求加以合理改造。在过去生产力条件下的村民建筑，已经无法满足现代人对于生活便捷和卫生程度的需求。不应当采用静止、停滞的观点对待村落建筑保护和再生，而应当在保持村庄风貌格局的前提下，通过适用技术对村落市政基础设施、建筑内部使用功能加以积极改造，以满足新的功能和现代生活需要。

适用技术的归纳和推广十分重要和迫切。适用技术主要是指因地制宜地采用当地传统技术优势、材料和加工特点进行村庄规划和建设，而不是采用虽然是先

图 12　黄岩西部山区沙滩村社戏广场采用大石板铺地强调地面渗水性

资料来源：作者拍摄

进的但十分昂贵的技术，那样做就不切合当地生产力水平和经济条件（杨贵庆，2015）。我国东、中、西部农村地区的经济发展水平差异很大。在东部沿海发达地区的农村，可能认为不是十分昂贵的规划和建造技术，但是对于西部农村地区来说就可能在经济上无法承受。例如，关于村庄生活污水治理问题。发达地区的农村，村庄生活污水可以排设污水管网运送至相邻城市的污水管网系统进行统一处理，而经济贫困地区的村庄，就需要采用简便、灵活、生态化处理方式；在村落村民住宅建造方面也是如此。村民住宅是历史文化村落保护改造的主要组成部分，其墙体建筑材料技术是生态节能发展的大用武之地。根据各地气候条件不同，应分别研究采用当地建筑材料和适用技术工艺，进行墙体、屋顶保温、隔热、防水等技术处理，从而达到“价廉物美”节能的效果。

8　结论

综上所述，本文归纳以下若干结论：

（1）我国历史文化村落物质空间环境面临整体性衰败的主要原因，在于生产力发展对于交通的依赖性给村落带来外部压力，使得村落发展逐渐落后于交通发达地区的城镇，在于社会变迁过程中传统封建社会大家庭瓦解所带来的根本冲击，也在于乡村社会生活组织方式和社会结构变迁带来的影响，以及在于人们在追求现代生活质量目标下对于传统生活方式的离弃。

（2）当前我国历史文化村落再生具有其历史必然性，其原因在于当前在国家层面所构建的新型城镇化规划和城乡统筹可持续发展的宏观政策框架，在于生产力发展因互联网等迅猛发展带来对于交通依赖方式的重大转变，也在于“大城市病”催生了人们对于生态优越乡村田园牧歌式环境的向往，还在于现代价值观念和生活方式多元化带来的居住和就业地点的新选择。

（3）对于当今历史文化村落再生的规划建设，应当为村落旧的物质空间重新定义新功能和新的社会结构，才能使得村落物质空间环境获得新的发展内涵和动力。因此，应当注重培育村落再生的产业经济活力、社会文化活力，以及支持产业经济和社会文化活力的空间环境再创造。在实践过程中应当避免对历史内涵、文化审美、利用资源和再生技术等方面的错误认识。

应当看到，历史文化村落再生工作还应注重相应的土地政策支持、建设资金保障、立法保障和规划设计团队等方面的支持。限于篇幅，笔者将另文论述。

注：参考文献请见原文。

（撰稿人：杨贵庆，同济大学建筑与城市规划学院城市规划系教授，博士生导师；戴庭曦，浙江省台州市黄岩区区委、区政府农村工作办公室主任；王祯，上海同济城市规划设计研究院助理规划师，硕士；黄璜，德国柏林工业大学城市规划专业博士研究生）

山西古村镇区域类型与集群式保护策略[1]

山西历来被称为“表里河山，四塞之区”，在国防格局中有着突出的战略地位，尤其是明清两代，开中飨边，铁绸行商，使山西成为中国早期经济开放的“特区”，古村镇正是在“防守与流通”的区域社会背景下发展到一个顶峰，形成了完整的空间体系。现存传统村落中包括长城沿线的军屯边堡36座、汾河盆地的商家大院27座、沁河流域的堡寨聚落31座等特色集群，并在黄河沿岸和太行八陉形成渡口型和关隘型等特色类型，全方位承载了明清两代山西的社会记忆。作为区域性的文化遗产，山西省古村镇历史悠久，数量庞大，类型丰富，既有华夏五千年农耕文明的缩影，也是明清时期国家社会记忆的物化形式，在中国历史文化名城（村镇）体系中，独树一帜，自成一体，具有特殊历史意义和整体保护价值。然而，现阶段的古村镇保护却局限在“以村为单元”，“以院为重点”的通式中，反映古村镇地域特色、阶段特色、类型特色的特殊性没能得到充分认识，忽略了“宏大叙事”的历史背景，造成了山西古村镇“千村一院”的错觉。本文拟从山西古村镇形成与演化的区域历史环境出发，在形成动因和历史演变中进行特色识别，厘清山西省古村镇的区域模式与类型特色，并在此基础上，提出“集群式”的保护框架和策略。

1　山西古村镇的区域模式

据山西省住建厅2014年普查统计，山西省约有1258座村落具有成片的历史风貌，其中中国历史文化名村（镇）40座，传统村落129座，山西省历史文化名村（镇）125座，传统村落241座。古村镇在省域范围内的分布与地理空间关联耦合，整体上呈“聚盆沿边”的规律性，其中，泽州盆地57座，太原盆地51座，运城盆地18座，黄河西岸39座，太行山区109座，晋北农牧交错带36座。形成山西省“四片＋两线”的乡村文化遗产单元，有着空间集聚度高，文化关联性

[1] 本文摘自《城市规划学刊》，2016（3）：45-54。

基金项目：国家自然科学基金项目：基于社会记忆的山西古村镇演化与集群研究（51578256）。

强，地域特征鲜明的区域特征。民国《大中华山西地理志》记载："山重水复、文通不便，各重保守，各执成见，自成风气"；作家冯潞在《晋东南密码》指出：盆地与山岳混合的特殊环境，使山西内部形成有别于彼此的地域文化——晋南的农耕—士大夫文化，晋北的游牧—边塞文化，晋中的市井—大院文化，以及晋东南则是山地文化。

1.1 长城沿线的军屯：类城结构、兵营组织

晋北地区的军屯包括官堡、屯堡和乡堡，是国家地缘政治下军事部署的产物，这类古村镇沿内外长城两线，以大同镇、山西镇为核心，以关隘为节点分布。延绵的长城、密布的墩台、厚重的城墙，还有散落在长城内外的关口与通道，保留了明清时期历史环境，现状风貌完全是自然风化的结果。在防御功能消失后，这类边防聚落之间的军事体系随之解构，各自纳入了地方城乡的发展：有的成为城市如大同，有的成为县城如左云和右玉，也有不少成为乡镇，而大部分却定格在村落。整体而言，这种发展路径的差异，与"都、司、卫、所"的行政级别和"镇、路、堡、寨"的防御级别相差无几。其中的古村镇历史上大多是"卫""所"一级，以"堡"的形式存在。长城沿线的军屯由于处于国家整体防御体系之内，作为一种理想化的军事战略部署，自上而下有着统一的营建规制，表现为"类城结构、兵营组织"的基本模式。

类城结构是晋北地区军屯的外部特征，表现在方正形制、堡墙围合、轴线居中，左右对称的聚落布局中。根据总体防御部署，这些作为官堡的聚落，几乎无一例外地建设为矩形城池，大多数为正方形（得胜堡、牛心堡、将军会、红土堡等）和长方形（旧广武、助马堡、宁鲁堡），在此基础上也有多重矩形城池，如杀虎堡、破虎堡和铁山堡等（图 1）。其中，如平鲁卫布局在一处丘陵之上，整体形态却严格遵循统一的"类城结构"，忽略了地形的高低起伏。在这类聚落中，自然环境绝对服从于营造规制，完全没有传统意义上的村庄特征，如有机生长的过

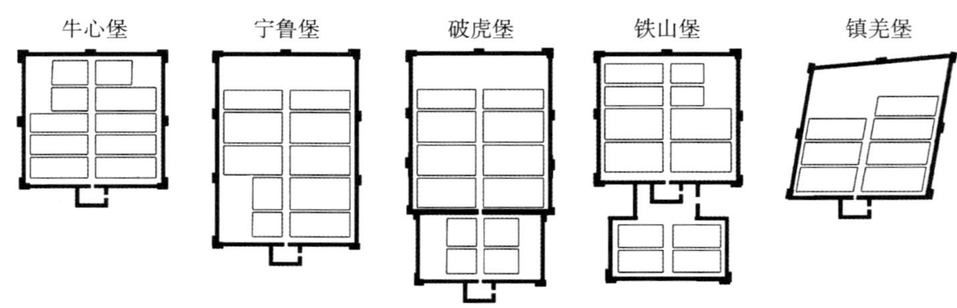

图 1　晋北军屯的类城结构类型

程和随形就势的态势，是在几何图形和标准模数控制下的军事产物。

兵营组织是晋北地区军屯的内部结构。汪嗣圣纂修《朔州志》时引用《周礼》中“联比其居，什伍其人”的说法，中国封建社会军事聚落中军营、军户建筑模式与里坊制度有着相同的根源、近似的结构。明朝实行军屯，规定“阅民户四丁以上者籍其一为军，赴大同等处开耕垦田”，军屯中民居建设特点为“五家为伍”，以五家军户并排为一街巷单元，每军户中出一丁结为一小队，称作“伍”，是军队的最小单元，一般一敌台、烟墩由五人协守。实地调研发现，这类聚落中有一个基本单元，大体由五户民居并列组成，单元与单元之间有街巷划分，屯堡内部布局整齐划一（图 2）。

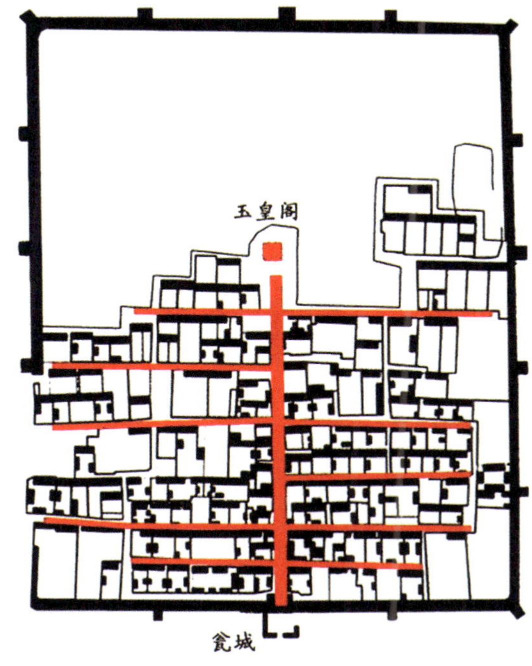

图 2 得胜堡的兵营组织

来源：自绘

1.2 汾河流域的家堡：堡院结构、里坊形态

晋中地区的商宅大院称为家堡，主要集中在太原盆地的汾河流域，依托盆地发达的农耕经济和贯通南北的交通要冲，在清代初期边境通商的社会环境中发迹，并在万里茶道的贸易中成就了山西的票号商人，在太谷、祁县、平遥、介休等地兴建了大量的家族型院落。这些大院以四合院为基础层层相连，沿中街左右展开，泾渭分明，排列有序，组成城堡式的家族大院，如灵石县静升村王家的红

门八堡，介休市北贾村侯家的新旧三堡，平遥县段村的和熏六堡等，基本模式是“堡院结构、里坊形态”。

堡院形态是晋中家堡型古村镇的层级结构，表现在堡墙限定下多重院落的空间组织：家庭形成一个基本堡院，数个家庭的堡院组合成一个家堡，数个家堡相互联系再组合为一个堡寨村落，在邑城四周共同构建出严密的城乡防御体系（图3）。在这里，“堡”是集防御与居住于一体的聚落，与“里”、“闾”属一类居住形态的不同表达方式，里侧重其内部组织管理结构，堡更侧重其外部防御功能和堡墙形态。

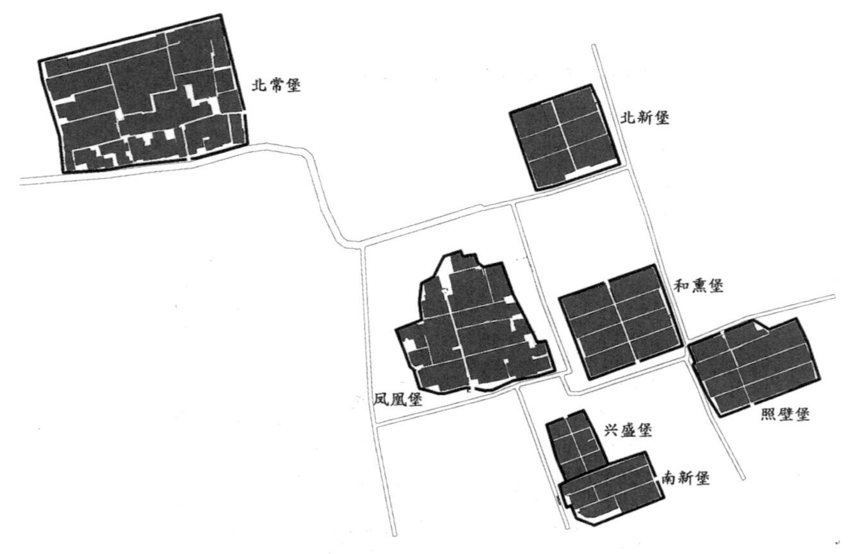

图 3　平遥县段村“一村六堡”的堡院结构

来源：自绘

里坊结构存在于家堡这一中观的聚落单元内，家堡作为一个独立的社会组织，具有完备的空间属性，里坊特征十分突出：标准的院堡分为南中北三进院落，院堡平行布置，东西向街巷连接，中部设置南北向交通，三至四个院堡排列组成一个家堡（图 4）。家堡通常由一个单性家族聚居而成，现存完好的平遥段村便是一个多姓村，由凤凰堡、泰和堡、和熏堡、永庆堡、咸宁堡、北新堡、兴盛堡 7 座历史家堡组成，其中凤凰堡是段姓家族，北新堡是张姓家族，永庆堡是尚姓家族。那些富可敌国晋商家堡，则在标准型制的院落格局中，纳入了儒家礼制的居住形态，建立起尊卑有序，内外有别的空间秩序，赋予这类聚落更多的文化属性。例如，今天广为人知的乔家大院实为乔家堡，由 6 个院堡 19 个小院共 313 间房屋组成。

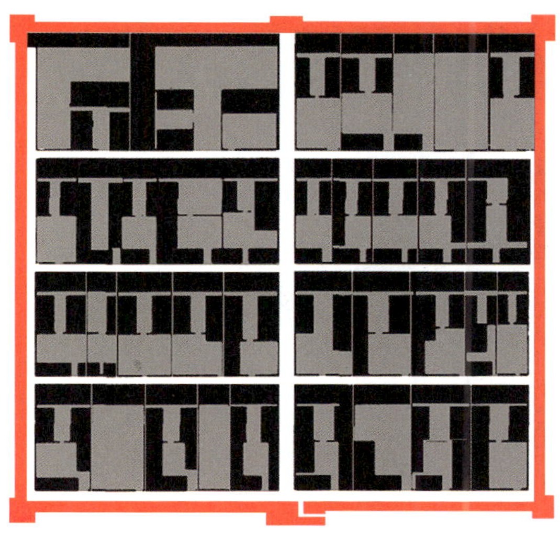

图 4　平遥县段村和熏堡的里坊结构

来源：自绘

1.3　清化古道的商镇：孔道结构、市镇风貌

晋东南土地资源贫瘠，但物产丰富，尤其是煤铁资源为商贸发展提供了物质基础，催生了泽潞商人的崛起。明清两代，随着泽潞地区商品经济的繁荣，区域物资流通随之发展，于是，通衢八方的商道驿道上出现了许多规制完整的商镇，谓之市镇经济。清化大道成就了马帮驼队，“……清化粮食向西搬运者如水索一般。太行山昼夜不断人行，小城（即润城）河集市大兴，每一日有两三千牲口往来贩卖，斗行三十多名，每一名外合十多个伙计。”这些商镇与农耕聚落不同，是区域交通介入后发展兴盛的产物，这些村镇都有一个响亮的街名，街的地位远远高于村镇，如行山重镇——周村镇、三里龙街——上伏村、五里长街——郭壁村、三门古街——润城镇等，均以“孔道结构、市镇风貌”为基本模式。

孔道结构缘于商镇在区域中的布局，在晋东南从润城到河南去做生意，就有“上七里下八里，不住犁川住冶底”之说，端氏、郭壁、润城、郭峪、冶底、周村等古村镇都是在这条清化大道上形成了古代行程的一个个时间段。商镇中间穿行而过的“街道”，实际上也是长途乡道中的一个特殊段落。这类街道的首尾都设有类似城门的防御设施——阁，为一座两层建筑，上层供奉着神灵，下层是拱形的“街门”，夜晚闭门起着安全防范的作用。两座阁将商镇从乡道中分离出来，限定了一个属于市镇的空间，也是步行时代长途跋涉过程中的一个个节点（图 5）。

这些商镇一般都是周边十里八乡的中心，市镇风貌具有城市与乡村的双重

图 5　阳城县上伏村的孔道结构

来源：自绘

性，如阳城县上伏村历史上的三里龙街，长达三里，弯曲似龙，“各种生意一店挨着一店，大小商行一处连着一处”，有留人起火店、骡马大店、钱庄、油坊、烟坊、布店、颜料店、酒馆、饭馆、煎饼铺、麻铺、杂货铺、铁货铺、当铺、药铺、粮行等五十余处，为各路商客提供的服务行当应有尽有，保证了商道上的繁荣与畅通。除了沿街分布的商家店铺外，街中央往往会有一座“大庙”，如上伏村的成汤庙、周村镇的东岳庙、润城镇的东岳庙，庙前的集市进一步扩大了商品流通，加强了文化交流。

1.4　晋南盆地的聚落：宗族结构，遗址景观

晋南地处秦、晋、豫三省交汇处的黄河金三角，因位于黄河以东，史称“河东”，是华夏文明的发祥地，农耕社会在女娲补天、大禹治水、愚公移山的传说中萌芽，自夏商至春秋战国一直是政治、经济、文化的中心，文化堆积层厚度普遍达 1 ～ 2 米，古村镇正是在历代文明的层层叠加中，一脉相承，绵延不断。因此，晋南古村镇在古老的河东文化的熏陶下，古村镇与古遗址交织在一起，穿越千年，普遍有着“宗族结构，遗址景观”的双重特色。

宗族结构伴随着农耕文明，晋南盆地“黄河曲抱于外，汾水斜注于中，为全晋精华所萃，气候不甚寒，故物产颇丰”。在儒家“耕读传家”的影响下，人们居住于土墙之内，耕地在土墙之外，同姓血缘围绕自己的家庙依亲疏等级聚族而居，形成有序、规则、边界完整的血缘聚落，古村落传递出传统的宗法制度和血

缘伦理。典型村落以合院为基本单元进行组合，街巷泾渭分明，端正方整，呈“日”、“田”、“王”形，这种条块组合的聚落模式，中规中矩的民居排列组合是晋南文化重礼制、讲规矩的表现。如新绛县光村在明清时期形成赵、蔺、薛、王四大家族，各大家族以祠堂为中心建造宅院，同胞兄弟于左右或前后排列，血缘关系的亲疏等级相当程度地反映在实质空间的分布上（图 6）。

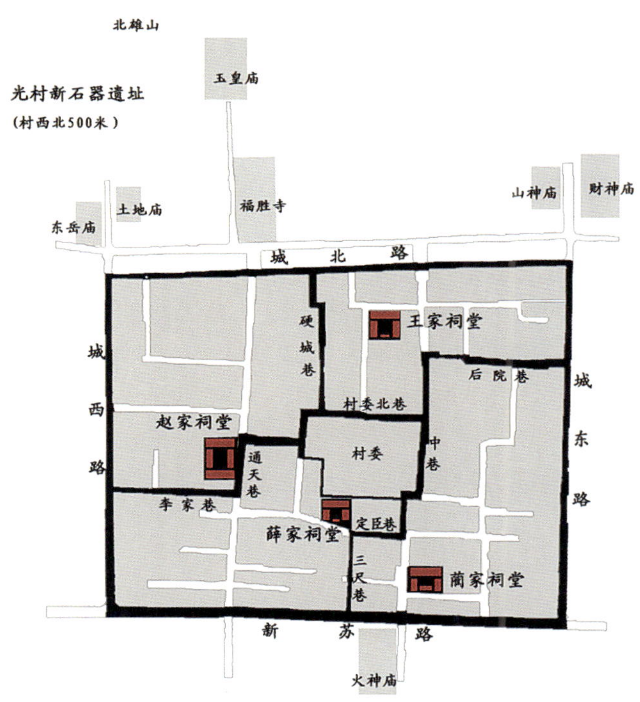

图 6　新绛县光村的宗族结构

来源：自绘

遗址景观反映了晋南古村镇厚重的文化积淀，古史记载“尧都平阳，舜都蒲坂，禹都安邑”，中华民族最早在晋南创业建都，历史上的都城化作今天的遗址留在古村镇中。新绛县的泉掌镇，早在新石器时期，就是人类主要的生活聚集地，历经了春秋战国、秦汉、唐宋和明清各代，留下不同历史时期遗址景观：光马村遗址、泉掌遗址、灵公台、州官墓、假陵堆、晋王灵墓、王子坟、东韩战国墓群、长修古城墙遗址、泉掌村城墙遗址、薛仁贵练兵场和古泉眼。承载了诸多重大历史事件，如灵公不君、赵氏孤儿、薛仁贵“建苑屯兵”等，这些故事被史书记载，也有民间口头流传，被搬上戏曲舞台，广为知晓。“一眼千年”的历时态，是晋南地区有别于山西明清古村镇的一种特殊形态。

1.5　黄河岸边的渡村：组群结构，叠院形态

晋西地区以河为凭的同时，也以河为通，黄河沿岸散布着为数众多的津渡，其中茅津渡、风陵渡、大禹渡称为黄河三大古渡，依托渡口形成了以水陆交通为枢纽的"渡村"。乾隆年间，晋蒙粮油故道开通，一些位于交通节点的口岸得以发展成为繁华码头商镇，带动了周边村落的一并发展。据民国六年《临县志》记载："碛口古无市镇之名，自清乾隆年间，河水汇溢，冲毁县川南区之侯台镇，并黄河东岸之曲峪镇，两镇商民渐移居积于碛口。至道光初元，商务发达，遂称水陆小阜"，可见碛口兴起之过程。黄河岸边的渡村，由于民居建筑依山势层叠而起，并与周边地区乡村协同发展，以"组群结构，叠院风貌"为基本模式。

组群结构缘于渡村放射性的经济结构，晋蒙之间的粮油贸易，不但成就了一批沿线口岸商镇，也带动了口岸附近乡村的经济发展与转型，构成一体化的发展。民谣称："碛口街上尽是油，三天不驮满街流"，碛口周边的村落都竭尽所能地从中分一杯羹：西山上村的男子当搬运工；麻嫣村的男子当"更夫"和保镖；高家塔等村民当船工、筏工；马杓峁村等多养骡马；西湾村等专养骆驼；还有在商道沿线开草料店、歇店的樊家沟、南沟、梁家岔等，构成一体化的发展格局（图 7）。

叠院形态是晋西地区古村镇适应环境的地域特征，在晋陕峡谷多山少地的地

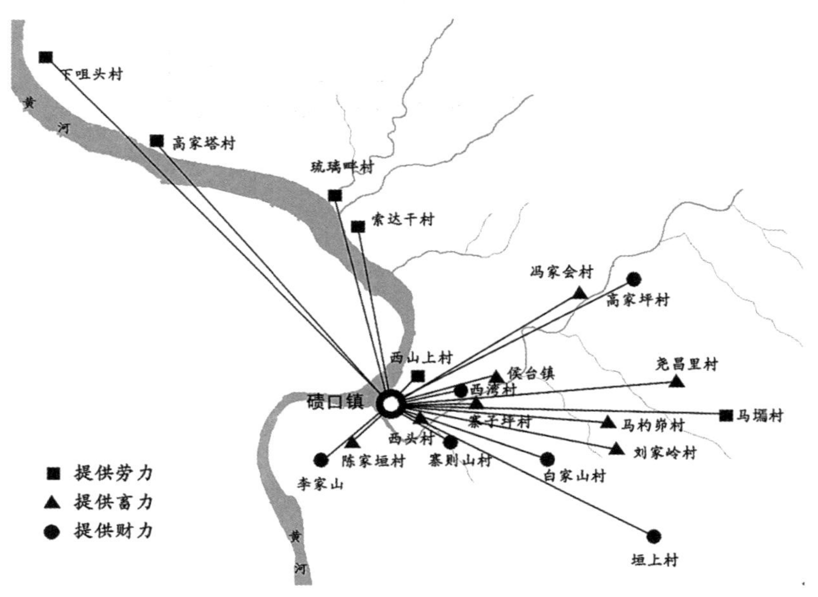

图 7　碛口镇及周边村落的组群结构

来源：自绘

形中，古村落从平地走向山地，竖向发展，通过填挖结合形成台地，在各层台地上布置建筑，形成上下建筑的部分层叠，下层窑洞建筑的屋顶便成了上层建筑空间的院落，如此往复，形成阶梯状布局，“叠院”形态的村落由此而产生。

1.6　太行八陉的关村：关市结构，险峻风光

晋东的太行山区是晋冀两地的分水岭，层峦叠岭，难以攀越，古人探索出一条条可以通车的山间道路，成为晋冀豫三省穿越太行山的必经之道，史称“太行八陉”。因为陉的存在，太行山两侧腹地有了往来和贸易的通道，兵家便在通道的咽喉处修建大量的关隘把守河山，如著名的娘子关、东阳关、虹梯关、天井关等，起到“一夫当关，万夫莫开”之效。关隘除了驻兵防守外，还设有驿传体系、稽查行旅和征收关税等官方功能，有固定的房屋建筑和人员配备，需要相应的供给系统，因此，以关隘为结点，在太行山区的古道中出现了一系列的“关村”，其基本模式为“关市结构，据险固守”。

关市结构缘于这类古村镇的功能，关村在防守中产生，在流通中的壮大，关和街在这类古村镇中是一个相生相伴的整体。天井关村地处太行南段的太行陉，关内一途独通，设有南阁、南关、西关和北关，分别封锁住了聚落的三个通道，东面是深沟没有出口。至明清时期，天井关的防御职能已经减弱，天井关村转变成为服务南北货运的驿站，关城被商业店铺占满后，在关城外继续向南向北沿山脊发展，形成一条全长约 800 米长街，顺应山脊呈 S 形构图的街道（图 8）。太行中段的娘子关史称“京畿藩屏”，娘子关村内的兴隆街是也是太行山著名的关市，明清时经济繁荣，商家云集，不足为五百米长的兴隆街，有各种店铺百余家，是“上通秦晋，下接燕赵，往来商旅，靡不遵行”的人货聚集地。

险峻风光是关村的选址特征，关村不同于一般商镇，在独特的地理环境中与山川河流形成了关联的防御整体，险村成为这类古村镇独特的风貌。如泽州县的天井关村位于太行绝顶之山脊上，自古以来就是上党地区通往中原的门户，《战国策》称“夫夏桀之国，左天门之阴”。平顺县虹梯关村为晋豫古道上的关村，《清一统志》称：“千峰壁立，径路峭狭，下临无底之壑，石磴盘回，望若虹霓”。同样，平定县的娘子关村于井陉之道，坐落在绵河岩崖之上要路，有着“车不能方轨，骑不得成行”的险峻风光。

2　山西古村镇的特色成因

在费孝通的“乡土中国”里，存在着两重社会：一个是农民生活的乡村，另一是帝政控制的乡村。“一方面是自上而下的皇权，另一方面是自下而上的绅权

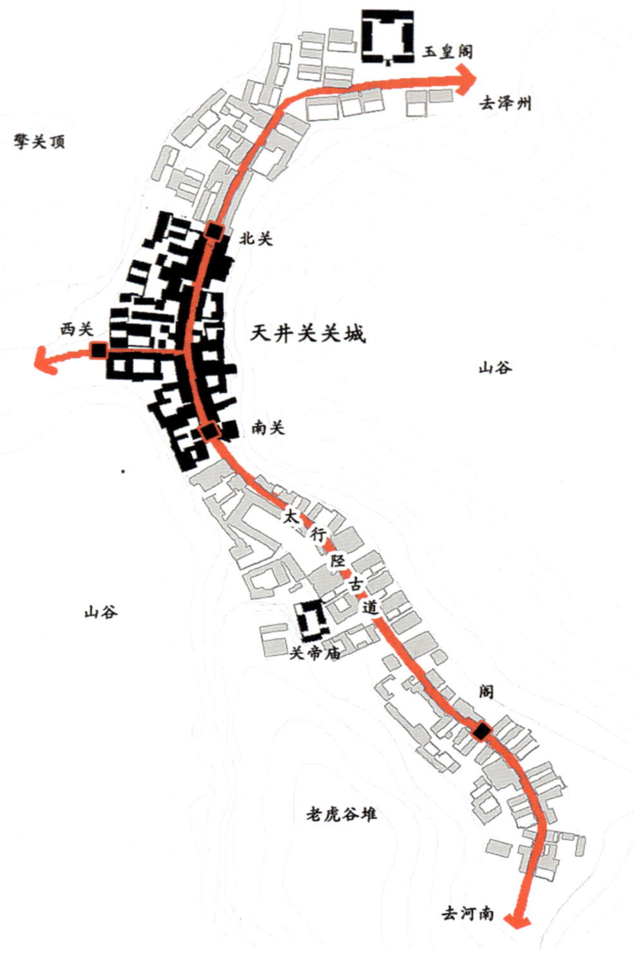

图 8 泽州县天井关村的关市结构

来源：自绘

和族权，二者平行运作，互相作用，形成了‘皇帝无为而天下治’的乡村治理模式，塑造出一个形象而又独特的描述传统中国政治运作逻辑的‘双轨政治’模型。”双重演化机制分别表现在古村镇形成与演化的两个方面：一是内生式演化，为血缘关系繁衍而引起的村落规模扩张；二是介入式演化，为外部力量介入而导致的村落形态改变。其中，“介入式”演化是由于外界的强势干预，促使村落发生变化，它超越了村落发展的内生力量，演化过程是自上而下，或由外及内，表现出明显的时段性。下面以“帝政控制的乡村”为视角，从“介入式”的演化过程，谈谈山西古村镇的特色成因。

2.1　九边制度与防御形势

山西在国家地缘政治中是一个独特的省份，地处太行山之西，得名“山西”，位于黄河以东，称“河东”。高山和大河的阻隔，形成了天然的军事防御屏障，顾祖禹云：“天下形式，必有取于山西”。平均海拔 1000 米左右，使山西对周边省区构成高屋建瓴之势，在中国 2000 多年的中原文化轴心时期，山西一直是农业文化与游牧民族碰撞与融合的主战场，历朝历代，晋北地区都是中原政权在北部边境的防御重地。尤其是明代明蒙军事态势的升级，形成对峙的军事局面，明政府从战略进攻转向积极防守，在边关地带废除元代州治，建立了军政统治机构的都司卫所，确立“设九边以卫中夏”的战略思想。防御形式对古村镇特色的影响，包括三个层次：

从国防格局看，在九边重镇的军事部署中，晋北地区以大同镇与山西镇为北京的右腋，守卫着北京西大门，两镇一破，京师难守。因此，晋北明蒙边境沿线卫所关隘棋布、堡寨墩台林立，形成晋北地区特有的军事聚落形态。

从区域内部看，山川和关隘双重作用，将山西境内的盆地隔离为六片独立的区域社会。以盆地为单元，数以百计的雄关要隘沿边布列，控守盆地之间的交通要道，形成了区域内部次一级的防御性聚落（图 9）。因此，晋北长城沿线的军堡，汾河流域的家堡，沁河流域的村堡，太行八陉的关村等，是在国家与地方共同防御的格局下，在不同区域的社会经济、自然环境中，呈现出不同防御特色。

从局部环境看，在外部层层防御态势的影响下，为了避免外侵与内乱，山西古村镇普遍将防御设置作为最大的公共物品。以沁河中游为例，该地区存在大量的防御性堡寨，起源于明末的李自成农民起义，在数次遭受起义军劫杀之后，以乡绅为代表，应急组织修建各类村防设施，形成“三里一堡，五里一寨”的景象。

在国防战略布局的全面影响下，山西境内自上而下构建起城乡一体化的防御体系，官堡、屯堡、乡堡、村堡、家堡、庙堡，数量之多，令人惊叹。据不完全统计，明代以后，山西以堡、寨、屯、营等命名的村庄共有 683 座之多，占村镇总数的 15%，堡寨防御成为山西古村镇普遍存在的文化形态。

2.2　开中制度与流通格局

“开中制度”是明代统治者为了军事目的而创设的一种招商代销制度（张正明，1995）。在九边防御体制下，晋北地区出现了巨大的消费市场，明政府为了保证边防供给，“召商输粮而与之盐，谓之开中”，纳粮中盐成为商人获取厚利的主要途径。对古村镇而言，开中制的影响是全面而深刻的，它广泛地改变了村镇形态，实现了农耕社会向商业社会的转化。一方面，依托地方资源和交通条件，

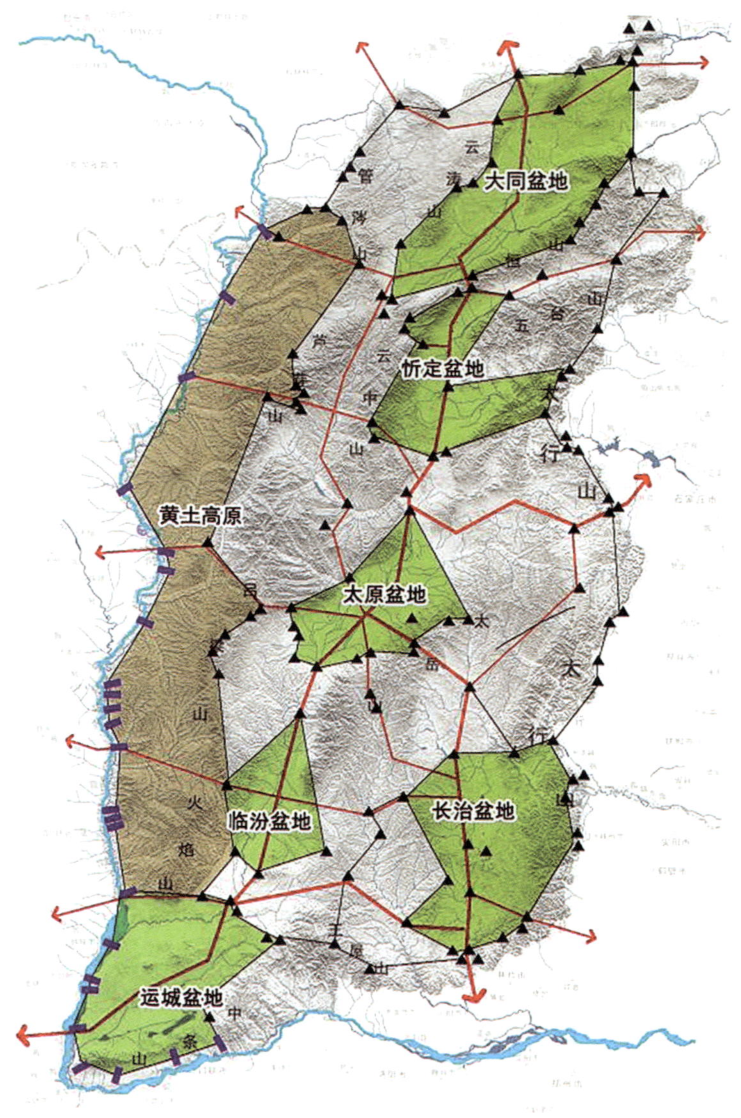

图 9　山西关隘——盆地分布图

来源：自绘

兴起了大量的商镇和关市；另一方面，许多家族通过财富积累成为一代富商大贾，催生出大量的晋商大院。

从直接影响看，建立在大规模、长距离商品流通基础上的商镇和关市，构成了明清时间山西城乡经济的空间网络。这些古村镇形成于自给自足的农耕经济，兴盛于开中飨边的政策机制，为晋商活动提供了活动空间和交易场所，并广泛地波及乡村地区，促进了农业、手工业的商品化和城乡的全面转型。今天许多古村镇都历史上的水旱码头、区域交通节点和商品集散地：晋东南的荫城、大阳和润城为铁货生产中心和销售集散地；黄河岸边的碛口为晋蒙粮油转运中心；太行山区的娘子关、天井关、拦车等为山西内外商业贸易交通节点；长城沿线的杀虎口、得胜口等也成为边地贸易的重要市场。在山西内外贸易流通的大格局下，于不同的贸易形式和流通环境中，形成了不同形态的商业性村镇。

从间接影响看，这种流通的社会环境极大地改变了山西的社会风气和生存意识。在商品经济高度发达的明清山西社会，不齿言利、不屑商贾的“学而优则仕”传统文化发生转变，形成了“工商皆本”和“商高于工农，甚或不逊于士”的社会认同。弃农经商、弃文经商在泽、潞、平阳、晋中地区蔚然成风，形成权财交叠的晋商巨族。阳城县的皇城村就是陈氏家族在煤铁贸易和入仕为相的推动下达到顶峰，促生了有“民间皇城”之称的皇城相府。灵石静升镇的王家以强大的政治经济实力为后盾，建成九沟八堡的王家大院建筑群，被赞誉为“中国民间故宫”等。除此之外，在边地通商的利好政策促进下，许多以务农为生之人踏上经商之路，逐步成为中、小商人，有少数人成为富商巨子。闻名于耳的介休范家、榆次常家、太谷曹家、祁县渠家、乔家以及大盛魁，都是通过在北部边地贸易中小本经营、长途贩运发展并兴盛起来，修建了大量的私邸豪宅，如乔家大院、常家大院、曹家大院等。

明清山西古村镇的快速演化和发展，几乎来自于防御建设和商品流通的外力作用。在山西“极临边地”的社会环境中，一方面饱受内外战乱的威胁，自上而下地形成一系列的防御性设施；另一方面又充满对外贸易的商机，自下而上地形成一系列的商业性街市，从而使山西古村镇整体上表现为防御和流通的双重特色。

3 山西古村镇“集群式”保护对策

山西古村镇作为“能够见证某种文明、某种有意义的发展或某种历史事件乡村环境”，不是简单的聚落总和，而是一系列通过历史、地貌、区域社会综合表现出来的整体关系。因此，需要从山西省在中国历史进程中的特殊地位出发，将古村镇视作社会记忆的载体和社会记忆的物化形式，在形成动因和历史演变中进行特色识别，以整体的方式进行保护。在此，本文提出的“古村镇集群”的概念，将历史上因某种共同的机制，使得文化相关、特征相似、地域相近的古村镇称为古村镇集群。

首先，古村镇集群的建构中包含了若干个层次，一个区域空间的集群体系中，应该存在多个集群。根据自然地理环境和区域社会背景，山西古村镇在“四区两线”中形成了长城沿线的军屯、汾河流域的家堡、清化古道的商镇、晋南盆地的聚落、黄河岸边的渡村、太行八陉的关村六大集群体系；又根据局部地形单元和行政隶属关系，进一步划分为25个集群（图10）。如晋北长城防御军堡集群体系，呈内外两线，在地域空间和军事建制的基础上，共形成了七个古村镇集群，偏头关、灭胡九堡、西口、雁门等代表了晋北边关的七个文化结点。晋东南

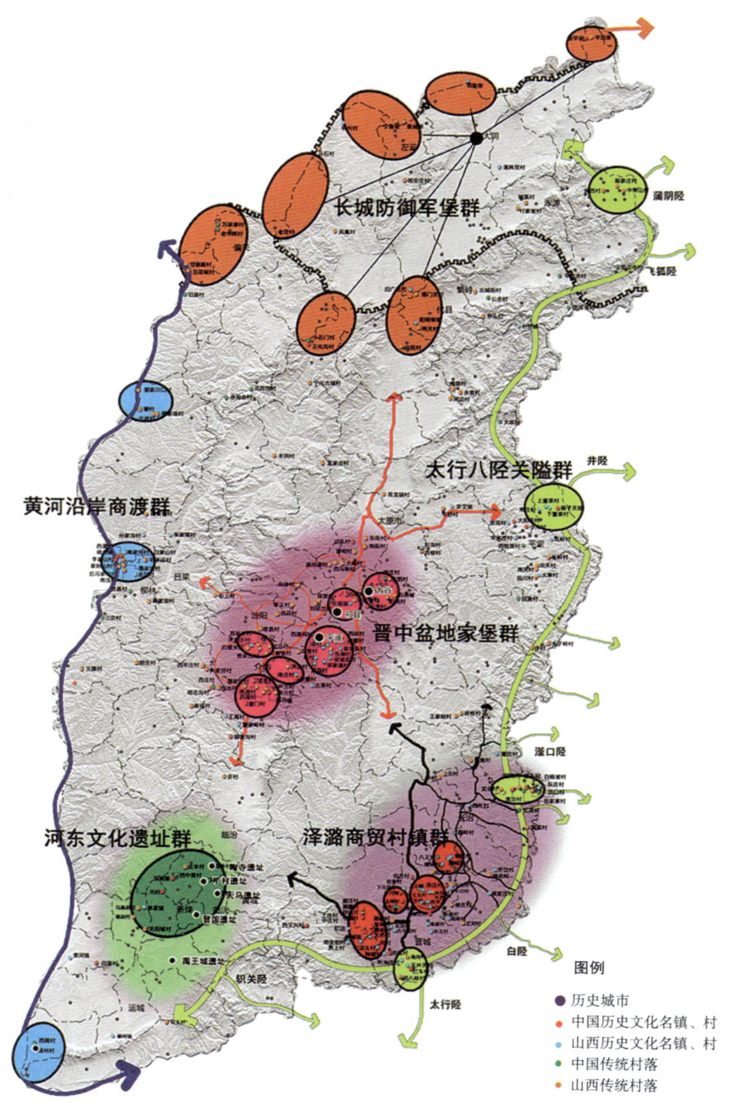

图10　山西古村镇集群保护体系图

来源：自绘

泽潞商帮集群体系，沁河流域堡寨是一个大集群，流域总长度163公里，涉及泽州、阳城、沁水3县的14个乡镇，包括30个古村镇，在这个大集群中，根据城镇化建设和旅游发展，又有10个次集群。因此，在"集群式"的层次中，"集群体系"形成于宏大的历史背景中，"集群"建构在一定的行政区划内，"次集群"则以发展为导向，面向操作层面。

其次，古村镇集群的文化内涵来自不同的外部作用，干预为"集"结构成"群"，并且，作用力越大，村镇关联性越强，类型特色越突出。如黄河岸边商渡集群，以碛口为中心，劳力、财力、蓄力围绕这碛口这座商镇，将周边的村落聚集成为一个相互关联的整体，其中水旱码头的介入是集群形成的动力机制。特别需要指出的是，古村镇集群是一定历史阶段的产物，随着外部环境的变迁，形成集群的动力机制随之消失，集群零散化成为当代普遍现象。构建集群的目的，是将各自为政的古村镇重新集结为一个整体，从而构成一个完整的历史解说系统，并以一种协作的方式，参与到地区城镇化建设和文化旅游发展中。

山西省古村镇在"两山夹一川"的地理环境中，在"防守与流通"的区域格局内，在"开中飨边"的外部动力下，形成了集群的历史特色，又进一步在当下的社会、经济、生态环境中，制定集群的保护方法。晋北地区古村镇以内外长城为载体，在生态修复的过程中，保持明清边境的历史环境和自然景观，严禁过度的人工干预，以大遗址的形式与长城世界文化遗产关联保护；晋中地区古村镇以祁县、太谷、平遥三座古城为核心，以王家大院、乔家大院、渠家大院等成熟的旅游产品为依托，在城乡一体的旅游经济中，实现保护和发展的良性循环；晋东南地区古村镇以沁河、丹河、浊漳河三条河流为线索，在新型城镇化和美丽乡村连片建设中，作为优势文化资源推动煤炭经济的转型；晋南地区临汾盆地的古村镇以陶寺、丁村、侯马、晋国、禹王城等国家级遗址为节点，结合非物质文化的传承与利用进行活态保护；黄河沿岸和太行山区分别以碛口镇和娘子关镇为两大依托，以旅游经济区的形式带动地方经济发展。

4　结论

在全国上下一片"乡愁"的呼唤中，住房和城乡建设部建立了传统村落名录，颁布了《传统村落保护编制办法》。各地区以行政区域为单元积极开展了古村镇调查与区域性保护工作。但是，建立在村镇行政建制上的保护理念与方法，面对地域广阔、数量庞大、类型多样、遗存各异的古村镇，在构建体系、甄别特色、选择重点等方面，表现出理论缺失和技术方法的不足。本文针对山西省古村镇演化机制和空间分布的特殊性，以整体保护为理念，以突出特色为目的，建构区域模式，分析历史成因，寻找古村镇共同的社会记忆。从省域层面上，提出了“古村镇集群”概念及“集群式”保护方法，指导传统村镇在集群内整体保护和协调发展，也为我国其他地区的同类遗产保护与研究提供参考。

参考文献请见原文。

（撰稿人：何依，华中科技大学建筑与城市规划学院教授，博士生导师；邓巍，博士，华中科技大学建筑与城市规划学院讲师；李锦生，山西省住房和城乡建设厅副厅长，教授级高级规划师；翟顺河，山西省住房和城乡建设厅总工，教授级高级规划师）

传统村落“精准保护与开发一体化”模式创新研究

——特色文化村落保护规划与建设成功案例解析[1]

“城市建设水平，是城市生命力所在。城镇建设，要实事求是确定城市定位，科学规划和务实行动，避免走弯路；要体现尊重自然、顺应自然、天人合一的理念，依托现有山水脉络等独特风光，让城市融入大自然，让居民望得见山、看得见水、记得住乡愁”。国家层面对乡村城镇化的重视直接构成本轮新型城镇化发展与建设的核心诉求，而作为乡村发展的动力之一——传统特色文化村落的城镇化规划和建设路径探寻无疑具有更重要的意义。龟山村就是这样一个典型的传统村落，位于江苏省淮安市洪泽老子山镇，作为淮河、洪泽湖地区佛教文化最早发祥地以及孙悟空原形——“水怪巫支祁”民间传说的发源地，在2014年成功入选第三批国家传统村落名录，成为淮安唯一的传统村落典范。

1　传统村落“精准保护”规划理念提出的时代特质

本文首次提出传统村落“精准保护”的概念与范畴，是应对全球化和社会快速转型发展、新型城镇化高速推进对传统乡村存在的挑战而提出的。现实乡村建设的迫切性要求我们必须从“精准保护”的意义上来保护中国传统的“根柢文化”，保护广袤田野的历史乡愁记忆和村落原生态文化。“精准保护”创新的核心是“精准”：只有做到精准定位、精准调查到户到人、精准规划设计、精准分析梳理历史文脉、精准描述乡愁文化现象、精准复原历史景观风貌，精准掌握历史记忆资料和“在地文化”符号，才能最终达到原汁原味“精准保护”原文化的目的。之所以强调“精准保护”，主要是因为在全球化的过程中，地方“文化集体记忆”和传统村落的丧失已经成为较普遍的社会现象，亟需“抢救式”的“精准保

[1] 本文摘自《中国名城》，2016（1）：10-26。

基金项目：国家社科基金重大招标项目“特色文化城市研究”（项目批准号：12&ZD029）。

护”。“精准保护”的本身也是应对当代乡村在消亡、保护本土文化的具体行动。从历史发展的角度说，“精准保护”传统村落和乡愁是我们这一代人的不可推卸的历史责任！那么，如何认识现实的社会变革呢？可以从五个层面加以思考。

1.1 国家战略层面——“新型城镇化”前提下的区域发展路径的变革

新型城镇化是国家的顶层设计和一种战略思考。以人为本的发展目标转向、地域生产力有效分工的体系构建、区域特色文化动力要素的彰显、传统特质与乡土文化的留存和化传统农民为市民等成为新型城镇化的关键。在这种情况下，龟山村作为一个虽然是已经衰败，但有着较丰富的特色历史文化的典型村落，如何可以创新在新型城镇化的发展中不失自我，最终可以实现“望得见山、看得见水、记得住乡愁”的一个美丽乡村，这是在新型城镇化视野下，龟山本轮规划所必须要思考的核心内容和目标。我们必须深刻意识到，新型城镇化对于龟山村未来保护与开发既是一种挑战，也是一种巨大的机遇。一方面，龟山村必须从就业、产业、文化和传统保护等核心视角着手，积极应对新型城镇化对传统村落发展提出的要求；另一方面，依托自身优越的资源，通过有效的规划设计与资源整合，龟山村完全可以成为新型城镇化背景下传统村落发展的创新样板。

1.2 传统村落层面——传统村落保护与开发模式的变革

以往传统村落保护与开发的既有模式面临变革。单一、静态、孤立和去特色产业化的传统村落保护理念，有时成为一种“建设性破坏”。保护与开发在本质上具有一致性与关联性，任何保护其实都已经成为一种变相的“开发”，一味强调保护而忽视开发，往往因为缺乏经费而不能起到真正强保护的作用，恰恰相反，这只能是一种对保护的误读与对开发的误读，最终会造成保护过程的不可持续和不稳定，危及传统村落的自身发展。国内外成功的传统村落发展案例已经证明，只有明确地以保护主体并与合理开发相结合，才能够充分利用开发实现永续保护，而“精准保护”理念就是对传统保护方式的一种创新。

1.3 区域动力层面——老子山镇、洪泽县（区）乃至是苏北区域整体的动力变革

面对苏南的现代化发展，苏北不能再固守传统路径，必须形成跨越式发展，在大洪泽湖范围内与苏南区域形成“整体梯度承接、局部差异发展”的新思路。而在其中，最为关键的就是实现苏北区域发展动力的转变，将以往过度依靠工业转移和一二产业发展的思路加以扭转，在城乡一体化的大框架之下，依托乡村独有的特色资源，形成三产联动的发展的新思路。洪泽老子山镇作为洪泽县发展的

特色镇之一，“文旅产业”基础良好，特色优势明显，应当谋求成为洪泽、淮安乃至苏北区域的乡镇“文旅产城一体”创新的样板。在这种情况下，龟山村的发展就不能仅仅停留在传统村落的保护与继承上，必须审慎思考自身在老子山、洪泽湖及苏北区域的区域动力转型当中的角色和作用，换言之，必须谋求成为区域动力转型的样板和特色文化旅游乡村，以文化旅游为特色，建设成为苏北、江苏甚至是长三角的一个特色旅游目的地。

1.4　文化资本层面——村落自身“文化特质”要素发展方式的变革

我们正在进入一个文化时代，文化不再仅仅是停留在传说、博物馆、书本以及人们记忆当中的简单符号，文化已经成为一种品牌、一种动力、一种象征和一种区域发展的软实力。归根结底，文化已经成为一种“资本”，一种依托特定文化要素、具有较强差异性且具备“溢价性增殖”的独有资本。西方文化产业的发达，恰恰是因为率先意识到文化“符号化”、“品牌化”、“资本化”的可能性前景，并以有效的产业载体、宣传路径和文化整合的方式，创造形成了自身独有的“城市文化资本”，从而推动了自身一二三产的跨界高效发展。龟山村本身有悠久的历史、丰富的遗迹、传统的建筑、自然的空间、原始的居民等等，都是打造自身独有“文化资本”的重要基础和要素。必须深刻意识到这些文化要素不仅仅是需要保护、留存的遗产，更是与民生、经济、产业和未来紧密关联的文化宝藏，必须以恰当的方式实现对自身文化要素的资源化、资本化、资产化和文化资本再生产过程，而“精准保护”从某种意义上说是一种典型的“城市文化资本”再生产过程。

1.5　全球竞争层面——从“文化自觉”到唯一性特色文化的建构

全球化时代正在来临，其核心是文化的全球化，美国学者托尼·米尔曾提出“文化劳动的新国际分工（New International Division of Cultural Labor，NICL）”的观点，认为在以文化价值为核心的全球化竞争当中，由于文化本身的均质性和“固有资源不依赖性”，任何具有唯一性和创新性的文化都具有全球竞争性，可以通过文化“嵌入”的方式在全球城市文化价值链中占有一席之地。因此任何载体（包括个人、企业、区域、国家）都可以借助自身文化的唯一性、珍贵性、独特性和影响力直接介入全球化的舞台竞争之中，成为全球化多重主体的一部分。正是在这种情况下，也已经成为全球竞争的主体之一。

因此，龟山村作为传说、遗迹、建筑、空间等多重唯一性要素为一身的重要载体，必须要将自身传统村落的保护与发展放在全球化舞台之上，以更高的视角将龟山村打造成为具有全球唯一性的传统村落保护与开发创新样板和目的地，从而实现龟山村本身发展的某种国际化特色，亦如南京高淳桠溪国际慢城一样，直接进入全球价值链竞争的高端环节。

如何实现保护与开发的一体化并行，我们试图通过龟山村的“精准保护与开发一体化”模式建构一种保护与合理开发结合的传统村落原文化改造创新模式：即必须明确自身的发展问题与发展导向，以强力保护和创新开发为着力点。结合国内外已有的成功案例和对区域分析、资源禀赋等精准考量，再加以团队的“入户访谈”的精准田野调查，从保护与开发的双重导向视角着手，为龟山村传统村落设计明确的“索引性”准则。同时，由于龟山村目前尚无成规模的明显开发路径和项目，笔者认为应当将问题与发展导向结合在一起分析和规划，避免两者的人为割裂。基于龟山村本身的实际情况，通过“六大关系”的妥善处理，构成了龟山村作为一个传统村落的核心导向与诉求。这“六大关系”实际上构成了龟山传统村落保护与开发的创新突破点，这也是对以往传统村落发展过程中那种静态、僵化、割裂的规划路径和运作方式的突破与再反思，既是龟山村未来发展所必须要面向的指引方向，同时也是龟山村尝试成为传统村落发展创新模式的核心要素和核心框架。

其一，精准强力保护与创新开发的融合。龟山村必须实现精准型的强力保护，并与创新开发相融合，杜绝过分偏重——或只强调保护或只强调开发的片面建设的既有路径，转而将精准意义上的“全流程、全环节、全要素”作为三大核心要求，将保护与开发的互相融合贯彻在龟山村建设发展的始终，在资源梳理、现状分析、主题定位、功能分区、空间特色、项目设计、运营服务、营销推广等各环节明确强力保护与创新开发的各自侧重和着力点，实现强力保护与创新开发在龟山村整体发展过程中的协调与融合。

其二，历史传承、延续与未来发展的精准衔接。龟山村必须实现历史延续与未来发展的融合，换言之，就是将龟山村发展的潜力性和可能性进行长时程范围的有效整合，将龟山村发展的历史、现在与未来进行统合性思考，以历史珍贵遗产为基础，以现实富民建设为核心，以未来永续发展为目标，三者联动考虑，互相渗透，不断推进整个龟山村在历史、现在、未来三大发展阶段的贯穿融合，从而可以最大化历史延续的价值、最大化自身发展的意义、最大化未来永续的可能。

其三，本地特色与全球介入的整合串联。龟山村必须实现本地特色与全球介入的串联，这是本轮规划的一个重要同向。在全球化时代，龟山村必须深刻认知到本地性与全球性的内在统一性关系，必须深刻认知到“localization”与“globalization”的双向嵌入性。将龟山村自身的地方性特色要素进行挖掘、梳理、集聚、展示、创意、设计、宣传和运营，并以全球化的特色性、唯一性、专业性、市场性和资本性进行重建、重构、重缀和重拾，将龟山村的本地唯一性文化资本在全球化的体系之下锻造成为发展的核心竞争力，并借助全球性的资本、市场与组织架构，实现龟山村自身价值的资本最大化经营。

其四，原生活态与特色文化产业的兼顾。龟山村必须实现产业运作与原生样态存在的兼顾。对于龟山村来说，原生活态与产业运作必须一体化思考。原生活态要求的是对于原文化、原住民、原建筑、原风格、原习俗、原生活等等一系列“原”要素的活态保护，形成维持既有活力与生活状态的留存形式。而与此相对应，产业运作实际上与原生活态相辅相成，不可分割，前者必须依托后者形成强大的核心产业引力，而后者也必须依靠产业运作形成富民福民的经济发展模式。

其五，区域发展与以人为本的统一：龟山村必须实现区域活力与以人为本的统一。在新型城镇化的发展背景之下进行龟山村的保护与开发，必须将“人”这一核心要素放大，认识到不论是保护与开发、现在与未来，人都是最核心的着力点与关注点。因此，在龟山村的整体规划和建设发展过程之中，必须以村民为重要参与主体，将村民自身生活与收入水平的提升与整个龟山村的区域发展相互协调，形成良性互动。

其六，传统乡愁与现代生活的互动：传统村落的“精准保护与开发一体化”，一方面是为了维持传统乡愁，留存历史记忆。另一方面，必须深刻认识到龟山村的发展实际上就是一种生活方式的变革，任何对于传统的继承都不是简单粗暴的全盘吸收，而是有取舍地进行选择，因此必须实现现代生活方式的引入与普及，让传统乡愁与现代生活可以在龟山村得到较好的互动，成为后现代社会一个后都市生活的一种样板。

实际上，保护与开发在本质上具有一致性与关联性，保护与更新本身就是根植于文化自身传统之中的重要基因，有学者就论述到：“民俗有其两重性，一是相对稳定性，一是其历史流变性”。任何保护其实都已经成为一种变相的“开发”，一味强调保护而忽视开发，并不能起到真正强力保护的效果，恰恰相反，这直接导致很多传统村落不仅不能实现对自身珍贵历史文化资源的最大化价值利用，也不能落实对已有保护目标“实质性传统”的有效维系，甚至可能造成对传统村落文化资源的认知性偏差和缺失。单一的保护或轻保护偏重开发的思路与模式，往往缺乏对新型城镇化以人为本、特色凸显、充分就业等核心要求的有效回应。国内外成功的传统村落发展案例已经证明，只有明确保护内容，并达到精准保护的程度，加以与合理开发相结合，并贯穿村落发展建设的全过程，才能够充分利用传统实现有效开发，才能够充分利用开发实现永续保护。所以，我们必须实现对“精准保护与开发的一体化”创新，从而实现对全球化发展、文化动力因素、新型城镇化等多重发展背景的有效回应。

2 传统村落历史文化特色的"精准掌握"与整理

作为淮安市唯一的特色文化村落，龟山村有很多传说和故事。大禹曾在此疏道治淮。彼时水怪巫支祁为患一方，大禹曾与巫支祁及其所属几十万山精水怪大战，擒获巫支祁于龟山脚下，自此淮水始安。后来在长期的历史发展沿革之中，历经项王城、汉王城的秦汉时期，刘宋文帝时期（424 ～ 453 年）在原项王城基础上筑龟山城。隋代开通济渠后，这一时期的淮河交通繁忙，沿线兴起一批集镇，隶属盱眙的龟山镇即在此列。龟山商贾往来增多，人口渐增，城镇渐兴。此时佛教在淮河、洪泽湖地区兴盛起来，龟山始建寺院。相传炀帝南巡江都时，至破釜涧突遇降雨、汇聚成泽，于龟山脚名之"洪泽浦"，"洪泽"二字即出于此。北宋天禧二年（1018 年），迁泗、濠州路巡检于此，使龟山成为强化淮河下游统治的壁垒。元丰六年（1084 年）开龟山运河，置淮南、淮东漕运司，置务税令，龟山镇一时"人烟繁盛，倍于淮阴"，位列盱眙三镇。宋廷南迁之后，漕运停止、运河淤塞，随漕运而起的龟山亦因此逐渐衰落。清代一度成为清河重镇，康熙二十四年（1685 年）泗州学移建龟山之麓，学员二十人，另有凤阳学府旧额二名，这是龟山有史以来最高学府。而历经清朝和近代后龟山村逐步衰落。

由于龟山村本身交通位置重要，因此自古就是兵家必争之地，同时也成为佛教兴盛之地。实际上，淮河流域及洪泽湖地区的佛教多在南北朝兴起，于唐宋兴盛发展起来，龟山便是佛教兴盛的一大代表。佛教老子山的最早落脚点就是龟山，自唐宋至明清，曾有淮渎庙、先福寺、龟山寺、龟山塔院、大圣寺、安淮寺等，南宋皇帝赵构、清帝康熙都曾在此登岸拜佛。但至今寺院已踪迹难寻，大部分目前也仅知寺名。而除了佛教文化之外，民间传说（比如大禹镇锁巫支祁）、运河历史（龟山大运河）、文学底蕴（具体见表 1 ～表 3）等都非常丰富。在历史文化遗存上，龟山遗址构成了龟山村最为核心的文化资源，作为省级文物保护单位，龟山遗址的文物保护范围北至村民宋德福家后竹林，东至村民马德民家前村民路，西、南至石工墙。目前主要包括"圣旨"碑、"移建安淮寺碑"、龟山寺塔地宫、"重修淮渎庙碑"、"陶澍、麟庆碑"、"御码头"、明代"石工墙"等。控制建设范围为东、北自保护范围外 100 米，南、西两面与保护范围线重合，具体参见 1。

非物质文化遗产方面共计有 8 项，以民间故事传说为主，包括一项人物资源。其中洪泽湖渔鼓舞、水漫泗州城传说和巫支祁传说三项被列入省级非物质文化资源遗产名录。

表 1 龟山相关诗词文章整理汇总（项目团队整理、归纳）

朝代	类别	作者	诗词文章
唐代	诗词	元稹	《修龟山鱼池示众僧》
唐代	小说	李公佐	《古岳渎经》
北宋	诗词	汪藻	《龟山上方》
北宋	诗词	苏舜钦	《晚泊龟山》
北宋	诗词	苏轼	《题龟山》
北宋	诗词	苏轼	《龟山辩才师》
北宋	诗词	朴寅亮	《过龟山》
北宋	诗词	苏辙	《过龟山》
北宋	诗词	贺铸	《晚泊龟山》
北宋	诗词	米芾	《龟山晚钟》
北宋	诗词	秦观	《龟山塔院遣侍儿朝华》
北宋	诗词	张舜民	《龟山寺》
北宋	诗词	杨万里	《题龟山塔》二首
北宋	诗词	张禧	《题龟山水母井》
北宋	诗词	张耒	《望龟山》二首
北宋	文章	沈括	《泗州龟山水陆禅院佛顶舍利塔记》
北宋	文章	张耒	《龟山祭淮河词》
元代	诗词	张以宁	《泊龟山》
元代	文章	郝经	《祭淮渎文》
明代	诗词	郑真	《龟山水母庙》
明代	诗词	陈道	《泊舟龟山》
明代	诗词	潘叔权	《龟山寺晚钟》
明代	诗词	叶本	《龟山寺晚钟》
明代	诗词	黄景夔	《龟山寺晚钟》
明代	文章	云崖	《淮渎庙和柳地宫韵》
明代	文章	唐龙	《重修淮渎庙碑记》
清代	诗词	纪映钟	《龟山寺晚钟》
清代	诗词	陶澍	《龟山览古》
清代	诗词	陶澍	《游龟山访禹迹》四首

续表

朝代	类别	作者	诗词文章
清代	文章	麟庆	《重修淮渎神庙附记僧伽大圣记》
清代	文章	麟庆	《重建安淮寺碑记》
清代	文章	阮元	《移建安淮寺碑记》
清代	诗词	张相文	《龟山望明陵》

表 2 龟山乡村历史文化遗存整理汇总（项目团队整理、归纳）

	类别	名称	简介	评级
1	历史文化遗存	龟山运河	北宋元丰六年（1083）兴建	二
2	历史文化遗存	安淮寺遗址	清代，有残缺门墩	一
3	历史文化遗存	淮渎庙遗址	有残缺经幢	一
4	历史文化遗存	龟山寺塔地宫	宋代，即民间俗称“支祁井”“圣母井”。地宫建置巨大，顶部已缺损露空	四
5	历史文化遗存	御码头	相传为南宋建炎元年（1127 年）赵构所至而建，历代沿用。共 15 级，下五层台阶口呈弧形。传说清乾隆皇帝曾登临	四
6	历史文化遗存	石工墙	明代，长 200 米，驳岸中部略有坍塌，东段残缺。南端为石阶码头。保存状况较好。与御码头相连	四
7	历史文化遗存	“圣旨”碑	明代，高 2.65 米，宽 1.15 米，厚 0.23 米，弧形碑额。楷书，字迹侵蚀严重	三
8	历史文化遗存	“移建安淮寺碑”	清代，“清太子太保予告体仁阁大学士扬州阮元撰并书”，额满浮雕蝙蝠祥云图，碑座赑屃	三
9	历史文化遗存	“重修淮渎庙碑”	明代嘉靖庚寅（1530），“议大夫都察院右副都御史前总漕运兼抚凤阳等处地方兰溪渔石唐龙撰书”，背有碑记一篇	三
10	历史文化遗存	“游龟山访禹迹题咏碑”	清代，陶澍所撰	二
11	历史文化遗存	“再查淮渎庙碑”	清代，麟庆所撰	二
12	历史文化遗存	“题咏古碑”	两块，当年钦差大臣唐龙题写，现镶嵌于村	二
13	历史文化遗存	龟山摩崖石刻遗存	残件	一

表 3 龟山相关非物质文化资源整理汇总（项目团队整理、归纳）

	类别	名称	简介	评级
1	非物质文化资源	水漫泗州城	明朝皇帝朱棣因修祖陵抓民夫而破了水母娘和李守志的美好姻缘，水母娘为报复担神水淹没明祖陵的同时也淹没了泗州城	四
2	非物质文化资源	巫支祁传说	相传大禹治水，曾三至桐柏，获淮涡水神巫支祁，并将其锁于龟山之足，淮水始安。传说乾隆皇帝下江南时路过龟山曾揭开支祁井，那浑身长满青苔的水妖被拉出水面，恶狠狠地对乾隆皇帝说：“我若不看你是一国之主，我一口就把你吃掉！”吓得乾隆连忙命人把井盖上。鲁迅先生曾考证，巫支祁是《西游记》中孙悟空的原型	五
3	非物质文化资源	洪泽湖渔鼓舞	前身是流传于北方的“跳神”，明末清初由北方难民传入洪泽湖地区。清代以后，渔鼓作为渔民用于祭祀活动中跳神者的伴奏工具，形成了原始的渔鼓舞。传承过程中吸收渔歌及说唱等歌舞曲艺门类，表演风格不断走向成熟	五
4	非物质文化资源	金兀术不焚龟山寺	金兀术占领龟山后，意图焚烧龟山寺。忽见一老僧冒死上前跪见金兀术苦苦央求道：“此寺万不可焚，否则你将遭如来惩罚。”金兀术用铁棒猛击老僧头额，致使老僧头破血流。稍后金兀术巡视寺内罗汉洞时，竟见五百尊铁罗汉中，唯首座罗汉也是头破血流不止，恰如刚才被击老僧一模一样。金兀术心想：罗汉本是铁制之身，哪有流血的道理？莫非刚才被击老僧就是罗汉化身？他愈想愈觉得蹊跷，不由惊慌失措，仓皇而去。龟山寺躲过一劫，幸免被焚之灾	三
5	非物质文化资源	龟山与小龙女	相传一只修炼千年的洪泽湖雄乌龟，与东海小龙女相爱。但东海老龙王坚决不允，小龙女唯有以死相逼。龙王假意答应婚事，要求乌龟备好彩礼嫁妆后再择日来；却暗地命令停降大雨。水系迅猛枯竭。乌龟游至今老子山境内湖面再也无法前行，倍受日照煎熬。老龙王见乌龟未死，请来张果老登上龟背，种下一棵神树银杏。银杏树根系遇到了龟血，日扎数米、茎长数丈，树根穿透了乌龟的心脏，将其固定在湖面上。痴情的乌龟变成了湖中的一座山，小龙女闻后悲痛欲绝，冲破阻挠来到洪泽湖上空缅怀已变成青山的乌龟，之后每年农历二月初二都是如此。传说这天龟山上空都会天降细雨，细雨是东海小龙女思念恋人的眼泪。千年来龟山山清水秀，唯独那棵银杏树被小龙女的眼泪淹死，至今朽木犹存	四

续表

	类别	名称	简介	评级
6	非物质文化资源	龟山足下百牛潭	唐永泰初年，有渔人夜钓于龟山之足，鱼钩被东西拉扯住无法拔出。渔者下水查看，看见大铁锁盘绕山足，立即禀报时任楚州刺史李汤。李汤命数十人，加五十余头牛，拉动铁索。一时惊涛翻滚，锁的末尾出现一头高五丈、似猿猴的怪兽，怪兽欲发狂怒，围观者奔走散去。稍后怪兽便引锁拽牛入水，不再出现。五十余头牛故作百牛之说，史书记之为百牛潭	三
7	非物质文化资源	乾隆皇帝找父亲	乾隆母亲进宫后，其父龟山做和尚。乾隆下江南经过龟山，赐每个和尚一件袈裟，个个跪下谢恩，唯有一个不下跪，自称“八 × 和尚”不拜主，乾隆回京听太后解释后，方知“八 ×”即“父”字，父不拜儿。乾隆二次到龟山时，其父已走了。后来下旨在龟山大修庙宇，并将庙的正门叫“午朝门”，因为皇帝来过这里	三
8	非物质文化资源	龚开	宋末元初画家，字圣予，号翠岩，龟山人。擅诗文书画的文人画家，山水画师从米芾、米友仁，人物、鞍马则学曹霸，亦能画梅、菊等花卉。特别喜欢用水墨画鬼魅及钟馗，“怪怪奇奇，自成一家”。著有《龟城叟集》1 卷	四

3 “精准保护与开发一体化”规划的行动逻辑与“精准目标管理”

龟山村的“精准保护与开发一体化”模式，不仅仅是一个简单的规划方案或是实施路径，而是一个必须成为具有明确问题导向和对应方案的操作方法及模式，是一揽子“精准解决方案系统”，这就要求必须充分理解全球化背景下传统村落发展的可能性，充分认知到“精准保护与开发一体化”对于传统村落未来发展的重要性，更为重要的是，要将传统村落从一般意义的资源整合上升到城镇文化资本的再生产过程，让一个村落的本土文化资本要素成为江苏乃至长三角的一个有特色的重要乡村文化品牌。

针对地方品牌建设的可能性与重要性，哈维曾这样论述，“附着在如巴黎、雅典、纽约、里约热内卢、柏林和罗马这类名城和场所上的集体符号资本具有非常重要的作用，让这些地方获得了相对于巴尔的摩、利物浦、埃森、里尔、格拉斯哥等地的经济优势”。因此，“城市的‘品牌’成了一件大生意”。基于此，我们必须认识到未来城市与区域发展主要是围绕城市文化符号资本展开的竞争，谁能够形成更具影响力的“城市文化资本”，谁能够更好地宣传彰显自己的地方文化符号资本，谁就能够占据发展竞争的特色文化战略高地，是参与全球化竞争的前提，只有这样，才能够吸引产业、资金、企业、信息和人才等诸多要素的流入。为此，龟山村传统村落保护与建设的规划三个核心步骤和关键环节是值得关注的。

3.1 “网络 +”的全要素资源“大数据化”的“精准掌握”

要做到“精准保护与开发一体化”，就必须形成对传统村落人文历史“全资源”的完整认知和“精准知晓”，并在此基础之上叠合大数据的处理方式，形成对村落既有发展基础和“镇情”、“村情”的“精准把握”和实时掌控，做到无一遗漏。前者要求必须打破单一资源视角来审视传统村落的现状，转而以具有增殖性、辐射性和带动性的文化资本视角形成传统村落的资源基础。必须充分认识到，传统村落实际上具有全要素资源基础的发展能力，必须将村庄形态、空间布局、建筑风格、原住居民、传统风俗、生产方式、生活习惯、文化传说、语言口音等都纳入资源范畴，形成以传统村落地方“文化资本”为内核的全要素资源基础。这种保护方式在国际上已有先例，“在韩国，掌握某种传统歌舞、服饰、工艺等方面技艺的人，一旦被政府和学者们确认具有某方面传统的代表性，便可每月从政府获得一笔补助，从而使其自尊、自重和保证不把这一传统变成商业演出以持续保持原有风格，并致力于培养传承的接班人。”后者则意在强调，作为淮安市目前唯一的传统村落，任何针对龟山村的保护与开发都必须将现状的详尽梳理和有效掌握作为前提基础，因此，针对龟山必须形成针对空间、建筑、居民、文化、遗产等多重现状要素的大数据掌握，以专项数据库结合信息化网站管理系统为载体，共同形成大数据式的龟山现状情况摸底（具体参见表 4）。

表 4　龟山既有居民的入户调查统计表（部分）

编号	居民基本情况（宗族、人口、户籍、收入、居住时间等）	建筑基本情况（年代、材质、细节、质量、布局等）	文物基本情况（内部文物、周边资源等）	房屋基本情况（产权、相关设施等）	自身诉求基本情况
GS001	湖边小船厂（修船及洗沙）用房，非住宅用房，无人居住	水泥平房一处，平面呈一大一小两个长方形。紧邻洪泽湖	无	非法建筑，有待拆除	不详
GS002	湖边小船厂（修船及洗沙）生活用房，人数不详	水泥房一处，红瓦双坡顶。建筑为邻洪泽湖	无	非法建筑，有待拆除	不详

续表

编号	居民基本情况（宗族、人口、户籍、收入、居住时间等）	建筑基本情况（年代、材质、细节、质量、布局等）	文物基本情况（内部文物、周边资源等）	房屋基本情况（产权、相关设施等）	自身诉求基本情况
GS003	湖边小船厂（修船及洗沙）用房，非住宅用房，无人居住	水泥房一处，单坡红顶。紧邻七仙瑶池、靠洪泽湖	无	非法建筑，有待拆除	不详
GS004	宗族姓氏为高姓，家庭常住人口3人，均为龟山本地户籍。家庭收入主要以养殖为主	包括芦苇房两间、户外土灶一个、后院及鱼塘，屋龄8年左右，主要建筑材料为木头和芦苇。大间芦苇房为卧房、双坡顶，小间芦苇房为厨房、单坡顶。形成一个临水小院，由渔网和树枝围合，形态较完整、环境良好	无	自有产权	希望留在本村，其他诉求不明确
GS005-1	宗族姓氏为张姓，家庭常住人口3人，均为龟山本地户籍。与GS007、GS009为亲属关系	包括一新一旧两栋房屋，为砖砌+水泥粉刷，GS005–1屋龄10余年，红瓦双坡顶，含三间房，分别为卧室、厨房和屋后的杂物间。GS005–2屋龄4～5年，平顶。有较大院落，有种菜和养殖	无	自有产权	认为自己不会农家乐经营
GS005-2	宗族姓氏为张姓，家庭常住人口3人，均为龟山本地户籍。与GS007、GS009为亲属关系	包括一新一旧两栋房屋，为砖砌+水泥粉刷，GS005–1屋龄10余年，红瓦双坡顶，含三间房，分别为卧室、厨房和屋后的杂物间。GS005–2屋龄4～5年，平顶。有较大院落，有种菜和养殖	无	自有产权	认为自己不会农家乐经营
GS006	原为学校，现已废弃，无人使用	包含房屋三栋和残破石头围墙两段，屋前空间较大，破损严重。GS006–1和GS006–2为校舍，屋龄30余年，为砖砌+水泥粉刷，双坡顶由芦苇席、草把和红瓦构成，共有教室5间。GS006–3为厕所	无	自有产权	不详

续表

编号	居民基本情况（宗族、人口、户籍、收入、居住时间等）	建筑基本情况（年代、材质、细节、质量、布局等）	文物基本情况（内部文物、周边资源等）	房屋基本情况（产权、相关设施等）	自身诉求基本情况
GS007	宗族姓氏为张姓，家庭人口6人，均为龟山本地户籍。屋主一家外出南京打工，仅过年回村，使用频率较低。与对面GS005、GS009为亲属关系	包括房屋两栋，占地面积较大，形成有围墙的封闭院落，有铁门上锁。屋龄8年左右。一栋主建筑红瓦双坡顶，旁边一栋平顶附属建筑，房屋质量和内部设施较好	无	自有产权	不详
GS008	宗族姓氏为姚姓，家庭常住人口7人，均为龟山本地户籍	包括房屋三栋，占地面积较大，形成有围墙和铁艺门的封闭院落，屋龄10余年。主建筑为两层，朱红瓦双坡顶，正脊有翘角，建筑外观较好；旁边一栋单层平顶建筑，有卧房、卫生间和储藏室等空间。围墙之外有独立于院落外的一冷冻库	无	自有产权	无拆迁意愿
GS009	宗族姓氏为张姓，家庭常住人口2人，均为龟山本地户籍。与GS005、GS007为亲属关系	包括联排的房屋两栋，常住2人。为砖砌+水泥粉刷，红瓦双坡顶，屋龄20余年。与GS010一墙之隔，屋前有一定空间	无	自有产权	不详
GS010	宗族姓氏为王姓，家庭常住人口6人，均为龟山本地户籍	由房屋三栋、后院、芦苇杂物间和猪圈构成，屋龄为30年左右。占地面积较大，屋旁有自家竹林，有茅草栅栏形成封闭院落。GS010–1和GS010–2为砖砌+水泥粉刷；GS010–3为厨房，主要建筑材料为芦苇。内部条件一般，无卫生间	无	自有产权	不愿拆迁

续表

编号	居民基本情况（宗族、人口、户籍、收入、居住时间等）	建筑基本情况（年代、材质、细节、质量、布局等）	文物基本情况（内部文物、周边资源等）	房屋基本情况（产权、相关设施等）	自身诉求基本情况
GS011	宗族姓氏为范姓，家庭常住人口 4 人，均为龟山本地户籍	包括房屋三栋五间，屋龄 30 余年。GS011–1 为卧房，建筑为石砌 + 水泥粉刷，灰瓦双坡顶，有走廊和方形廊柱；GS011–2 为杂物间，主要建筑材料为芦苇；GS011–3 为厨房和卫生间，为砖砌 + 水泥粉刷。内部有地砖、吊顶等，基础条件较好，门前有较大面积空地	无	自有产权	不详
GS012	均为龟山本地户籍，常年无人居住	修建于 1991 年，包括联排房屋两间，为砖砌 + 水泥粉刷，一间为厨房	无	自有产权	不详
GS013	均为龟山本地户籍，常年无人居住	修建于 1991 年，包括联排房屋两间，为砖砌 + 水泥粉刷，一间为厨房	无	自有产权	不详
GS014	宗族姓氏为范姓，家庭常住人口 3 人，均为龟山本地户籍	修建于 1991 年，包括联排房屋两间，为砖砌 + 水泥粉刷，一间为厨房	无	自有产权	不详
GS015	宗族姓氏为高姓，家庭常住人口 4 人，均为龟山本地户籍	包括房屋两栋，主建筑和厨房各一栋，屋龄 40 余年，建筑为石砌 + 水泥粉刷，均覆瓦双坡顶。屋后有自家竹林，屋前有较大面积空地，有树、石磨和手摇水泵	无	自有产权	不详
GS016-1	宗族姓氏为湛姓，家庭常住人口 4 人，均为龟山本地户籍	包括房屋三栋，门前有较大面积空地。GS016–1 屋龄 7 ～ 8 年，为砖砌 + 水泥粉刷；GS016–2 屋龄 40 余年，为石砌 + 水泥粉刷，灰瓦双坡顶；GS016–3 屋龄为 40 余年，原为厨房，主要建筑材料为石头，以芦苇作门，内有灶台，屋顶破损，现已废弃	无	自有产权	不详

经过多次走访，项目团队形成了对龟山村全域100户人家的入户摸底调查，针对每一个建筑形成了如表4所示的摸底调查数据库。同时为了评估龟山村内部每一户人家以及建筑的基础和未来保护开发潜力，项目团队对每一户人家的宗族、人口、户籍、职业、收入来源、居住时间和产权归属乃至未来发展意愿等进行了综合评估，打破了建筑空间与村民生活分割的既有规划缺陷，真正形成了对龟山村基础的夯实把握和理解。详情如图1。

图1 龟山建筑情况调查摸底数据图（部分示意）

在此基础之上，项目团队综合考虑建筑情况、文化历史和居住情况等，为龟山村量身设计了保护与开发指标体系，见表5。

表5 龟山建筑保护与开发指标体系

评价目标层次	一级评价指标	权重	一级评价指标	权重	二级评价指标	权重	合成权重
龟山村传统村落建筑保护与开发指标体系	强力保护指标（A1）	0.6	特色性指标（B1）	0.5	建筑材料材质特色性（C1）	0.3	0.090
					空间布局细节特色性（C2）	0.15	0.045
					建筑工艺美学特色性（C3）	0.3	0.090
					所属区位空间特色性（C4）	0.25	0.075
			完整性指标（B2）	0.2	功能空间的完整程度（C5）	0.3	0.036

续表

评价目标层次	一级评价指标	权重	一级评价指标	权重	二级评价指标	权重	合成权重
龟山村传统村落建筑保护与开发指标体系	强力保护指标（A1）	0.6	完整性指标（B2）	0.2	建筑结构的完整程度（C6）	0.45	0.054
					建筑质量的安全程度（C7）	0.25	0.030
			历史性指标（B3）	0.3	修建修缮历史悠久性（C8）	0.5	0.090
					居住用户历史延续性（C9）	0.2	0.036
					历史文化附着物丰富度（C10）	0.3	0.054
	创新开发指标（A2）	0.4	宜居性指标（B4）	0.4	宜居设施设备完善性（C11）	0.5	0.080
					建筑空间的相对规模（C12）	0.3	0.048
					房屋建筑的使用频率（C13）	0.2	0.032
			潜力性指标（B5）	0.6	建筑改造升级可能性（C14）	0.4	0.096
					周边空间发展可能性（C15）	0.25	0.060
					经营发展基础可能性（C16）	0.35	0.084

这三级指标体系共同构成了龟山村进行建筑保护与开发遴选的重要量化评价标准，覆盖了建筑保护与开发过程中的特色性、完整性、历史性、宜居性和潜力性五大核心指标，并下设十六个二级指标体系，从而构成了依据龟山本地实际情况，符合国家传统村落保护要求的传统村落保护与开发指标。

在形成对龟山村“精准”的“建筑—人—文化”立体化掌握的基础之上，将“网络 +”的创新思路引入，为龟山村的保护与开发规划、实施和反馈专门设计了一个信息化管理平台。通过古村落保护、历史研究、规划管理、开发建设、招商综合和行政管理六大功能平台的设计，不仅可以实现对龟山村既有文化资源、建筑情况和村民生活的及时性掌握，同时还有效避免了前期规划与后期拆迁、建设、管理、招商等环节的脱节，真正形成了保护与开发一体化的服务策略。详情请参见图 2 ～图 4。

“互联网 +”是当下社会发展的热点，也必定成为传统村落“精准规划”乃至发展创新的一个重要思路，但传统乡村有其特殊性，在践行“互联网 +”整体创新思路的过程之中必须充分审视和有效介入。可以说，龟山村保护与开发一体规划信息管理平台的建构正是以扎实而详细的基础数据调查为基础的，也正是在这个意义上，互联网真正成为服务龟山村未来发展的重要工具而不仅仅停留在一个面子工程的层面（图 5）。

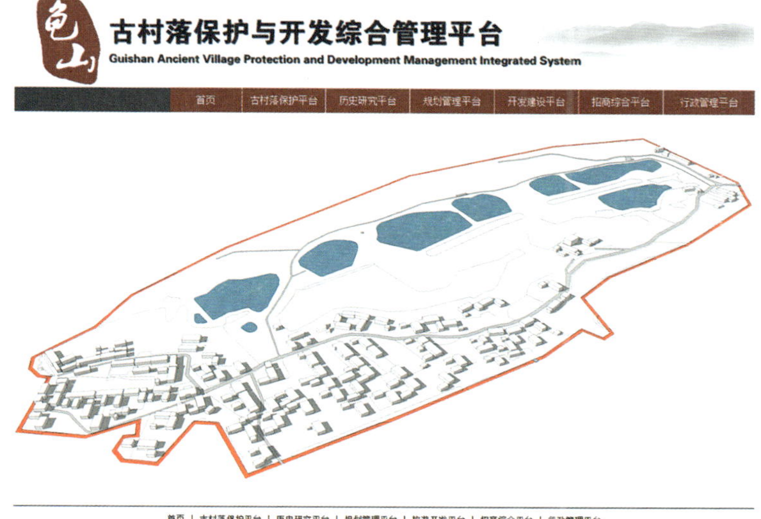

图 2 龟山村落保护与开发综合管理平台（其一）

建筑物编号：	GS008		
特色性指标(B1)：	2.5		
建筑材料材质特色性（C1）	空间布局细节特色性（C2）	建筑工艺美学特色性（C3）	所属区位空间特色性（C4）
0.09	0.135	0.27	0.225
完整性指标(B2)：	4		
功能空间的完整程度（C5）：	建筑结构的完整程度（C6）	建筑质量的安全程度（C7）	
0.144	0.216	0.12	
历史性指标(B3)：	1.33		
修建修缮历史悠久性（C8）	居住用户历史延续性（C9）	历史文化附着物丰富度（C10）	
0.09	0.072	0.054	
宜居性指标（B4）：	3.67		
宜居设施设备完善性（C11）	建筑空间的相对规模（C12）	房屋建筑的使用频率（C13）	
0.32	0.192	0.096	
潜力性指标（B5）：	2.67		
建筑改造升级可能性（C14）	周边空间发展可能性（C15）	经营发展基础可能性（C16）	
0.192	0.18	0.252	
居民基本情况：	宗族姓氏为姚姓，家庭常住人口7人，均为龟山本地户籍。		
建筑基本情况：	包括房屋三栋，占地面积较大，形成有围墙和铁艺门的封闭院落，屋龄10余年。主建筑为两层，朱红瓦双坡顶，正脊有翘角，建筑外观较好；旁边一栋单层平顶建筑，有卧房、卫生间和储藏室等空间。围墙之外有独立于院落外的一冷冻库，		
文物基本情况：	无		
房屋基本情况：	自有产权		
自身诉求情况：	无拆迁意愿		

图 3 龟山村落保护与开发综合管理平台（其二）

3.2 “保护 +”的传统村落“以人为本”的原文化“精准理解”

必须明确提出“强保护”的传统村落文化延续策略，尤其强调对核心区的强力保护，具体来说就是必须形成对龟山村特定要素（包括人、建筑、文物遗迹、民俗等）形成定制保护思路。通过特定要素的梳理、保护等级的分区、保护办法

图 4　龟山村落保护与开发综合管理平台（其三）

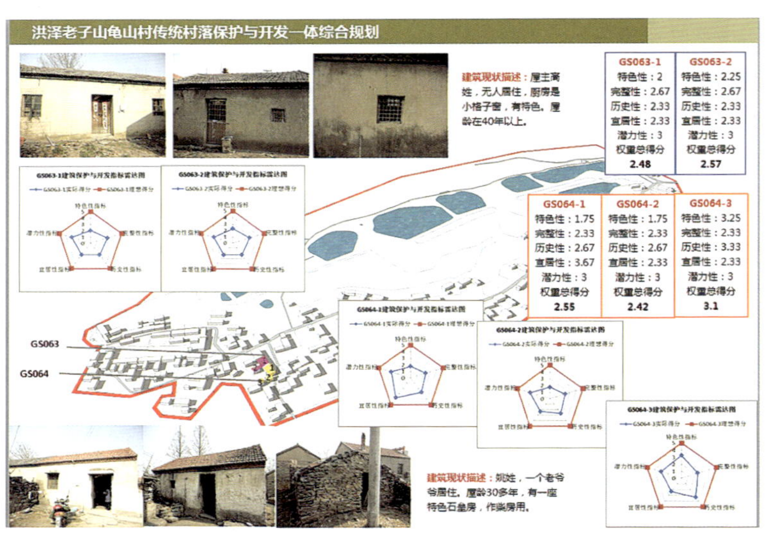

图 5　调查资料分析案例

的解释、重点项目策划这四大核心步骤，形成对龟山村传统村落的强力保护和明确落地，真正将村落保护的工作落实到空间上，形成自上而下与自下而上相结合的保护思维。同时必须彻底贯彻“以人为本”的发展思路，做到“原住民、原建筑、原文化、原习俗、原生活”的完整保留，除了在保护阶段强调充分尊重村民的意愿和相应习惯之外，更为重要的是，在发展的过程中必须将“富民福民”的民本经济发展导向放在首位，着力提升居民的生活水平、收入水平、就业水平，提升龟山居民的幸福感与自豪感。

首先，明确龟山村“强保护”的顶层思路和设计原则。主要包括以下几个方面：尊重历史，坚持保护优先原则，尊重历史的真实性。立足历史价值，实现文物古迹原址保护、村落格局原态保护、历史传说原真保护，不随意更改、过度修饰村落面貌和历史；留住乡愁，坚持本地特色原则，实现集体记忆的延续性。以物质资源为依托，强调非物质形态文化的保护传承，留住本地文化，留住村民归属感，避免千村一面和情感记忆流失；整体保护，坚持整体思维，实现保护的内容整体性和空间整体性。摒弃只重文保单位的保护思路，对实体资源、空间环境、历史内涵等进行完整性和系统性的全域保护；村民主体，坚持尊重村民原则，培养文化自信、建立文化自觉、实现文化自主。为村民参与保护提供可能性。以村民本身为保护内容，实现保护主体和被保护主体的双重身份；活态传承，坚持传承乡村生活生产方式，保持乡村永续活力。借鉴生产性保护理念，推动对文化资源的重新利用，将传统物件、民风民俗和现代生活重新融合，避免见物不见人；合理开发，坚持保护性开发原则，实现开发的适度性。在保护的基础上，优化生态和生活环境，丰富文化体验空间，提高经济效益，为龟山村保护开发提供持续动力。

其次，实施精准“分级保护、各有侧重”的管制策略。秉承“村落全域化保护、三级梯度化保护、界限明确化保护”空间管制原则，将整个村落划分为“核心保护区、控制建设区和风貌协调区”三大部分（详情见图 6）。其中核心保护区主要针对龟山遗址所在片区，要求严守“三不得、三保证”。其中“三不得”主要是指“不得改变片区格局、不得随意拆迁或扩建、不得破坏或移动文物”，而“三保证”则主要是指“保证建筑修旧如旧、保证良好周边环境、保证历史空间活态利用”。控制建设区则主要针对居民居住区，强调坚持“三个控制、一个优化”。其中，“三个控制”主要指“控制传统空间尺度基本不变、控制原有建筑风格基本不变、控制建筑总量和建筑高度。”“一个优化”主要是指“优化绿化环境和人居设施”。风貌协调区则是对应其他区域，强调要落实“三个协调”，即“协调新建项目与传统建筑、协调人工环境与自然环境、协调该片区与其他保护区”。同时根据三大保护分区制定完整可行的建筑改造方案，将建筑分为迁移型、翻建型、修缮型、保护型四大类型。龟山村全村共有房屋建筑 100 户，经过调研规划的综合考虑，在未来的发展过程中要拆迁 16 户，占总数 16%；翻建 14 户，占总数 14%；修缮 66 户，占总数 66%；保护 4 户，占总数 4%。最大限度地减少对既有建筑物的冲击和改造，最大限度地保留原有空间尺度和建筑风格，最大限度地留

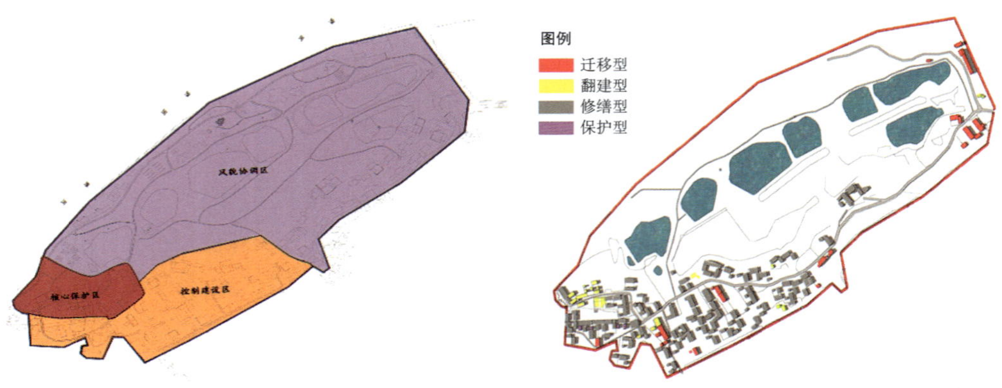

图 6　龟山村保护空间的分区设置与建筑分类示意（项目团队自绘）

存龟山村传统村落的建筑风貌。

最后，大力推进“体系化、针对化、落地化、精准化”的保护配套工程。针对龟山村的具体情况，规划整理确定五大类保护对象，推行五大分类保护工程。以 100 户村民为核心，以文物、建筑和空间为依托，覆盖原住居民保护、乡村记忆保护、文物古迹保护、民居建筑保护、村落风貌保护。其中，“原住居民保护工程”重点强调留住原住居民、保证生活质量，保留生产方式、保护生活形态，反映村民意愿；“乡村记忆保护工程”重点强调非物质形态的历史文化要素，包括历史传说、集体记忆、非物质文化遗产等；“文物古迹保护工程”强调以龟山遗址为主的历史文化遗存；“民居建筑保护工程”强调对民居建筑的整体保护；“村落风貌保护工程”强调对原生自然环境、街巷布局、空间节点、原有景观视廊、建筑外观及高度控制等。以这五大保护对象为核心方向，同时推进五大专项保护工程。

其一，原住民保护工程。在不强制外迁现有居民，吸引青壮年回流的原则指导下，主要通过保证生活质量、保留文化特色、保护主体地位三大方面入手，制定具体保护内容（参见表 6）。将延续龟山村传统生活状态与创造乡村生活新样态有机结合，保护村民基本利益，以留住原住居民、避免空心村情况恶化，实现传统村落开发过程中的原住居民保护。

其二，乡村记忆保护工程则以政府为主导，面向全体龟山村民，以外界力量为助力，推动非遗、历史事件及人物、风俗传说、集体记忆等龟山乡村记忆的有效保护。包含拯救记录、普及共享和传承延续的六大保护计划，保护个人、家族和村落三重记忆。具体措施包括推进历史档案计划、龟山日记计划、说书人计划、村民导游计划、非遗造血计划、乡土教育计划。

其三，文物古迹保护工程则以《中华人民共和国文物保护法》为出发点，结

表 6　龟山村"原住民保护工程"的具体内容

三大方向	七大内容	核心意义
保证生活质量	基础设施方案	完善基础设施，提供乡村公共服务
	就业服务方案	增加就业机会，提供个人发展机遇
	便民商业方案	构建社区商业，提供日常生活服务
	开发补偿方案	落实搬迁补偿，提供回迁和集中安置
保留文化特色	渔业保护方案	保留生产方式，提供传统渔业保护
	生活保护方案	保护生活形态，提供乡村生活保护
保护主体地位	村民参与方案	反映村民意愿，提供村民参与渠道

合龟山实际情况，明确保护主体和相关职责。保护对象为以龟山遗址为主的龟山村历史文化遗存。坚持保护为主、抢救第一，强调不得任意搬迁、移动、毁坏、盗取文物、不得在控制建设地带内开展大规模建设工程原则，针对不同行为主体制定旅游引导系统、整体保护计划、《龟山村民文物保护公约》、学术研究推动等具体措施。

其四，民居建筑保护工程则强调实行高覆盖率的民居建筑保护工程，除拆迁型以外的建筑均在保护范围以内。将建筑分类为保护型、修缮型、翻建型三大类型，并进行分类保护。详情参见表 7。

表 7　龟山村"原住民保护工程"的具体内容

建筑分类	保护分级	分级依据	保护思路
保护型	一级原态保护	在无项目植入需求的基础上，建筑材料和风格具有特色、建筑质量较好者；与整体风貌完全符合、具有一定代表性、内部陈设较好者	完整保留建筑位置、外观风格、结构格局、内部陈设，保持原有建筑功能和原始住户。不任意搭建，不随意翻新，破落的地方原样修复
修缮型	二级修缮保护	与整体风貌存在冲突、内部陈设较差，但建筑质量较高、使用频率较高的一般建筑	保留原有建筑位置和结构、保护建筑的格局、基本保留原有住户。重点进行外立面改造、内部装修改造、生活设施完善等
翻建型	三级翻建保护	拥有特色的建筑材料、特殊的建筑历史或优势的地理位置，但现有建筑质量极差、内部空间有限或无法完全满足项目需要的一般建筑	保留原有建筑的位置和外部空间格局；部分保留原有建筑材料和元素；基本保留原有住户；部分或完全拆除后，进行重建或改建更新

其五，村落风貌保护工程则旨在保护传统村落的整体面貌，保证开发建设过程中村落的整体环境、整体风格、整体格局、整体位置和整体景观不发生巨大改变，保留可辨认的视觉印象和历史沿革痕迹。颁布 10 条保护标准，从控制龟山的自然原貌、街巷布局、空间节点、原有景观视廊、建筑外观及高度等方面，实现村落整体风貌的保护和延续。

3.3 “产业 +”的富民福民建设路径：特色与产业的精准定位

在强力保护和数据摸底的基础之上，必须着力提升龟山村的“文化自觉”，建构传统村落的自我生存、自我盈利能力，充分认知小村落与小城镇是都不可能“独善其身”孤立发展的，必须积极参与“地域生产力结构体系”，积极参与区域性的城镇生产消费分工，深度嵌入到县市乃至全球层面的市场需求当中，唯有如此，才能确保为村落的发展提供足够的动力和支撑。基于此，就必须强调立足村庄自身特点，形成具有差异化和唯一性的产业发展集群，并依托集群形成若干重大项目。在这个过程之中，逐步带动所在地居民的产业升级和就业升级，真正做到富民福民，从而切实落实“以人为本”的新型城镇化最新要求。这就要求在龟山村的保护与发展当中要充分以功能分区为导向、以主题明确为依据、以要素齐全为要求、以全域覆盖为基础，体现文化传承、富民强村、人居环境三大诉求，争取以特色产业引领带动，可以涵盖“食住行游购娱学养会商”十大类型，最终形成拥有 62 项产品的龟山村落开发项目体系，在一个村落囊括观光旅游、生态旅游、休闲旅游、文化旅游四大乡村旅游类型，把原本静止、孤立、没落的传统村落打造成为具有盈利能力、品牌能力、富民能力乃至辐射带动能力的旅游目的地。

为此，规划提出了“一轴、两环、六区”的整体功能分区设计体系。按照各个区域的各自特点结合后期保护开发过程中的任务侧重进行分割，将龟山村全域分割成为综合服务片区、特色商业片区、乡村生活片区、核心文化片区、滨湖美食片区、生态休闲片区六大核心片区（图 7）。

其一，核心文化片区是龟山遗址所在地，也是“保护 +”策略当中划分的重点保护空间，因此强调以“传承历史、创意未来”为主题，主要承担龟山历史文化的展示体验功能。将文化资源与旅游产品相连接，注重历史文化的创意表达和产品设计的多层次体验，以旅游体验带动文化传达。

其二，乡村生活片区是目前主要民居和居住功能承载区，是龟山文化、民俗活态传承和展示的重要空间，而之前的保护策略当中也考虑到保护原住民的居住环境，这一部分为“控制建设区”，基本保留村落的原始肌理和民居格局，依然作为村民的集中安置区域，同时赋予更多村落文化的产品，成为龟山活态保护

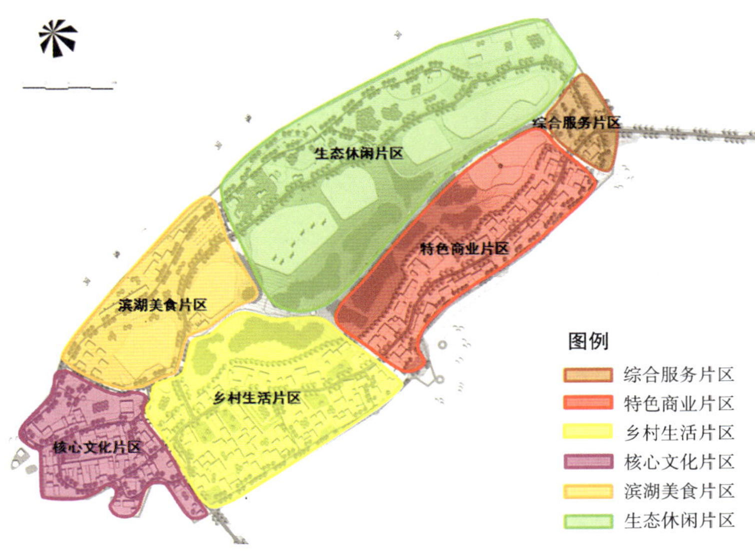

图 7 龟山村村落功能分区规划图（项目团队自绘）

区。少部分民居将会拆除或改建，为旅游开发所用。这个片区的主要功能是展示古村落的文化，使游客体验到古村落的生产和生活。

其三，特色商业片区目前人口稀少，而且土地产权明晰归属镇政府所有，所以在保护开发当中承担平衡资金与吸引人流的主要任务。这一片区的设计目的在于直观地展示龟山村当地特色的食品、物品，满足游客购买纪念品、餐饮的需求。整个商业片区建筑的设计上与周围建筑与环境相协调，展现出繁荣的景象。

其四，综合服务片区是整个龟山村旅游目的地打造的起点和服务功能承载区，要形成具有明显品牌效应的空间感营造，其在地理位置上位于龟山村的入口处，作为景区的入口，承担着承前启后的功能，是从外界到龟山村正式景区的一个过渡。同时，综合服务片区能给游客提供相应的指导服务，是游客的集散中心和咨询服务中心。

以上四大片区在龟山村的保护建设过程当中是预先启动保护与开发建设的板块，因此其产权归属清楚、承担功能明确并且有着非常独特的发展竞争力和基础资源。而生态休闲片区和滨湖美食片区则分别对应生态休闲旅游和特色餐饮休闲两大功能，作为整个龟山村后期持续开发的待利用空间，形成一个区域开发的连续性和可持续性。

在六大分区的基础之上，规划还提出充分结合本地特色、产业特色和盈利可能的 62 项文旅产业项目，覆盖餐饮、住宿、休闲、娱乐、体验、购物、学习、艺术、博览等多个文旅细分产业方向，将宏观空间层面的功能分度通过切实的操作来落地，成为支撑龟山村产业驱动发展，富民福民倍增的重要手段（图 8）。

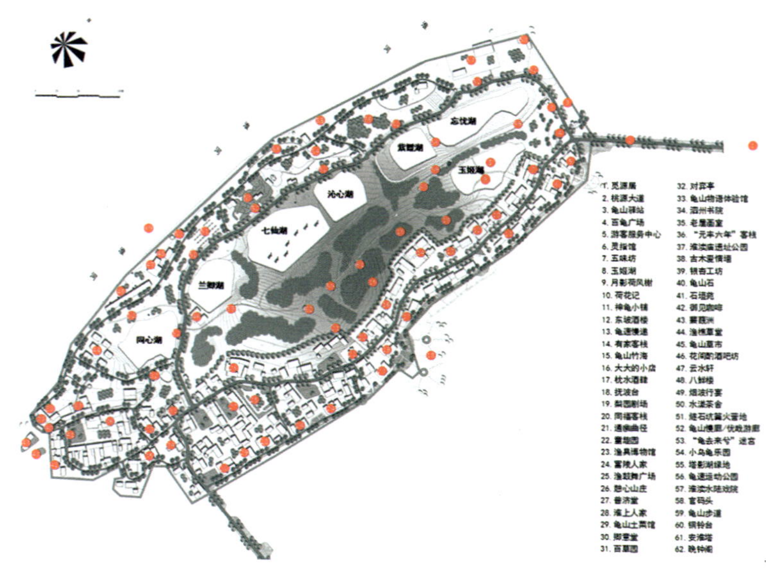

图 8　龟山村村落文旅产业发展项目规划落点图（项目团队自绘）

与此同时，规划还从后期发展的角度出发考虑，专项提出运营和营销设计方案，前者针对组织机构、融资渠道、景区设备、全民参与四大核心提出“活态经营、文化先导”、“市场运作、利益驱动”、“政策导向、引进爆点”、“全民动员、村民主体”、“分类对待、因类制宜”、“三步阶段、阶段推进”的 48 字原则，并配套提出具体实施策略。而后者则从打造龟山品牌、扩大市场影响、吸引有效客流、着重社会效应四大方面出发，提出针对龟山的“立体营销”策略，利用口碑、广告、渠道、新闻、网络、平台六大路径进行多面营销，成功提升龟山作为一个传统村落保护典范和一个乡村旅游示范样本的影响力。

不仅要通过“精准保护”的规划来推进项目的科学“精准施工”建设，还要通过以“精准到户目标管理”来最终实现项目的落地。这一规划在完成之后，得到政府与相关领域专家的一致认可并顺利通过评审。目前龟山村在淮安市镇县市三级政府联动支持之下正在有条不紊地推进传统村落的保护与开发工作。通过选择试点区域，政府主导进行了局部区域的建筑改造和功能调整，目前已经在村落的核心部位按照规划形成了地方书院、特色民宿、农家乐餐饮、高校实习基地等，这些“试点建设”对龟山村民和外来投资者是一个示范和引领，目前已有多户本地居民和外来投资企业与镇政府进行洽谈，希望在龟山村进行保护、开发和自主经营中参与投资建设（图 9，图 10，图 11）。

图 9　龟山村改造之前的建筑风貌和发展程度

图 10　龟山村改造之后的部分建筑与风貌

图 11　龟山村改造之后的效果图

龟山村的未来保护与开发正在由以往单一、静态、孤立的困境走向延续、开放、有地方精神的特色文化村落，当然，龟山村这一传统村落也是“精准保护规划一体化”的一个成功样板。

参考文献请见原文。

（撰稿人：张鸿雁，南京大学社会学院教授，博士生导师。南京大学城市科学研究院院长，《中国名城》杂志主编；房冠辛，南京大学社会学院博士研究生）

江南文化何所寄

——江南的历史流变与苏南乡村空间特色保护的现实路径[1]

江南文化源远流长，“小桥、流水、江村”的江南人居意象，蕴藉着中国人对美好家园的无穷想象，而苏南乡村作为长时期积淀并传承下来的人、建筑、自然的综合体，虽受现代文明冲击，历经岁月洗礼，仍然保存了不同历史时期社会文化习俗、聚落营建、建筑技术等地域文化特色，也是江南文化的典型体现和物化写照。本文通过分析梳理江南地域空间的历史流变，探讨江南文化在城乡空间上的表征，进而分析提出当代江南文化特质面临的挑战与保护传承的现实路径。

1　江南地域空间的历史流变

“人人尽说江南好，游人只合江南老。”杏花春雨里的江南，是游子心中最深的牵念，是诗人笔下最美的乡愁，更是最令人向往的人居家园。然而，江南到底在何处？是长江以南的广袤国土，还是“迁屈原于江南”的楚国旧地、湘湖之间？是“荆扬七郡”抑或仅指“三吴之地”？直至今天，有关“江南”的诸多研究对江南地域的认知仍然不尽相同。事实上，在不同的历史时期，“江南”的地域范围曾历经变迁。或许地理空间的准确界限并不十分重要，而存在于历代中国人心目中的江南意向和文化胜境，才是今天江南文化的核心价值所在。

1.1　先秦时期的江南

在记述先秦事件的文献典籍中，“江南”往往是一个方位名词，而非特定地理区域，多指长江以南和楚国所属的长江以南地域。

有专家认为，“江南”最早出现于春秋时期。在现有的历史文献中，可查证的“江南”一词最早见于成书于战国时期的《吕氏春秋》和《左传》。《吕氏春秋》卷五：“……服象为虐于东夷，周公遂以师逐之，至于江南。乃为三象，以嘉其

[1] 本文摘自《中国名城》，2016（11）：60-66。

德。”表述的是周公在平定武庚叛乱，击败淮夷后，将之驱逐到长江南岸。值得注意的是，在早期的古文献论述中，“江南”往往是对所处地理方位的描述，没有固定指某一特定区域。“江南”的“江”也并不限于长江，如《左传》宣公十二年：“郑伯肉袒牵羊以逆，曰：‘……其俘诸江南，以实海滨，亦唯命’……”这里的“江”是汉江，江南是指汉水以南的地区；《越绝书》里提到勾践“乃着其法，治牧江南，七年而禽吴也。”与《吴越春秋》记载“于是吴悉兵屯于江北，越军于江南”这里的“江南”均指的是钱塘江以南。而随着楚国的强势崛起以及楚地与中原之间联系的日益紧密，“江南”一词被更多地用于指楚国在长江南岸的地域。到了战国晚期，这种指向性变得更为明确。谭其骧先生主编《中国历史地图集》第一册 P45 ～ P46（战国·楚越）中，则将“江南”标识为巫山至洞庭之间。

1.2 秦汉时期的江南

秦时期，“江南”所指的空间多指长江中游南岸地区，两汉时期则主要是指荆、扬二州，洞庭湖南北地区仍然是江南的主体，其范围还包括今天的江西及安徽、江苏南部，此时长江下游的东吴地区被列入了江南的范畴。

伴随着秦灭六国统一天下，长江中下游地区与中原经济文化联系加强。秦时期的江南主要指今长江中游以南的地区，即今湖北南部、湖南全部，南达南岭一线，而同属于长江以南的西蜀则被认为是与“江南”并列的。如：《史记·李斯列传》云：“江南金锡不为用，西蜀丹青不为采。”汉以后，随着汉武帝设立“十三刺史部”（元封五年，前 106 年），原楚国的领地被分为荆、扬二州，此后无分长江南北，二州之地俱被称作“江南”，这一地理概念一直延续到唐贞观年间江南道设置为止。与此同时，当时的扬州下辖的会稽、丹阳、豫章等地也成为江南的重要组成部分。

1.3 六朝时期的江南

六朝时期，“江南”的地理范围与汉代基本相同，仍指荆扬二州，如庾信《哀江南赋》中提到的“吴会荆郢，适俱有江南之名”，这里的“江南”指的就是荆州与扬州。但由于古扬州地区经济文化的繁荣，对于“江南”的著述此时更多集中于长江下游以南地区。长江下游的江浙一带逐渐成为“江南”的核心区域。

东汉和西晋“永嘉之乱”（公元 317 年）两次北方人口的大迁徙，带来了先进的中原文化，使中国南方经济文化迅速发展，国家经济中心开始南移。汉末三国时期，孙权立国江东，整个太湖流域得到了开发，长江下游的江浙一带渐渐成为“江南”的核心区域。如《宋书·沈昙庆传》中“扬部分析，境极江南。考之汉域，惟丹阳、会稽而已”。此处“江南”指的就是三吴地区。东晋、宋、齐、梁、陈先后在建康（今南京）建都，使得古扬州地区成为南中国的政治文化中心，所以出现了大量描述“江南”的文献和诗词，而这些则大都是指以南京为中心的今苏南苏中地区。《乐府诗集晋书·乐志》曰：‘吴歌乐曲，并处江南，东晋以来，稍有增广，其始皆徒歌，既而被之管弦。’盖自永嘉南渡之后，下及梁陈，咸都建业，吴声歌曲起于此也。”这段文字非常明确地指出，从东晋到宋齐梁陈的六朝期间，吴歌逐渐由简单的“徒歌”（清唱）演变成繁复华丽有丝竹伴奏的“乐曲”，而发祥地，就是今天的南京。六朝文人也曾大量描写过南京的景致，如南朝诗人谢朓的《入朝曲》“江南佳丽地，金陵帝王州。逶迤带绿水，迢递起朱楼。”描绘了当时江南城市的繁华与文化的兴盛，为后人所称道。

1.4　隋唐五代时期的江南

唐太宗设江南道，首次以行政力量为“江南”划出了较为清晰的地理边界；至五代十国，江南多指南唐。

隋大运河的开通促进了南北文化的交融和南方经济的发展，而唐“安史之乱”促使大量人口南迁，为南方带来了中原地区先进的文化与耕作技术，国家经济中心从黄河流域进一步移向长江中下游地区，江南的地理范围也进一步向东偏移。唐太宗设江南道，首次以行政力量为“江南”划出了较为清晰的地理边界；韩愈所谓“当今赋出于天下，江南居十九”的“江南”，指的就是江淮以南、南岭以北的整个江南道所在的地区。但是，江南道范围过于宽广，区域内的社会经济文化差异巨大。到唐玄宗开元二十一年（733 年），江南道被分为江南东道（包括今苏南、上海、浙江、福建以及部分皖南和赣东北地区，治所在苏州）、江南西道（今江西、湖南二省，安徽南部、湖北东部长江以南地区，治所在洪州）、黔中道（今贵州及四川、湖南、广西接壤地区）三个行政区。长江以南的贵州全境及相邻的川、湘、桂地区不再归入江南东、西道范围。唐肃宗乾元元年（758），又将江南东道析为浙西、浙东（浙东与浙西时有分合）、宣款、福建四道，其中浙西统辖今苏南、浙北、上海等地，包括今天的苏州、松江、嘉兴、湖州、常州的全部及镇江、杭州的一部分，已经与今天人们对江南的印象相吻合。“江南”一词也渐渐专指这一地区。

五代十国时期，定都在今南京的南唐，鼎盛时期辖 35 州，地跨今江苏大部、江西全省及安徽、福建、湖北、湖南等省的一部分，成为当时江南的代称。如《宋史·世家传一·李煜》云“江南伪主李煜，承奕世之遗基，……”在《四库全书》中有三部以“江南”冠名的书，即陈彭年的《江南别录》、龙衮的《江南野史》和无名氏的《江南余载》，其“江南”皆指的是南唐。有专家认为，正是从这一时期开始，人们对江南的认知逐渐固化为以太湖流域为核心的苏南浙北地区。

1.5 宋元时期的江南

宋代的江南包括两浙路、江南东路、江南西路，即今江西省、安徽、江苏省南部地区及浙江全境；元代江南地域范围基本为江浙行省，包括今江苏南部、浙江福建两省及江西的部分地区。

宋元时期，长江中下游地区的经济进一步发展，成为全国经济发展的重心。尤其是靖康之乱后，宋室南渡，建都临安（今杭州），天下俊杰多流寓江南，促进了南北社会经济和科技文化交流。以太湖流域为核心的苏南浙北地区也由此确立了在国家版图中的经济文化地位。吴良镛先生认为，这一时期是中国经济文化发展史上的“江南时代”。北宋至道三年（997），改道为路，全国共分为十五路，其中江南东路辖一府（江宁）、七州（宣、徽、江、池、饶、信、太平）、二军（南康、广德），地域范围大致为今南京、皖南、赣东北部分地区；江南西路与今江西省大致相当；两浙路则覆盖了今天镇江以东的江苏南部及浙江全境，虽然两浙路在行政区划上未被冠以江南之名，但却被认为是江南的核心区域。这一时期，江南的大致范围由江南东路、江南西路和两浙路构成（即今江西全境、安徽、江苏的南部地区和浙江全境）。由于当时江南社会、经济、文化的发展，“江南”的文学表述，渐渐代替了其地理学的表述，与历史文献相比，江南更多地出现在诗词之中。

元灭宋之后，建立了行省制度，宋时的江南东路、两浙路与福建诸路合为江浙行省。从元代起，“江南”一词不再被用作行政地区的正式名称，但是当时人们对于江南就是江浙的概念已经固化，在谈论江南税赋、水利、民风等问题和在文献和诗词中，对于江南的表述均集中在这一地区。

1.6 明清时期的江南

明代人们对于江南的认知，日益聚焦到环太湖流域的苏南浙北地区；清初设江南省，下辖今江苏、安徽两省和上海市，至清末，江南更多代指江苏。事实上，从明清起，江南已经不只是地理区域，更是经济区域的概念了。而环太湖领域的苏南地区则始终是江南的核心区域（图 1）。

明清时期，江南市镇经济兴盛，江浙一带已成为国家经济和文化重心，环太湖流域地区是经济文化最发达区域。处于太湖流域的“八府一州”之地（苏、松、常、镇、宁、杭、嘉、湖八府以及由苏州府划出的仓州），“经济富庶、文化繁荣，东临大海，北濒长江，南面是杭州湾与钱塘江，西面则是皖浙山地的边缘”，被认为是江南之所在。清初在行政区划上承明制，顺治二年（1645），将明朝的南京（南直隶）改为江南省，辖区包括今安徽、江苏、上海两省一市。如《清史

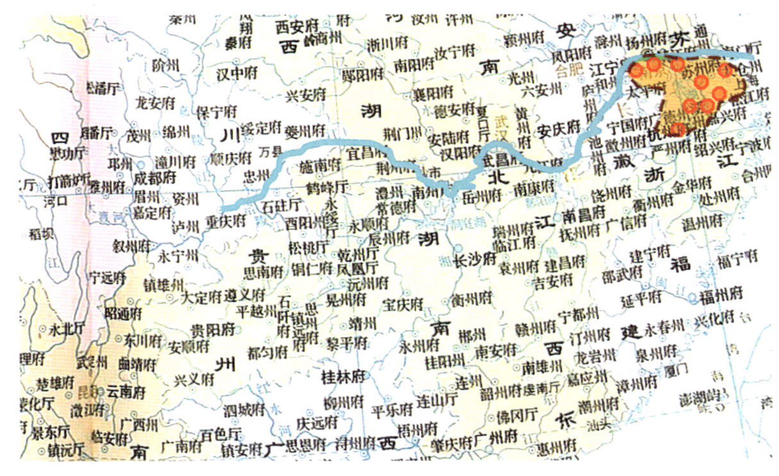

图 1　清代江南地域范围示意图

资料来源：改绘自谭骧．中国历史地图集 [M]. 北京：中国地图出版社，1982.

稿·地理志》在“江苏”条目下点明江南即江苏。如乾隆说，“江浙地远京畿，其民文而慧。……而且财赋所出，国家藏赋之地也”；由此，从明清起，江南已经不只是地理区域，更是经济区域的概念了，而环太湖领域的苏南地区则始终是江南的核心区域。

1.7　小结

江南地域空间的历史流变，揭示了中国经济文化中心南移的历史脉络。

随着中国南方劳动生产力的大幅度提升和经济文化的发展，“江南”这个方位名词，逐渐演变为特定的地域代词，其地域空间也由泛指长江以南广大地区经历了由西到东逐渐收缩的演化过程，并逐渐固化为以环太湖地区为核心的江浙一带，其内涵也由“土地卑湿，丈夫早夭”的“瘴疠之地”，逐渐演化为经济富庶、文化繁荣、环境优美的“人居天堂”，成为中国人心目中最向往的理想人居之地。

2　江南文化及其空间特色的解析

从桃花源到乌托邦，从香格里拉到悠仙美地，古今中外的人们总是在憧憬和追寻着他们心目中的人居理想。与上述相比，江南却并非遥不可及。

江南是现实存在的，“入世”的理想家园。而与之相伴而生的江南文化则无疑有着极为丰富的内涵。书声琅琅的学堂是江南，丝竹袅袅的茶馆是江南；烟波浩渺的太湖是江南，绿杨荫里的苏堤是江南；雨巷中的油纸伞是江南，马头墙边的芭蕉树是江南；“大隐隐于市”的士大夫们虽居江湖之远，却将微缩的万里江山置于庭院是江南；穿着蓝印花布提着篮子穿过青石弄的姑娘也是江南。江南文化浸润着这片土地，也书写着江南的历史。而江南的城乡聚落格局、传统建筑、公共空间……则无不承载着江南的文化特质，体现着江南的文化追求与审美情趣。

2.1 江南与江南文化

自先秦直至秦汉，“江南”一方面远离国家政治经济中心，另一方面，由于整个社会的生产力水平低下，农田水利设施欠缺，无论是在生产技术还是文化方面都相对较为落后。因此，地势低洼，河湖纵横的“江南”得到了“江南卑湿，丈夫早夭”的恶评。北人袁淮认为“吴楚之民，脆弱寡能，英才大贤，不出其土。比技量力，不足与中原相抗”。虽有六朝之短瞬辉煌，然而直到隋唐时期，江南仍然被认为是瘴疠肆虐的落后蛮荒之地、迁客亡人的栖身之所。正如隋孙万寿在其《远戍江南》一诗中写道：“贾谊长沙国，屈平湘水滨，江南瘴疠地，从来多逐臣”，薛道衡在《豫章行》中也有“江南地远接闽瓯”“前瞻叠嶂千重阻”之句。唐代的杜甫在其《梦李白》组诗中，描述李白因《自荐表》触怒唐肃宗被流放之事称“江南瘴疠地，逐客无消息”。

然而，社会安定、经济发展与文化繁荣三者是相互影响，甚至互为因果的。江南凭借长江天堑的自然阻隔，在历代的战乱纷争之中，始终保持了相对安定的社会环境。西晋的“永嘉之乱”、唐代的“安史之乱”及宋朝的“靖康之耻”，三次大规模的北人南渡，对江浙地区开发和繁荣起到了重要的促进作用，也使中国的经济文化中心从北向南转移，从而造就了今日江南的经济和人文基础。尤其是南宋以后，全国的文化重心移至江南，文化的繁荣又促进了江南经济的兴盛。江南以优越的自然生态，富庶繁荣的经济条件，包容的文化氛围，不断吸收和融合先进科技文化成果，超越其他地区，获得了“上有天堂，下有苏杭”的美誉，江南也由此逐渐成为人们向往的理想人居意境。

千百年来的画史似乎只为“江南”而存在，“元四家”、“明四家”、“清六家”，“十四家”中，两人为浙江籍，余十二人皆为江苏籍，都身处江南的核心地域。明清兴盛的大小画派：浙派、吴门、新安、扬州及海上。无论其展现出的技艺如何新奇特异，同一屋檐下的同一缕阳光，才是他们光华耀眼的根本能量。

在漫长的历史发展过程中，江南形象的意义逐渐积累，升华到了一种蕴藏于青山碧水的文化意味和精神意识。从“江南可采莲，莲叶何田田”，“日出江花红胜火，春来江水绿如蓝”，到“帘外轻阴人未起，卖花声里梦江南”……历代传颂江南的优美诗句不胜枚举。文人墨客用最浓墨重彩的笔触去赞美江南的美景，用最真挚的情怀去讴歌江南的繁华。杏花春雨、小桥流水、十里烟柳、桨声灯影，美妙的词句寄托着人们对江南的热爱，述说着对江南的情愫，描绘出心中的“江南意象”。

今天这种意象早已超越了地理范畴，更关注自然景观、经济方式、社会形态和人文特征等，是一种意境，成为中国人心目中理想人居环境的指称。如在人们耳熟能详的民歌《南泥湾》里，郭兰英深情地唱到：“南泥湾好地方”，“到处是庄稼遍地是牛羊”，把“鲜花开满山”的南泥湾称为“陕北的好江南”。此外，我国还有塞上江南（宁夏银川市）、塞外江南（新疆伊犁地区）、西藏江南（西藏林芝县）和北国江南（河南信阳市）等。可见，即使对于那些从未被纳入江南范畴的地方，只要是经济繁荣、文化昌明、安居乐业、环境优美之地，就被人们赋予江南的美誉。

至此，我们看到在漫长的历史演进过程中，“江南”这一名称已由单纯的地理概念演化为包含地理、经济、文化等多种内涵的专指性概念，已经成为风景秀丽、经济繁荣、文化昌盛、人杰地灵的代名词，成为一种文化符号和美丽宜居家园的指称。即使历经时代的变迁和现代文明的冲击，今日的江南，尤其是苏南乡村仍然可以感受到江南文化的意境和情趣。

2.2 聚落格局：循水而居

君到姑苏见，家家皆枕河。江南人居聚落的自然山水基底是河湖纵横的水乡，因此，从大的地理环境而言，江南以其水乡特色而区别于我国的其他地区。同时，经历代江南人为水利、城建需要，因势利导，脉分缕刻，最终塑成了今日之人居环境的自然地理格局。江南众多江河、湖泊、港埔以及贯穿南北的大运河所形成的稠密水网，不仅形成了地理意义上的城镇与乡村的经络关联，也形成了政治、经济、文化上精神关联，同时也形成了江南地区独特的镇村布局格局。这其中，以吴淞江水系和大运河沿线镇村体系发展最为典型。以吴淞江流域为主体的太湖东部是历史上最经典的江南地区，也是唐代中后期“江南好”、“江南曲”、“望江南”、“忆江南”等有关江南以及田园诗词的文学意象的发源地。如位于太湖三山岛上的苏州三山古村不仅充分体现了“世人呼为小蓬莱”的湖岛风光，更是太湖流域“三山文化”史前文明的物化例证，保留着古代农业文明最古老的遗迹（图2）。三山村围绕湖岛码头逐水而居、聚族而居逐渐形成了现今的聚落形态。可以说，江南地区以水为核心的自然基底，从最基础的层次上限定了聚落文化富有个性的发展方向、地域格局以及文化景观的区域特性。而明清后高度发达的城—镇—乡聚落体系，又反过来为江南文化发展的提供了强大动力。

图 2　苏州市三山古村落临水格局

资料来源：江苏省住房和城乡建设厅城建档案办

在乡村聚落布局上，“田间有村，村后有竹岗，竹边有水，水倚田园”，与精耕细作型农耕文明、自然山水环境紧密结合，是江南乡村聚落布局的典型模式。在空间形态上，湖山地区村落因场地狭窄，空间发展常呈“鱼骨状”，而水网地区的村落多呈“一字型”、“十字形”或“井字形”的格局，村镇聚落就临水而生。而处于山地丘陵间的村镇，则大多位于向阳山麓，邻有溪水环抱所谓“山夷水旷，溪桥映带村落间”（图 3）。吴良镛先生曾评述，“经过江南人自觉不自觉的设计经营，江南地区大到城市、小到村镇，都能与自然揉为一体而形成与山水环境契合的布局形态，显现出江南区域规划设计的特色”。尤其是苏南的传统村落，其空间形态表现出鲜明的地方特征：其外部形态受到自然条件和土地稀少的制约，表现为紧凑发展，沿河生长，亲水特征十分突出；内部形态是小农社会阶层构成的直接体现，表现为高度均匀的特征。

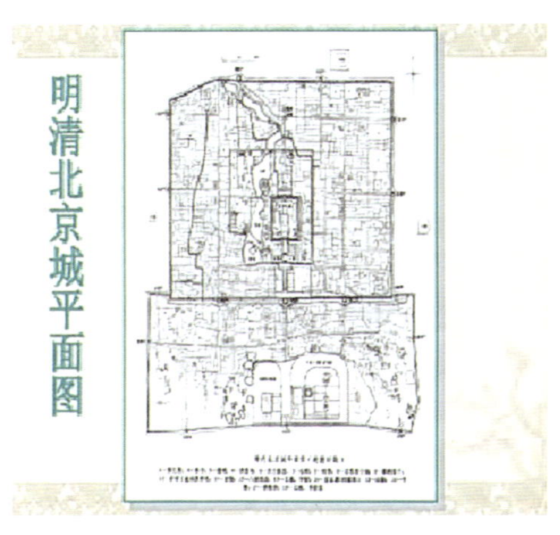

图 3　明清时期北京与南京城平面图对比

资料来源：江苏省住房和城乡建设厅城建档案办

2.3　建筑特征：精巧淡雅

在聚落民居营建上，江南民居无论是自然关系、功能需求，还是建筑体量、形态色彩都恰到好处，不求气势恢宏而层次丰富；不求壮丽开阔，却秀雅深远。尤其是民居建筑与河道、街道、桥梁、码头、牌坊等要素的结合，形成了有机的建筑群体和街坊，其表现出的功能、艺术和技术上的成就是苏南建筑文化之地方特色的主要方面。

苏南村落建筑的精致与明清时期江南地区大量的“士匠”同样是密不可分的。“农业精耕细作所训练出的勤劳的双手和社会上崇尚灵巧的工艺审美又进一步推动了以太湖流域对木构件和砖砌体精益求精的追求，这片诞生过香山帮的土地上本来就不缺乏能工巧匠”。但是，江南建筑的精美与晋商宅邸的奢华、闽南建筑的多彩迥异其趣。构件雕花不求繁复，却寓意深刻，雕工精细，体现了士大夫阶层的审美情趣，其与粉墙黛瓦的传统建筑，青石窄巷和木质廊道共同构成了江南建筑文化的典型特征（图 4）。

图 4　姑苏水巷风貌

2.4　园林营建：小中见大

江南的繁荣与发展与“士人南迁”的社会背景密切相关。国家经济重心和文化重心的南移，促进江南城乡聚落的暴发性增长与繁荣，这些变迁在苏南各大氏族的族谱迁徙志中多有记载。古代江南先贤在空间的营建过程中，将“吾土吾民”的文化情怀转变为空间营建的文化基因，构建起“大而天地山河，细而秋毫微尘，是以小中见大，大中见小，一为千万，千万为一，皆心法尔”的江南营建技术思想体系，并成为这一方水土最重要的标志和记忆。

在私人园林意境营造上，随着唐代之后中国经济中心的南移，江南经济文化愈发繁盛，大批显官富户集聚江南，竞相造园，江南园林一时分成迭起，造园之盛、建筑之精史无前例，到明清时期，“江南园林甲天下”之称已当之无愧。江南园林融自然风光、人工建筑及历史文化于一体，其所蕴含的地域文化自不待言。尤其自宋以来，大量隐逸之士移居苏南村落，给乡村发展带来雅文化，村镇中园林的营建则是乡村雅文化的一个典型体现。仅木渎古镇现存的就有严家花园、虹饮山房、古松堂和榜眼府第宅园等四处精美江南园林。

2.5 公共空间：雅俗共赏

与商业街的熙熙攘攘仅一墙之隔的，可能就是充满着恬静悠然的小庭院；缠满常春藤的书屋边上，也许就是车水马龙的码头茶肆。闹中有静，雅俗共赏是江南城乡公共空间所承载的江南文化特质。

江南历来崇文重教，很多村镇人才辈出，村中常设宗族教育设施，建筑装饰上多有“渔樵耕读”纹案。特别是南宋末年程朱理学的普及，使村落中逐渐出现了一批接受儒学思想的理学家，在乡村中形成了一个士人阶层，成为雅文化在乡村发展中的体现。随着江南市镇的繁荣，自设馆和家塾以其规模小、设置灵活之便，成为市镇中最广泛的两种教育机构，往往“里巷闻弦诵之声”。

与此同时，随着明清以后商品经济的发展，受到士大夫阶层对于文艺需求的影响，江南成为盛极一时的戏曲中心。江南地区的戏曲和杂乐百戏演出十分繁荣，当时民众观赏各类戏曲歌舞表演，基本不受年龄、社会阶层、文化程度的限制，演出形式相对以前更为多样，各种演出场所也遍布大街小巷，如戏台、庙台、茶馆、游船等。如苏州东山村的广场周围皆开设茶馆（图 5），农民早晚边喝茶边听戏，是农闲时农民消遣的主要方式。被称为百戏之祖的昆曲就诞生于苏州昆山。

2.6 小结

“小桥流水、粉墙黛瓦、户户临水、家家枕河”，作为一种与自然和谐相处的人类聚居形态，传承了江南文化的内涵与精髓，成为其代表性的空间文化意向。而与城市相比，苏南乡村地区更多地保存和延续了中国的传统文化。

由苏南乡村所蕴含的江南文化要素和聚落空间意象特征的解读和剖析，可以看到，经过漫长历史发展至今的乡村人居聚落，都有其必然性和偶然性，诸如地灵、人杰、宗族、规划等因素，但最根本的还是经济的发展和文化的导引。历代江南人以“吾土吾民”的文化情怀，将江南乡村作为寄托“家园”、“故乡”的物质载体，将其情怀融入乡村，使其成为一种基于地方自豪而展现出的文化自信，成为这一方水土历史记忆的一个重要缩影，也成为江南的地域文化，是无数江南游

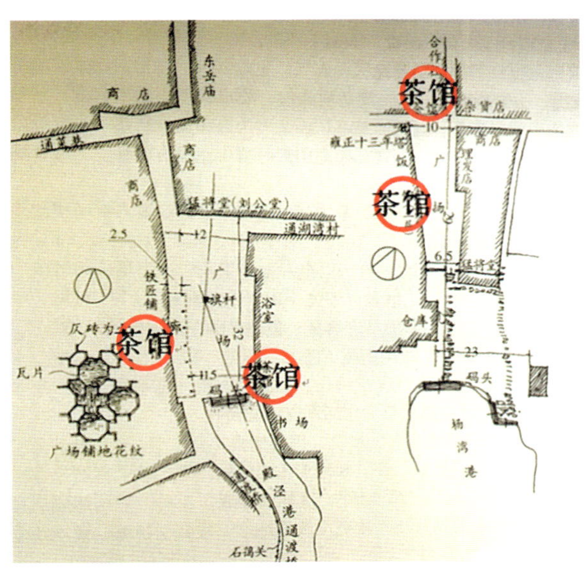

图 5　苏州东村广场周边的茶馆分布

资料来源：江苏省住房和城乡建设厅城建档案办

子的和梦魂萦绕的“乡愁”。

3　当代江南城乡空间文化特色的留存与挑战

苏南地区历经数千年的沧桑演变，其间的城市与乡村、建筑与园林、人物与故事，所有这些物质性和非物质性的载体都在不断地演化和变迁，但是江南文化的精髓亦随着时代的变迁逐渐沉淀下来，在现代化的今天愈发呈现出历史的厚重与珍贵，也使得当代苏南乡村地区呈现出鲜明的地域文化特征和丰富多彩的江南风貌特色。与此同时，近代特别是在改革开放以来的快速城镇化、工业化、现代化进程中，苏南乡村地区经历了不同于以往任何时代的发展背景，其经济社会与物质空间等都发生了巨大的变迁，乡村的生产方式和生活方式产生了巨大变革，传统文化形式的消亡与新文化形式的涌现相伴，乡村历史文化的延续与当代文化重塑并行。在快速的城镇化进程中，苏南乡村的生态环境、聚落空间、历史文化遗存、乡土民俗等正面临着严峻挑战。

3.1　乡村生态环境难以持续

新中国成立以来，随着苏南乡村工业化的大规模发展和人口的增长，为了增加农业产量，促进工业发展和城镇扩张，忽视自然生态环境保护，围山建设、挖山降坡、毁林开荒、围垦河湖等现象普遍存在，导致山体消失、环境污染、河湖数量和面积缩减、河汊消失等后果，给苏南乡村环境带来了严重破坏。改革开放以来，随着苏南乡村经济发展与生活水平提高，为满足改善居住条件和提升基础设施配套的需求，部分镇村的建设打破了原有的山水相依、人工环境与自然环境良性互动的传统格局，导致乡村整体风貌特色的湮灭。此外，由于农业投入品的过量使用，农业资源综合利用水平不高，农业生态环境十分脆弱。据调查，目前苏南地区单位面积化肥、农药的使用量分别是世界平均水平的 5 倍和 3 倍，农业投入品使用量超过合理水平，造成了较大规模的面源污染。

3.2 乡村传统建筑与历史风貌保育困难

一是历史建筑保护困难。江南传统建筑以木结构体系为主，与砖石和混凝土等无机建筑材料不同，易发生腐朽虫蛀，进而造成建筑整体结构的损毁。根据 2012 年进行的江苏乡村调查，即使是在苏南地区的历史文化名村和传统村落中，现存的传统建筑（1949 年以前建造）也已不足 10%；二是村落整体风貌保护薄弱。在快速城镇化的背景下，城市规模扩大对村镇用地的蚕食，新农村建设对传统建筑的拆毁和环境风貌的破坏，旅游开发带来保护与规划、保护与开发的重重矛盾等，都对乡村的原有风貌造成一定的影响。一些重要的乡村历史建筑未能得到认真的维护与修缮；三是外来建筑文化的冲击。新生的乡村现代建筑在表述了新时代内容和新面貌的同时却缺失了传统地域特色及传统空间文化的内涵，新生的乡村聚落空间形态在充斥着现代气息的同时却缺失了乡村聚落自然随机的和谐之美。而在建筑工业化时代，传统的建造工艺也因与现代建造体系的不相容而难以得到有效的传承。

3.3 乡村经济活力与适宜产业发展堪忧

一是工业经济发展与乡村传统技艺延续存在矛盾。科学技术的飞速发展、技术更新与进步使得机械加工工艺取代了传统手工技艺。人们的观念和生活方式不断变化，也使得以农耕文明为特征的一系列工艺品逐渐淡出人们的视线。陈旧的管理模式和不甚成熟的市场机制，导致部分滥、劣、廉价工业品替代了精致的艺术品。诸多问题影响了乡村传统技艺的保护和发展。二是传统文化产业传承困难。传统手工艺品的生产和经营由于缺乏规范管理，长期处于无序发展状态，规模小、不成气候，远没有实现市场化、产业化、规模化和品牌化，同时还缺乏创新。

3.4 乡村人口老龄化与社会治理滞后

在城镇化进程中，大量农村青壮年劳动力外出务工，在降低城市老年人口比重的同时提高了农村人口老龄化程度。当前，我国农村人口老龄化的程度已达15.4%，而在经济发达、人口流动较快的苏南地区，这一占比更是高达18.8%，面临着日益严峻的老龄化压力和诸如“留守老人”、养老和医疗保障设施不足等一系列急需解决的问题。此外，村庄治理能力弱化。乡村青壮年劳动力的外流，总体上加剧了乡村社会治理主体能力的弱化。同时，城镇化进程的加快使乡村新生代更多地接受到现代社会文化，使得传承了数千年的乡村文化传统出现代际割裂，以儒家伦理思想为核心的乡村文化传统受到市场平等观念的冲击，新老代际之间呈现出社会治理观念的冲突。

由此，在现代化进程中，社会经济发展与乡村转型促进了乡村系统的快速高效发展，苏南地区作为中国东部沿海经济发达地区，工业化、城镇化、现代化的率先发展和快速推进，对乡村传统聚落造成了巨大冲击，乡村聚落的文化特色也正经历着新一轮的重塑，在发展演化过程中也面临着一系列的问题。

4 苏南乡村空间文化特色的保护与传承

4.1 乡愁关何处：让乡村回归乡村

重塑乡村与城市互补协调的关系。以规划引领形成城乡差别化互动协调的空间格局，促进社会经济、生态环境、文化生活、空间景观等多个方面的互动协调发展。在区域层面，力图应对解决区域和城乡空间布局优化、公共设施集约建设、资源要素优化配置和生态网络构建等；在城镇层面，积极发挥县域在统筹城乡发展中的积极作用，逐步健全规划衔接协调机制，促进城乡基础设施和公共服务设施的共建共享和互联互通。在村庄层面，合理布局村庄的产业、设施和居住空间，促进乡村与城市形成分工明确、要素合理流动、优势互补的有机整体。

维系乡村与山水相依的空间格局和风貌特征。在优化镇村布局的过程中，重视保护村落及其周边的湖泊、湿地、田林等弱质生态空间，保留村庄原始风貌，尽可能在原有村庄形态上改善居民生活条件和统筹安排各类建设项目，加强对村落及周边的受到破坏的环境的生态修复与维育。同时，根据村落风貌现状的评估，制定分类指引策略，重视保护传统型和传统格局基本保持型村庄的传统空间肌理及建筑特色，注重以文化的态度传承传统现代并存型村庄的区域景观和特色空间，兼顾现代社区型村庄乡村文化特色的塑造彰显与自身功能性的提升。

4.2 文脉何以存：乡村的遗存与记忆

保护历史文化名村和传统村落。目前，苏南地区共有9个中国历史文化名村、

3 个省级历史文化名村，传统村落总数占江苏省 73%。针对当前苏南乡村的历史文化资源分布并不均衡、保护利用的方式不一、现状特征各异的情况，需首先摸清家底，展开系统、翔实的调查，了解苏南乡村历史文化资源的现存数量、保护状况、发展状况。在系统调查的基础上，以整体性保护的理念，以《江苏省传统村落发展规划导则》和《江苏省传统村落保护发展规划导则》为指导，积极开展地方性传统历史村落保护规划的编制。同时，积极完善历史文化名村和传统村落的保护机制，明确历史文化名村和传统村落的配套行政管理体系、资金保障体系、监督体系和公众参与体系，促进保护规划与用地和物质空间规划的有效衔接。

延续苏南传统民居建筑文化。对于始建年代久远，保存完好，具有历史文化价值的民居、祠堂、牌坊、古井等传统建筑，及时组织开展民居修缮行动，确保地域特色的延续。对于新建的集中居住区和原有农宅的翻新重建，要注重与地域特色的呼应协调，尤其是注意控制房屋的体量、材质、颜色、风格，努力实现与环境的和谐共融。在传统建造技艺的传承和发展方面，建议各地建立传统建造技艺能工巧匠目录，颁发当代能工巧匠登记证书，以保证传统技艺的传承发展；特别是苏州应积极开展香山帮等传统技艺专业人才的培养工作，引导当代手艺人对于传统乡土要素的继承与创新。把传统建筑文化保护与当地居民的生产生活联系起来，不仅留住历史风貌、传统技艺，也要能满足适应当下的社会经济发展的需求，让传统的乡村建筑文化得以在当代得到延续。

活态保护村落非物质文化遗产。发掘民间匠人、艺人和民间艺术，资助权威认证的民间艺人，改善其生活和从艺条件，帮助其传习技艺、培养传人，提供相互交流和对外交流的路径，推动传统民间艺术的发展。保留与延续非物质文化的空间与社会载体，重点关注庙宇、祠堂、私塾、戏楼、手工艺作坊等承载有重要历史文化信息或反映非物质文化特色的传统空间。尊重苏南乡村的社会组织方式与传统，保护好乡村的文化空间、公共空间和社会基础，使非物质文化价值在传统村落中得以保留与传承，留住原汁原味的江南古韵。

4.3　人居从何变：尊重民意的渐进改善

推动形成乡村建设发展的村落共同体。要尊重和再现村民的集体记忆与共同意愿，营造具有宜人尺度、规模、形式的建筑与公共空间，维系乡村善良的生活准则和道德伦理体。针对乡村社区与社群关系的协调，可在政府引导支持下，建立开放式的乡村建设更新的支持平台，健全培训、评价、监督等配套机制，让政府、企业、村民、设计师、工匠、艺术家、知识分子和农民工，通过融资、定位、设计、培训、管理、体验、推广、市场等环节参与到乡村的建设更新过程中来，共同施以所长。

提供农房建设的引导和技术支持。政府需要合理厘定工作边界，充分发挥农民、民间工匠、村干部和建造企业等主体关键作用，保障农民的居住权利，营造安全舒适和有情感归属感的房屋。在建造体系优化方面，可以通过委托、咨询、培训、交流等方式，搭建专业的建筑师与农房建设主体之间相互学习、相互沟通的良好机制，构建多层次的农房自建造体系。在理念和审美提升方面，政府可以投入开展有关农房的重点课题研究和竞赛，优秀的技术成果可在局部重要公共节点中率先示范。

创新农村基础设施和公共服务设施供给与服务机制。制定设施供给和管理制度规范，完善农村基础设施供给政策，完善资金投入与管理机制。完善社会资本参与机制，将社会资本作为推动农村基础设施建设的重要载体，鼓励、引导和支持企事业单位、社会团体参与农村设施建设。建立自下而上的民主决策机制，通过村民自选、自建、自管、自用等方式，更好地发挥农民主体作用。

4.4 家园何永续：乡村的活力复兴

激活乡村特色经济。当今苏南乡村经济的发展已不同于传统农耕文明时期，其产业类型和产业规模均已突破传统模式，不同村庄在产业形态、发展水平和特色资源方面呈现出差异。针对苏南乡村产业发展现状，当前的村庄活力提升策略需加强政府对乡村产业发展的技术指导和营销支持，深入挖掘地方潜在资源和优势，培育和推广乡村特色品牌。如可充分利用江南乡村丰富的文化资源，开发如法国“丰收节”等具有重要影响力的岁时节庆活动，将农耕文化与民俗艺术巧妙融合，合理注入部分新的元素，带动乡村旅游业发展。复兴乡村特色文化。

复兴乡村特色文化。伴随快速城镇化进程、青年劳动力不断外流、城市等外来文化强势入侵、传统优质文化的传承发展难度与日俱增。延续与复兴这些优质的传统文明可能更需要紧密地结合当代人生产生活，最大限度地挖掘丰富多彩的地域文化，将其有机渗透到现代生产与生活之中，借助乡村产业转型升级的契机，把传统技艺、民风民俗的传承与乡村产业、乡村旅游的发展相结合，复兴乡村优质的传统文化，重塑乡土文化氛围。

促进城乡资源回流。借助现代化信息手段，打破地域界线的限制，把城乡资源的优势结合起来，为乡村所用。充分调动多元主体的积极性，形成政府机构、非政府组织、个体志愿者、企业、社会团体与当地居民的共同参与乡村建设的机制，鼓励各方贡献人力、物力和资金的支持，有序引导城乡资源合理流动，为乡村规划建设和村庄环境整治增强活力。

5 结语

“江南”是中国最美好的人居意境地。发展至今的乡村人居聚落，都有其必然性和偶然性，诸如地灵、人杰、宗族、规划等因素，但最根本的还是经济的发展和文化的导引。当代建设者应以“吾土吾民”的文化情怀，将江南乡村作为寄托“家园”、“故乡”的物质载体，将其情怀融入乡村，使其成为一种基于地方自豪而展现出的文化自信，成为这一方水土历史记忆的一个重要缩影，也成为江南的地域文化，是无数江南游子的和梦魂萦绕的“乡愁”。

费孝通先生曾经提出“文化自觉”的问题。吴良镛先生更进而补充了“文化自尊”和“文化自强”两个概念。这都反映了中华民族的伟大复兴进程中的认识，都要求国人重视对中国文化精华的提炼和应用。由此，苏南乡村聚落当中先人人居环境营建的智慧与文化结晶值得后人深入挖掘和领会，“才能以蕴藏于传统中有益于当代的中华智慧纠正现实发展中不利于文化传承的消极的认识”。本文从文化传承与复兴的视角，对江南文化特质及其在苏南地区乡村和建筑空间的物化表征的梳理，重新回顾和审视乡村的独特价值与意义，探讨快速城镇化地区乡村如何在现代经济与社会发展体系中，通过凸显乡村自身独特的生态、文化等资源禀赋而创造出比较优势，并提出乡村空间优化与文化保护传承的有效模式与行动路径，以期为促进苏南乃至更大区域美丽乡村营建提供经验借鉴和决策依据。

参考文献请见原文。

（撰稿人：崔曙平，江苏省城市发展研究所副所长，人文地理学博士，高级工程师，研究方向为城市文化，城乡与区域规划，城市经营等；于春，江苏省城市发展研究所副所长，高级规划师；何培根，江苏省城市发展研究所研究部主任，高级规划师；富伟，江苏省城市发展研究所研究部副主任，工程师）

传统小村落的大保护观

——以贵州为例[1]

1 引言

2012年起我国先后公布了3批中国传统村落名录（后简称传统村落），贵州省共有426个村落入选，总量位居全国第二，分布全省各地（图1），蕴涵和承载着苗族、侗族、布依族、屯堡聚落等多民族乡愁和文化，作为一个少数民族多样聚居、外来移民文化持续影响的典型地区，个性突出特色鲜明，具有较高的文化价值、史学价值、民族生态传承价值和社会经济价值。

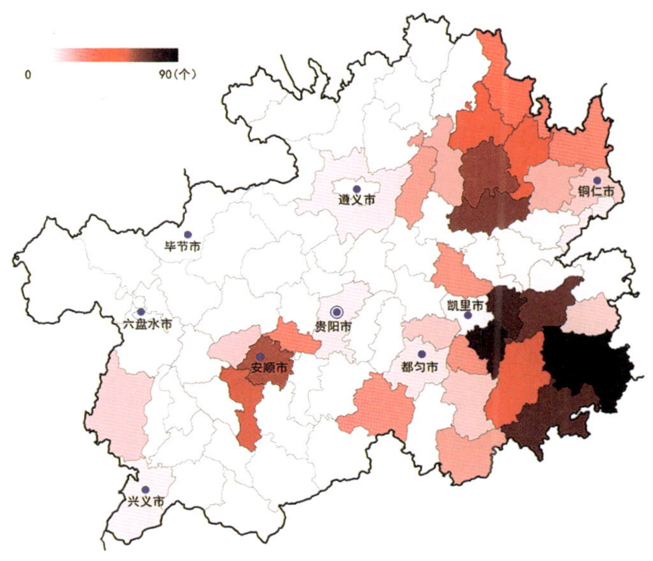

图1 贵州省传统村落分布图

[1] 本文摘自《现代城市研究》，2016（11）：98-102。

基金项目：国家自然科学基金资助项目“基于大数据平台和文化基因视角的贵州传统村落保护与发展关键技术研究（51568011）”。

2 传统村落保护发展现状

2.1 重要性和紧迫性

传统村落是集历史文物、生态资源、建筑艺术、民族民俗文化、经济社会等价值为一体的活化石，经过千百年的自然生长才缓慢形成，是我国传统文化的重要组成部分和空间载体。同时，传统村落也非常脆弱，一旦遭到破坏几乎不可逆。根据相关资料，2004 年至 2010 年期间在长江、黄河流域，有一定价值的传统村落平均每天消亡 1.6 个，全国经调查上报了 1.2 万个传统村落，仅占我国行政村总数的 1.9%，自然村落的 0.5%。即使在传统村落较为集中的贵州省，传统村落也仅仅占行政村总数的 2.49%，自然村落的 0.47%。传统村落的存亡演变为一场文化的抢救性保护战役。

2.2 现阶段的困难和不足

2.2.1 保护难度较大

贵州省传统村落规模较小，普遍在 100 户以下，并且居住比较分散，交通不便，难以形成规模集聚效应（图 2）。村落基础设施普遍较为落后，水、电、路、污水、垃圾处理设施严重不足。村落中木质结构建筑比例较高，耐火等级低，建筑连寨成片，消防设施不完善，消防制度不健全，村民消防安全意识薄弱，消防

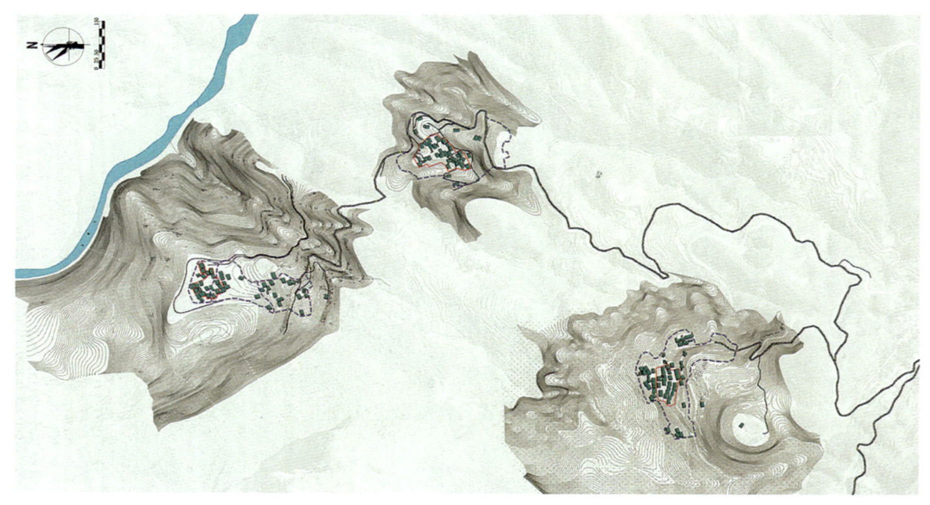

图 2 贵州省典型传统村落空间布局图

安全隐患较突出（图3）。同时，村民综合素质有待提升，村庄卫生保洁、设施维护、绿化养护等管理缺位，部分村落基础设施“有人建、没人管”、“前面建、后面坏”。随着农村青壮年外出务工以及外来文化入侵，非物质文化面临失传，许多传统建筑由于年久失修，逐渐消亡的可能性极大，给传统村落保护发展带来巨大的压力和挑战。

图3　木构建筑为特点的传统村落

2.2.2　九龙治水

传统村落受到了前所未有的高度关注，中央逐年对已纳入名录的村落进行直接的资金补助，村民作为最直接的受益者，对即将改善自身生活、生产条件充满了强烈的期盼，但由于直接受益的对象有限，部分层级的部门态度并不积极，延续传统的管理制度，不仅增加了管理成本，也大大降低了效率。更有一些地方对传统村落的保护存在误区，城市近郊的传统村落甚至被作为城市未来发展的羁绊而束之高阁。同时，随着关注传统村落保护发展的部门越来越多，多部门责权交叉，关注重点并不一致，作为牵头部门的住建系统却缺少切实的抓手，尚不能真正有效统筹全局，尤其是保护发展规划的权威性和可操作性尤待加强。

2.2.3　后续乏力

传统村落的保护发展是一项长期缓慢的过程，虽然中央有一定的资金补助，但在欠发达的传统村落资源密集地区显得捉襟见肘，村级集体经济基础薄弱，以传统农业为主的单一经济结构使村落内生发展动力非常有限，根本无法独立支撑村落的全面保护（表1）。同时，有些地方为了追赶政策机遇，急于改善村庄面貌，突击完成规划任务，对支撑村落可持续发展的区域协作竞争、产业定位发展、机制体制创新等重要内容的研究严重不足，缺乏长远有效的保护发展措施。

表 1 贵州省黔东南州部分社会经济指标(2013)

	黎平县	雷山县	台江县	从江县	剑河县	黔东南州
行政村数量(个)	403	127	93	320	269	2816
传统村落数量(个)	90	57	36	32	28	276
地区生产总值(亿元)	47.03	17.41	18.56	34.49	26.18	585.64
公共财政收入(亿元)	3.54	1.64	1.72	3.11	3.03	85.99
人均生产总值(元)	12132	14951	16713	11850	14525	16838
农村居民人均纯收入(元)	5201	5299	4839	5364	5071	5345

注：黔东南苗族侗族自治州(简称黔东南州)下辖黎平县、雷山县、台江县、从江县、剑河县等 16 个县市，各县市均有数量不等的传统村落。

资料来源：贵州统计年鉴 2014

3 传统村落的大保护观

3.1 可持续的务实保护

保护与发展同步、传统与现代共存是村落循环平衡中非常重要的内容，传统村落的大保护观是相对目前传统村落的泛保护和绝对保护趋势而言，并不否定村落的整体性和各类资源的价值，而是从保护核心资源、保障村民利益出发，以大影响(公众参与)、大整合(多学科融合)、大格局(区域一体化)的研究为基础，明确主体责任、突出保护重点、树立底线思维、兼顾长远发展的务实保护观念和方法。

3.2 可操作的保护措施

3.2.1 保护对象

除了保护具有突出价值的物质文化资源外，强调非物质文化遗产的保护和传承更加具有文化意义，物质终究是文化的载体，其象征意义和实用价值同样重要，而当其实用价值逐渐被新的技术和事物所取代时，其象征意义就显得更为明显。如果民族语言和文字、民俗民风、民间手工艺、传统村落的选址、传统建筑的营造技术等非物质文化遗产得到更好的保护和传承，无论其形式如何变化，其文化基因依旧能将得到延续，甚至创造出新的文化形式和独特价值(图 4)。

3.2.2 保护思路

(1)传统村落的相对完整性

目前传统村落非常强调绝对完整性的保护，最具有代表性的是模仿城市的手

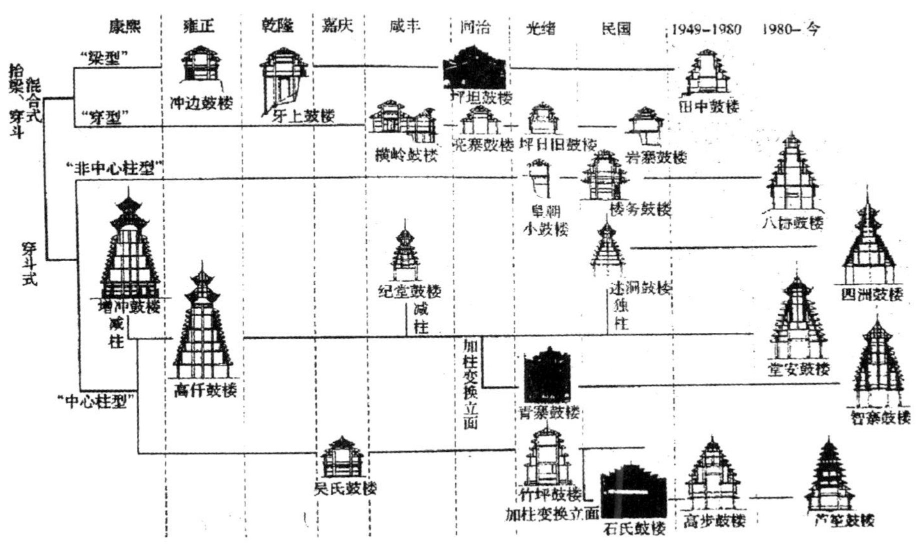

图 4　侗族聚居区各类型鼓楼演变图

法划定各种边界，新村另起炉灶，但其忽视一个重要的现象，即村落的自我修复能力。村落在历史上一直以特有的稳定状态生息繁衍，在没有突发性事件的前提下，村落并不会因为局部的变化而丧失其整体特征，相反局部的更新进步会使村落更具活力。绝对完整并不是容易的一件事，在保护中发展，在发展中保护是一个两难的命题，绝对完整的保护会抑制村落的生长，包容一定程度的改善和创新，保持村落相对完整性更加符合事物发展规律（图 5）。

（2）明确抢救性保护重点

传统村落的保护涉及"构成传统村落特征和价值的所有内容"，几乎涵盖村落的方方面面，如一颗大树、一口水井、一条古道等等，保护内容过于广泛，反而让人无从入手。因此，梳理需要重点保护的对象非常重要，包括个体与整体长期形成的稳定的关联载体（如村落的整体空间格局、相互交流的公共空间等）；容易被破坏的私人物品（如传统民居）；逐渐丧失了文化基础及文化场所的非物质文化遗产等。

3.2.3　保护主体

（1）政府主导

前期由政府主导似乎没有太多的争议，中央对通过传统村落保护发展规划的村落进行补助，这些资金大部分用于环境卫生改善和基础设施建设，拥有省级文物保护单位以上的村落另有专项资金用于文物保护。但大多数普通传统村落，除了定向资金外，尚未明确保护资金的来源，尤其是传统建筑的修缮和改造将是一

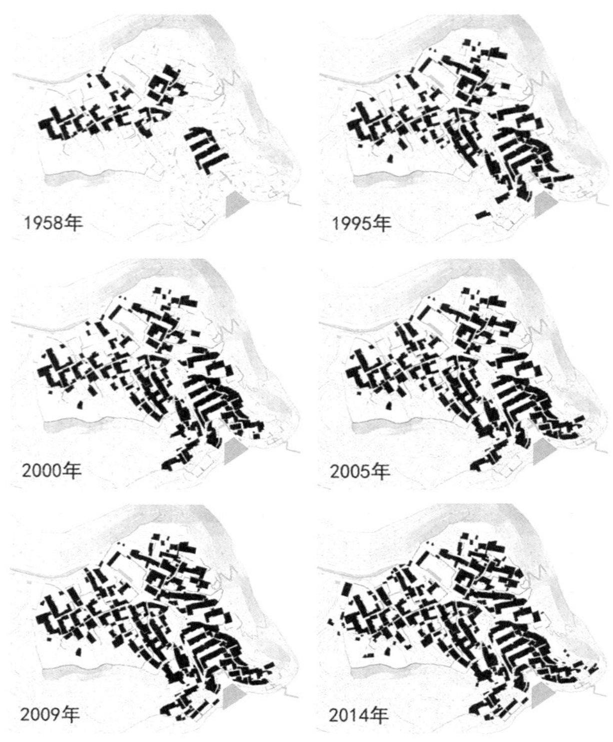

图 5　镇山村历史演变图

资料来源：根据调研资料整理

笔不菲的费用，一旦保护资金无法持续跟进，许多传统建筑将难以得到有效保护，强制性的管控反而会加剧内部矛盾。另外，有的地方形成集投资、招商、建设、管理为一体的基层组织，虽然具有绝对的权威，但是经营能力和水平却差强人意。

（2）村民自治

贵州的大多数传统村落经济水平、基础设施较为落后，甚至是因为其落后才侥幸得以保存，传统村落的保护远远超出村民的认知能力和维护能力，保护自己习以为常的传统仍是一个陌生的课题，依托缺乏经济基础、组织经验、专业技术的集体和个人实现自治在一定时间仍难以实现的（表 2）。

（3）第三方参与

目前第三方参与的方式较为灵活，通常有以下几种模式，一是 BOT 模式。地方政府、企业、农户共同组建公司，政府负责基础设施建设、征地拆迁等，企业负责商业项目的开发建设、招商和营运，农户则提供宅基地出租获利。二是社区营造模式。通过公益项目，采取“自下而上、民间参与、以下带上、上下联动”

表 2　主要年份贵州省农村居民人均纯收入与全国平均水平比较

指标	全国		贵州	
	2008 年	2013 年	2008 年	2013 年
人均地区生产总值（元）	23708	41908	9855	22922
农村居民人均纯收入（元）	4761	8896	2797	5434

资料来源：贵州统计年鉴 2014

的方式，逐渐形成政府与村民共同认可的非官方组织，通过其资源和平台，推动乡村价值的有效输出（图 6）。三是合作社主导模式。由村“能人”发起，采取自发众筹模式，组建融资、管理、服务型合作社对村落的保护开发进行统一经营和管理。

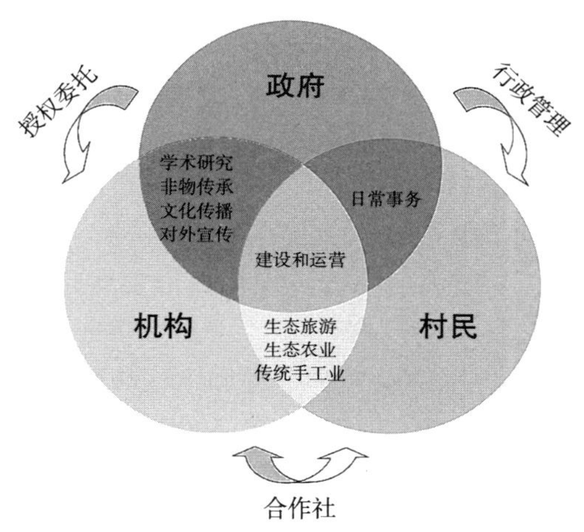

图 6　地扪村“人文生态博物馆”模式示意图

资料来源：根据调研资料整理

总之，无论哪种模式，适度的发展是各方共同的诉求，而农民利益至上是最基本的准则，单一靠政府来推动通常难以达到预期目的，而第三方的介入都有追求自身利益的根本目的。因此，关键是发挥政府的引导和监督作用，守住保护开发的底线，探索适合自己的模式，实现多方利益的平衡。

4　实践与探索

4.1　多学科的技术整合

近年来我国传统村落研究进展主要包括类型与特征研究、保护规划、编制研究、保护与发展研究、社区层面保护理论研究、村落遗产保护评估研究等方面，针对传统村落的保护与开发技术的研究尚处于理论基础的多元化、散点式研究阶段，呈现出建筑学、文化人类学、民俗学、人文地理学、旅游学等多学科交叉的特征，并逐步进入从定性到定量的信息化阶段，数据库的建立、信息采集方法等逐渐受到重视。而与传统村落有关的规划类型名目繁多，如历史文化名村规划、生态博物馆保护规划、村庄整治规划、文物保护单位保护规划、旅游发展规划、风景名胜区规划等，这些规划在层次上基本平行，由不同的部门主导、不同学科背景的规划团队编制，实施偶然性较大。因此，急需在上述理论研究和实践探索的基础上，进行传统村落科学规划实施、民居建筑保护更新的技术集成研究和示范，提出传统村落保护发展的关键技术体系。

4.2 区域一体化的保护发展思路

贵州各少数民族分布较为集中，传统村落的民族文化、建筑风貌等方面有较多共性，个性容易被共性掩盖。部分地方政府也进行了积极探索，如黔东南州根据资源特点和优势提出“侗乡大健康示范区”的设想，从产业发展、文化建设、生态保护、体制创新等多角度、多层次进行区域整合；黎平县根据自身“生态博物馆”经验和优势提出“百里侗寨中国传统村落群整体保护利用”等方案，具有一定的积极意义和借鉴价值。

探索区域一体化的保护发展模式，合理划定区域范围，打破行政区划限制，保护和整合各类资源，统筹布局、协作分工，集群化、差异化发展，避免内部恶性竞争，优化产业结构，共建共享基础设施和公共设施，合理组织旅游线路、调配旅游容量，实现整体利益的最大化。同时，村落保护或发展的侧重点要客观理性，需对交通条件、经济基础、人力资源等方面进行综合分级分类评估，暂时不具备充分发展条件的村落，允许发展留白，通过改善生活环境、补助分红等方式实现一体化。

4.3 探索自下而上的机制体制

4.3.1 明确各级政府权责

省级政府进行顶层设计，负责统筹推进传统村落保护工作，及时研究解决工作中遇到的重大问题。结合本地实际出台相关地方性法规，从法律层面将传统村落的保护发展规范化、常态化，出台相关实施细则和指导意见，指导村落的保护发展，提高大众对传统村落价值的认识。市级政府主要承担监督和指导职能，建立完善的督察制度，建立全面系统的传统资源库，建立动态评价体系和摘牌机制，防止人为干预或破坏，对保护不善的传统村落进行不同程度的处罚和矫正。

县级政府是保护发展资金的主要筹集者、使用者和监管者，重点加强资金的整合，对项目的资金使用、项目管理、实施效果总负责。

4.3.2　发挥基层自治的作用

完全依托县一级政府负责项目实施管理是非常困难的，探索自下而上的管理方式，将部分责权下放到镇村一级，最大限度地让镇村两级参与进来，发挥基层组织的主观能动性；将保护要求纳入村规民约，充分赋予基层组织管理权限，承担保护建设、管理的具体工作；积极发挥乡村精英、能人的组织、带动和监督作用，增强其荣誉感和责任感，提高积极性和创造性。

4.3.3　保障村民的核心利益

村落的发展要和村民的利益充分结合起来，鼓励和扶持村民进行民族工艺品创作、文化旅游服务、绿色有机食品生产及加工等特色产业，构建服务平台、开展技能培训，嫁接高校、研究机构等研究孵化基地，优先向原住民提供就业岗位，吸引外出务工的年轻人返乡创业，参与到保护和开发中来，分享发展的红利。

4.4　因地制宜的途径措施

4.4.1　整合各类项目资金

政府的补助资金毕竟有限，要学会用活资金，发挥补助资金的放大效应，积极整合各类涉农项目和资金，优先向传统村落倾斜，实现精准保护和建设，用有限的资金打造试点，发挥示范效应，逐步建立融资平台，拓宽资金渠道来源。

4.4.2　探索多样化营运模式

建立传统村落长效发展和运营保障机制，鼓励引导社会机构承担社会责任，支持传统保护发展；培育村级集体经济，强化经营乡村的理念，盘活村集体资源、资产和资本；激活市场效应，鼓励有实力的企事业在政府指导下参与村落的保护和合理开发，采取捐赠、投资、入股、租赁等方式动员社会力量参与。

4.4.3　积极发展文创产业

建立民间文化相关从业人员信息库，通过技能比拼、公众评选等方式筛选出里面的优秀拔尖人才，通过评级定级、指定非物质文化传承人等方式，增强其荣誉感和责任感，并优先保障本地团队的就业工作机会。加强民族文化的活态保护，将文化传承和文化产业深度嫁接，将文化符号变成文化产品，形成文化产业，让更多的人关注和参与进来，在开放中保护和传承，把非物质文化传承人、现代文化创意者、企业和市场等要素有机整合起来，共同繁荣文化产业。

5 结语

贵州省是全国唯一没有平原支撑的省份，山地和丘陵占全省总面积的92.5%，长期以来经济落后、基础设施薄弱，随着国家支持政策、项目的逐步落地，逐渐进入经济快速提升、城乡建设快速发展时期。传统村落及数量众多的具有较高价值的古村落分散各地，是贵州极具特色和价值的宝贵资源，其保护的紧迫性和发展的现实性是不得不直面的研究课题。传统村落的大保护观的提出更加符合当前的保护发展需求，对资源密集、经济基础薄弱的地区具有较强的适应性，将通过不断的探索实践，推动传统村落的有效保护和健康发展。

参考文献请见原文。

（撰稿人：陈清鋆，江苏省城市规划设计研究院（江苏省华建城市发展顾问有限公司）副总经理、高级城市规划师；余压芳，博士、贵州大学建筑与城市规划学院、副院长、教授。）

传统村落与旅游活化：学理与法理分析[1]

村落起源于先秦时期的庐、丘、聚，于南北朝初具社会意义，有唐以来成为政权组织单位。在清末“新政”以前的历史长河中，整个中国就是一个坚硬的乡土。作为中国社会的根基，传统乡村已步入重大转型期，其丰厚的历史底蕴、浓郁的人文情怀对书写中国现代化进程的时代长卷具有独特而深远的影响。旅游是一种“寻求诗意栖居”的生活方式，是处身于“日常生活”（everyday life）的人对自我归属的探索与追求。从这个意义上，现代人对乡村故土的守望与回归构成一幅波澜壮阔的“社会旅游”景观。让珍藏集体记忆的传统村落复归现代人的日常生活，在抽象的、归同的社会洪流中守护“游子”的民族身份和家园情结，是旅游担负的一项时代使命。

1 传统村落的家园属性与社会价值

1.1 乡民家园

久居之乡，乐安斯土。传统村落是乡民生产和功能的中心，也是生活和情感的中心，成为乡民抽象而又具体的家园。家园饱含意义、情感、经历和社会关系，是乡民在长期栖居实践中营建的、具有独特人—地联结的场所。

在功能层面，生活是家园的第一要义，生产服务于生活。自给自足是乡土生活的传统方式，村落成为充满具体功能、使用功能的生活世界。乡民熟悉周遭、熟练营生，以自有方式有序利用村落的物质和社会环境。在情感层面，认同是家园的根柢主脉，秩序来自于认同。传统村落包蕴的乡土规范和地方信息是乡民建构身份、行知明理的渊薮和依据（表 1），对内营造村落的社会秩序，对外生成村落的社会边界。正是对故土的辨识、认同和皈依，塑造我与他、主与客、内与外等充满人文内涵、不能约同的身份和角色，成为乡民（以及市民）构建“亲疏”、

---

[1] 本文摘自《扬州大学学报（人文社会科学版）》，2017（1）：5-21。

基金项目：国家自然科学基金（41271151）。

表 1　传统村落的地方信息

信息遗存	构成要素
村落基本信息	名称、行政区划、地理信息、起源与年代、面积范围、人口、民族、方言、自然生态环境
村落空间格局	选址、风貌、轴线、街巷格局、空间特征
民居与公共建筑	建造年代、历史用途、产权归属、材料结构、工艺装饰、室内空间、文化内涵、使用与保存信息
公共空间与景观	古树名木、塔桥亭阁、井泉沟渠、庭院景观
生产生活场景	衣、食、住、行、生产、商业
民俗文化	节日习俗、文学、音乐、经济、绘画、舞台、戏剧、曲艺、技艺、医药、传说、民谣、谚语、禁忌与咒语、传承人与存续情况
文献资料	志书、族谱与古书、舆图、碑刻题记、匾联、诗词、游记等相关历史资料、当代出版物
保护与发展情况	政府政策与制度管理、村庄规划、保护管理大事记与乡规民约

资料来源：据文献整理

“好恶”、“忌宜”等情感规范的本底依据。

1.2　社会价值

（1）文化价值

“五里不同风、十里不同俗”，星汉灿烂的民间文化是“从土里长出来的东西”。“礼失而求诸野”，乡土文化不仅是乡规民约等“民间法”的内核，也是宗法礼制、家国体制的社会文化基础。文化直观体现为生活方式，看似平实的乡土生活实际上是传统精神文化、物质文化、行为文化的形塑，并广泛影响到我们今天的社会生活。传统村落与现代化、全球化浪潮相对疏远，成为涵养本土文化的庇护所。

（2）生态价值

城乡地域是具有多样性、异质性的生态系统。乡民在长期的生活、生产实践中创造出多种“生存的艺术”，诸如聚落选址、筑城建都、汲水开田，建构人与自然和谐共处的生态安全格局，形成以“堪舆”为经典的“天人合一”生态价值体系。今天遗存的大量历史文化名村、名镇，都是依照“或久无害”、“象天法地”等生态理念产生的恢宏作品和精妙构筑。

（3）经济价值

资源属性和市场机制赋予传统村落以经济价值。值得强调，传统村落是充斥本土性、地方性的社会空间，应超越“传统经济发展的物本思维”，寻求自洽、包容、持续的发展方式。换言之，具有独特内涵和多重价值的传统村落，不应在资本市场裹挟下沦为归同的、计量的生产资料。“桃花源”——传统乡村的“善本”，其“桑蚕积黍”的现代市场价值无足轻重，文化价值却不可估量，并可转化为经济、社会、文化、生态等多方面效益。

2　传统村落衰败的因由及其机制

2.1　根本因由：现代性与传统性的角力

传统村落瓦解于清末、始见破败于民国。西方商品经济及意识形态的侵渗，迫使晚清政府施行“新政”，成为乡土中国衰退和瓦解的真正肇因。因此，近现代中国社会转型的实质是传统性（乡土性）与现代性的对立统一，潜伏着内部与外部、主动与被动、秩序与制度等多重紧张。百年以近，重大社会转变先在城市展开，乡村受制于“编户齐民”、“迁移是变态”等传统法则和“以城带乡”等政策编排而滞后于城市发展，城乡关系发生根本转变。简德彬指出现代性对乡土中国的破壁在城、乡之间存在显著的不均衡、不同步性，乡村在时间、空间双重维度上对举于城市。总之，在中国近现代转轨中，乡村逐渐与传统性脱钩，但由于种种原因，并未得到另一种“秩序”有力的顺承和组织，从而徘徊于一种“似断裂非断裂”的含混过渡状态。

2.2　传统村落衰败的主要机制

现代性是割裂乡土中国的刃器。何谓现代性？在其最简单的形式中，现代性是现代社会或工业社会的缩略语。资本主义、工业主义及其相互作用，使现代社会在组织制度、生产方式、集体生活、意识观念诸方面形成不同于传统社会的状态和性质。法兰克福学派认为现代性以技术（工具）理性为手段，对人实施压制、奴役，致使价值、自由失落。作为一种横亘中外的普世力量，现代性逐渐消解、重编地方的本土性，使之顺从以资本逻辑为核心的“新的”、归一的运作秩序而趋向于“非地方”（non-place）。概括起来，市场化、工业化、社会化、城市化构成现代性的主要运作方式。

（1）市场化机制

乡土中国有“重农抑商”的传统。直至改革开放前，乡村大都为自给自足的封闭性社会单元。“新政”以来，乡村的运作规则开始转变，向外寻求“优势”资源渐成主流，商业交换取代自给自足成为主要的生产、生活法则。当前，很多乡村已成为现代社会的网络局域或节点，内在的传统规范经受现代文明的涵化（acculturation）而快速变迁。市场意识对乡村物质、行为、观念等层面的渗透，使其运作机制向工具性、实利化蜕变。

（2）工业化机制

广义上，工业化代表规模化、逐利化、自由化、制度化的生产方式，追求的是一般、抽象价值而非使用、具体价值。在工业化机制诱导下，乡村“土产”日渐与货币价值挂钩、与日常使用脱钩。例如，时节产品发展为无季节商品、手工物件发展为文化商品，甚至引资建厂而出产毫无地方特性的工业品。乡民劳作不再基于生活所需而是出于生产所驱，使等价物的制造逐渐取替日需品的制作。循环累积货币财富、抽象价值的工业化生产机制持续削减村落的物质景观、社会关系、文化观念等乡土基因，加速地方性衰退。

（3）社会化机制

伦理、亲缘规则和法权、契约规则是组织和区分“传统共同体”（community）与“现代化社会”（society）的两种基本制度。“新政”使国家与社会分化、耆老阶层（中间群体）消逝，乡村成为与国家抗衡的相对独立组织，而国家对乡村的控制总体上趋于直接和强化。在此过程中，乡村长期辗转于宗法—社会二元关系格局，信任、道德等传统资源在现代规范的冲击下不断酥松。总之，社会化机制推动乡村在社会结构、关系类型、价值取向、组织制度、治理体系等方面发生转变，逐渐将“乡民”改造成“市民”、将“熟人社会（共同体）”改造为“公民社会”，挟持传统性向现代性让渡。

（4）城市化机制

城市（镇）化的实质是农业人口向非农部门转移，包括乡村城镇化、迁居城镇化两类基本形式。我国城镇化进程受制于户籍制度和城乡二元结构，产生大规模流动人口。在约 2.5 亿流动人口中，“农民工”多达 2 亿之众，超过全国人口的 15%。这种“人的城镇化”与“地的城镇化”相错离现象，说明我国城镇化存在一定程度的失调，仍存在“重城轻乡”、“以城带乡”的机制惯性。整理住房和城乡建设部（www.mohurd.gov.cn）、国家统计局（www.stats.gov.cn）网站资料，绘制我国城镇化态势如图 1。近 30 年，乡村人口加速向城镇转移，并于 1996 年后保持负增长，而城镇人口在 2011 年首次超过农村人口。与之相应的是村庄快速灭失。

市场化、工业化、社会化以不同方式和程度消解乡土中国，汇集于城市化进程，或者说城市化是乡土性、传统性与现代性矛盾最集中、抗争最激烈的现实机制。以城市化为重器，现代性得以“暴戾地”、“推土机式地”夷平乡土而构筑一个“（城市主义）新世界”。总之，传统村落衰败是中国现代化进程的客观结果。

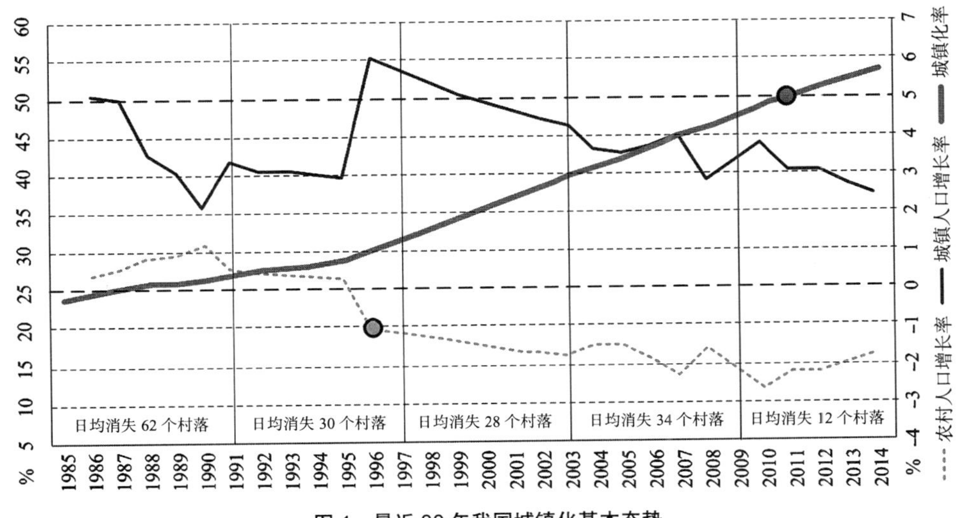

图 1　最近 30 年我国城镇化基本态势

3　传统村落规划建设的偏误与进路

3.1　传统村落规划建设的偏误

真正意义的城市规划产生于工业革命之后，被当作一种解决经济、社会发展问题和政府管理的工具和手段。规划的本质是公共政策，其制定和实施应基于公共利益。然而，由于“规划者”和“被规划者”在权力、地位、技术、信息等方面的不对等以及规划工具的内在缺陷，不合理的规划及其引发的破坏性建设对传统村落的负面影响日益显现。大量由外而内、自上而下的规划以肢解、割裂村落有机体的方式“制造”新社区，乡土家园的存续面临巨大的现实危机。

（1）现代规划中的工具主义“幽灵”

在早期，规划大师大都把城市规划与社会改革联系起来，具有浓厚的人本主义色彩。随着城市生产功能的强化和环境问题的凸显，追求效率逐渐成为规划的核心理念，形成了以光明城（radiant city）、广亩城（broadacre city）为典型的理性（工具）主义规划范式。而工业化主导的城市化在全球范围愈演愈烈，理性、功能主义规划大行其道，“城市病”尾随而至，乃至出现逆城市化潮流。在此背景下，Saarinen 倡议有机疏散、第十小组（Team 10）重拾社会关怀、Jacobs 忧患“都市生死”。西方在经受“理性主义城市化”病痛之后，重新审视规划理念并转向城市再生、精明增长等相对综合、平衡的发展方式。这些教训说明，对发展效率的盲热、对公众参与的冷漠是现代规划不能承受之重。

我国正经历快速市场化、工业化、社会化、城市化进程，工具理性、功利主义仍是很多规划的“不死幽灵”。金经元较早指出，城市规划部门编制的区域规划很少把主要精力放在建立城乡之间的良性循环上，规划成果对当地社会经济发展并无多大指导意义。可惜的是，规划的范式偏失不但没有得到及时、有效纠正，功利主义对规划理念的裹挟反而不断加剧，以至于“当代城市规划正在扭曲人本关怀而沦为‘英雄主义’工具”。这股洪流逐步将中国推向“巴洛克城市”误区，在使城市成为“非城市”（non-city）的同时也使自身沦为“非规划”（non-plan），甚至抹杀本土化的空间文化价值。西方规划曾经的“不能承受之重”——工具理性和功利主义的滥觞、对人本精神和社会需要的漠视，正在质疑我国规划师的职业道德和角色定位。

（2）乡建规划中的城市主义“情怀”

目前，政府部门主导的乡村规划建设依旧闪烁着城市主义魅影。城市被视为“先进的”范式，城市主义“情怀”成为或明或暗的主流意识，从整体和局部、功能和意义、公众和个体、内生与外延等层次诱导乡村向城市“看齐”，统领“落后的”乡村建设。以城乡统筹、新农村建设等名号对乡土村落实施的规划建设，普遍存在“见物不见人”、“跟风而不知所以然”的理念缺陷，乡村格局被肆意改变、村落特色逐渐丧失，乡村在“被规划”过程中为城乡一体化付出沉重代价。过犹不及的乡镇规划建设折射出工具理性的泛滥。

值得警醒，乡村“城市主义规划”如演变为一场组织化、主义化运动，将破坏甚至毁灭传统乡土。民国沸沸扬扬的“乡建运动”可谓前车之鉴，不接地气的“乡村救援”反使乡村成为现代主义“混乱的试验场”，更形破败。改革开放后，在农村经济政策和乡镇企业发展的驱使下，我国掀起农村建设热潮。而对乡镇经济的过度关注，导致乡村建设的很多方面包括一些重大现实问题都缺乏深入探讨。刘金海、杨雪婷认为过去由乡镇经济驱动的非农化、城镇化对乡村社会的影响主要是消极性的，使乡村进入新一轮的整体衰败。此外，以“村改居”为代表的制度设计和规划倾向，也为城市主义“下乡”、“在乡”提供了便利。总体上，以城市为样板的乡土规划及其政策配套存在“不接地气”的弊陋，难以实现乡村的真正发展甚至造成恶性破坏。

3.2 传统村落规划建设的进路

（1）目标：以规划政策推动治道转型

规划的实质目标是要通过空间重塑来增进人文福祉和社会利益。空间重塑或物质性规划建设是法，人文福祉和社会利益是本。厘清规划的政策属性、提升规划的社会参与，将规划的核心立足点还复于“人”，践行“以人为本”的乡土规划建设，是传统村落规划转型的根本出路。在以往的乡村规划建设中，物的发展通常优胜于人的发展，物质开发通常优胜于社会培育，造成“人是物非、物是人非”——乡民和家园相错离的现象。快速流转的外来要素不断削弱乡土空间的地方信息，摧毁乡民与村落的场所联结，使村落从“场域”(field)、“熟悉的地方”退变为“场地”、“陌生的地方”。认同感、归属感的衰落意味着家园的消解与远去，乡民成为在“新异的建筑群落”之中缺失身份的“无家可归者”。村落共同体精神被抑制和扼杀，乡民被带入内在紧张和困惑，很多新农村建设基本上是失败的。

村落发展的根本使命是培育乡民的主体性，否则任何形式的改革与发展都只能是一句空话。乡村规划要发挥、创造政策效应，为乡民重建家园，使之归位于“干练的主人”、“发展的主体”。必须深刻意识到传统村落作为“场域”的有机性、自洽性。外来因素一旦涉入村落共同体，也就进入特定的社会关系和文化规则之中，只有与这些乡土逻辑相妥协、相融合才能有序施展。在乡村发展中，自上而下的机制长期占据主流，自下而上的通道则被抑制，不但滋长乡村内卷化，还使发展主体与乡村社会出现结构性分离。应重新规划、编排乡村内外权益关系，整合正式制度与乡土逻辑，将村民主体意识当作乡村发展的核心依托，推动乡村“治道”变革与转型。

(2)策略：以社会自觉利导发展体系

人(社会)是发展的主体，空间是人实现发展的载体也是发展的产物。Lefebvre以空间生产理论来阐释社会—空间相互作用的辩证机理，指出空间的生产(the production of space)是一种实体性生产，充斥社会矛盾因而也是社会重构的过程。在空间生产中，生产方式(主体/社会行为)发挥主导作用，“一个社会的生产方式决定那个社会所生产的空间”。Soja进而指出空间即社会、社会即空间，社会、空间辩证统一，为整合社会、空间系统开展研究奠定基础。Dear和Wolch将社会空间辩证法的核心思想总结为社会关系形成空间、社会关系受限于空间、空间调节社会关系。

社会空间辩证法揭示乡民或村落社会在村落规划建设中的重要性。乡民是传统村落空间生产的日常主体，亦即传统村落惯常发展的主体力量是当地村民。“现代主义规划”对村落物质空间的功利性开发和工具性建设，游离于甚至凌驾于乡土社会的人文关怀、传统习惯等内生机制，以自负的“先进性”斥离、拆解“落后的”乡土空间。其后果是，“新乡村”在带给乡民以“惊艳”之余，也破坏、剥夺乡民传统的生产、生活方式和情感记忆，置乡民于“嗟叹”之中。“主人”面对反客为主的规划所炮制的“家园”，被动陷入无所适从、不知所措的陌生感、苍白感，随着异化的乡土生活连续产出“似断非断”、“紊乱无章”的“新”空间，村落的共同体属性与统合效能逐渐衰退。富有活力和魅力的乡土规划建设应充分调动、尊重乡民的主体性，通过沟通的、渐进的、网络的方式和手法，将功能开发与提升有机融入村落内生机制，转化为乡民的自觉意识和自主行为，促使乡民成为村落发展的主人翁、获益者、监护者。

（3）措施：以场所营建重塑生产机制

空间重建关键在于塑造新的空间生产机制或者说社会行为系统。依照生产方式特征，地域空间分为流动空间（space of flow）和场所空间（space of place）。前者追求发展效率、无界流通，趋向归一化、普世化、现代化；后者注重自我延续、特性维护，体现地方化、差异化、传统化。乡土空间衰败的根源是现代性对传统性的挤压和消解，直接原因是乡土空间缺乏有效抗衡流动空间的生产机制。现代性在乡土空间恣意蔓延，使流动空间与场所空间无序叠加、拼凑，导致村落空间支离破碎、似断非断、含混不清。换言之，传统村落的衰败肇始于空间生产方式的扭曲与组织无序。

流动空间是绝对的，场所空间是相对的。现实地域都具有不同程度的开放性，要素流通或多或少诱变地域社会的活动方式，也就是地域空间的生产方式。正是时空间相互作用，使传统村落获得自我延续和持续演进的原动力，表现为形体、经济、社会、文化、生态、制度等方面的变迁。这种时空作用包蕴内与外、上与下等发展机制的交汇与博弈，为重建村落体系、恢复乡土活力提供了可能。规划要引导、营造一种嵌套的、综合的、有序的空间谱系，建立现代性与传统性相互沟通、相互制衡的空间生产安全格局（security pattern of space production），将两者的相互作用约制在合理水平和形式上，规避、缓解两者在乡土空间凌乱的、正面的、激烈的对抗，保障乡土村落得以有序演进。

上述“空间谱系”示如图 2。首先，结合村落特性和村民意愿，制定基于乡土场所保护导向的发展框架和约制措施，将乡土性的存续置于优先、核心地位，确定限制开发、禁止开发的乡土要素及其依托空间（图 2a）。这些乡土要素空间涵养、滋育传统村落的关键基因，并在约制措施所构建的相对严格的空间流通界限下得到有效保护。在场所空间之外，让渡某些乡土空间以促进社会互动和要素交换，形成上—下发展机制与内—外社会诉求相互沟通的介导空间。场所空间、介导空间及其约制体系一道，提供并限定传统村落的保护—利用框架或者说空间生产安全格局。该框架统摄村落空间演进方式，使乡土性得到有序组织进而有效制衡现代性的无序扩张，防止乡土要素在现代性冲击和裹挟之中无序消长。图 2b 反映村落复兴的空间生产机理。介导空间引入外部发展动力，使共通的、抽象的、归一的现代价值与限定的、具体的、场所的使用价值发生交换。在此过程中，现代要素在村落预设的制约框架内运作，并经受监测和调控；而村落所

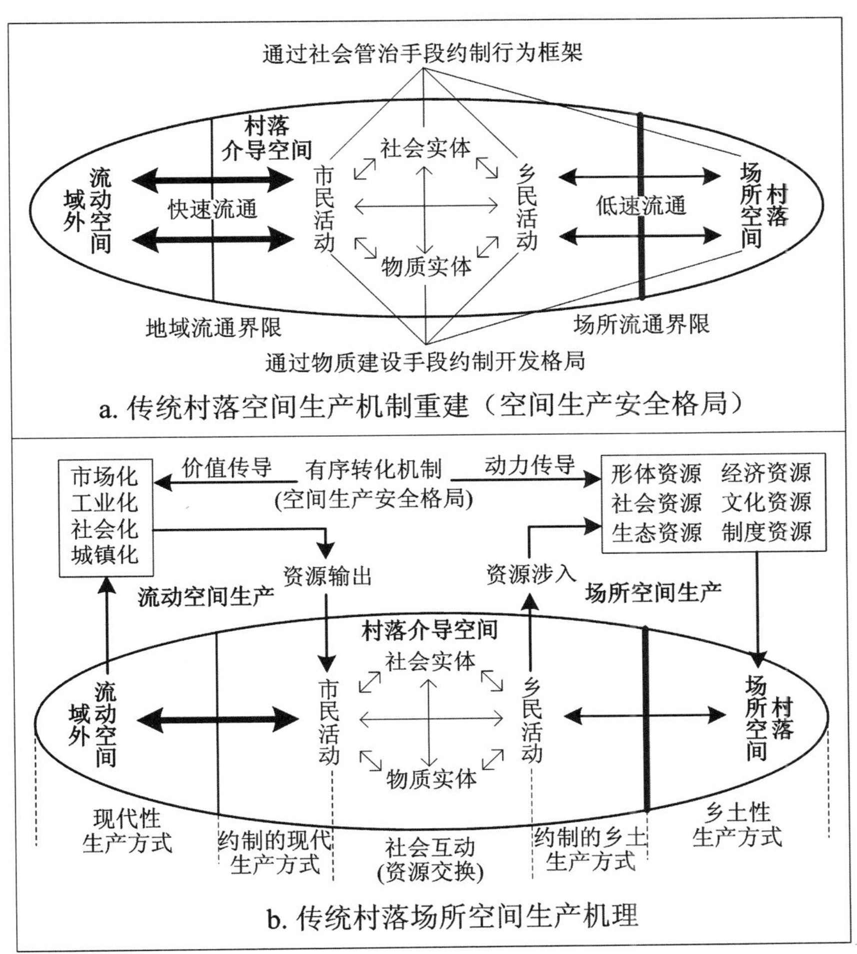

图 2 传统村落空间生产体系重建模型

摄取发展动力和资源则在约制框架的滤过和引导下，转化为持续的、有序的自我投资。

总之，传统村落健康发展不是物质规划建设单方面可及可为之事，应尊重传统村落的社会空间属性及其空间生产机制的本原作用。在不可逆的现代化潮流中，传统村落发生演进或变迁是一种客观规则。传统性、乡土性终究是一种社会建构和集体认同，一成不变、固步自封的“真实传统”不合事实，让乡民固守“传统”而斥离于发展机会之外也不是可持续发展的真实意涵。相反，在共同发展中存续传统，使乡民具备在现代社会中维护自身传统的动力与能力才是传统村落健康发展的关键环节。因此，传统村落规划建设的重心不是物质开发，而是机制培育。建立使乡民在维护传统中获得合理发展机会的有效的、均衡的、自洽的社会机制，成为传统村落规划建设的中心任务。

4　旅游活化：传统村落规划建设的有效方式

4.1　活化理念探源及其发展

20 世纪 90 年代，台湾同胞最早将“活化”引入国内遗产研究领域。陈信安以“社区总体营造”作为台湾传统街屋活化再利用模式，并从原则性、技术性、规约性、社会性予以阐释。洪锦芳等基于活化理念，对安平古迹再利用规划做出探讨。洪孟启认为活化是保护和利用非物质文化的有效方式。追踪这些文献，发现活化大都对应于“revitalize”，意为“使…复兴、复活”。可见，活化是被当作物质和非物质文化遗产再利用的一种指导理念或方式。实际上，活化理念的萌芽可以追溯到二战后的城市发展潮流。20 世纪 50 年代以来，全球城市发展大致历经重建（reconstruction）、振兴（revitalization）、更新（renewal）、再开发（redevelopment）、再生（regeneration）、复兴（renaissance）等阶段。这些阶段都致力于恢复或激发城市活力，差别在于实施手段与核心目标的转移。故而，齐一聪、张兴国认为活化不是新概念，而是在有机更新基础上发展而来、以恢复遗产“生命”为意指的理念。而从全球时序看，台湾倡导活化的时期对应于城市再生阶段。城市再生起源于英国的内城衰败区整治政策并迅速扩散到欧美各国，逐步成为一种可持续规划发展理念。吕斌总结指出，可持续再生立足但不局限于对现状或过去的保存或复原，还强调在把握未来变化的基础上，恢复或维持已经失去或正在失去的、具有“时代牵引力”的相关功能，进一步结合综合的手段和方法，改善人居环境、重振地域活力和魅力，并使居民参与政策制定与实施过程。徐小波基于文献梳理，归纳出可持续再生的理念内涵，示如图 3。总体上，可持续再生倡导在存续地域现今或历史肌理的基础上，借助综合性手段，使之恢复活力和魅力，这与活化理念的核心内涵高度契合。

活化理念主要应用于各类遗产及其依托地域，探讨重心由物质遗产逐渐转向非物质遗产和遗产地复兴。活化适用的遗产资源应采取广义的理解，囊括各种具有社会象征和公共价值的有形和无形要素，诸如公共空间的社会文化内涵、传统建筑型式、历史文化地段、城市总体形象乃至于长期保有的主题形象品牌。现实中，遗产社会、文化价值的开发利用通常滞后于物质、经济价值的开发利用。遗产活化致力于将两者整合起来，实现遗产资源在现代情境中的活态传承和持续发展。“活”是指遗产仍能参与现在的生产与生活，表达地域生存历史与心灵状态，传承特定民族、群体的精神、心理、知识、信仰与价值观。活化高度重视遗产所

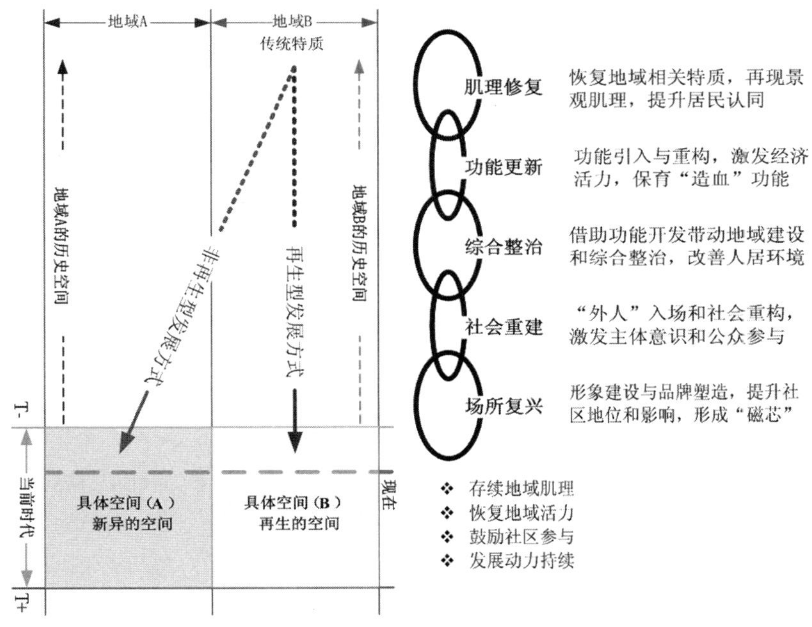

图 3 可持续再生理念图解

在地及其传承者的参与意识和主体作用，是使遗产生存于当下并为当下制造意义、为特定群体塑造文化身份的社会交流和实践过程。因此，活化使遗产不再成为“死传统”，摆脱被封存、被冻结的消极、颓败状态。换言之，活化是让曾经“生活化”而又遭遇“去生活化”的遗产要素“再生活化”。

活化应统筹遗产本体和使用主体，整合遗产的历史文物价值和当代社会需求。构建包容并且沟通“历史”和“现今”的利用方式是遗产活化的中心环节。社会过程使各类遗产无法保持一成不变的完整性和原初性，而正是传承与变化共同赋予遗产以“活态性”。遗产活化不应对市场、产业、技术等现代因素抱定偏见，借助创意、旅游等新兴机制来利导遗产活化、推动遗产地复兴已是国际通例，甚至还挽救了一批陷入外生衰退的珍贵遗产。鉴于遗产资源和社会需求的多样性，活化应是一项系统、综合、动态的行动方案和过程。

总结起来，活化理念的核心内涵可归纳为“4S”：存续传统特质（广义遗产）（safeguard of heritage）、激发遗产活力（stimulation of vitality）、持续发展机制（sustainability of development）和精致利用方式（smartness of employment）。

4.2 传统村落旅游活化的合宜性

传统村落整体上是一项地域遗产。应彻底扭转将村落看作孤立的物质实体的不当认识，重新发现传统居民的真实存在与客观作用，转而采取整体性保护的方法和策略。旅游活化在尊重和存续传统村落肌理的基础上，将之转变为具有吸引物属性的乡土体验产品，使村落内生的场所空间以居民—游客互动为媒介与外在的现代空间形成有序的、互惠的交易，继而重建村落空间生产机制，引导、培育村民社会成为村落空间自我存续的自主和自洽力量。

旅游发展可以成为传统村落保护和延续的有效渠道。村落的传统性、乡土性是有价值、有潜力、有前景的旅游资源，可以转变为观光、休闲、度假、美食、修学、生态等多种旅游产品。资源是旅游产品的基础，村落旅游具有存续、保护乡土资源的内生动机，使之不至于流失和消亡。更重要的是，旅游将村民的日常生活转变为营生过程，村民在平实的、自为的乡土生活中获得发展机会，也就产生了自持传统的内生动力，建筑形态、景观风貌、民俗文化、生活习惯等乡土遗产随之得以延续和传承。在此过程中，村落的物质、社会、活动等传统基因不再被动陷入衰退、灭失，而是借助旅游介导的现代动力重新焕发活力，使村落社会—生产方式—物质环境以自有的、地方的、渐进的联结方式稳健运转，实现传统村落对现代性的有效制衡及其自身的有序演进。

旅游提供一种介导作用，不以破坏、割裂传统村落为代价或手段，而是诱导、追求乡土社会、生活方式、物质肌体的全面延续及其原生的、本初的内在联结，本质上是在营建一种整体的、内生的、自洽的发展机制，使规划建设归位于公共政策属性。演进是社会发展的铁律，如同其他发展方式一样，旅游也在村落变迁中发挥一定催化作用。一者，传统村落发展应融通保护与利用，建立合理的空间生产安全格局，有效制约旅游发展方式与状态。二者，在整体延续中有序吸纳时代印记也是活化理念和可持续发展的应有之义。遗产是对历史的一种表述，又与当下语境紧密相连，是“现在”对“过去”的一种话语和行为实践。村落作为活态遗产，其保护和利用应突破静态、僵硬的思维，探索以“行事”为“深切著明”的本土价值观和意义产生方式，超越物质原真、地方主义等守旧话语，体现“通古今之变、究天人之际”、“民德归厚”等史学精神。总之，传统村落无需忌讳而恰恰应当在平衡村民意愿、乡土传统和地方文脉的基础上“变”。传统村落发展中“体现遗产话语实践的道德关怀的‘变’”，与“推倒重来的‘变’”天壤相别，不能混为一谈。

4.3 传统村落旅游活化的基本程式

传统村落旅游活化的主要流程归结为四方面（图 4）。使当地村民有能力、有动力参与旅游活化过程和村落持续发展，是旅游活化的核心目标。

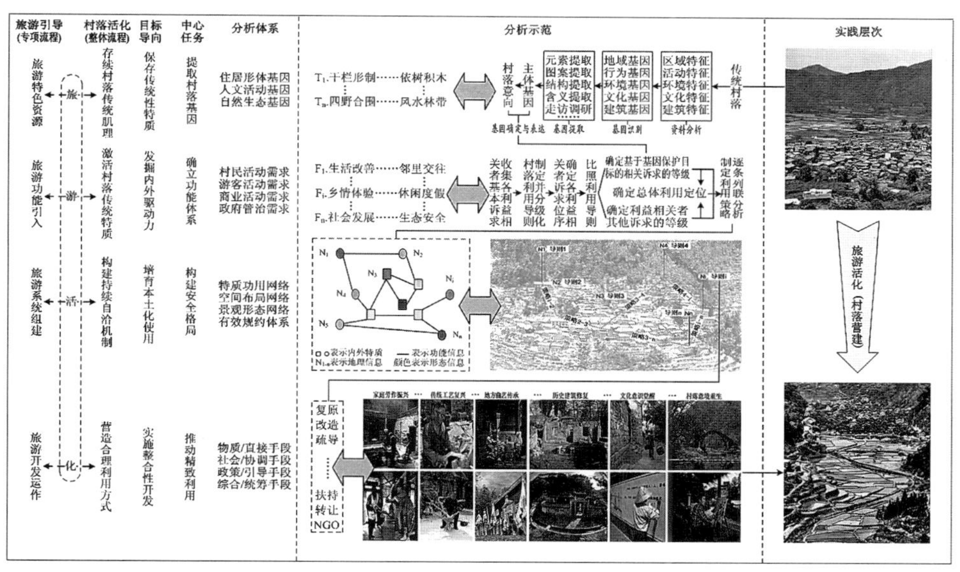

图 4　基于旅游活化理念的传统村落营建程式

（1）存续村落传统肌理

传统村落衰败是现代化过程中空间重组和机制变迁的使然，并非村落机体固有之弊。借助现代性机制，城市像"吸血鬼"一样抽取乡村资源，破坏乡村肌理，致其衰败。然而在传统性维度，城依赖于乡。现代性与传统性的异质互补使城乡相互吸引、相互依附，形成"城乡磁铁"（urban-rural magnet）。传统性作为"反现代性"力量，成为乡村制衡城市的袭夺和压制效应、实现自我存续的根本依托。包括物质、社会和行为基因在内的乡土肌理是涵养传统性的核心载体。因此，存续传统肌理成为村落抗衡、约制城市主义的基本前提，肌理毁损将加速乡村沦为"城市领养地"。而蕴含于传统肌理之中的乡土基因则是激发游憩动机、塑造地方体验的渊薮。

（2）激活村落传统特质

城市已成为我国主要客源地，城乡异质性及其衍生的空间梯度力是乡村旅游的原动力。村落以其传统肌理对举于城市，对游客而言，乡土性、吸引性很大程度是合一、同源的。激活、展演传统特质是村落遗产的话语表述和实践方式，催生村落的旅游吸引力。对乡土资源的成功利用是很多著名的遗产型旅游村落的基本经验，如俞源八卦村之于传统村落形态、元阳梯田之于传统坡作景观、德朗苗寨之于传统民俗风情、京郊乡村之于传统"火盆"美食。旅游搭建一种主客交流平台，使很多优秀的乡土遗产形成更大的现实影响，促进文化、社会交流，增强地方自豪和集体记忆。旅游介导乡土村落进入更开阔的社会生活，村落遗产的功能和价值也就得到拓展，从而超越地方主义守旧话语而回归于民族的共同财富。

（3）构建持续自洽机制

传统村落复兴之基是有序重建本土化发展机制，人是发展机制的能动主体。乡民和市民都并非现代性所预期的“功利主义的单面人”，而是具体的、现实的人，都需要镶嵌于现代性、传统性互动与交易之中的抽象价值、使用价值、情感价值。城市与村落、现代性与传统性相互凝视、相互建构，在市民与乡民的需求异同之间寻求啮合。正如乡民期待“现代”生活，市民对“乡土”生活同样怀有皈依，现代性、乡土性是现实生活兼容并蓄的两个侧面。旅游提供了现代性、传统性相互反转的社会机制，市民、乡民在村落空间的共享与互动中各取所需、共同获益，蕴含“各美其美、美人之美、美美与共、天下大同”的自洽逻辑。总之，以旅游发展统筹现代性的动力和传统性的张力，将功利性动机有效约制在乡土体系的适当位置，可以推动传统村落实现自我存续和复兴。

（4）营造精致利用方式

“精致”（smart）源自“精致增长”或“精明增长”（smart growth），是一种内涵型、存量型、创新型利用导向。寄寓旅游之中的现代性可能引诱相关利益方对传统村落的旅游利用方式形成肤浅理解、低级甚至庸俗对待。为遏制旅游对传统村落的消极影响，提升村落发展的公共福祉，应当制定有所差异、目标综合的利用方式。其中，尤其要处理好高、低经济效益要素的利用关系，而利益分配和统筹开发是关键抓手。要充分意识到，传统村落提供的是一种整体性的场所体验，有赖于多种要素的整合开发和共同塑造，不能以经济效益单方面“指挥”要素开发的“轻重贵贱”。事实上，很多非物质遗产和静态遗产开发难度大、直接效益低，但却是传统村落最具价值和影响的旅游资源。

5 传统村落旅游活化的法律磕绊

面对传统村落快速衰败、消失的惨烈局面，立法保护已成为延续乡土记忆和地方文脉的关键所在。同时，村落规划尤其是后续建设都不同程度涉及内外利益相关者之间的权益关系。而我国关于传统村落发展的法律保障相对滞后，甚至存在不当制约，亟待改观。

5.1 乡村经济方面

现行法律体系和制度安排仍混杂不少“城乡分治”、“农村保障城镇”等计划经济残余因素。当前，大量农村人口存在“两栖”就业现象，兼跨集体经济、私营经济两个部门，并在经济转型过程中快速向非农、非公经济部门转移。尤其是在旅游村落，居民从业、生活大都依托私营经济而开展。依据《宪法》规定，包括旅游业态在内的乡村集体经济、个体和私营经济都受国家保护和支持。然而，一些下位法却使农村社会经济发展遭遇阻碍。

《土地管理法（2004）》规定农村集体支配的土地均不得用于非农业用途，但可以由集体内、外成员承包，从事种植业、林业、畜牧业、渔业生产。此有二谬。其一，农村非农经济（如个体经济、私营经济）遭遇无“地”立足的窘境。其二，种植业、林业、畜牧业、渔业“不能”向混合经济（如农家乐、景观农业、农产品加工）转型。这些条款对乡村发展旅游等非农经济业态直接构成不当约束。同时，《土地承包法（2003）》也禁止承包地混合经营，并限定承包方的户籍性质，阻断土地经营关系在农村与城市之间流转。

总体上，现行土地法律仍将农村视同“农业生产功能区”，将“农民固定在土地上”，使农村被动隔离于城市、割裂于市场、疏远于发展。土地权属对农村经济转型的束缚作用日益显露。最近，《国务院关于开展农村承包土地的经营权和农民住房财产权》（国发〔2015〕45号）等一批政策，提出“盘活农民土地用益物权的财产属性”，并尝试以“提请全国人大常委会授权，暂停执行相关法律条款”的方式寻求法理突破。这表明释放农村经济活力、推动旅游经济“下乡”尚需变革某些法律规定。

5.2 土地权益方面

由于认识上的禁区与误区，物权是我国法学界长期忌讳并回避的，甚至直到制定《民法通则（1987）》时立法者仍然拒绝物权概念及其体系。在这种背景下，《物权法（2007）》将私人财产和公共财产并列为法律保护对象及其有关物权的具体解释，一度激起针对土地权益的激烈争辩。《宪法》规定城乡土地均属公有，而在市场经济和私人物权等现实语境中，现行土地所有权制度对社会经济发展存在某些不利。

依据《物权法》，土地及其附属物存在所有权、用益物权、担保物权、占有权，共4类权能。其中，所有权为公有，而其他3项权能都允许不同程度的私有成分，导致土地权益的公私分配难以确切界分。也就是说，土地产权存在内涵不明确或不统一性，将可能导致发展利益错位、公共资源流失。土地公有使人民成为“虚的业主”、政府成为“实的代理”，后者现实的核心利益是加快城乡发展而不是追求土地收益最大化，从而使土地资产偏离其所有者（集体或全民）的权益诉求。外部性也是土地流转及其划块使用的普遍病原。《宪法》赋予国家出于公共利益而征用、征收土地的权力。但我国没有在立法上对公共利益给予清晰界定，其界定权实际上掌握在各级政府手中，可能导致公共利益的名义被滥用乃至于公共利益本身尚需仰仗司法救济。在以国家为中介的土地流转制度下，公有土地大都流向非公有的土地开发商，进而在宗地效益最大化驱动下遭遇掠夺性开发。

在大规模城镇化背景下，乡村、集体土地向城市、国有土地流转是主导趋势。由于法律保障体系的缺位，土地在较长时期充当了城市“掠夺”乡村的重要工具，大量乡村被夷平、被肢解，乡村社会经济发展蒙受了巨大创伤。

5.3　城乡规划方面

《城乡规划法（2015）》是城乡规划、建设的直接指导依据。该法将城、乡纳入统一的规划体系，完善了城乡规划的编制、审批和管理体制，突出了公众参与和社会监督，确立了规划与建设管理的羁束性关系。就是说，城乡规划已从参考方案上升为法定文件，城乡建设管理须依“法”（规划）行事。但《城乡规划法》并未改变“重城轻乡”的内在倾向，对城、乡规划的区分度不足，没有建立“接地气”的乡村规划指导体系。

我国乡村社会正处于传统性—现代性发育参差、多类并存的基本状态，乡村规划建设应充分体现差异性、综合性、地方性。《城乡规划法》赋予村民自主选择发展方式、参与规划决策的权利，为广大乡村尤其是传统村落开展旅游活化提供了机遇和依据。然而，《城乡规划法》有关规划资质的限定条款，在实际操作中常常被用来沿袭城市规划部门的惯有话语和权威，制造其他学科或部门主持、参编乡村规划的“门槛”。一定程度上，这圈囿了广大村落在规划建设与发展方式上的现实选择。

5.4　文物保护方面

传统村落作为地域遗产，在旅游活化、村落营建中还受《文物保护法（2015）》某些条款的不当制约。该法规定国有、集体和私有文物的使用都必须基于“物质原真”前提，不但限制了某些文物的合理利用与保护，而且使得该法另一些条款难以付诸实操。例如，国有不可移动文物由使用人负责修缮、保养；非国有不可移动文物由所有人负责修缮、保养。对不可移动文物进行修缮、保养、迁移，必须遵守不改变文物原状的原则（第 21 条）。因“不改变文物原状”缺乏明确的界定依据，出于规避风险的动机，会滋长以消极、不作为的“看护”充当“保护”的实践倾向。同时，不可移动文物已经全部毁坏的，应当实施遗址保护，不得在原址重建（第 22 条）。毁坏的不可移动文物只能“圈地封存”，这实际上是在保护文物的“历史事实”而不是文物的“价值事实”。此外，第 14 条规定保存文物特别丰富并且具有重大历史价值或者革命纪念意义的城镇、街道、村庄，由省、自治区、直辖市人民政府核定公布为历史文化街区、村镇，并报国务院备案。历史文化名城和历史文化街区、村镇所在地的县级以上地方人民政府应当组织编制专门的历史文化名城和历史文化街区、村镇保护规划，并纳入城市总体规划。那么，历史文化村镇是否算作“不可移动文物”？如是，依据该法第 21 条、26 条，历史文化村镇应被禁止居住、使用。如不是，该规定则成为一纸空文。又如，第 24 条规定建立博物馆、保管所或者辟为参观游览场所的国有文物保护单位，不得作为企业资产经营。事实上，包括故宫、长城在内的很多文物都具备一定的经营资产性质，并出于管理、经营等需要添置了某些构筑与设施，有悖于“不改变文物现状”。总之，该法关于历史文化村镇（名城、街区）的相关规定是不适切的。

《文物保护法》沿袭了“重保护、轻利用”的历史惯性，偏离了现实的社会需求。文化遗产享用已成为重要的社会消费内容，笼统的“合理利用，加强管理”没有突出文物利用的重要地位，文物保护应逐步由行政型管理向经营型管理转型，更新理念、改革体制和评价标准。国家文物局局长励小捷认为文物保护在认识上存在偏差，在实践中存在利用不够和不当。而《关于进一步加强文物工作的指导意见》（国发〔2016〕17 号）等文件提出“在保护中发展、在发展中保护”、让各类文物“都活起来”、“发挥文物资源在促进地区经济社会发展、壮大旅游业中的重要作用”等积极的文物利用导向，有望开启旅游与文物相结合、相促进的新局面。

5.5 旅游发展方面

《旅游法（2013）》使我国旅游发展第一次具有相对系统、专门的法律依据，明确规定我国境内的旅游系统建设、运作及其参与主体的合理权益都受法律保护。旅游规划建设是政府提供的一项基本服务，县级以上政府均应编制旅游发展规划，并要与当地“一揽子规划”相衔接，重点地区另需编制旅游专项规划。实践中，通常存在以城乡规划“统领”旅游规划的“行规”。众所周知，旅游规划与城乡规划在编制体系、理念导向、技术方法、实施步骤等方面都存在一定分异。在传统村落、民族地区等一些“重点地区”，旅游是最主要的发展动力，旅游规划理应“担纲”，在当地规划建设中发挥核心作用，成为具有统筹性质的“总体规划”。将各具差异的地域单元笼统置于城乡“大旗”之下，生硬套用城乡规划“范式”的做法不合情理。同时，各级政府应积极支持、参与“大旅游”建设，从土地资源、产业政策、规划统筹、资金技术等方面做出切实部署。现实中，法令矛盾、部门利益、职权分配、考核体系等因素往往使《旅游法》相关规定难以落实到位。

6 结语

西风东渐，使中国快速推进现代化进程；中西分野，使我们务必保持民族性定力。在现代化求同、归一潮流中，保护、传承乡土传统是维护民族身份、增进文化自信的基础。乡村是中国的根基，不应该也不可能顺从“他者”的发展规则，生硬的现代机制和发展方式没有真正实现乡村复兴，却在乡土中国“死与生”的悲歌中导演城市主义繁荣。培育传统乡村制衡现代性的内生能力和持久机制，使乡民成为村落发展的自觉主体，是广大乡村在现实中生生不息、自我延续的根本出路。乡村规划建设的中心环节是要营建一套综合性、自洽性、沟通性的发展机制，促使乡村重新焕发活力和魅力，而不能有意或无意破坏、割裂乡村有机体的经脉肌理。因此，活化是乡村规划建设的核心理念和最终目标。活化并不排斥特定的规划建设手段，而是使之归位于社会政策属性，配合、协同其他方式和机制，共同激活、振兴地方性的空间生产机制。旅游发展为数量众多、特色鲜明的传统村落提供持续的活化动力，可以引导现代性、传统性在村落空间有序交融。在乡土复兴的民族自觉潮流中，旅游活化作为传统村落保护和利用的有效方式，具有广阔的应用前景。目前的法律体系对乡村发展和旅游活化存在某些不当约束，应做出调整。传统村落旅游活化是一项新兴的学术议题，有待学界和业界的共同努力。

参考文献请见原文。

（撰稿人：吴必虎，博士，教授，博士生导师，北京大学旅游研究与规划中心主任、国际旅游研究院院士、国际旅游学会秘书长，主要从事旅游学、规划学研究；徐小波，博士，讲师，主要从事旅游规划、旅游地理研究）

第四篇　美丽乡村

中国乡村建设的类型学考察

——基于乡村建设者的视角[1]

1　前言

在城乡统筹发展、新型城镇化及美丽乡村建设等宏观背景下，全国各地正产生十分丰富的乡村建设实践。而且，随着我国城镇化进程的推进，未来乡村建设实践将日趋增多。事实上，我国历史上乡村建设实践也是层出不穷，活跃而丰富。比如，早在20世纪30年代，梁漱溟、晏阳初和卢作孚等先辈们针对当时持续衰败的乡村社会，就展开具有深远影响的乡村建设运动。

近年来，认识和理解这些乡村建设实践成为学界关注的重要方面。一方面，许多研究成果对一些乡村建设实践现象进行了有益的考察。比如一些研究重在探讨历史上乡村建设经验，特别是民国时期乡村建设运动及其对当今乡村建设的借鉴价值；而另一些研究则主要考察当代社会主义新农村建设和美丽乡村建设等实践。另一方面，随着人们对乡村建设实践现象的不断认识，开始有学者尝试对中国百年来的乡村建设发展脉络和演变过程展开观察和分析。甚至，一些学者开始尝试运用相关理论视角（比如现代国家建构、现代国家治理以及国家与社会关系的视角等）对这些乡村建设探索实践展开分析。这些研究加深了人们对乡村建设实践的认知。

但是，相对于极为丰富的乡村建设实践而言，我们目前对它们的理解还远远不够，需要进一步研究。作为一种分组归类方法的体系，类型学是人们认识复杂事物的重要方法。因此，对中国乡村建设实践进行类型学考察有望加深对它们的理解。显然，对中国乡村建设实践进行类型学考察可以存在不同视角，比如乡村建设理念、乡村建设者、地域空间以及时间年代等。考虑到乡村建设者是乡村建设实践的重要因素之一，能够对乡村建设的成效产生重要影响，本研究提出从乡

[1] 本文摘自《城市发展研究》，2016（10）：60-66。

基金项目：中央高校基本科研业务费。

村建设者的视角（也就是谁，以及他们以何种方式进行乡村建设）对中国乡村建设实践进行类型学考察。

基于这一研究视角，本文将乡村建设实践划分为如下几个基本类型：政府主导型乡村建设、农民内生型乡村建设、社会援助型乡村建设。以下首先对各类型乡村建设的内涵进行分析，然后从乡村建设的目的、过程和结果等方面对各类型乡村建设的特征展开分析。最后，对各类型乡村建设的历史发展情况及当前面临的挑战进行分析，并就未来乡村建设提出相应建议。

2　乡村建设的基本类型及其特征

2.1　政府主导型乡村建设

所谓政府主导型乡村建设，是指由中央政府或地方政府推动，通过政策、制度、规划以及项目等手段引导乡村发展的实践类型。在政府主导型乡村建设中，政府是乡村建设实践的启动者和组织者。它通过制定政策或者发起项目，调动人力物力，组织农民与社会参与，积极推动乡村建设实践，在乡村建设中起着主导性作用。比如，我国社会主义新农村建设就是典型的政府主导型乡村建设，政府在社会主义新农村建设的发起、组织、运行以及资金投入等方面都起着主导性作用。

从目标来看，政府主导型乡村建设往往是为了实施国家发展规划、巩固国家政权以及推动国民经济社会发展等，是国家或者地方发展战略的重要组成部分。比如，20 世纪 30 年代南京国民政府推动的一系列乡村建设措施就是为了巩固当时的国家政权建设。而社会主义新农村建设则被认为是一项破解“三农问题”、缩小城乡差距、扩大内需以及整合乡村社会的国家战略。总之，政府主导型乡村建设是特定时期中央政府和地方政府关于乡村发展的总体部署，具有较强的战略性。

从过程来看，政府主导型乡村建设通常是依靠国家和地方制定的政策、制度、规划及发起的乡村建设项目等实现的。比如改革前，我国推动的合作化运动、人民公社制度以及农业学大寨等乡村建设实践都是国家通过战略性计划以及相应政策制定而实现的。改革后，我国推进以家庭承包制为核心的乡村建设实践本身就是一项制度创新。社会主义新农村建设也是作为一项重要的政策和制度建设加以推进的。而且，作为一种典型的行政干预（甚至是一种革命运动），政府主导型乡村建设过程往往具有较强的计划性。通常，政府对乡村建设的方法、路线、内容以及工作机制等都做出统筹性的安排，并采取分步骤、分阶段以及示范创建等手段以达到乡村建设的目标。因此，政府主导型乡村建设具有较强的政策性和行政性，是一种典型的国家干预主义。

从结果来看，作为乡村发展的重要政策与制度，政府主导型乡村建设实践往往是全国性的，涉及面广、综合性强、影响深远，对乡村建设整体成效起着关键作用。由中央政府发起的乡村建设实践往往意味着乡村发展基本制度的创新或变革，对乡村社会发展产生重要影响。比如，改革后我国推行的家庭承包制度，就是一项农村发展的基本经济社会制度，在改革后极大促进我国农村经济社会的发展。同样，社会主义新农村建设也是影响乡村发展的一项制度创新，对提升乡村基础设施、增加农民收入和改善农村人居环境等起着积极作用。而由地方政府发起的乡村建设实践也在当地产生广泛的影响，是当地乡村发展的重要力量。

总之，政府主导型乡村建设是一种自上而下、行政推动的发展模式，是乡村建设中最基础的一类实践，往往意味着乡村发展的重大制度变迁或政策创新。

2.2 农民内生型乡村建设

所谓农民内生型乡村建设，是指依靠农民自身创造和乡村内生发展的乡村建设实践类型，比如改革以来涌现的华西村、滕头村、刘庄以及三元朱村等“明星村”的乡村建设实践。在农民内生型乡村建设中，乡村“能人”起着重要作用。乡村“能人”是指那些在乡村经济资源、政治地位、文化水平、社区威信及办事能力等方面具有相对优势，对当地乡村建设具有较大影响或推动作用的村民或领导，比如华西村的吴仁宝及滕头村的傅企平等。这些乡村“能人”在农民内生型乡村建设中是领导者、示范者、协调者和推动者，在乡村建设中扮演权威性角色，关系着乡村建设实践成败。他们通常既有经济头脑，又有政治眼光，能够有效组织利用各类资源，能够带领领导村民进行乡村建设，实现本村经济社会进步。比如，华西村及滕头村等村庄就是在乡村“能人”带领下取得较好的乡村建设成果，实现乡村综合发展。

从目标来看，农民内生型乡村建设主要是为了村民致富和改善生产生活条件。农民追求富裕和农村经济繁荣是农民内生型乡村建设的基本动力。这与政府主导型乡村建设侧重国家战略不同，农民内生型乡村建设出发点和归宿点大多是实现乡村的整体发展和提高农民福利，直接受益群体是农民自身。一些由农民内生发展主导的明星村，比如滕头村、华西村以及大寨等，村民都能够享受较好的福利待遇和良好的生产生活条件，乡村集体经济得到快速发展，乡村社区治理有序，乡村面貌和人居环境得到较大改善。

从过程来看，农民内生型乡村建设通常是在乡村“能人”带领下，能够积极利用村庄自身优势，抓住良好时机，完成乡村发展的原始积累，使乡村经济快速发展起来。当然，由于每个村庄的资源禀赋以及乡村“能人”的领导方式等不同，农民内生型乡村建设过程往往是各具特色，乡村建设内容也各不相同。但是它们共同的特征仍然是依靠乡村“能人”带领，是乡村主体自我适应乡村外部环境的过程，是农民自主创新的结果。因此，内生性和自发性是这类乡村建设的重要特征。

从结果来看，农民内生型乡村建设通常能够带动乡村经济社会发展和增加农民福利，产生积极影响。但是，由于农民内生型乡村建设较大程度上依赖乡村“能人”的带领，自发性较强，而这也会为乡村持续发展带来一定隐患。这是因为乡村“能人”也存在其自身的局限，这种过度依赖村里权威、缺乏制度约束的乡村建设，极易滋长领导者的“个人主义”作风，形成“能人”家长式的管理模式，容易导致乡村建设的失败。以20世纪90年代的大邱庄为例，禹作敏作为“能人”、“庄主”能够高效的组织各类资源迅速将大邱庄发展成为“中国第一村”，但也由于禹作敏的盲目投资决策以及违法乱纪问题，使大邱庄集体经济迅速衰落。事实上，华西村、南街村及滕头村等乡村建设模式也存在类似的问题和风险。

总之，农民内生型乡村建设是一类农民追求富裕和农村经济繁荣的乡村建设实践，是乡村“能人”带领村民自主创新与自我发展的结果，是一种自下而上的发展模式。

2.3　社会援助型乡村建设

所谓社会援助型乡村建设，主要是指由社会精英、慈善机构、企业及教育机构等社会团体或个人推进、旨在帮扶乡村发展的一种实践类型。比如，20世纪30年代，由一批留学归来的知识精英发起的旨在救济和帮扶当时日益衰落乡村社会的乡村建设运动就属于社会援助型乡村建设。在社会援助型乡村建设中，社会精英等社会力量在乡村建设的实施、资金与理念等方面起着主导作用，关系着乡村建设的成败。

从目标来看，社会援助型乡村建设主要是社会力量参与探索解决乡村发展中的各种问题，企图利用自身掌握的资源（比如理念、资金、人员、技术及管理等）来帮助乡村发展，以实现乡村建设者的理想与抱负。比如20世纪30年代梁漱溟先生在山东邹平展开的乡村建设实验就是企图找到一条挽救乡村和重建中国的方案。而由温铁军先生发起的晏阳初乡村建设学院在河北省定州市翟城村展开的乡村建设实验，试图秉持晏阳初平民教育理想与乡村建设精神，培养乡村建设综合人才，探索乡村建设可持续发展经验。总之，社会援助型乡村建设旨在帮助村庄的发展、探索乡村建设理念和实现乡村建设者的自身目标。

从过程来看，社会力量参与解决乡村发展问题往往是中途介入的，同时十分重视乡村建设的试验性和理念性。比如，20 世纪 80 年代末，为了解决当时乡村发展问题，山东省政府和德国巴伐利亚州以及德国赛德尔基金会就尝试介入当地乡村发展，在青州市南张楼村成立“中德土地整理与农村发展合作试验区”，通过改善农村基础设施，提高农民生活质量，探索“城乡等值化”乡村建设路径。2002 年，中美可持续发展中心与辽宁本溪市政府介入辽宁省本溪市黄柏峪村发展过程，企图探索可持续发展先进理念在我国新农村建设中的应用。2008 年，华润慈善基金会为了探索解决“三农问题”，中途介入到广西百色当地村庄发展过程，提出集建成环境改善、产业经济帮扶和社会组织重构为一体的乡村建设理念，期望形成可以推广的乡村建设经验。

从结果来看，大部分社会援助型乡村建设能够为当地乡村社会带来积极的改变，比如在一定程度上改善农村人居环境以及增加了农民收入等。比如，由梁漱溟先生在山东邹平支持的乡村建设实验中采取的一些改良措施，如合作活动、办学活动、建立金融机构以及改良社会陋俗等不仅改变了试验区面貌，而且对当今乡村建设仍然具有借鉴意义。同时，由于社会援助型乡村建设通常十分重视乡村建设理念，建设过程具有试验性，因此这类乡村建设对探索乡村建设理念有着积极的价值。

总之，社会援助型乡村建设是一种由社会力量参与、自下而上和民间帮扶的乡村建设模式，具有较强的试验性和探索性。

3 各类型乡村建设的发展与建议

3.1 历史发展

从历史来看，以上三种乡村建设在不同时期有不同表现，表 1 例举了每个历史时期各类乡村建设的重要实践。在民国时期，我国正处于现代国家建构的初始阶段，政府主导型乡村建设实际上是现代国家建构的重要内容。比如，南京国民政府为了国家政权建设，尝试进行土地陈报和整理，推进一系列农村改革，期望能够整合传统乡村社会。而地方军阀也为了巩固各自政权，在地方上推出各种乡村建设实践，比如山西村治、东北农村改革实践及新桂系民团建设等。共产党为了重构国家，也在根据地积极展开以土地革命为核心的乡村建设实践，并取得积极成果，最终实现“农村包围城市”的胜利。除了政府主导型乡村建设，社会知识精英也发起一场影响深远的乡村建设运动，旨在救济当时日趋衰落的乡村社会，出现了定县模式、邹平模式、北碚模式、晓庄模式、徐公桥模式及无锡模式等乡村建设实践。但是由于当时政府主导型乡村建设无法从根本上扭转乡村衰落的局面，由社会知识精英援助的乡村建设运动也只能起着局部作用，并最终在抗日战争中被迫终止。

新中国成立后，政府通过一系列制度、政策、通知、规划以及项目等在全国范围内逐步发起了社会主义改造式的乡村建设实践，比如合作化运动、人民公社制度以及农业学大寨等。也正因为如此，我国迈入一种政府主导型乡村建设时代。在此背景下，农民内生型乡村建设与社会援助型乡村建设受到压制。尽管政府主导型乡村建设在改革前为我国经济社会发展和国家能力建设作出了巨大贡献，但也使得乡村社会承担了巨大的制度成本，造成农村经济长期停滞不前。

改革后，政府主导型乡村建设在全国范围内实施了家庭承包责任制，逐渐废除了人民公社制度，并在广大的农村建立起村民自治制度，激发了农村经济活力。与此同时，农民内生型乡村建设得到释放，比如华西村与滕头村等“明星村”在乡村“能人”带领下，乡村建设卓有成效。此外，社会援助型乡村建设也得到快速发展，各种社会力量参与探索乡村建设，比如杜晓山小额信贷试验及山东青州南张楼村巴伐利亚“城乡等值”实验等。总之，改革以来，我国乡村建设逐步形成较为宽松的制度环境，不仅政府主导型乡村建设激发了乡村发展活力，而且农民内生型乡村建设和社会援助型乡村建设也得到快速的发展。

进入新世纪，政府主导型乡村建设得到进一步发展，先后发起了城乡统筹发展、社会主义新农村建设以及美丽乡村建设等乡村建设实践。以社会主义新农村建设为例，国家在中共十六届五中全会上提出建设社会主义新农村的战略构想，并按照“二十字”要求（生产发展、生活宽裕、乡风文明、村容整洁、管理民主）和“多予、少取、放活”方针推进实施。在此背景下，各地方政府掀起了一场规模宏大的社会主义新农村建设实践，并一直持续至今，出现了比如江苏农村环境综合整治行动计划、浙江“千村示范、万村整治”工程以及海南文明生态村建设等实践。同时，农民内生型乡村建设和社会援助型乡村建设得到进一步发展。比如许多农民精英积极利用国家扶持政策发展成为种植大户或者成立农业专业合作社，快速推动农村经济发展；社会上也掀起一场援助乡村建设的潮流，出现许多乡村建设探索试验，比如黄柏峪可持续发展示范村工程、晏阳初乡村建设研究院乡村建设试验、香港乐施会禄劝社区综合发展项目以及“华润希望小镇”乡村建设实验等。

总之，在不同历史条件下，各类型乡村建设的形态不尽相同。经过多年发展，三类乡村建设目前正呈现多元而活跃的发展态势。

表 1 不同时期各类型乡村建设重要实践例举

历史时期	乡村建设实践		
	政府主导型乡村建设	农民内生型乡村建设	社会援助型乡村建设
民国时期	南京国民政府乡村建设、山西村治、东北农村改革实践、新桂系民团建设、共产党农村根据地乡村建设		“定县模式”、“邹平模式”、“北碚模式”、“晓庄模式”、河南镇平乡村建设、徐公桥模式、无锡模式、石门坎宗教和科教乡建
新中国成立以后至改革开放前	土地制度改革、合作化运动、人民公社运动、农业学大寨运动		
改革开放以来	以家庭承包制为核心的乡村建设、社会主义新农村建设(江西赣州新农村建设、江苏农村环境综合整治行动计划、浙江“千村示范、万村整治”工程)、美丽乡村建设实践	小岗村、南街村、大邱庄、华西村、刘庄、三元朱村及滕头村等“明星村”乡村建设实践	杜晓山小额信贷试验、山东青州南张楼村巴伐利亚“城乡等值”实验、茅于轼龙水头模式、黄柏峪可持续发展示范村工程、晏阳初乡村建设研究院主持的乡村建设实验、河南兰考实验、高战苏北农会实验、香港乐施会禄劝社区综合发展项目、华润希望小镇乡村建设实验

来源：笔者整理

3.2 现实挑战

尽管如此，各类乡村建设的发展仍面临诸多挑战。从历史来看，政府主导型乡村建设是乡村建设实践史上最为重要的乡村建设类型，它的成败直接影响乡村建设的整体成效。我国近年来推进的社会主义新农村建设和美丽乡村建设战略，极大改善了乡村社会面貌。但是，这种政府主导型乡村建设仍是一种运动式乡村建设模式，主要依靠政府的大力投资以及行政推动。尽管这一模式在短期内能够较快改变乡村社会的面貌和提升农民生活水平，但是由于行政主导型乡村建设也会挤压民间和社会资源，最终导致这一模式难以持续。更重要的是，这种政府主导型乡村建设运动难以从根本上破除影响我国乡村建设的制度和体制问题，难以从根本上推动乡村变革。因此，政府主导型乡村建设如何实现制度创新和体制改革是未来面临的主要挑战。

农民内生型乡村建设在改革后得到快速发展，农村“能人”致力于农村经济发展，并通过利用各种机遇，带动村民共同致富，取得较好成绩。然而，农民内生型乡村建设当前发展也面临较大挑战。一方面，大部分农民内生型乡村建设过度依赖于乡村“能人”的领导和支撑。虽然乡村“能人”在乡村建设中起着重要作用，但是他们的能力也存在局限性，过度依赖乡村“能人”而缺乏制度支撑的乡村建设模式也容易导致失败，因此如何实现乡村社会治理现代化是农民内生型乡村建设面临的重要挑战。另一方面，农民内生型乡村建设依赖于乡村能人和精英，但是在城镇化过程中大量有能力、有知识的青年农村劳动力都进城务工，造成乡村社会的空巢化，只剩下老人和小孩。在这种情况下，如何促使落后地区农民进行内生型乡村建设发展是未来需要解决的关键问题。

改革以来，特别是新世纪以来，社会援助型乡村建设呈现多元和丰富的局面。社会援助型乡村建设在促进当地乡村社会发展的同时，也存在一些风险。一方面，由于社会援助型乡村建设通常是作为外来力量中途介入乡村发展的，因此能否赢得当地农民支持及尊重成为这类乡村建设实践成败的重要因素。另一方面，社会援助型乡村建设通常是试验性的，并不能保证真正推动当地乡村发展，存在“试验性”破坏的风险。而且，社会援助型乡村建设介入当地农村发展往往是暂时性的，当社会援助力量撤退乡村建设后或者乡村建设实验失败后，乡村发展会受到很大影响。甚至，一些社会和个人打着帮扶农村发展和发现现代农业的幌子，将农民农地流转后进行经营性建设，赚取私利，侵害农民利益，破坏乡村正常建设。因此，未来如何进一步规范社会援助型乡村建设是一个重要问题。

3.3 未来建议

纵观各类型乡村建设的发展趋势，笔者认为未来乡村建设将迈向一种合作治理的模式，政府、农民和社会相互合作。针对各类型乡村建设面临的挑战，建议如下。

第一，以农村制度变革和政策创新为乡村建设的新常态，转变政府主导和运动式乡村建设模式。以往政府主导型乡村建设往往依靠运动式行政推动和大量资金投入，是一种见效快、但长期来说难以持续的乡村建设模式，没法真正突破乡村建设的制度障碍。因此，未来应重点根据乡村发展自身规律进行制度变革和政策创新，迈向乡村建设的新常态。特别是在乡村土地制度、户籍制度以及乡村社会治理模式等方面进行改革，以适应当前新型城镇化建设和城乡统筹发展的需求，最终破除城乡二元结构，实现我国乡村持续发展。

第二，营造良好政策环境，积极培育农民内生型乡村建设。农民是未来乡村建设的主体，也是乡村建设的根本受益者。一方面，应以乡村社会治理现代化为目标，改变乡村治理结构和治理方式，克服乡村“能人”在乡村建设中的自身局限，促进村民参与乡村建设决策，从制度层面保障农民内生型乡村建设的健康发展。另一方面，在当前中西部大量农民进城务工和乡村社会空巢的背景下，应该运用一些关键的政策工具鼓励部分有志于乡村建设的新型农民精英返乡，并通过对他们的培训支持来推动落后地区乡村社会的发展。

第三，制定相应政策，鼓励和规范社会援助型乡村建设。当前，社会力量参与乡村建设已成为一种趋势。一方面，应制定相应政策，积极培育和支持社会援助型乡村建设的发展，鼓励社会团体、NGO 组织和个人等参与探索乡村发展，为乡村建设注入全新活力。另一方面，应对社会援助型乡村建设加以规范与引导，对社会力量参与乡村建设进行风险评估和管控，防止损害乡村社会和农民利益的乡村建设行为，特别谨防一些“破坏性”乡村建设实验的发生。

4 结语

以上尝试从乡村建设者的视角将我国近百年来乡村建设实践划分为三个基本类型，即：政府主导型乡村建设、农民内生型乡村建设及社会援助型乡村建设，并考察了各类型乡村建设的特征与发展情况。政府主导型乡村建设是一种自上而下、行政推动的发展模式，是乡村建设中最基础的一类实践，通常是乡村发展中的重大制度变迁或政策创新。农民内生型乡村建设是乡村“能人”带领村民自主创新与自我发展的结果，是一种自下而上的发展模式。社会援助型乡村建设是一种由社会力量参与、自下而上和民间帮扶的乡村建设模式，具有较强的试验性和探索性。三类乡村建设在不同历史条件下有着不同的表现，它们的发展及相互关系影响着我国乡村建设的根本成效。未来乡村建设应该走向一条合作治理的发展模式，迈入以体制变革和制度创新为核心的乡村建设新常态。

参考文献请见原文。

（撰稿人：丁国胜，湖南大学建筑学院助理教授，博士，从事专业为城市设计与城市更新、乡村建设与国家治理、健康城市规划；彭科，美国北卡罗来纳大学教堂山分校，博士研究生；王伟强，同济大学建筑与城市规划学院教授，博导；焦胜，湖南大学建筑学院副教授，博导）

乡村转型发展格局与驱动机制的区域性分析[1]

1 引言

工业化、城镇化加速阶段，农村发展越来越受到城市和区域经济发展的影响。人口流动和经济增长促使乡村地域产业发展模式、就业方式、消费结构、城乡关系、工农关系等显著转变。随着农业经济地位下降、乡村服务部门兴起和乡村多功能化，乡村转型发展日益引起社会关注。工业化和城镇化作为乡村地区转向工业社会持续发展的初始动力，人口流动和就业转换是直接表现形式。然而，快速城镇化对乡村劳动力、耕地资源、生态环境和乡村文化形成冲击，城乡二元经济结构和制度背景下，中国乡村地域空心化日趋严重。乡村转型发展的演变规律、分异格局以及驱动机制的认知程度，是增强预测农村未来发展路径科学性的基本保障，也是农业地理学与乡村地理学研究的重要内容。新型城镇化及美丽乡村建设背景下，构建平等协调的城乡关系，推动乡村地区可持续发展始终是政策创新和理论研究的热点命题。

改革开放以来，中国农村地区经历了家庭联产承包责任制、乡镇企业发展、乡村人口流出、税费体制改革、统筹城乡发展等系列经济和管理体制变革，受资源禀赋、区位条件、区域文化、产业基础和政策环境等影响，不同地区乡村转型发展态势和模式存在差异。城市近郊区受城市功能辐射影响明显，形成乡村旅游、观光农业、社会服务、物流园区等产业支撑的城镇化发展模式；平原农区、山地丘陵生态保育区，形成劳务输出与特色产业引领的乡村建设模式；发达地区形成乡镇企业引领的小城镇和现代乡村建设模式。中西部能矿资源富集区、中部传统农区和东部经济高速发展区乡村转型发展格局和城乡关系表现不同。

乡村转型发展机制分为外生型、内生型和内生 / 外生综合型三类，乡村发展外生驱动强调城镇化和工业经济自上而下的带动过程；内生驱动重视发挥本地资

[1] 本文摘自《经济地理》，2016（5）：135-142。

基金项目：国家社会科学基金重大项目（15ZDA021）；国家自然科学基金重点项目（41130748）。

源禀赋、关系网络、特色经济和乡村田园生活的作用，强调自下而上的过程；综合型重视内生因素和外生因素相结合在农村发展中的作用。另外，当地参与者基于产业链和社会联系形成多个网络，能否通过这些网络将生产和服务利润留在当地是乡村快速转型的关键。中国不同乡村地区转型发展的经济社会背景和城乡关系差别很大，因此，同一因素对乡村转型发展的影响可能不同。已有研究从城镇化、工业化、制度因素及微观因素方面对乡村转型发展的机制展开研究，但对驱动因素影响的空间测度研究较少。本文以中国地级市为研究单元，运用核密度函数、空间探索方法分析乡村转型发展水平空间格局演化；运用地理加权回归方法（GWR）探讨乡村转型发展驱动机制的区域性特征。文章试图厘清乡村经济社会发展的轨迹，强调不同区域乡村发展机制的区域性差异，探索适合区域特点的乡村转型发展改进思路，以期为进一步制定区域差别化的科学规划和战略决策提供参考。

2 数据与研究方法

2.1 研究区域与数据来源

本文所需社会经济数据主要来自《中国区域经济统计年鉴》（2001 年、2011 年），各地区总人口、城镇人口数据来自于中国人口普查资料。地理信息基础数据来自中国科学院资源环境数据科学中心。北京、天津、上海、重庆的数据为各直辖市的汇总数据，共得到 337 个地级市单元，基本覆盖中国地级行政区域，具有较强的代表性。本文对部分数据进行了处理，①考虑到行政区划调整，以 2010 年为基准调整了部分相应的行政单元；②极少数地市的个别指标数值缺失，采用相关省市统计数据和国民经济与社会发展统计公报数据补齐或相邻年份数据插值获得。部分指标中奇异值数据使用相邻年份或各省统计数据修正。

乡村地区可持续发展以生产高效、生活宜居、生态适宜三维目标为导向，文章参考已有研究，遵循全面性、主导性、科学性、可比性、可获得性等原则，构建指标体系，测度乡村转型发展指数（RTDI）。鉴于当前中国乡村发展的阶段特征，本文的指标体系主要围绕乡村生产生活转型方面，乡村转型发展指标体系包括农村居民人均纯收入、农村居民人均消费支出、农村劳动力非农就业比重、农业劳动生产率、非粮作物播种面积占作物总播种面积比重、地均农业机械总动力、农村居民人均用电量等指标。乡村转型发展指数旨在用于探讨乡村转型发展格局演化及揭示不同区域潜在的驱动因素。

2.2 乡村转型发展影响因素

乡村转型发展是乡村当地参与者利用本地资源对外部环境变化的适应性过程，是多个因素共同作用的结果。本文将各驱动因素分为经济社会类因素、区位性因素和自然条件因素三类。自然环境和资源禀赋与地理位置直接相关，是区域乡村转型发展的地理基础，选取地形条件、人均耕地资源指标来表示自然条件因素；区位性因素影响乡村发展的机会，距离城市近、交通及通信条件好的乡村地区，易于获得城市的辐射带动，本文选取交通条件、距离中心城市距离、距离港口距离三项指标；经济社会类因素体现经济增长、技术进步、设施建设和社会管理能力，具有阶段性和可塑性特征，是乡村转型发展的主要驱动力，这些因素形成了对乡村发展的持续性影响，选取城镇化、工业化、农业现代化和投资带动指标。

地势计算参照封志明研究。距离数据通过 ArcGIS 路径距离工具计算得出，城市是文章使用的 337 个地级市单元，沿海港口参考《全国沿海港口布局规划》（2006）确定的 47 个沿海港口；交通条件用单位面积公路里程代替。城镇化使用城镇人口占区域人口比重来表示；工业化采用广义上城乡产业升级和就业结构转换指标，用工业产值比重、非农产业比重、人均 GDP 等权重计算得出；农业现代化是农业生产组织化、规模化、专业化、市场化的过程，文中使用单位面积农用机械总动力和劳均农业产值加权表示；投资带动使用人均地方投资、人均地方财政收入加权来表示。

2.3 地理加权回归分析乡村转型发展的影响因素

回归分析是解释因素影响的常用方法，传统的线性回归模型只对参数进行全局估计，可能隐藏了局部重要的变量间关系。“地理学第一定律”表明大多数空间数据都具有或强或弱的空间相关性，当空间数据存在空间自相关性时，也难以满足残差项独立的假设。地理加权回归（GWR）模型扩展了传统回归框架，在全局估计的基础上进行局部参数估计，能够反映参数的空间非平稳性，变量间相互关系可以随空间位置变化而变化，结果更符合实际。地理加权回归模型被广泛应用于区域经济、城市地价、土地利用等研究中，反映变量间的空间位置关系。本文引入 GWR 模型分析，模型表示为：

$$y_i = \beta_0(u_i, v_i) + \sum_k \beta_k(u_i, v_i)x_{ik} + \varepsilon_i$$

式中，（u_i，v_i）是第 i 个样本空间单元的地理坐标；y_i 表示第 i 个单元的乡村转型发展指数；x_{ik}（k=1，2，…，k）表示 k 个自变量；ε_i 表示随机误差项；β_k（u_i，

v_i）是连续函数 $\beta_k(u, v)$ 在 i 样本空间单元的回归参数，如果 $\beta_k(u_i, v_i)$ 在空间保持不变，则 GWR 模型就变为全局模型。考虑到空间变化关系的回归系数估计值是，$\beta_k(u_i, v_i) = (X^{T}W(u_i, v_i)X)^{-1}X^{T}W(u_i, v_i)Y$，其中，$W(u_i, v_i)$ 是距离权重矩阵。

地理加权回归在传统回归分析基础上引入了空间自相关，主要特点是使用数据子样本基于距离权重在空间上对每个点进行局部线性回归，每个单元的参数集合是基于临近单元的距离加权估计。文章采用高斯函数来构建加权函数，使用 AICc 准则与可变核密度估计求得带宽，然后进行地理加权回归计算。

3 研究结果与分析

3.1 乡村转型发展区域统计分析

文章基于改进的熵值法计算得出乡村转型发展指数（RTDI）。2000 年至 2010 年，乡村转型发展指数由 2000 年的 0.198 增长到 2010 年的 0.387，年均增长 6.3%。分项指标中农村居民人均纯收入由 2253 元增长到 5919 元，农村非农就业比重由 29.8% 增长到 41.4%，非粮作物播种面积比重由 30.7% 增长为 31.6%。这一时期乡村地区人口数量和比重均处于快速下降阶段，其中，乡村人口总量年均减少 1247 万人。2000 ～ 2010 年，乡村转型发展指数核密度曲线整体向右侧移动，乡村地区整体呈现加速转型发展态势（图 1）。随着城乡经济社会发展，乡村地区表现出人口外流、就业转换、土地利用变化和生活改善的变化趋势。

核密度分布显示，乡村转型发展表现为正偏态的单峰分布，众数值位于平均值的左侧，表明全国不同地区乡村转型发展以中等水平及以下为主。与 2000

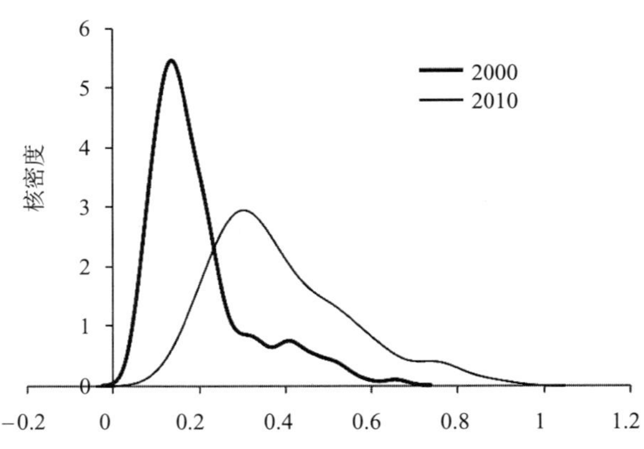

图 1　乡村转型发展指数的核密度估计（2000 和 2010）

年相比，2010 年核密度曲线峰值明显下降，峰值两侧曲线变化平缓，不同乡村地区发展水平绝对值的差异化程度加大。（0.1 ～ 0.2）区间地区比重明显下降，（0.3 ～ 0.4）区间地区比重明显上升，表明相对落后地区及较高水平地区乡村转型发展较快。分地区看，东部、中部、西部、东北部地区乡村转型发展指数在 2000 年比值为 1 : 0.52 : 0.44 : 0.63，2010 年转变为 1 : 0.64 : 0.54 : 0.74。中央政府实施区域协同战略以来，基础设施建设和投资环境的改善为中西部乡村地域转型发展提供了支撑，虽然区域间乡村发展水平绝对值拉大，但由于中西部乡村转型发展速度快于东部地区，乡村转型发展水平的相对差距缩小。

3.2　乡村转型发展空间分异

优越的自然地理条件是经济增长和城镇化的基础，加上现代生产要素集聚的路径依赖，大量经济社会现象表现出明显的空间自相关。空间自相关反映一个区域单元上某一种属性和相邻单元同一属相的相关程度，充分考虑了事物的位置信息和属性信息。为全面反映乡村转型发展的空间差异和格局特征，文章采用全局空间自相关 Moran'I 和局部空间自相关 G^* 指数来反映乡村转型发展的空间格局演化特征。2000 年和 2010 年乡村转型发展的 Moran'I 统计量分别为 0.49（p<0.01）、0.51（p<0.01），反映出中国乡村转型发展存在明显的空间集聚态势，即乡村转型发展的高值区与高值区空间相邻，低值区与低值区空间相邻。与 2000 年相比，2010 年 Moran'I 略有增大，表明乡村转型发展空间格局存在固化趋势，区域性差异格局没有根本改善。

全局自相关分析只是整体反映现象的空间集聚程度，无法解释局部空间的关联模式。文章使用 Getis-Ord G^* 指数识别不同空间单元热点区和冷点区，反映乡村转型发展的空间异质性特征。基于 ArcGIS 软件平台计算得出局域 G^* 统计值，以 ±1.96、±1.65 标准差为边界划分为热点区、次热点区、不显著区、次冷点区、热点区。2000 年，乡村转型发展水平的高值区主要分布在中国东部沿海，集中在珠三角地区、长三角地区、山东半岛、京津唐地区以及辽中南地区，这些地区经济发达、城镇化水平高；冷点区主要分布在中西部秦巴山区、黄土高原南部地区、云贵高原、青藏高原东部地区，多是我国集中连片贫困地区，县域经济和社会发展落后，乡村地域产业升级和就业转换动力不足。与 2000 年相比，2010 年冷点区在西南地区呈明显扩大趋势，区域间乡村转型发展水平格局固化。

3.3　乡村转型发展影响因素分析

相关分析表明，乡村转型发展受到多个因素的显著影响（表 1）。乡村转型发展指数与港口距离、城市距离、地形因素等显著负相关，与交通条件显著正相

表 1　乡村转型发展与驱动因子的相关性分析

	城镇化	工业化	农业现代化	社会投资	地形	距港口距离	距中心城市距离	交通条件	耕地资源禀赋	基数值
乡村转型发展	0.715**	0.755**	0.730**	0.431**	–0.445**	–0.347**	–0.283**	0.290**	–0.016	0.907**
人均农村居民收入	0.728**	0.742**	0.659**	0.418**	–0.480**	–0.376**	–0.306**	0.301**	0.034	0.877**

注：**0.05 水平上显著，*0.1 水平上显著

关，表明区位条件优越的乡村地区更容易通过城市和港口的辐射，获得转型动力。山地丘陵地区交通不便，产业培育、基础设施配置成本高，不利于乡村地区转型发展。耕地资源是农业农村发展的基础，但乡村转型发展与人均耕地资源指标相关性不显著，表明丰富的耕地资源并不能有效推动乡村地区发展，这与中国人均耕地资源少、区域主体功能定位及农村经济增长动力差异直接相关。东部沿海乡村地区因乡镇企业发展、城市带动，农民易于由农业转入非农产业，乡村发展摆脱耕地资源不足的约束；粮食主产区工业化、城镇化受到主体功能和耕地保护制度约束，城镇空间难以有效拓展，农民难以通过增加粮食产量来提高收入。同时，乡村转型发展受前一期发展状况影响显著，表现出明显的路径依赖特征。用农村居民人均纯收入替换乡村转型发展指数进行相关分析，各个因素影响情况相似。

乡村转型发展与城镇化、工业化、农业现代化和投资带动显著正相关，表明人口就业转换、空间转移、现代农业发展及社会投资显著改善了农村生产条件和提高农民生活水平。同时，乡村非农产业发展、农民非农就业转移成为区域间乡村发展差距的主要原因。乡村转型发展水平的区域差异性往往是多个因素在地理空间的综合，虽然经济社会因素是乡村转型发展的主要动因，但受自然地理条件、制度环境和区域文化等的影响，这些因素对不同乡村地区的带动能力可能存在差异。

文章应用地理加权回归方法通过局域的参数估计，探测经济社会因素与乡村转型发展在地理空间的不同关系。基于空间自相关分析，城镇化、工业化、农业动力、固定投资的 Moran'I 指数分别为 0.36（$P<0.01$）、0.37（$P<0.01$）、0.33（$P<0.01$）、0.37（$P<0.01$），具有明显的空间集聚特征，满足地理加权回归模型使用条件。地理加权回归模型（GWR）因采用局部回归降低了方程的自由度，容易引起共线性问题。为消除变量共线性引起的系数误差，文章使用 GWR 模型进行单一因素回归，对乡村转型发展的驱动机制进行区域性分析。GWR 模型回归系

数统计特征显示，除极少数地区驱动因素的回归系数为负外，各驱动因子系数符号均为正数，表明绝大多数乡村地区受到工业化、城镇化、农业动力及社会投资的带动（表 2）。依据地理加权回归模型计算结果，基于 GIS 软件绘制影响因素回归系数空间分布图。

表 2 GWR 模型回归系数的描述性统计分析

因素	平均值	最大值	最小值	上四分位值	下四分位值	中位值	变异系数
工业化	0.553	1.336	0.012	0.363	0.711	0.520	0.514
城镇化	0.473	1.254	0.029	0.301	0.608	0.431	0.495
农业动力	1.478	4.817	-0.006	1.029	1.896	1.345	0.539
社会投资	0.768	2.704	-0.051	0.398	1.017	0.705	0.703

乡镇企业和开发区建设是我国乡村经济和就业转型的重要推动力。工业化回归系数的空间分布看，高值区集中在东部沿海地区，东南沿海集聚最为明显；低值区分布在东北、西北、西藏以及陕西—重庆—广西一线，表明工业化对东部地区乡村转型发展推动作用更显著，对中西部产业发展和就业转换带动力较弱。受外向型经济、分权化和市场体制改革推动，东部地区经过乡镇企业发展和开发园区建设两个阶段，成为我国最为重要的工业和现代产业集聚区域，同时也是人口流入的集中地区。中西部多数地区作为我国重要的能源、矿产资源基地，重工业和国有经济比重偏高，受财税体制影响，企业利润对地方财政收入和岗位供给贡献不高。研究表明，东中西部地区间产业转移不显著，劳动密集型产业仍然长期集中在东部地区。

城镇化回归系数的空间分布看，高值区依然集中在东部沿海地区，低值区主要分布在中西部地区，表明城镇化对东部地区乡村转型发展推动更为显著。城镇与乡村表现为中心—外围的空间形态，城市对乡村的作用方向和强度是集聚与扩散效应的合力，在城镇化中后期，城市资金、信息和技术向农村传递，对乡村文化和景观需求日益增加，促使乡村传统产业方式和生活方式的转变。受经济增长影响，东部沿海地区是人口流动和要素集聚的主要地区，都市区和城市群逐渐成为城乡地域结构的主体形态，大中小城镇体系完善；但是中西部地区城镇化进程落后于东部地区，中小城市和小城镇数量少、城市服务功能不健全，城镇的扩散效应仍然较弱，农村劳动力务工输出成为乡村转型发展的重要推动力。

从农业动力回归系数空间分布看，高值区集中在淮河平原、长江中游平原、四川平原和西北地区，低值区分布在青藏高原和东北小兴安岭和长白山地区。我国主要的平原农区和西北草原地区，农业动力系数相对较高，表明农业发展对这些地区乡村发展的带动能力较强，也反映这些地区乡村转型受农业发展影响大。虽然工业和服务业取代农业成为城乡经济和就业的主体，但农业现代化对农村地区尤其是贫困落后地区的发展具有不可替代的作用，应在工业化和城镇化进程中，加快特色种养产业培育及经济合作组织建立，提升农业产业在本地农民收入增加中的作用。

投资动力回归系数高低值空间分布规律性不强，高值区零散分布在广东、云南、河南、苏豫交接地区，这些地区投资因素对乡村转型发展的带动作用较大，城乡投资能够有效地转化为经济社会效益，促进乡村转型发展；但低值和较低值区是系数分布的主要类型。整体上，胡焕庸线以东地区投资带动系数高于以西地区，由于西部地区自然环境条件差，交通和信息设施建设成本高，投资的产出效益较低。长期以来城市偏向的战略下城市投资水平远高于乡村，乡村基础设施和人力资本投入不足，造成了城乡内生的人力资本差距，也不利于乡村地区转型发展。

比较驱动因素对不同区域乡村发展的作用强度，整体上，东部乡村地区对城镇化、工业化和农业现代化的适应能力好于其他地区（表 3）。一方面，工业化、城镇化及农业现代化过程受到自然因素和区位因素的作用，不利的地形及区位条件、紧缺的水土资源、恶劣的生态环境等增大生产生活成本，减弱城镇化、工业化对乡村发展的带动，显然东部地区的自然条件和区位条件要优于中西部地区。另一方面，不同的经济社会发展模式对乡村转型发展产生不同影响。以煤炭、石油等原材料型工业主导或是重化工业为主导的产业体系，在转移劳动就业和城乡产业分工方面对乡村发展的带动能力较弱；而合理的产业体系与完善的城镇体系则对乡村转型的推动力更强。另外，东中西地区区际贸易环境、人力资源流动、区域文化差异也会引发经济社会变化对乡村发展影响的差异，尤其是落后地区乡村人力资源的过度流失不利于乡村转型发展。

表 3　经济社会类因素作用系数的区域分异情况

地区＼指标	RTDI（2000）	RTDI（2010）	工业化	城镇化	农业带动	投资带动
东部地区	0.317	0.550	0.684	0.786	1.521	1.078
中部地区	0.165	0.352	0.492	0.507	1.801	0.777
西部地区	0.140	0.295	0.351	0.476	1.362	0.543
东北地区	0.200	0.408	0.292	0.339	0.854	0.707

4　结论与讨论

本文采用核密度估计、空间统计和地理加权回归对2000年以来中国各地区乡村转型发展格局及其驱动因素进行区域性分析。研究表明，2000～2010年，中国乡村地区快速转型发展，乡村转型发展水平相对差距缩小的同时，空间分异趋势增强，高值区集中在东部沿海发达区域，低值区集中在西南地区。乡村转型发展受到自然条件、区位条件及经济社会等因素的综合影响，工业化、城镇化、农业动力和投资带动等经济社会因素是乡村转型发展的主要动力。地理加权回归分析表明，同一经济社会因素对不同乡村地区转型发展的影响不同，工业化、城镇化对东部乡村转型发展的推动作用高于西部地区；农业动力对平原地区和西部畜牧区乡村发展影响更大；投资带动影响的区域规律性不强，整体上胡焕庸线以东地区高于以西地区。

乡村地区转型发展是城镇化加速阶段乡村地域经济社会空间重构的重要表现形式。但应看到，随着乡村人口流出，乡村问题日益突出，面临主体缺失、土地空废、文化消失、环境污染等问题。城乡统筹表现出“以城统乡”特征，过度占用农村土地、水资源和空间资源。由于不同地区乡村发展面临的问题类型和问题程度不同，难以用统一的措施和政策来解决。基于各地区经济增长途径、城镇化模式的总结，我们认为在新型城镇化和美丽乡村建设背景下，应基于区域主体功能特征，从城乡协同转换的角度来审视城乡资源配置和城乡政策，通过差异化的措施和系统的政策调控来整治乡村问题，推动乡村地区对现代化过程的区域响应。

首先，措施层面，制定和实施区域差异化的措施。发达地区应提升城乡协同发展能力，在产业、人口、土地、权益等多个层面搭建协作平台；通过城乡产业合作、城镇功能外溢、技术管理改造等促进乡村转型发展；建立城市群发展与村镇建设协同的空间体系和增长体系。中西部地区应从区域经济发展的角度来推动乡村地区的转型，提升工业化、城镇化、农业现代化过程对乡村地区的带动，主要措施包括发展地方特色型产业和就业带动型产业；加快中小城市和小城镇建设，完善小城镇服务功能；统筹高标准农田建设、乡村社区建设、新型城镇化等，构建乡村“生产、生活、生态”空间格局。

其次，政策层面，需要逐步完善区域政策和城乡政策。区域政策方面，建立健全基于区域主体功能的财政转移体系、考核体系和区域协作体系，注重山地丘陵生态保育区、传统平原农区发展权利和机会；改革区际贸易和要素流动的制度设计，建立落后地区与发达地区的协作机制，提高落后地区在区际产业分工中的收益；也要改善人才环境，减缓落后地区人力资本的区际流失。城乡政策层面，完善乡村土地产权和治理体系，尊重乡村土地等资源的财产性权利，加大乡村公共服务和基础设施配置，改善乡村人居环境；并逐步建立城乡一体的就业、医疗、教育和保障体系，健全乡村转移人口市民化机制。尤其加大乡村地区职业教育投入，培育乡村地区人力资本和社会网络。总之，推动乡村地区转型发展，需要统筹考虑区域差异和城乡差异，提升乡村地区对现代化过程的区域响应。

参考文献请见原文。

（撰稿人：王艳飞，博士研究生，住房和城乡建设部政策研究中心、中国科学院地理科学与资源研究所，主要研究方向为土地利用与城乡发展。E-mail：wangyf.13b@igsnrr.ac.cn。

※通信作者：刘彦随，博士，研究员，中国科学院地理科学与资源研究所、北京师范大学资源学院，长江学者特聘教授，博士生导师，主要研究方向为城乡发展与土地利用；李玉恒，中国科学院地理科学与资源研究所）

消费空间生产视角下杭州市美丽乡村发展特征

——以下满觉陇、龙井、龙坞为例[1]

近年来我国的“三农”问题及城乡统筹发展战略，日益得到了政府、学界及社会相关领域的重视，特别是在我国城镇化率超出50%的背景下，党的十八大所提出的新型城镇化战略，与工业化、信息化、农业现代化紧密联系在一起。其中，农业产出必须从“强调数量、解决温饱”转向“强调质量、满足品味”，适应消费者从小康走向富裕的需要，并成为实现“美丽中国”建设目标的重要发展路径。2010年底，浙江省委、省政府正式发文《浙江省美丽乡村建设行动计划（2011—2015年）》，这是“美丽乡村”概念在政府文件中的首次出现，由此成为新时期新农村建设的代名词。

目前，杭州市按照打造城乡统筹示范区的要求，在“千村示范、万村整治”工程及2009年“风情小镇”建设基础上，开始实施“美丽乡村”创建活动，由此也逐步产生了一系列围绕大都市核心区呈圈层分布的不同类型的乡村空间，成为服务于城镇居民的特色农产品生产基地和休闲娱乐游憩的消费场所。基于上述实践背景，本文将在消费空间生产理论视角下，对大都市外围乡村空间发展模式进行理论探讨，并选取杭州三个典型美丽乡村为案例分析对象，以揭示都市化背景下乡村圈层结构的重要特征。

[1] 本文摘自《城市规划》，2016（8）：105-112。

基金项目：国家自然科学基金项目（41201165，41301110）；教育部人文社会科学研究规划基金项目（16YJAZH063）；浙江省自然科学基金项目（LY16D010008，LY15D010004）；浙江省哲学社会科学规划课题（16NDJC211YB）。

1 理论探讨：经济转型、消费空间与美丽乡村

1.1 经济转型背景下的消费空间

消费空间的兴起源于20世纪50年代西方发达国家开始进入后工业化社会时期，符号消费促使后工业社会开始转向消费的审美化，资本主义商品生产的扩张，引起了消费商品、消费空间场所等物质文化的大量积累，包括大型购物中心、主题公园、画廊、博物馆、多功能复合影院、娱乐城、体育场以及其他公共消费场所等，日常生活成为人们的消费地点（鲍德里亚，2008）。按照资本主义循环的逻辑，资本不但能够在传统的生产制造环节获利，而且趋向于注入城市物质空间的更新以及郊区化建设过程中，并在符号生产与消费的创意文化产业环节获取高额利润（戴维·哈维，2004）。

美国学者哈维认为由巨型商场、购物中心宣告了一种新的"无地方性"的消费城市的诞生；佐京认为绅士化街区和梦幻般的主题公园是两种重要的消费空间（Sharon Z.，2006）；斯科特则从文化产品的生产与消费视角将消费空间划分为两大类型，一是固定性消费空间，包括中心城市消费及文化体验区、郊外旅游胜地、周期性文化节庆展示或观赏区；二是流动性消费空间，包括消费者手工业产业、专业性设计服务业、媒体及其相关产业所占据的符号生产空间（Allen J.Scott.，2007）；这表明那些较为成功的后工业城市不但属于消费型城市，同时也属于创新型城市，如伦敦、纽约、巴黎、洛杉矶等（丝奇雅.沙森，2001）。

依据上述分析可知，在大都市消费空间的生产过程中，不仅城市核心区的购物中心、文化创意园、绅士化街区能够体现消费空间的特征，如近期国内大都市兴起的商业综合体项目，包括万达广场、万象城、新天地等类型消费场所，而且城市边缘区的主题公园、旅游景点、文化小镇、乡村节庆也属于消费空间类型，如香港迪士尼乐园、上海泰晤士小镇等（斯蒂芬·迈尔斯，2013）。因此，我国城市消费空间的生产既包括中心城区的现代商业空间，也涵盖大都市外围的各类游憩空间，从而对传统乡村空间产生重构作用，如杭州西溪湿地就是由传统原生态村落转变成具有江南水乡特征的主题公园。

1.2 基于消费空间生产的美丽乡村

作为20世纪50年代的乡村社会学家和20世纪70年代的都市研究学家列斐伏尔认为，人类社会的历史可以划分为农业时代、工业时代和都市时代，农业或工业时代的城邑和现代化大都市属于两个不同的概念，城邑空间与乡村空间完全

对立，前者通过剥削后者而存在，而都市时代意味着整个社会都变成了都市（亨利·勒菲弗，2008）。基于资本主义生产逻辑的都市社会，不但将中心城市纳入自身的扩张范围，而且通过征服城市边缘区及乡村空间，以推动整个社会都市化的延续，如休闲娱乐业为了空间的消费，阳光、空气、花草、溪流、乡愁等，而离开了消费的空间，即大都市核心的消费空间，并对乡村空间的品质也会产生新的要求。

从世界范围内处于核心地带的西欧发达国家，以及处于边缘地带的东亚发达国家的乡村建设经验来看，其乡村品质提升的阶段基本上出现在城镇化率超过60%以后（孟广文等，2011；黄杉等，2013），如20世纪60年代的德国、荷兰及20世纪90年代的日本、韩国，共同发展特征均是在实现农业现代化的基础之上，更加关注于乡村的生态、文化、建筑、旅游等方面的经济价值，以更好地为大都市消费市场服务，即传统农业及乡村转型升级和大都市消费空间乃至世界消费市场密不可分。

21世纪以后，我国及浙江省城镇化率相继分别超过50%、60%，新农村建设也开始进入农业现代化和乡村建设品质提升的阶段。2003年浙江省实施了“千村示范、万村整治”工程，从物质空间建设层面全面推进社会主义新农村建设，特别是一些区位条件较好、生态环境优越的县市，率先进入乡村品质提升的深化阶段——“美丽乡村”建设，如浙江省安吉县，已经成为长三角地区核心大都市居民的日常消费场所，这种超出大都市核心范围的消费空间崛起，在上海、南京、杭州等周边的县市乡村表现相对突出。

2 研究方法

2.1 研究对象

本文调研对象选取了杭州市西湖区的下满觉陇村、龙井村、龙坞村（图1、图2）。从区位条件来看，以西湖为坐标原点，下满觉陇村距离西湖最近，位于西湖风景区近圈层范围内，属于西湖新十景之一“满陇桂雨”；龙井村次之，位居西湖风景区中圈层范围，属于西湖新十景的“龙井问茶”；龙坞村最远，处于西湖风景区之外，杭州绕城高速以外的边缘地带，是近年来西湖区着力打造的“美丽乡村”示范村。三个乡村的经济特征均表现为围绕茶叶发展相关产业，其原始条件和资源基础相同，都是基于龙井茶叶种植、加工、销售及其延伸的旅游服务业发展起来的景中村或美丽乡村，尽管距离杭州大都市核心区较近，但还保留着村级集体组织管理架构，同时也受限于西湖区政府或西湖风景区管委

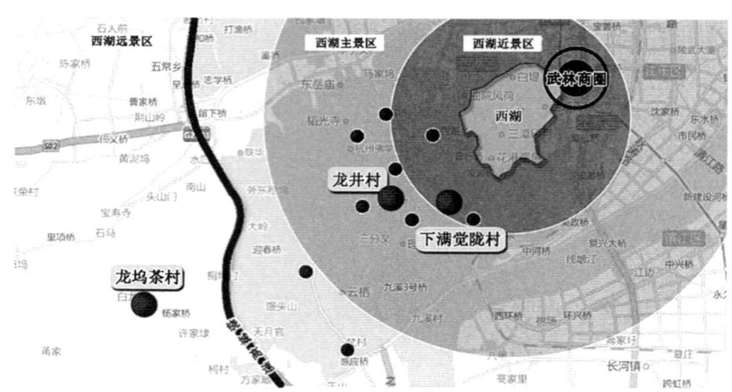

图 1　研究区域与调查对象

资料来源：笔者自绘

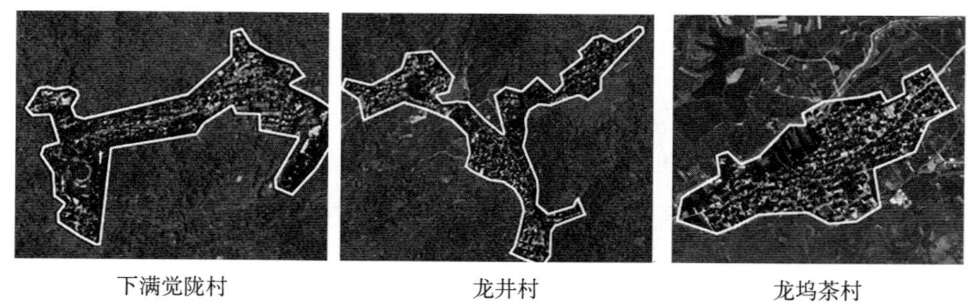

图 2　三个典型乡村的空间范围

资料来源：笔者自绘

会的管辖，在动力主体方面分别代表外来投资商、政府主导型、村民主导型三种典型模式。

2.2　研究数据

本文的研究数据主要基于在下满觉陇村、龙井村、龙坞村的实地调研。调研分为两个阶段：①研究者于 2013 年 3 月分别在三个村针对本地村民、外来人员进行了相关问卷调查，每村约 300 多户（表 1），平均每村发放 80 份，共计发放

表 1　三个典型乡村的人口情况

指标		下满觉陇	龙井村	龙坞茶村
总户数（户）		376	332	335
总人数（人）	本地人口	790	660	1146
	外地人口	2630	132	20

资料来源：根据实地调查访谈获取相关数据

问卷240份，回收234份，其中有效问卷224份，有效率93.3%；通过SPSS17.0软件分析，可信度系数大于0.8。问卷内容包括被调查者的社会属性与经济特征，以及对所在乡村的社会、文化、经济、环境、物质建设等各方面的主观评价。②2013年4月至6月，研究者多次在三个村进行现场走访和面对面访谈，共计访谈人数19人，包括政府人员、本地村民、租房者、商铺店主及工作者、制茶工作者、游客等，访谈时间近40小时，整理访谈笔记约30000字。访谈的目的在于获取有关本地社会人口结构、经济结构、物质建设、相关政策等方面变迁的数据信息，以及所涉参与者对其所在乡村的人居环境、社会经济及文化变迁的判断与认知。

3　杭州市三个典型美丽乡村发展特征

3.1　美丽指数评价

综合国内新农村建设评价体系及考核指标可知，其评价指标主要包括人居建设、社会文化、经济发展三方面。根据浙江省实施的"美丽乡村"建设行动计划，参照"生态人居"、"生态环境"、"生态经济"、"生态文化"四大工作任务，本文将确定"美丽指数"以衡量杭州典型乡村的发展与建设水平，其指标体系的准则层为人居美、社会美、经济美（表2）。根据层次分析法，并结合省内外地方政府提出的评价体系，在准则层的下一级，提出22项具体的指标层内容。同时，采用层次分析法确定"美丽指数"主观评价体系的权重，结合各指标层内容对村民的重要程度，以及专家给予的意见，采用德尔菲法利用比率标度技术对各指标的相对重要程度进行判断，构造判断矩阵。对判断矩阵求最大特征根，归一化后用方根法求解得到各指标权重（表2）。

表2　美丽指数评价体系

目标层Z	准则层C	指标层P	权重
美丽指数	人居美	1 村庄环境卫生良好	0.064
		2 建筑风貌良好	0.022
		3 道路及住房旁绿化全面	0.036
		4 邻里关系融洽	0.051
		5 生活功能区与生产功能区布局合理	0.036
		6 基本公共设施配置合理	0.051

续表

目标层 Z	准则层 C	指标层 P	权重
美丽指数	人居美	7 交通设施良好，出行便利	0.051
		8 无治安和刑事案件	0.022
	社会美	9 文化得到良好的传承	0.019
		10 村干部带领群众致富能力强	0.036
		11 村务公开、民主决策	0.027
		12 集体经济不断发展壮大	0.019
		13 社区服务功能齐全	0.027
		14 农村养老、新型合作医疗参保率高	0.027
		15 文教卫体活动组织良好	0.012
	经济美	16 村民收入水平良好	0.095
		17 村民收入来源充分	0.075
		18 农业基础设施完善	0.075
		19 生产资料分配合理	0.075
		20 拓展农业功能，产业联动发展	0.053
		21 产业结构合理，优势主导产业明显	0.095
		22 农业专业化、标准化生产	0.032
总计			1.000

资料来源：笔者自制

3.2 评价结果分析

综合各项指标权重大小以及问卷调查村民对各项指标的主观评价，从而计算出三个典型乡村各项指标的满意度得分。从人居美、社会美、经济美三大指标横向对比来看（图 3），人居美在三个典型村的差异较小，以共性为主，表明在物质空间层面，乡村建设品质的差距不大；社会美和经济美在三个村的分布差异则比较大，这说明由于区位条件、政策环境、自生能力等因素造成了三个典型乡村的不同发展特征。

3.2.1 人居环境特征

（1）建筑景观风貌差距明显。下满觉陇村满意度最高，其次是龙井村，两者相差不大；龙坞村的满意度最低，与前两者具有明显的差距。这是由于龙井村、下满觉陇村相继于 2005 年、2009 年开展了环境整治工程，按照“拆除违章、显

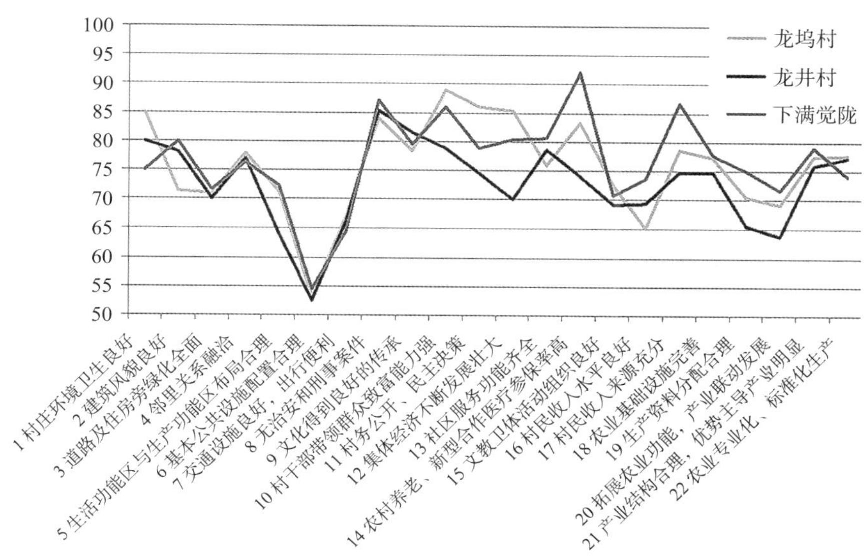

图3　美丽指数评价结果的满意度得分对比

资料来源：笔者自制

山露水”的要求开展人居环境保护与整治工作，对农居建筑立面按传统民居形式进行改造整治，采用坡屋顶、小青瓦、白墙面、木格窗、木栏杆、木栅栏、篱笆等方式，体现出黑瓦白墙的江南民居古朴味道。同时，整修加固溪流驳岸和增设桥梁、护栏等，改造给水排水、输电等公共基础设施，如生活、生产污水纳入城市污水管网，输电线路全部埋入地下。与之相比，龙坞村地处西湖风景区之外，受景区管委会和当地政府的约束力较小，由于旅游收入经济效益的强烈吸引，村民自发违建现象严重（表3），擅自搭建违章建筑、毁茶建楼的“公地悲剧”问题不断凸现，并引发村民内部矛盾，也直接影响村委会的正常运作，尽管也出现过政府介入强拆违章建筑，但由于后期的监督力度不够，私自乱搭乱建的现象比较突出。

（2）村庄环境卫生差异较大。环境卫生主要包括道路街巷、公共场所、河流湖泊等区域的环境整治及生活垃圾的收集与处理，这是美丽乡村建设的重要环节。对比三个村庄的评价结果，其满意度以龙坞村最佳，其次是龙井村，下满觉陇村最差。究其原因，龙坞茶村整体生态环境优良，依靠村委管理和村民配合，积极改善环境卫生条件，村庄没有建设垃圾房，路旁配置垃圾桶，村委出资聘请环卫工人，以维持良好的村庄卫生环境（表3）。龙井茶、下满觉陇村在环境整治过程中由上级政府出资，建设了垃圾房等环卫设施，村委聘请环卫工人，但缺少垃圾桶的配置，外来人口聚集较多，对其卫生习惯缺乏有效的监督，致使两村的环境卫生条件稍差。

表 3　三个典型乡村的人居环境对比

<table>
<tr><th>指标</th><th>下满觉陇</th><th>龙井村</th><th>龙坞村</th></tr>
<tr><td rowspan="3">建筑风貌特征</td><td>限高两层半</td><td>限高两层半</td><td>限高四层</td></tr>
<tr><td colspan="2">统一立面设计</td><td>无统一建设标准</td></tr>
<tr><td colspan="2">违建少</td><td>违建多</td></tr>
<tr><td rowspan="3">环境卫生特征</td><td>整体较脏乱，味道大</td><td>整体略显杂乱</td><td>整体干净整洁</td></tr>
<tr><td colspan="2">政府与村委共同管理</td><td>村委负责</td></tr>
<tr><td colspan="2">垃圾房等环卫设施齐全</td><td>无环卫设施建设</td></tr>
<tr><td>垃圾房分布</td><td></td><td></td><td></td></tr>
</table>

资料来源：根据实地调查资料整理

（3）社会邻里关系各有不同。在城乡人居环境中，邻里关系也相对重要。对其满意度评价结果显示，龙坞村最高，其次是龙井村，再次是下满觉陇村，这与各个乡村的人口结构特征密切相关。龙坞村以本地村民为主，外来人口比例较低，有少量外来务工人员和投资者，邻里关系比较和睦，亲缘关系较强（表 4）。龙井村外来人口稍多，但邻里关系仍为亲缘关系，相对和睦，其中，本地人口约

表 4　三个典型乡村的社会结构对比

指标	下满觉陇	龙井村	龙坞村
社会结构特征	本地：外来 =3：10	本地：外来 =5:1	本地：外来 =60：1

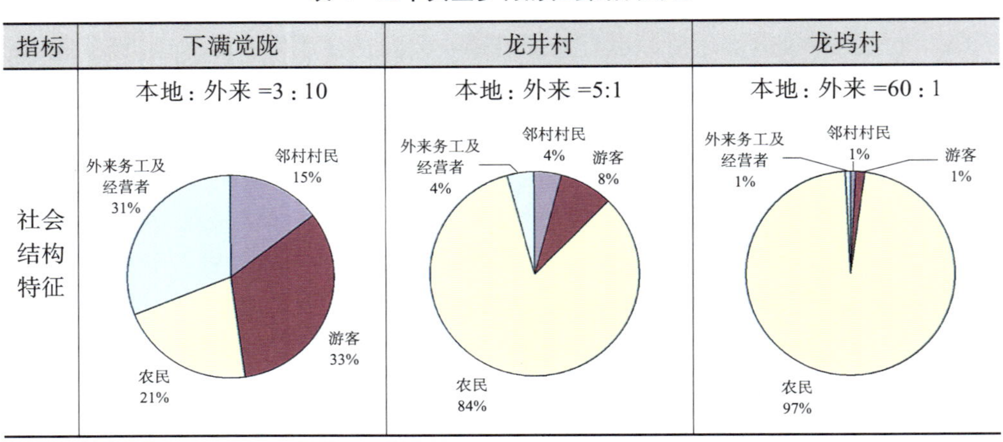

资料来源：根据实地调查资料整理

660人，外来人口100余人，主要是茶楼打工者和市区工作的租房者。下满觉陇村受近大都市核心的商业化影响显著，外来人口明显多于本地村民，社会结构复杂，主要为经济利益关系，邻里关系相对疏远，其村民约790余人，外来人口达2000多人。

3.2.2　社会文化特征

（1）村干部带领群众致富能力差距大。根据评价结果，龙坞村的满意度评价较高，其次是下满觉陇村，龙井村满意度较差。在实地调查过程中发现，龙坞村委积极扶持村民发展，主动为村民争取上级政府支持，想方设法拓宽致富途径，例如，向政府争取“龙坞茶村”称号、重金扶持农家乐经营、修建绕村道路、引进5家茶叶销售包装厂等。下满觉陇村委也较为积极，既遵循上级政府的各项要求，也主动扶持村民发展，包括鼓励外来投资商投资经营，修缮村内道路，筹备资金支持景观风貌整治等。与之相比，龙井村委相对被动，在转达上级通知、完成政府规定任务的基础上，缺乏更多带动村民致富的作为，也造成村民对其的诸多不满，使得满意度很低。

（2）村务公开与民众决策相对较好，社会福利保障和文化生活有所差异。一是在村务公开与民众决策方面，龙坞村满意度最高，下满觉陇村次之，龙井村最低，其中，龙坞村通过公告栏和小组长电话通知，进行村务公开，并经常召开专门会议邀请利益相关村民发表意见，从而实现民主决策。二是在社会福利保障方面，下满觉陇村的养老保险参保率最高，其次是龙坞村，龙井村的满意度较低，例如，下满觉陇村的农村养老保险百分百覆盖，村委承担大部分参保费用；龙坞村、龙井村的养老保险覆盖率也较高，但由村民自费承担、自愿参加。三是在社会文体活动方面，龙坞村满意度最高，该村积极组织文体活动，村内建设有太极拳、腰鼓、体操队、跳舞、越剧团队、登山队等，并为他们提供活动场地与资金；下满觉陇村定期组织文化活动，如广场舞、集体旅游等，村委提供资金支持；龙井茶则相对缺乏文体活动组织。

（3）集体经济结构类似，但各村收入差距较大。根据调查研究，三个典型村的集体经济来源以出租房屋为主，此项收入比例占到95%以上；结合评价结果，龙坞村的满意度最高，下满觉陇村次之，龙井村的满意度明显落后。其中，龙坞村集体经济收入很高，近几年平均年收入约174万元，主要来源于租金，并积极利用集体经济收入提高村民福利，增强村民幸福感。下满觉陇村近几年平均年收入约120万元，主要来源是租金，村委充分利用外来投资商的优势，积极引进效益高、信誉好的承租商，比如海华酒店，同时利用集体经济为村民提供节庆礼品、退休补助等福利。与之相比，龙井村集体经济收入偏低，近几年平均年收入约45万元，主要来源也是租金，但村委在与各投资商签订协议时，租金、租期等条款标准不一，相差悬殊，由于集体经济收入少，能够提高村民福利的资金相当有限，造成了村民很大程度上的不满。

3.2.3 产业经济特征

（1）村民月收入水平差距较大。根据调查结果，下满觉陇村的满意度和收入水平最高，分布比较集中，各类商业沿着满觉陇路呈线状发展，由于外来投资商的介入，除了能够带来茶叶销售的收入，还包括房租在内的多元化收入途径，商业化明显而收入效益最好（表 5）。龙井村的收入水平相对较好，分布相对集中，农家乐、茶楼沿着龙井路两侧发展，村庄内部经济发展条件差距不大，同时龙井

表 5　三个典型乡村的产业经济对比

指标	下满觉陇	龙井村	龙坞村
月收入水平	收入分布均衡 平均收入较高 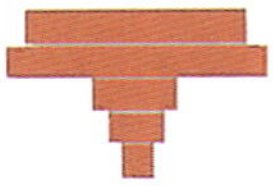 >10000 元 32.3% 4000～10000 元 38.1% 2000～4000 元 12.7% 1000～2000 元 8.6% <1000 元 5.3%	收入分布均衡 平均收入中等 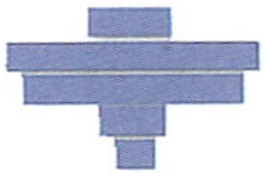 >10000 元 13.2% 4000～10000 元 37.1% 2000～4000 元 32.9% 1000～2000 元 10.4% <1000 元 6.4%	收入分布不均 平均收入中等 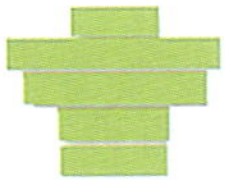 >10000 元 12.9% 4000～10000 元 30.4% 2000～4000 元 26.1% 1000～2000 元 16.2% <1000 元 15.4%
产业构成	产业种类多样 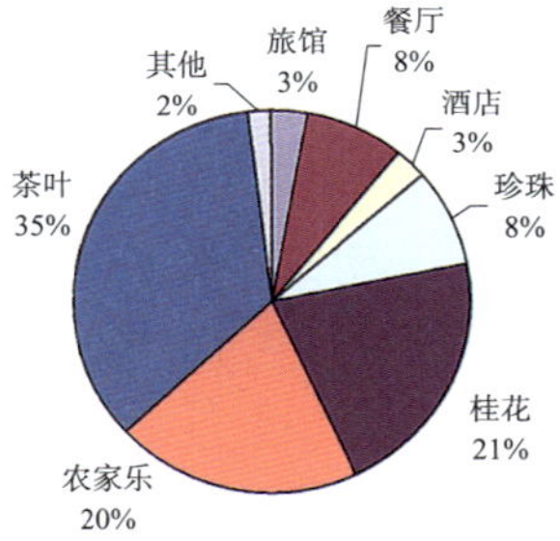 其他 2% 旅馆 3% 餐厅 8% 酒店 3% 珍珠 8% 茶叶 35% 桂花 21% 农家乐 20%	产业种类单一 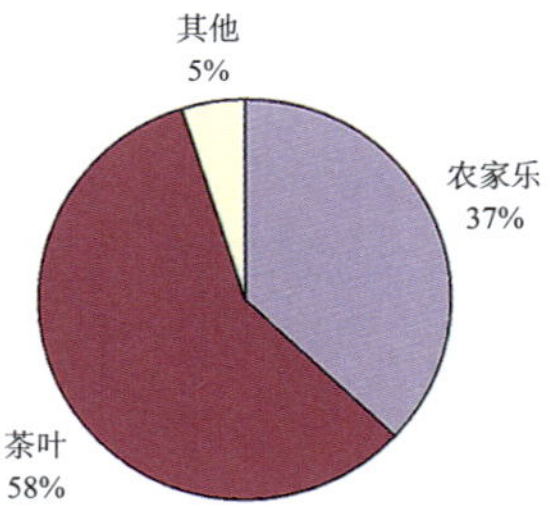 其他 5% 农家乐 37% 茶叶 58%	产业种类较多 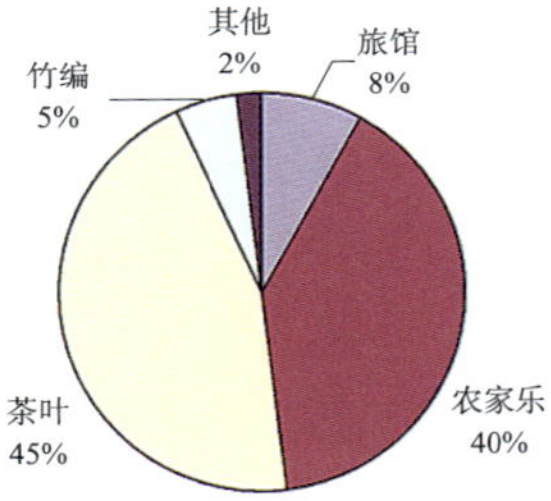 其他 2% 旅馆 8% 竹编 5% 茶叶 45% 农家乐 40%
产业空间分布	图例：农家乐　珍珠　餐厅　酒店　旅馆　住宅		

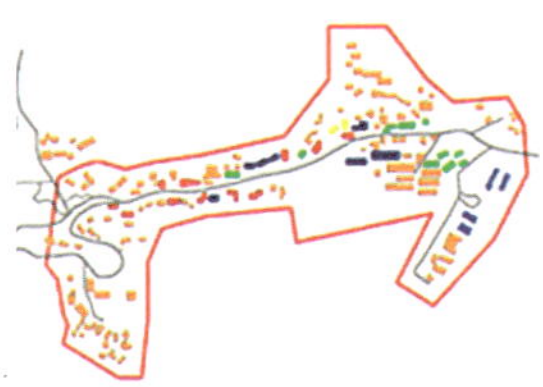

资料来源：根据实地调查资料整理

村茶叶是西湖龙井之首，名声在外，茶叶销路好。地处西湖风景区之外的龙坞村，满意度最差，源于其收入水平分布相对分散，贫富差距较大，那些收入较高的农家沿着绕村南路经营茶楼和茶叶销售，交通优势带来大量客源，收入较低的农家基本位居村内，旅游客源较少，不易经营茶楼，仅靠茶叶销售或外出打工。

（2）产业结构存在明显差异。根据评价结果，下满觉陇的满意度得分最高，龙坞次之，龙井最低。这是由于下满觉陇村产业相对丰富，主导产品是春季茶叶和秋季桂花，其他还包括珍珠、酒店、餐厅、农家乐、旅馆、租赁、美容、汽修等商业项目（表 5），同时作为西湖十景之一的"满陇桂雨"称号，为其吸引不少旅游客流及外来投资商，其淡旺季区分不太明显。龙坞村除了茶叶销售，农家乐、旅馆、竹编等也是主要产业类型，例如，农家乐和茶叶销售具有季节性，旺季主要在春季，而淡季期间主要编织竹编产品，并且通过电视、报纸进行宣传，已经在省内外拥有一定的知名度。龙井村的产业相对单一，主要是茶叶销售和农家乐，由于是西湖龙井之首，属于政府重点保护茶村，通过风貌整治等限制了发展的多样性，包括庭院设计、室内陈设等都非常相似，家家户户都是农家乐和茶叶，缺乏多样性，村民之间竞争比较激烈。

（3）生产资料分配有所区别。三个典型村庄的生产资料主要是茶园和茶地，这是其他相关产业的重要基础。根据评价结果，下满觉陇对茶地分配的满意度最高，其次是龙坞，龙井的满意度最低。其中，下满觉陇的人均茶地面积较多，每股 1.17 亩，根据死亡和出生村民变化，定期进行调整，年满 16 周岁可以分到茶地，分配比较公正；龙坞村的人均茶地面积少，每股 6、7 分，没有定期调整政策，但是分配结果比较公平；龙井村的人均茶地面积最多，每股 1.2 亩，但是由于没有定期调整政策，并且存在私用集体自留茶地的现象，其分配缺乏公正性（表 6）。

表 6　三个典型乡村的生产资料对比

指标	下满觉陇	龙井村	龙坞村
村集体茶地规模及政策	定期调整	无定期调整	无定期调整
	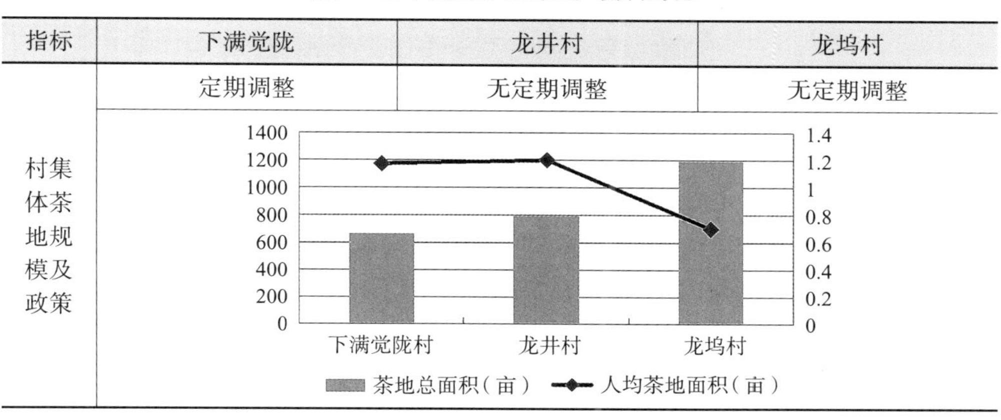		

资料来源：根据实地调查资料整理

3.3 小结

综上所述，从三个乡村“美丽指数”的各项指标得分来看：①下满觉陇村最满意的是经济美，次之是社会美，最后是人居美，这是由于下满觉陇村距离西湖最近，商业化程度较高，村民比较富裕，村委注重福利建设。人居美的实际得分并不比其他两个村低，新农居白墙黑瓦，道旁桂树成林，但由于商业化环境所带来的卫生较差、人口混杂等问题，导致村民对其评价较低。②龙井村对人居美的满意程度最高，但较社会美和经济美的优势不明显，而最不满意的是社会美。究其原因，尽管龙井村建筑风貌统一，环境优美，但是经济发展比较一般，村民普遍反映对村委不满，所以对社会美的评价较低。③龙坞村对社会美的评价明显高于其他两项，经济美次之，人居美较低。这是由于在龙坞村的发展过程中，村委起到很重要的作用，集体经济发展较好，所以对社会美评价颇高。同时，村里的经济和物质建设都发展得不错，但是由于村民自发式建设，导致违建多、基础设施较落后，因此人居美评价不高。

4 消费空间生产视角下美丽乡村圈层结构

针对大都市边缘区特色乡村的更新变迁现象，有学者称之为“乡村绅士化”，但与本文的研究对象具有明显差异。根据下满觉陇村、龙井村、龙坞村“美丽指数”的评价与分析结果，可将杭州大都市划分为核心、中间、外围三大圈层（图4），如下满觉陇村相当于核心圈层，龙井村位居中间圈层，龙坞村地处外圈层，三大圈层均受到核心大都市消费市场的强烈影响，但不同圈层的乡村仍然具有相

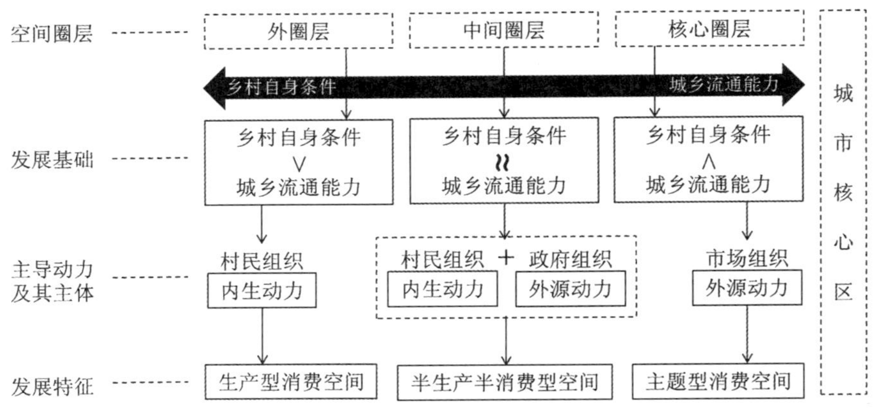

图4 美丽乡村空间结构形成的动力机制

资料来源：笔者自绘

异的城乡流通能力和自身发展条件。其中，核心圈层的城乡流通能力较强，外部市场力量成为推动乡村演变的重要机制，如下满觉陇村；中间圈层的城乡流通能力与乡村自身条件相当，乡村发展受村民组织与上级政府双重推动，如龙井村的商业化多元性稍逊于下满觉陇村；外圈层的城乡流通能力弱于乡村自身条件，乡村发展受村民组织主导，如龙坞村的自发式发展。受上述作用机制影响，围绕城市核心区的乡村空间将会形成三种不同类型的消费空间（图 5）。

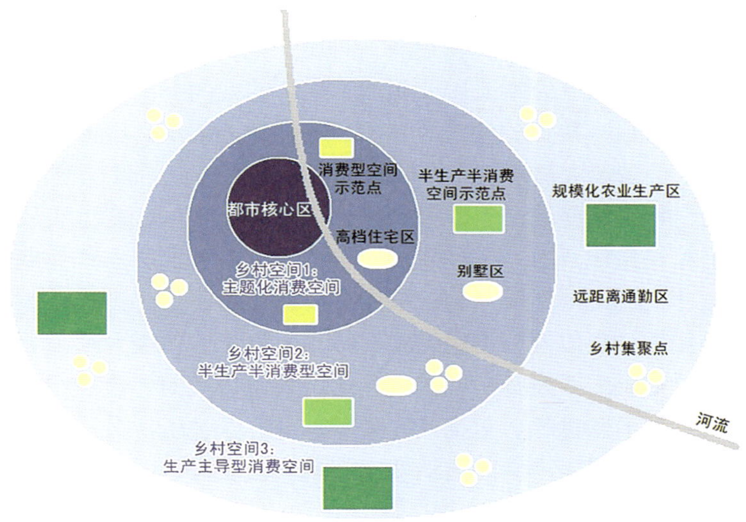

图 5 大都市周边美丽乡村空间结构圈层特征

资料来源：笔者自绘

4.1 主题型消费空间

核心圈层的乡村已经演变成为主题型消费空间，如下满觉陇村的第三产业发展完全超越了传统茶叶种植，成为城市居民及外来游客的乡村意象消费地。此方面最为典型的当属西溪国家湿地公园，距离城市核心 10 公里左右，十多年前还属于一种传统的江南水乡村落，景观风貌、环境卫生及基础设施均相对较差，通过湿地工程的综合整治，原有村民相继迁出，古民居、古桥、古井、古树、古祠堂以及亭台楼阁、河道码头等乡村符号要素得到保护修缮，目前已经演变为本地及外地游客寻找传统江南水乡文化意象的主题公园。

位居该圈层的美丽乡村受消费文化影响巨大，尽管建筑风貌还保留着传统乡村特征，但人口结构、产业形态、社会文化等方面已经趋于异化，从而成为大都市边缘区典型的消费空间，如未完全主题化的下满觉陇村和已经完全主题化的西溪湿地。该类乡村需要逐步纳入到城市社区管理范围，包括人居环境风貌、外来人口管理、住房建设、道路交通、公共设施配置、社会福利等方面，并通过土地产权妥善转换的途径，引导市场力量的介入，以推动城乡一体化的健康化发展。

4.2 过渡型消费空间

中间圈层的乡村属于半生产半消费型的空间类型，或称之为过渡型消费空间，兼具大都市消费空间和新农业生产空间功能，如龙井村的茶叶种植销售和茶楼、农家乐经营，相比核心圈层乡村的商业化程度稍弱，产业类型也相对单一。该圈层乡村空间的重要特征是依托传统特色农业种植，延伸发展观光游览、农家乐、民俗旅游等第三产业，既成为本地居民生活、生产的空间场所，也演变成大都市居民或外地游客对特色乡村体验的消费场所。相比核心圈层，该圈层的乡村距离城市核心区稍远，但随着大都市空间拓展，也面临着消费空间被主题化的倾向。

该圈层的乡村发展受地方组织和市场组织的共同作用，在上级政府相关政策鼓励支持下，村民组织具有一定的发展积极性，同时也面临着产业单一、相互竞争、人口流失、机制不灵活等问题，如龙井村的传统种植仍占据较大比重，农家乐趋同，建设用地受限以及村委组织相对被动。所以，该类乡村需要积极争取相关扶持政策，村委组织要发挥中间协调作用，在上级政府、市场组织、村民个体之间探索乡村发展的新途径，包括产业类型选择、茶地资源分配、招商引资、土地指标调配等，以实现生产空间与消费空间的和谐发展。

4.3 生产型消费空间

外圈层的乡村多属于生产主导型消费空间。由于距离城市核心区较远，商业化程度较弱，乡村发展的自组织能力较强，如龙坞村除了茶叶种植、农家乐经营，也出现了竹编特色产业，均是围绕传统农林业延伸发展起来的附加值较高的手工业或第三产业。该圈层的乡村受区位条件影响较大，外部市场力量相对有限，若村委组织能够充分发挥带头引领作用，包括人居环境改善、文化品牌塑造、优惠政策争取、招商引资与对外推介等，如龙坞村茶叶品牌化的营销推广，以及国内外销售网络的构建，则可以激发村民组织的内在动力，实现传统种植业向多元化的产业形态转变，这样有利于村集体经济发展水平的提升，以及村民收入状况、贫富差距和社会福利的改善。

目前，距离长三角大都市核心区较远的浙江省生态型县市，在“美丽乡村”行动计划的指引下，首先对乡村的环境卫生、建筑立面、道路设施、水塘花坛等开展统一整治，人居环境得到大幅度改善。同时，在传统农业规模化种植基础上，积极培育特色农产品，如茶叶、蔬菜、瓜果、有机稻米、苗木、花草等，并通过不同季节的节庆活动吸引游客来消费，包括各类油菜花节、桃花节、樱桃节、枇杷节、杨梅节、荷花节等，这样能够显著提升传统农业的附加值，以及特色农产品品牌的塑造，进而推动乡村经济社会的快速发展。该圈层的乡村距离城市核心区最远，其第三产业具有明显的淡旺季之分，乡村建设更多是为当地居民的生活及生产服务。

5　结语

19 世纪初期的农业区位论是将城市作为农产品的直接消费地，由此形成了距离市场地不同空间尺度的农业种植圈层结构。20 世纪 60 年代提出的“逆杜能圈”开始注意到大都市扩张对周边农业土地利用的重要影响作用，其产生背景是乡村人口低于 50% 的大都市发展时期。21 世纪以来，随着我国城镇化率超过 50%，不但城市成为各类消费空间的集聚地，受“时空压缩”效应的影响，以及都市社会背景下文化符号消费和日常生活审美化的日益显现，城市周边的乡村也演变为一种消费空间。因此，新型城镇化与“美丽中国”战略的提出具有深刻的时代意义，相比传统工业化和城镇化研究，信息化、农业现代化及“美丽乡村”同样具有重要的研究价值，正如相关学者指出，“我们正在迈向一个城市—乡村连续体”（rural-urban continuum）（McGEE T G.，1991）；“信息通信技术重构的新城市，既不是城市，也不是乡村，更不是郊区，而是集三种元素于一身”（斯科特·麦奎尔，2013）；国内学者称之为“半城市化地区”（田莉等，2011）。

从世界范围内来看，在城镇化的快速进程中乡村地区所出现的衰落或更新，已经成为一种普通的趋势。通过选取杭州市三个典型乡村，对其人居环境、社会文化、产业经济进行评价与分析，发现由于不同的区位条件形成相互各异的动力机制，如分别由市场组织、政府组织、村民组织相互主导的消费空间，进而产生大都市周边相应的乡村空间圈层结构。该模式不但适应于大都市及其周边区域，也能够对城镇化率较高的省域范围内的乡村空间产生启示。例如，2010 年城镇化率超过 60% 的浙江省率先在全国推进美丽乡村建设工程，但由于各县市距离长三角核心区空间尺度的不同，进而也具有明显的圈层结构，如作为都市消费空间的安吉和作为农产品规模化生产基地的仙居，两者的发展模式存在明显的差别。

参考文献请见原文。

（撰稿人：武前波，博士，浙江工业大学小城镇城市化协同创新中心，建筑工程学院副教授；龚圆圆，美国佐治亚大学环境设计学院硕士研究生；陈前虎，博士，浙江工业大学小城镇城市化协同创新中心主任，建筑工程学院执行院长、教授）

乡村复兴视角下文化遗产旅游业的开发

——以顺德为例[1]

1 前言

乡村文化是人类与自然相互作用过程中所创造出来的所有事物和现象的总和，它具有自然性、生产性和脆弱性等特性。乡村文化遗产包括乡村的物质文化遗产和非物质文化遗产，是乡村文化的各构成要素在长期的历史发展过程中积累和沉淀下来的。乡村文化遗产的开发利用对旅游的决策产生重要影响，并可在一定程度上满足人们对乡村旅游的需求，是产生乡村旅游的动因。国家的政策也推动了乡村旅游业的发展，近年来我国开始了传统村落保护行动，目前共有 2555 个村落被列入“中国传统村落名录”；2013 年末的中央城镇化工作会议提出，“要保留农村传统风貌”，“让居民望得见山、看得见水、记得住乡愁”。广东的乡村旅游起步较晚，尚处于从导入期向成长期过渡的阶段。而顺德有深厚的文化底蕴和别具特色的岭南文化，在民风民俗、景点特色、文化艺术、历史人物、美食等方面都独树一帜，相对广东省尤其是珠三角都市群范围而言，其乡村价值较高。

2 乡村文化遗产旅游开发背景

佛山市顺德区位于珠江三角洲中部，靠近广州、江门、中山等大中城市，毗邻港澳，距香港 64 海里、澳门 80 公里，面积 806 平方公里，建县于明景泰三年（1452 年），1992 年 3 月撤县建市，2003 年 1 月根据省委、省政府的统一部署，撤市建区。被誉为广东经济发展“四小虎”之一。改革开放以来，伴随着全国、

[1] 本文摘自《创新村镇规划 促进乡村复兴——第三届全国村镇规划理论与实践研讨会暨第二届田园建筑研讨会论文集》，2016：365-358。

基金项目：广东省科技计划项目“广州新农村建设典型案例调查及增效提质的对策研究（编号：2016A020210112）”

全省旅游业的蓬勃发展，顺德立足自身区域的经济优势和资源特点，积极开展旅游业务，建设宾馆酒店，开发景区景点，开拓客源市场，走上了旅游业发展之路。经过 20 多年的努力，顺德区旅游业已从初步发展期跃进到快速发展期，旅游经济规模不断壮大，并且成为顺德区国民经济发展的新增长点。

2.1　顺德区文化遗产优势

2.1.1　丰富的文化遗产资源优势

顺德是粤曲、粤剧的发源地之一，著名粤剧表演艺术家千里驹、白驹荣、薛觉先、马师曾等均出自顺德，2007 年顺德更被全国曲艺协会评为“中国曲艺之乡”。顺德的美食文化源远流长，天下闻名。民间素有“食在广州，厨出凤城”之说，今日更享有“中国厨师之乡”美誉，每年一届的“岭南美食文化节”已成为本地品牌盛会之一。顺德还是众多历史名人、贤才杰士的摇篮。北宋至清末出过状元四名，进士数百，还孕育了清代诗书画三绝的黎简和画坛怪杰苏仁山，以及国际武打巨星李小龙等杰出人物。除了坐拥秀丽的自然水乡风光，顺德还拥有清晖园、碧江金楼、西山庙、逢简水乡等古迹名胜，都是古代岭南建筑文化的杰出代表。顺德已有 4 个项目被列入国家级非物质文化遗产项目名录，分别为顺德杏坛的八音锣鼓、香云扎染整技艺、龙舟说唱和人龙舞。省级的非物质文化遗产有：陈村花会、粤锈（广绣）、观音信俗、真步堂天文历算，市级非物质文化遗产有赛龙舟、水乡农谚、春节习俗；区级非物质文化遗产有咏春拳、粤剧、粤曲、顺德烹调技艺、大良鱼灯制作技艺、双皮奶制作技艺、陈村粉制作技艺、伦教糕制作技艺、咸水歌、龙潭龙母诞。顺德人文旅游资源在空间分布上具有大分散、小集中的特征，表现为各景观景点相互交融，点面结合，形成了较好的地域空间格局，易形成规模效应。

2.1.2　良好的交通条件和市场定位

顺德地处珠江三角洲腹地，交通四通八达，距珠三角各主要城市基本都在两个小时车程之内，对于吸引珠三角和港澳地区的旅游客源都比较适宜。且珠三角地区是我国主要的旅游客源地，具有出游意识强，消费水平高的特点。在距顺德 200 公里范围内的珠三角及港澳地区约有 3000 万人口，构成了庞大的旅游客源市场。

2.1.3　领先的区域经济发展水平

顺德是在改革开放中崛起的现代化城市，是广东经济最发达的地区之一。高速发展的经济和居民可支配收入的增加，成为顺德旅游业发展的强大动力。同时，发达的地区经济也带来了大量的商务和公务客源，为顺德旅游提供了巨大的潜在旅游市场。

2.2 旅游开发的劣势

顺德的乡村文化资源具有一定的优势，但由于对旅游资源挖掘和开发的力度不够，至今没有形成顺德特色的拳头产品。改革开放以来，顺德实施的是工业立市和外向带动的发展战略。相对而言，旅游业基本处于自我发展状态，地位相对弱化。虽然旅游业已被确认为新的经济增长点，但与之相配套的产业发展政策、行业管理职能和大环境的营造等都尚未明确。2002 年佛山市行政区域进行调整后，顺德撤市设区，改为佛山市顺德区。因此，从行政区域来看，顺德已经不再是一个独立的旅游城市，顺德的城市旅游形象已经在一定程度上纳入到了佛山市旅游形象的范畴。

3 文化遗产旅游开发模式

3.1 名人带动型模式

名人带动型模式即通过着力发展一种拳头产品，也就是这里所说的名人效应来带动其他非物质文化遗产的开发，通过以点带面或者连带效应的方式，使顺德地区的文化遗产都能得到发扬和传承。名人旅游开发就是变名人资源为旅游资本，将潜在的价值转化为实际的经济价值，名人代表了一个时代也是一种文化的特征。从旅游经营者的角度看，名人丰富了旅游产品的文化内涵，提高了景点景区的知名度。李小龙是具有世界影响力的名人之一，是成功融入国际社会并获得认可的华人，代表着一个时代和民族文化，具有绝对的号召力和品牌价值，在此基础上可将其作为一个文化品牌。李小龙的祖籍是顺德均安，现已将故居扩建为李小龙乐园。

李小龙故居根植于顺德独居特色的水乡文化，被誉为“山色水韵、叠翠藏龙”，堪称珠三角的“世外桃源”。李小龙乐园将武术文化与岭南文化融入院内，以武术文化和水乡文化为基调，突出无数顺德独特的岭南水乡风格。园内除了李小龙纪念馆，还配套设立李小龙文武学院、矿泉理疗度假酒店、生态湿地公园、蚕桑果蔬院、体验野战营等项目，附加开发出具有顺德地域特色的旅游产品。李小龙文化的旅游开发作为一种拳头产品，在整合顺德的文化遗产方面起到了带头作用，突出资源特色，打造出知名的文化品牌。在旅游开发的过程中，把顺德的文化遗产资源以连带消费的形式推广开来。如李小龙乐园推出“美食节”，还特别推荐了顺德美食如“均安煎鱼饼”、“均安烤猪”、“炒牛奶”等顺德美食，引起国内外游客对顺德美食文化的关注；李小龙故居以套票的形式，将具有“自梳女”习俗的冰玉堂景点囊括其中，以及在园内设立演艺广场，专门表演地方的曲艺和武术，展现“曲艺之乡”和“武术之乡”的文化魅力。李小龙乐园的成功尝试为顺德的文化遗产旅游开发带来了新的契机和示范作用。

3.2 文化转换型模式

文化转换模式就是将无形的乡村文化转化为有形的符号，增强其体验性，将其可观可感可消费，体现出顺德的岭南水乡文化。顺德自古以来就是鱼米之乡、龙舟之乡，是广府文化的核心，在经济发展的同时有了独特的岭南水乡文化，在岭南的文化体系中占有重要的地位。在顺德的现有资源中，底蕴深厚的桑基鱼塘、历史建筑、园林、水乡空间等具有特定符号意义的场所为外来游客提供了潜在的吸引点；水网密布的自然本底有可能成为面向本地企业白领阶层的消费场所。岭南水乡文明与近现代工业文明的空间形态与其背后的文化内涵呈现交织并存的局面。历史上顺德以“桑基鱼塘”农业商品经济而闻名。与水共生的环境孕育了包括美食、民间工艺、民间曲艺、宗教民俗在内的岭南水乡文化。新鲜水产品和丰富食材催生了享誉广东的顺德美食；与水相关的宗教信仰及名俗节庆；列入国家级非物质文化遗产的“香云纱”整染工艺都是水乡文化的具体体现。

顺德宜以传统水乡文化为切入点，借助天然的水系及鱼塘所形成的自然景观，打造珠三角重要的生态休闲旅游地，水乡环境中孕育的深厚文化底蕴，使顺德真正能够体现岭南水乡的空间特色。如规划建设中的逢简水乡，就是以文化体验的方式来对岭南水乡文化资源进行旅游开发，将无形的非物质文化遗产变成有形的生活体验。逢简村四面环水，古风犹存，具有典型的小桥流水人家的特色。保存多处古树、古建筑、古桥梁，沉淀了深厚的文化底蕴。逢简村保留了当地村名的民族风俗习惯以及传统生活方式，更设立多处农家乐，游客在观赏游玩的同时还可以品尝到顺德美食以及岭南地区传统的民风民俗。

顺德以“桑基鱼塘”的生态农业生产模式闻名于世。桑基鱼塘在顺德民间被描述为：“桑茂、蚕壮、鱼肥大；塘肥、基好、蚕茧多。”人们通过桑基鱼塘充分地利用土地的空间与轮作的时间，以求最佳的经济效益。这种循环生产系统曾经被联合国教科文组织评为“环保金奖”。顺德区“桑基鱼塘”作为循环农业的典范，着力构建新型的“桑基鱼塘”模式，利用堤岸和一定的规划用地种植桑树、象草、籽粒苋和黄豆作为鱼类和鸡、鸭、牛的饲料，而禽畜粪便和塘泥则作为这些植物的肥料，进行循环。这种历史传承下来的农业生产劳作方式是一种文化遗产，已被顺德区列入申请世界非物质文化遗产的计划内。顺德区计划立足农业特色，在保护原土地使用功能的基础上，实施适当改造，完善景观配套，开发观光型农业和旅游业。

4 乡村文化遗产保护与旅游开发分析

乡村文化遗产作为蕴含深刻社会变迁与人文价值的文化资源，是中国悠久的农业社会历史记忆的构成部分，同样也是当前强势工业文明冲击之下文化繁荣发展的必要条件。顺德区在文化遗产旅游开发中以名人带动模式和文化转换型模式取得了一定的成效，但仍处于不成熟阶段。虽然乡村文化遗产的旅游开发在很大程度上能给当地的经济带来快速发展，但是在实践过程中文化遗产保护与建设开发存在着一定的冲突。如何妥善协调好文化保护与旅游开发的关系，是开发建设首要解决的问题。

4.1 乡村文化遗产保护过程中存在的压力

在旅游开发中经常遇到一些压力，如当地原有的基础设施不足，居民生活方式发生改变，开发破坏历史景观等。如福建南靖县申遗期间花费巨资修通前往土楼景区的山梅公路，短期内集中的商业开发往往会吸引遗产地内和周边地区大量居民积极从事商业活动，改变原有的生活方式，这在一定程度上破坏了遗产地的文化生态；遗产地的旅游开发势必会对周边的生态环境带来一定的影响，一旦超过环境的承载力，便会在一定程度上限制旅游业；集中的商业以及人流对文化建筑的消防带来考验，在安全防范方面也会存在安全隐患。

4.2 旅游开发过程中存在的压力

顺德除了有多姿多彩的文化遗产资源外，地方特色的自然景观资源也很多，但并未能进行很好的整合。旅游产业内部的各景点、酒店与旅行社之间协调不够，各景点各自为战，整合力度不够；同时文化遗产的挖掘力度和宣传力度不够，导致顺德境内大量具有历史意义和文化价值的遗产不被人熟知，客源也以“珠三角”和当地人以及“港澳”为主；由于顺德人才的流失，导致适应旅游业发展需要的高素质管理人才不足，现代管理技术尤其是电子商务网络技术，在旅游业中未能得到充分利用。

4.3 文化遗产保护与旅游开发协同发展

4.3.1 优化旅游的总体布局

根据顺德的文化遗产旅游资源的优势定位，面向珠三角休闲度假旅游市场和共享外来商务公务旅游市场，合理选择市场切入点，突出拳头产品，扩宽旅游市场，可以将毗邻的中山、江门的文化遗产资源整合起来，最大限度地形成区域旅游综合效应，构筑具有浓郁地方特色的岭南文化旅游区。在旅游开发的过程中文化遗产资源可与地区生态自然资源恰当整合，提升顺德区整体的旅游资源优势。

4.3.2 加大整体宣传推介力度，提高知名度

产生乡村旅游的动力来自于乡村文化，因此乡村文化的每个构成要素都要体现乡村文化的内涵和特色，从而在整体上营造出独特的具有地域特色的乡村文化意象。所以加大文化的宣传力度是推进旅游开发的原动力。

4.3.3 旅游配套设施规划，加强管理力度和公众参与

旅游的开发需一定的配套基础设施和服务设施，这些项目的建设需要政府部门和公众的共同监督。公众的参与对于旅游的开发有着重要的作用，特别在乡村文化遗产的保护和传承方面，尊重民意是保存乡村文化遗产完整性和可持续发展的重要保障。

4.3.4 加强旅游人才培养，提高行业整体素质

提高旅游业高级管理人员的整体素质和专业水平，旅游人才在文化的传播上起到了重要的作用，一方面能将顺德区的岭南文化、广府文化的精髓发扬，另一方面在旅游市场运营中创造更高的价值。

5 经验与启示

乡村文化遗产的旅游开发是通过综合协调推进保护与利用的平衡。对文化遗产的合理利用可以成为协调文化、社会、经济协调发展的有力抓手，文化遗产作为一种重要资源和品牌可以不同程度地刺激和带动当地经济的发展。需要当地政府和部门对文化遗产的管理予以大力支持和积极配合，从优化旅游的总体布局、发挥品牌效应、推动文化产业、培养旅游人才等多方面入手，将自上而下的决策与自下而上的民意调查结合起来，有效促进文化遗产保护和遗产地区旅游业的可持续发展。

参考文献请见原文。

（撰稿人：罗丹，广东工业大学建筑与城市学院研究生；张俊杰，广东工业大学建筑与城市学院研究生导师，副教授；叶杰，广东工业大学建筑与城市学院研究生）

基于海绵城市理念的我国乡村景观规划问题与策略 [1]

当下全国洪涝灾害不断，很多乡村、城市内涝严重；水质污染，水的循环净化区域和水生物栖息地减少，农业、生活用水资源短缺；城市扩张，乡村城市化，村民生活环境杂乱。这些问题的综合征带来的生态环境危机，并不是城市扩建或乡村城市化单方面产生的，而是一个中国城乡社会系统问题，为此，需要一个综合的解决方案。“中国 13 亿多人口有 9 亿多农民，只有解决好农村问题，才能真正解决中国的民生问题”。目前，城乡面临的“水问题”大都源于我国的地理位置，以及快速“城镇化”背景下的乡村景观规划。地理位置决定了降水时间集中在每年的 6～7 月，降水量大、危害性强，每年我国大部分城乡都有水灾发生，经济损失惨重；2005 年以来的乡村景观规划，大都致力于开发山林、湖泊、湿地等自然景观，发展乡村旅游业；利用地膜、大棚塑料、农药等生产有机水果、蔬菜，开发以农家乐和采摘为主题的乡村观光、休闲景观。乡村这种目标单一、孤立的景观规划行为，不仅没有提高村民生活水平，改善乡村环境状况，还影响了地表水和地下水的连通，改变了河流的径流、汇流，以及生态环境，增大了地表径流，减弱了乡村土地对雨水的滞留、下渗、蓄积等功能，从而使中国城乡“水问题”更加突出。因此，解决城乡“水问题”除了需要建设和治理城市生态基础设施外，更重要的是改变目前乡村景观规划目标，建立海绵城市理念，加强乡村景观的规划与布局，完成乡村水生态基础设施的建设和治理。

1 海绵城市理念与乡村景观规划的内在逻辑

“乡村景观是乡村资源体系中具有宜人价值的特殊类型，它是乡村经济、社会发展与景观环境保护的宝贵资产”。对乡村景观实施合理规划不仅可以改善村民的生活环境，提高村民生活水平，还可以起到调节区域整体环境的作用。可

[1] 本文摘自《城市发展研究》，2016（11）：19-22。

基金项目：安徽省高等学校人文社会科学研究重点项目（编号：SK2015A443）。

见，乡村景观规划受益主体不仅指向乡村，还指向城市，因此，海绵城市规划是乡村景观规划的重要形态。“海绵”是学术界和业内用来比喻城市的某种吸附能力，“比喻城市对人口的吸附现象”，更多学者把“海绵”比喻城市土地对雨水、洪涝的吸收、蓄积、储存等能力。海绵城市思想中突出“水”的主题，目的在于综合解决中国城乡突出的水问题，及相关生态和环境问题。包括雨洪管理、生态防洪、水质净化、地下水补充，修复城乡废弃区域、营造生物栖息地，以及调节气候等。“‘海绵城市’的特征是‘自然积存、自然渗透、自然净化’，以景观为载体建立相应的水生态基础设施，形成景观安全格局。在思想认识上以‘人适应水’为价值观，形成城乡的‘水适应性景观’”。在尺度上强调宏观、中观、微观等不同尺寸的承接、配合。在技术上注重当代先进的低影响雨洪管理技术，最少干预、让自然做功净化水体、生物、空气等生态设计技术，同时，注重尊重自然，以不改变场地原来稳定的生态环境为原则，并对已有的传统技术整理、归纳和运用，形成水适应性乡村和城市形态。

我国季风气候决定了水患、洪涝、干旱、水土流失等灾害并存，并随着乡村景观规划进一步发展而不断加剧。“中国水土流失面积达 367 万 km^2，占国土面积的 38%，且以每年 1 万 km^2 的速度递增，荒漠化面积已达到国土面积的 8%”。同时，“当今中国正面临着各种各样的水危机：水资源短缺，水质污染，洪水，城市内涝，地下水位下降，水生物栖息地丧失等，问题非常严重”。如 2011 年南京“7·18”暴雨、2012 年北京“7·21”特大暴雨，2015 年长沙“4·17”的大暴雨使湘府变成泽国。2016 年 7 月，安徽的黄山、宣城、巢湖、芜湖、马鞍山等区域的城乡再现暴雨，重启“看海”模式，这种模式造成了难以估计的经济损失。海绵城市理念正是立足于我国水情特征和水问题，它是一种高效、集约的生态治理途径，以景观为载体，在城乡建立水生态基础设施，综合解决当前城乡突出的水问题及相关联的生态和环境问题。2014 年 11 月《海绵城市建设技术指南》发布，以及迁安、白城、镇江、嘉兴、池州、厦门、萍乡、济南、鹤壁等 16 个海绵城市规划试点确立，标志着“海绵城市”理念已经从学术界走向实际建设中。俞孔坚教授及其团队致力于以景观为载体，通过设计实现景观的生态、社会和文化的弹性。如 2006 年完工的天津桥园湿地公园，2010 年哈尔滨群力雨洪公园，2012 年北京市综合水生态安全格局，2014 年浙江金华燕尾洲公园等；深圳市光明新区在 2009 年开始启动低影响开发利用雨水项目，2011 年 10 月被列为国家低影响开发利用雨水示范区，主要以低影响开发利用雨水为研究目标，把低影响开发要求纳入项目审批各个环节，开启了“渗、滞、蓄、用、排”的全新排水防洪模式，为我国城乡全面推广海绵城市规划奠定基础。

“海绵城市”理念改变了人们对乡村特有的传统认识，乡村不再是农业生产、居住的基本单位，是城市和区域环境可持续发展的稳定剂。应从城市和区域环境可持续发展层面看乡村景观规划的生态价值，这种价值和意义是由海绵城市的水循环、生态治理、低影响技术三大核心理念决定的。农田、沟渠、湖泊、湿地、自然山林和村落庭院等景观规划单元体，是海绵城市理念实施的主要载体，单元体内的地形、地貌、生物、水等景观规划元素，为海绵城市的水生态基础设施理念提供必要条件。同时，作为动物、植物的栖息地，乡村担负着维护生物多样性，保持自然生物链稳定的重任，相对于城市生态系统的经济职能而言，乡村生态职能正不断凸显。为此，乡村景观规划需要运用海绵城市理念的低影响技术管理雨洪，遵循水循环和生态治理原则净化水，防止景观规划对乡村自然环境造成过度伤害，也为进一步的海绵城市规划留有空间。海绵城市理念为乡村景观规划确立了发展目标，提供了规划、布局的模式，海绵城市规划是乡村景观规划的一种重要形态，两者之间具有一定逻辑关系。

2 我国乡村景观规划的当下问题

乡村景观规划是“城市化”和“新型城镇化”快速发展的结果，主要指居住区建筑和道路的规划，农田、鱼塘、果园等农业生产景观的规划，山峦、湖泊、河流、湿地等自然景观的规划。居住景观、农业景观、自然景观与城市环境共同构成人类生态系统，居住景观、农业景观是城市环境和自然环境联系的纽带。三者在地理环境中都发挥着各自的职能，彼此之间互相协调、互动发展、彼此牵制，共同反映区域经济、社会与环境关系。然而到目前为止，我国乡村景观规划的着眼点，大都是居住环境的物质建设，景观规划内容主要是针对村民生活设施、公共事务管理设施、农业生产设施，这种规划其实是乡村居住景观的规划，而不是真正意义上的乡村景观规划，它完全忽略了乡村对于区域生态环境方面的重要价值。当下，乡村景观规划有利于乡村面貌的改善、居住环境质量的提高，故而主要限于必要性、方法和意义等层面的研究，但随着“城市化”和“新型城镇化”进一步发展，城乡面临的水问题不断严峻，从建设海绵城市角度看，乡村景观规划就有许多不合理性。这些不合理主要以景观及生物多样性的衰退、同质性的增加，以及与历史传统根本割裂为特征。新建的村庄建筑物、道路，在形式和功能上没有过多结合地域性文化，也没考虑生态功能作用，在乡村环境中显得非常粗暴和突兀。景观规划给村庄带来新的建筑物、公共设施的改善，方便了村民日常生活，但乡村原有的风貌荡然无存，村落居住空间逐渐走向解体。乡村旅游、采摘、休闲等景观规划，也没有创造出更好的乡村环境，反而破坏了乡村生态系统，水土流失、荒漠化逐年增加，水洪问题严重。

第一，当下乡村景观规划的“拆村、并村、建村”破坏了村落景观的整体性与乡土特色，造成乡村居住景观的过度城市化。传统乡村居住景观由两部分组成，一部分是规模大、体量大、带有池塘和广场的公共建筑，这类建筑往往位于村落中心，承载着乡村建筑材料、建筑结构等地域风貌，是村民日常活动的交汇点。另一部分是大量的、同规模尺度的、纹理均质的民居建筑，承载着村民生活轨迹、生产形式等乡村特色。乡村景观规划的“拆村、并村、建村”就是把一些小村庄、空心村，或者阻碍城市建设的村庄拆除，村民可以购买新建住房进行集中居住。“拆村、并村”最直接的体现是公共建筑物的消失，导致村落的中心式整体结构消散，使学校、商业、村委会及文化社区等新功能的公共建筑物转型和更新，采用了现代的平面布局与建筑形式；“建村”往往迎合村民对城市文明向往的心理，在民居建筑形式、功能、空间规划以及周围环境等方面盲目模仿城市，以独立式、多层楼房代替传统院落式的住宅，破坏了乡村原有的乡土景观特色。这种乡村居住景观规划的合理性显得很苍白。传统院落空间是乡村绿化、蓄水、净水的主要区域，区域内的立体生态景观，是形成局部生态系统能量流动的关键因素，失去具有生态景观的院落，居住区也失去了对生活污水净化，以及地表水蓄积功能。从乡村自身生态价值，以及所承担的区域生态职能来看，乡村环境一直处于被破坏的位置。这种简单的景观规划行为与海绵城市的低影响开发思路产生错位，单一的、局部的景观规划目标，违背了海绵城市的生态治理和水弹性应对原则。

第二，当下乡村景观规划人为制造大量“白色污染”，打破了乡村生态的多样化与均衡性，造成乡村生产景观事实上的衰败。乡村景观规划最终目的是提高村民的生活水平，改变农业传统的生产方式，把村民从土地中解放出来，从而减弱村民对土地的依赖。一方面规划生态农庄，种植反季节蔬菜、水果，以“有机”招牌吸引城市居民采摘、购买，并开展一些亲子活动以丰富城市居民的假期生活，发展乡村旅游业。另一方面通过消除小而分散的农业生产，使农业用地联片，改变工业用地与农田混杂的状况，形成规模经营的现代农业生产景观。为了增加种植面积，承包者把经营区域内的滩涂、山丘、水塘等异质地貌进行填埋和挖掘，大规模、均质性地种植一种作物。同时，对乡村环境的态度非常粗暴，大量使用化肥、塑料薄膜、农药来增加农作物产量；三面、甚至四面对区域内水渠、沟壑等进行硬化，最低限度地降低道路宽度，从而节约浇灌成本。乡村生产景观因面积大，物种丰富，提供农产品，在区域生态系统中扮演着非常重要的角色，然而，乡村景观规划往往忽略了这种价值倾向，在实际操作过程中，不仅没有对生产景观区域内的异质地貌进行保护，强化其雨洪的下渗、滞留、蓄积等弹性调解功能，提高局部雨水地表径流控制率，反而起到一定的副作用，直接导致生产景观走向衰败。反季节蔬菜、水果对塑料薄膜的依赖，成为乡村“白色污染”的主要根源，农药使用污染了乡村水土资源，破坏了生态平衡。违背了海绵城市生态治理原则，以及海绵城市的雨水、洪水的源头控制原则。

第三，当下乡村景观规划对资源的“盲目、无知”，阻碍了自然生态系统的能流和物流，造成乡村自然景观的衰退。相对城市而言，自然景观是乡村景观规划的最大优势所在，自然的清新空气、宜人景色、清秀山水，不仅是乡村景观文化的物质载体，乡村景观特色的表现对象，还是市民旅游、休闲的最佳去处。目前，乡村为打造“美好乡村”、“特色乡村”，积极开发自然景观资源，修建道路连接山川、湖泊、河流，使乡村区域与自然景观之间相互连通，形成区域状的旅游度假景区。为容纳更多游客，在湖泊上、河流边修建湖心亭、湖心岛、木栈道等亲水设施，以此增加游览区域的面积，打造自然景观的人文性和趣味性，突出乡村景观旅游特色，从而带动相关产业的发展，增加当地居民的经济收入。但随着乡村景观规划的盲目，乡村旅游业的快速发展，乡村自然景观的污染源迅速增加。再加上，村民不了解乡村自然资源所孕育的生态财富，环境保护意识不强，加大了人为破坏力度，乡村自然环境污染问题日益突出。水的循环、流动的本质决定“水问题”属于城市和乡村，暴雨在城市会形成内城“看海”模式，在乡村则会出现泥石流，城市、乡村都需要自然景观的生态弹性来应对水问题。然而，乡村景观规划却盲目地开发自然景观，建设“灰色”基础设施，破坏自然景观的完整性，使生态系统的能流、物流无法循环，降低了海绵城市的“自然积存、自然渗透、自然净化”的目标要求，乡村景观的发展方向与海绵城市理念相驳，两者之间的矛盾突出。

3　建立海绵城市理念，加强乡村景观规划与布局

第一，建立以“海绵城市理念”为基础的乡村水生态景观。建设乡村水生态景观是一项综合性的巨大工程，涉及方方面面的知识，包括传统乡村水网的改建，城市、乡村发展状况，及土地规划、使用模式等，需要各种专业知识的综合使用，不同行业之间的协助，以及政策和人们的支持。海绵城市理念是针对解决城乡水问题而提出的一种理念，海绵城市规划是有效解决城乡水问题的谋略。通过海绵城市规划可以改善区域雨洪调蓄功能，使区域内水达到循环、自净要求，有利于城市、乡村水源控制、生态治理，形成乡村水生态景观。同时，快速“城镇化”背景下的乡村景观规划使水生态基础设施薄弱，生态污染程度较高，加之村民环境保护意识较薄弱，降低了海绵城市理念的实际运用效果。因此，应在人们日常生活中建立海绵城市理念，大力宣传海绵城市规划知识，力求深入到景观

项目审批的各环节，并作为项目审批的硬性规定，以此强化乡村景观规划对海绵城市理念的纲领性需求，为乡村水生态景观规划提供有利的社会环境。首先，根据海绵城市水循环、低影响技术理念，把乡村原有的沟渠作为纽带，把现存的湿地、小溪流、低洼地、池塘等连接起来，形成系列的、不同大小的蓄水池。并根据地貌规划蓄水区域，旱季时形成湿地和滩涂两种景观面貌，增加景观的异质性，保护水生态基础设施的生态平衡，雨季时可增加蓄水水量，成为城乡的泄洪区。沿着沟渠建立人行道或者车行道，形成连续开放的景观空间，给人们提供游憩场所，让人们感受、领悟基于海绵城市理念的乡村景观规划的内涵，起到科普、教育、宣传的作用。其次，依据海绵城市的生态治理理念，改建乡村河道、沟渠等水流区域的护坡、挡土墙等的硬质铺装，种植香樟、榆杦、柳树、迎春、黄鑫等地域性乔木、灌木进行护坡，种植芦苇、菖蒲、浮萍、水葱等地域性水生植物，形成自然水岸的生态系统，对进入乡村主要水域的水体进行一定程度的净化，保障了主要水域的水质，达到乡村区域水质自净功能，促进水在不同水系中循环，丰富乡村景观的内涵。

第二，立足于“区域整体化、系统化”为目标的乡村生态网络景观。在乡村住区景观建设中，以村落为区域范围，以单体建筑物及宅间绿地、院落绿地和集水坑、交通道路、公共绿地和池塘为基本单元，以建筑物为核心建立不同类型的“水问题”处理模式，利用宅间绿地系统和道路交通系统的纽带作用，将各种模式进行集合，从而形成乡村“水问题”处理的景观综合体，同时，将各个单元体耦合在海绵城市水生态基础设施景观网络格局上，最终形成城市、乡村整体化应对雨洪的水处理系统。在住区弹性水处理空间综合体内依照“水问题”特性，建立点、线、面的水体自身净化、循环、下渗和输出体系。点主要对应建筑物单体及院落，通过院落立体生态景观，以及污水管网，进行雨水和生活用水的收集，利用院落集水坑（生物滤池）进行一级处理，依托宅间绿地和道路绿地进行传输形成线，传输的水汇入公共的绿地和池塘进行水质净化和贮藏形成面。这种点的收集、线的输出、面的贮藏处理模式，不仅补给农业生产、村民生活用水，补充区域流域的水量，还将“水问题”的处理和景观结合，协调了海绵城市的水文循环和乡村景观规划的矛盾。因此，乡村景观规划是对乡村单元体进行管理的一种手段，解决乡村、城市“水问题”的实践研究。乡村景观规划应明确自己的发展方向、目标，及根本生态作用功能，应是目标导向而非行动导向，以追求区域长远利益为出发点，不能急功近利的“拆村、并村、建村”，致力于“灰色”基础设施的建设。

第三，建构以“斑块—廊道—基质”为模式的乡村生态景观格局。“斑块（Patch）、廊道（Corridor）和基质（Matrix）是景观生态学用来解释景观结构的基本模式，普遍用于各种景观，包括乡村景观”。它是一种通俗、简明和可操作的语言，用来比较和判别景观结构，分析景观结构与功能的关系。斑块—廊道—基质是乡村景观规划的方法和手段，以景观为载体在乡村区域建设生态景观格局，对水进行管理，包括水的积存、渗透、净化。建设林地、山峦、水域及农田等大型斑块，涵养水源和连接河流水系，维护板块内物种的安全和健康，利用“空心村”、小面积的农田和坑塘建设小型斑块，使其成为某些动物逃避天敌的避难所，同时起到一个跳板的作用；建立连续的沟渠、公路等生态廊道，宽度可以控制在 1 ～ 2km，甚至十到几十公里，这种廊道不仅涵养水源，减弱暴雨对泥土的冲刷，降低洪水的峰值，还可以净化水源，促进物种在区域内的空间流动；对于湿地类型的景观基质，对其保护为主，在丰富其内部的沼泽、坑塘、高地等地貌外，在原有道路系统的基础上，可以利用框架构件抬高道路，对农业生产型的基质景观，应保障农作物的种类多样，最大化增加农业景观的异质性。从理论上讲，乡村每一寸土地都具备一定的水源涵养，污水净化、雨洪调蓄等功能，然而，这种生态单元体被人为地破坏、污染，在乡村生态系统中支离破碎、分布不均，只有对各种景观单元进行科学、合理地重新安排，采用海绵城市的低影响技术，才能最有效地维护乡村景观中各种生态过程的健康与安全。所以，乡村景观规划不是单一的住区形象工程的建设，是住区单元、农业生产单元、自然单元的综合体，以及海绵城市理念落地操作的实体，它对应着实在的景观格局，面对的是实在的城市和乡村有待解决的“水问题”，需要实在的生态景观发展模式。

第四，营建以“跨区域、多尺度”为基础的乡村生态景观安全格局。乡村景观规划的主要目的是解决当下城市、乡村面临的“水问题”，而解决“水问题”的前提是保护区域水循环过程，这就注定了适宜的规划模式必定是跨区域的、不同尺寸之间的承接与配合。宏观层面上重点研究景观在区域的空间格局，即进行景观生态安全格局分析，并将景观生态安全格局落实在土地利用总体规划和乡村总体规划中，完成区域生态景观格局的建设。中观层面强调城区、乡镇、村庄等尺度的滨水栖息地恢复，对一些河道、坑塘、集水区，以及汇水节点等进行合理规划，形成实体的生态景观空间单元体，突出这些景观单元体的水量调节和雨污净化功能，体现区域单元体之间的水流动和循环特点。微观层面可利用“斑块—廊道—基质”模式布置景观要素，确立各景观要素之间的关系，在尊重原有地形地貌的基础上，设计水体和岸线的形式与内容，构筑物的立意和布局，广场、道路的透水性材料的运用，公共设施的安全性，以及绿化植物的生态效用。通过设立预留地、保护区、禁止建设区，来保护景观生态系统的关键空间格局，从而维护生态过程的完整性。同时，为了避免未来的城市扩建和乡村土地开发可能带来的不利影响，对这些设立区域限制开发并逐步进行生态恢复。乡村景观规划大都以村落住房为载体，大拆大建，提倡科学技术的运用，开发生态农业景观，关注地方政府开发景观旅游的收入，诚然，上述确实是乡村景观规划的重点之一，但不是急需解决的问题。当下，乡村景观规划的关键是加强区域生态系统的服务性，保护区域水循环过程，营建跨区域、多尺度的生态景观安全格局，以此来处理城市、乡村面临的“水问题”。

参考文献请见原文。

（撰稿人：冯艳，安徽滁州人，硕士研究生，滁州学院副教授，环境设计专业负责人，研究方向为城市、乡村景观规划与设计；胡继燕、刘传龙，滁州学院）

大都市郊区村庄规划的困境

——以上海市青浦区为例的需求侧与供给侧分析[1]

1 引言

2008 年实施的《城乡规划法》赋予了村庄规划新的历史内涵与作用，村庄规划成为与控制性详细规划同等地位和效能的法定规划。然而，由于受长期“城市偏向”的规划方法影响，以及对乡村发展的特殊复杂性认识不足，实地调研获取数据费时费力等因素，村庄规划编制与管理仍然处于不断探索的过程中，许多重点、难点问题急需厘清解决。

富伟等（2014）通过对江苏省大量村庄规划编制和实施情况的研究发现，村庄规划在有序引导村庄集约节约建设、促进基础设施向农村延伸和基本公共服务均等化，进而推动经济社会发展方面发挥了不同程度的积极作用。但也存在着重建设轻统筹协调，规划方法简单机械，公共设施综合效益低且后续运营维护困难，对村情民意了解不充分以致部分规划设想与村民意愿不符等问题。但是，对于问题产生的原因和解决建议，作者更偏重于从技术方法层面寻找答案。

孟莹等（2015）强调了乡村空间生产过程的特殊性与规划手段的单一性，以及规划主体与客体之间目标的不一致性等目前我国乡村规划面临的诸多问题。作者建议从机制上保持乡村规划和乡村自然空间生长与空间生产的逻辑吻合，提供更加弹性的方法，将规划从静态图纸转变为动态响应机制。但是，文中对乡村问题的认识暗含着以传统农业型乡村为指向，缺乏对乡村发展模式多样化的认识，特别是对那些受高速城镇化影响的大都市区周围农村和半城市化地区的认识。

马亚利等（2014）研究发现，快速城镇化背景下，我国农村剩余劳动力转移的路径，乡村地区工业化发展的动力以及建设用地扩张的途径，受户籍制度、土地制度以及社会经济发展政策的影响而呈现出独特性，城乡联系更加复杂和多

[1] 本文摘自《创新村镇规划 促进乡村复兴——第三届全国村镇规划理论与实践研讨会暨第二届田园建筑研讨会论文集》，2016：28-34。

元。此外，受信息化和全球化的影响，生产要素的流动已经打破城乡这一封闭系统，在更广阔的领域进行配置，我国乡村社会经济联系方向更为广阔多元，乡村聚落空间结构受生产要素重组的影响也变得更加复杂。传统城乡二元理论对解释我国快速城市化地区城乡空间关系具有局限性，需探索新的城乡互动关系理论。

然而，通过城乡统筹来推进农村发展，特别是大都市郊区半城市化地区的发展往往会遇到我国城乡二元土地产权制度的制约。田莉（2013）比较了城中村改造中成都模式的强制性制度变迁和顺德模式的诱致性制度变迁后认为，应该主动进行产权制度创新，推荐采用强制性制度变迁，运用自上而下的宏观调控工具，诱发乡村自我发展的动力，从而实现自上而下与自下而上的良胜互动，在社会和环境成本较低的情况下实现城乡统筹发展。

总结来看，许多研究对于村庄规划和发展中存在的问题进行了较为深入的探讨，但是对于问题的原因解释各异。本文以 2015 ～ 2016 年上海市青浦区 22 个村庄的实地调研所获资料和数据为基础，对传统规划方法所提供的空间和政策的供给，与上海大都市区高速城镇化背景下的农村需求变化之间的错位和矛盾展开分析，尝试从制度、产权和交易成本的角度寻找问题产生的原因。

2　需求侧分析

青浦区是上海市 9 个郊区行政区之一，东部紧邻上海主城区，城镇化水平较高，西部与江苏和浙江接壤，是传统农业区域，中部是青浦新城核心区和产业区。假设上海大都市区是一个以主城区为核心的同心圆，则青浦区可看成是西向的一个扇形断面，是上海大都市郊区具有代表性的样本区段。本文选取的 22 个村庄分布于全区各个街镇，可以有效反应区内不同区域的特征。

2.1　人口与收入

调查发现，村庄人口显现出本地人口流出、外地人口流入的特征。户籍人口特别是年轻人口外流明显。户籍常住比例大于 70% 的村仅占样本村的 30%，户籍常住比例 50% ～ 70% 之间的村占一半，20% 的村户籍人口大量流出，常住比例小于 50%。户籍常住比例的区域差异不明显，说明无论青东还是青西，都存在本地人外流的情况。结合实际走访发现，户籍常住人口以中老年为主，年龄通常在 45 岁以上。外出人口一般为在外工作的年轻人及在外就学的青少年。与户籍人口不同，外来人口比重的区域差异很大。青东地区和中部产业区等城镇化水平较高地区的村庄外来人口比重普遍超过 7 成，个别接近 8 成，而青西地区的村庄外来人口比重很小，大多不足 10%。

从就业情况来看，青东地区劳动力非农化就业比例接近 100%，除青西地区个别村的非农化比例在 70% 左右，其余村的非农化就业比例都超过 90%。由此可见，整体农村人口脱农化的情况十分普遍，可以说本地农民已经基本不种地了。

收入分布进一步验证了这样的情况。各村家庭务农收入中位数的平均值 5400 元 / 年，各村家庭务工收入中位数的平均值是 57100 元 / 年，务农收入不到务工收入的 10%。此外，村民家庭收入来源还包括投资经营收益、土地流转费收入、集体分红、房屋租赁等，可以说大多数家庭基本没有或者不依赖务农收入。

2.2 土地流转

近年来，土地确权工作已基本完成，尤其是在中央政策层面明确了农村土地三权分立的原则，农民流转土地的积极性非常高。青浦区除了白鹤镇农民因为通过草莓种植可以在规模不大的土地上获得较高的收益而愿意保有土地承包经营权之外，其他村本地农民保有土地并耕作的意愿很低。调查显示，超过 8 成的样本村土地已全部流转，其余的村土地流转比例也超过 80%。

但是，调查也发现，各村人均耕地大多在 1.5 亩左右，按户均 4.5 亩计算，土地流转的收入是十分有限的，即使每亩 1200 元实际流转价格已超出上海市农地流转指导价格，每户每年土地流转费也仅为 5400 元左右。

2.3 住房需求变化

由于近年来农村社会结构和形态发生了较大的变化，农民对住房的需求也有了明显的变化。主要体现在几个方面。其一，农民对住房形式需求开始分化，由于生活方式越来越城镇化，许多农民喜欢公寓式住房，但仍有不少人喜欢独立式住房，两种形式的比例接近。其二，对居住地点需求也有明显的倾向性，调查显示，大多数农民首选的居住地点是青浦新城或附近新市镇，其次是靠近城镇的集中安置点，再次是集中建设的中心村。其三，由于家庭规模的减小，空余房屋增加，希望出租房屋的人越来越多，特别是外来人口较多的地区，为了获取更多的租金，很多农户建房面积很大甚至不惜违章搭建；如果动迁或置换，农户希望在相同面积的情况下获得更多套房屋以便于出租。其四，对于产权的渴望越来越强烈，大多数农村家庭希望拥有可上市交易的产权房，部分家庭已经购买了城镇商品房，也有部分家庭通过动迁获得了配套商品房，但是在调查范围内的总量相对较少。

2.4 交通出行

近年来由于建设投入加大，农村道路交通条件得到明显改善，村庄道路已全部硬化，公交也实现了村村通。由于交通方式选择多样，小汽车、摩托车和电动车等个体化交通方式比例较高，农民交通出行总体满意度尚可。主要需求是希望增加公交班次和增加村内停车空间。也有个别村由于建筑密度较高，村内道路狭窄，车辆通行不便。

2.5 市政基础设施

调查发现，村庄供水供电和农田水利等设施比较完备。供水全部实现了市政管网供水，淘汰了乡镇小型供水设施；农村电网近年来的建设力度很大，供电安全性和稳定性逐年提高；农田水利设施的持续投入为农业生产和防洪排涝提供了良好的保障。但是调查也发现，农民不满意的地方主要集中在环境卫生设施。所有被调查村庄污水都没有纳入市政管网，采用了分散小型生化污水处理设施的村只有 60% 左右，其中有的村小型污水处理设施还没有覆盖全村。公厕、垃圾房等普遍品质一般，管理落后。

2.6 公共服务

通过调查发现，农村社会结构的变化导致对公共服务设施需求的变化，其特点主要有：一，教育设施全面退出农村，所有样本村均没有小学，只有一个村有一所为外来人口服务的幼儿园。二，卫生室是农村最基本的医疗服务点，虽然村民普遍希望前往上海市区、新城或新市镇的大医院就医，但是，数据显示超过一半的医疗服务仍然是由村卫生室提供。三，养老设施欠缺，只有三分之一的村有老年日间照料中心，但也仅能提供简单餐食。四，文体活动十分贫乏，村文化活动室基本是作为棋牌室在使用，虽然每个村都有室外活动场地，但是设施比较简陋；笔者观察到流动演出十分受村民欢迎，但是频率非常低，一般数月才有一次，且只在部分村开展。五，商业服务设施发展缓慢，各村都设有一座为农服务站（超市），村民对商品数量、种类和质量满意度不高；仅有个别村由于交通区位较好，有餐饮、理发等服务设施。农村电商服务十分缺乏，物流服务不能延伸至村内。

2.7 村容村貌

通过对村民的走访发现，近几年的新农村建设和村庄整治，使村容村貌有了一定程度的改善，但是大家的普遍感觉是一般，没有特色，房前屋后的空间比较杂乱。个别村的村民反映仍有脏乱差的地方需要整治。

3 供给侧分析

3.1 就业与收入

目前上海市郊区农民可以获得收入的途径主要有几个来源。一是农业产出收入，二是务工和经商收入，三是集体分红，四是土地流转和房屋租赁等财产性收入。

（1）农业

包括青浦区在内的上海郊区主要粮食作物是水稻和小麦，一年收获两季。笔者结合统计数据和农户走访发现，包括各类补贴在内粮食种植毛收入为每年3075元/亩，但是种植成本平均每年为1915元/亩，如果是种粮大户、家庭农场或农业合作企业，还需考虑农地流转成本。即使按上海市2015年农地流转指导价格950元/亩计算，每亩种粮收益已不足千元，然而调研发现青浦区实际农地流转价格普遍在1200元左右，种粮收益堪称微薄。有农户认为种粮基本赚的就是农业补贴的钱，笔者认为并不为过。

水果种植是青浦区另一大主要农业收入来源，分两种情况，一种是利用耕地与粮食作物轮作，如草莓、西瓜等；另一种是专业化果园，如柑橘、梨、桃等。其中，草莓的种植收入较高，调研发现白鹤镇由于有草莓种植传统且已形成品牌效应，收益可达到每亩1～2万元。

其他农产品的生产规模主要受到土地利用总体规划关于耕地和基本农田规模的制约。按《基本农田保护条例》（1998）的规定，基本农田只能用于种植粮食和蔬菜。效益较好地高标准菜田需要完备的农业设施投入和一定的规模（连片不小于100亩），经过行政审批程序后方可纳入农业和水利建设项目库，申请相关财政资金的扶植。与此类似，养殖业特别是水产养殖业也在推进规模化和标准化建设，零星养殖水面在近几年大多已经复垦为农田。这些政策使得一般农户基本不能参与高标准菜田和标准化养殖项目。

由此可见，在这样的市场和政策条件下，农业收入不能成为主要的收入来源。

（2）务工

上海通过几十年的工业化进程，特别是改革开放及浦东开发开放的近二三十年的高速发展，提供了大量的就业岗位，不仅吸引了900多万外来人口，也为本地人口提供了广阔的发展机遇。以青浦区为例，根据《青浦区统计年鉴2016》，2015年全区常住人口为120.91万人（其中户籍人口47.2万人）。非农“四上企业”总计1425家，从业人数为27.66万人，其中第二产业从业人员19.39万人，第三产业 8.27 万人。平均劳动报酬达到 6.86 万元。以上数据反映了正式就业岗位供给规模总体偏小，特别是第三产业就业岗位数量偏少，劳动报酬较全市平均水平偏低，与嘉定、松江等邻区相比也偏低，而本文调查数据显示的农民务工收入水平更是低于统计数据显示的全区平均水平。

此外，由于近年推进城市开发边界划定工作，处于开发边界之外的建设用地未来将持续减量，会导致就业岗位进一步向工业园区和城镇化地区集中。

由此看来，即使青壮年劳动力大量离家进城务工，农村居民获取非农就业机会无论在数量、收入水平还是就业区位上都处于弱势地位。

（3）集体分红

调查发现区内各集体经济组织实力差异非常大。青东地区由于城市化水平比较高，各村建设用地规模较大，集体经济组织的收入较为丰厚，分红较多。而青西地区农村建设用地较少，为数不多的企业对集体经济的贡献也大多为少量的房租和地租，仅能作为维持村庄日常管理费用的补充，基本无力分红。且近年来推进农村地区工业用地减量，还将减少这部分收入。政策层面倡导的所谓“造血机制”尚未探索出明确可行的路径，集体经济组织对于农民增收发挥的作用比较弱。

（4）房屋租赁

作为大都市近郊区普遍存在的房屋租赁经济在青浦区也表现得十分明显。青东地区和靠近新城的村庄房屋租赁情况十分普遍，且成为部分家庭主要的收入来源之一。从农村家庭层面看，农村家庭住房面积普遍较大，而家庭人口规模有限，空余房屋较多。在租赁需求比较大的地区，有的家庭不惜违章搭建和群租，由此产生了一定的治安和安全隐患，这是政府不愿意看到的。但是由于城中村改造、农居集中居住等工作推进较为缓慢，而控制外来人口过快增长又是超大城市必需要采取的行动，所谓“以房控人”实际针对的就是郊区农村租赁住房，农民与政府的博弈仍在持续。

3.2　住房

农民居民住房采用的是一户一宅的政策，宅基地是无偿分配给农户使用的，过去存在村庄建设比较粗放和无序的现象。现行政策是《上海市农村村民住房建设管理办法》（2007）和《上海市青浦区农村村民住房建设管理实施细则（修订）》（2014）。根据政策，4 人及以下户的宅基地总面积控制在 150 平方米至 180 平方米以内，建筑占地面积控制在 80 平方米至 90 平方米以内，建筑面积不超过 180 平方米，人口较多的家庭可适当增加面积。但是笔者研究了各镇土地利用总体规划后发现，用于农村住房的土地指标远远少于需求，不仅不可能满足所有农村家庭一户一宅的建房，宅基地还需要大规模缩减才能实现土总规的目标。但是，上文关于住房形式的调查显示仍然有相当多的农民喜欢独立式住宅，目前大规模强制推行“农民上楼”的条件还未成熟。

在城镇化水平比较高的地区，农民对于公寓式住宅的接受度较高，但操作层面目前尚无统一的法规和政策，会遇到土地性质的问题。在实际工作中，用于农民集中建房的土地性质一般为集体建设用地，在集体土地上建成的楼房实际上是某种形式的“小产权房”，没有实现真正的城镇化，对农民而言是不能上市交易的。如果将土地转变为国有，则属于需要走“招拍挂”的程序，按照经营性住宅用地的要求操作，会大大增加建房成本，加大农民的负担。

因此，政府在推进农民集中居住集中建房还是批准农民自建房上举棋不定，然而现有的农村住宅大多建造于 20 世纪 80 至 90 年代，房屋老旧破损的情况很多，加上部分分户的需求，农民改善住房条件的愿望十分迫切，矛盾很有可能在短期内集中爆发。

3.3 公共服务

公共服务供给不足是农村地区普遍的现象。结合农村地区社会结构变迁的现状以及针对村民的问卷和访谈，医疗、养老和文体设施是村民比较关切的公共服务内容。然而无论是现状、规划还是政策层面都不能解决公共服务短缺的问题。

首先在规划层面，受限于村庄人口、用地和规划范围的限制，大中型公共服务设施基本不可能布局在村内。规划实践中往往仅能针对村委办公室、卫生室、文化活动室、为农服务站、健身点等农村基本公共服务设施提出要求。而实际上各村此类设施都有配置，而且许多村还配有老年日间照料中心和村民举办红白喜事的会所，只是规模和质量上稍有差异。因此，实际上大多数村庄规划基本没有提出新建公共服务设施，规划在公共服务设施上到底能提供什么一直困扰着规划人员。

但是，调查中村民普遍反映看病不便、空巢老人缺乏照料、文体活动贫乏等问题又是切实存在的。这些问题显然无法由村庄自身解决，需要从更大范围统筹解决。然而，城乡统筹、基本公共服务均等化等政策思路目前延伸到农村还存在诸多困难。远郊地区基本公共服务设施的服务半径往往非常大，出行距离长，使用成本高，限制了居民对服务设施使用的频率。即使是城中村或者邻近城镇的近郊村也存在这样的情况。调查发现，地方政府认为这些村庄迟早要撤并改造，现在投入过多反而是浪费。

3.4 交通及市政设施

应该承认的是随着国家对农村地区投入的加大，乡村的道路交通出行条件和市政基础设施比过去有了明显的改善。但是从设施供给的角度可以发现一些特点。

首先，交通设施的设计和建设标准非常低。主要道路的宽度按照相关农村道路的设计规范最大为 6 米，其次为 4 ～ 5 米，村内支路的宽度仅为 2.5 米。因为按照土地部门的相关规范，6 米以下道路的用地性质可算为农地大类下的农村道路用地，而不是建设用地；超过 6 米的道路必须征地，并办理“农转用”后方可建设。而且 6 米宽度断面内必须包括路面、路肩、边沟等全部道路工程设施内容，实际可通行宽度一般只有 4 米多，这样的宽度是不能满足双向通行的。

其次，供应类设施（如供水、供电、通讯等）由于可以收费，建设单位有一定的积极性。而绿化、景观、环卫等设施是属于纯投入的公共产品，即使通过各种渠道筹集到建设资金，后续的维护保养费用压力也使得这类设施的运营管理存在诸多问题。

水利设施是上海郊区江南水乡地区投入较大的基础设施工程。大型防洪工程和农田水利设施都采用的是百姓受益、政府买单的模式。青浦全区共有大小河道 1800 条，岸线总长 2200 公里，受水流速度慢和潮汐的影响，很容易发生淤塞。在需求庞大而供给有限的情况下，水务部门只能轮流对河道进行一般性的疏浚整治，周而复始。而农田水利设施的建设投入有时还会出现与农民生产需求不符而被闲置浪费的情况。

4 产权与制度解析

以上矛盾问题出现的根本原因在于农村的经济、社会状况已经发生了根本性的变化，而产权、制度等结构性要素的变迁非常缓慢，结构（structure）供给越来越无法满足行动者（agents）的需求。

4.1 产权重组的困境

根据科斯的理论，在交易成本大于零的现实世界，产权初始分配状态不能通过无成本的交易向最优状态转化，而且这种交易只有在产出增长大于交易成本时才会发生，因而产权初始界定会对经济效益产生影响。在我国农村，资源产权的现状（产权的初始界定）不仅是模糊不清的，而且受到各种限制，非常不利于产权的优化重组。

对于继续从事农业生产的人来说，高附加值化和规模化是提高收益的有效手段。但是，高附加值产品的生产受到耕地保护政策的限制（基本农田只能种植粮食和蔬菜），规模化生产虽然有农地流转政策的支持，但是流转本身不是正式的交易制度，流转所获产权的权能较弱。特别是在推行农地“三权分立”后，农民土地承包权实际上具有准所有权的性质，权能强化且分散，有可能对集体所有权和经营使用权产生不利影响。而对于脱农务工的人来说，其原来所控制的资源如土地承包权、集体经济份额、农村住房等都不能通过交易转化为更适于城市化就业和生活所需的资源，由此产生了所谓“半城市化”的问题。

关于宅基地的问题，根据现行的法规和政策，笔者认为宅基地只是农民在本集体范围内所享有的住房用地使用权。这种产权是配给制遗留的产物，就如学校和军队中分配给个人的宿舍床位一样，有统一的尺寸标准，可以使用、调换，所不同的是它可以继承，但是这种产权受到极大的限制，固化且不能交易，不利于城镇化背景下的劳动力再生产，也与农民追求财产权利的朴素愿望相矛盾。即使通过集体建房改善房屋本身的条件，只要土地权利不转变，从产权的角度看与传统宅基地并无区别。对于农民个体而言，此种产权唯一的收益方式只剩出租这一条路了。

而在规划中为农村预留非工业性质的经营性用地到底属于什么性质的土地，拥有何种权能，采用何种开发方式，如何分配收益，这些问题始终困扰着规划编制和管理人员，也使得有志于投资农村地区的企业犹豫不前。

由此可见，产权明晰是市场经济交易活动的前提条件，而目前农村地区产权的模糊是市场机制不能在农村发挥作用的根本原因。

4.2 交易成本问题

模糊的产权也不是绝对不能交易。根据巴泽尔（1997）的产权理论，产权是人们对财产使用的一组权利属性束，人们不可能定义和占有资产的全部产权属性，产权也不是完全法定和由政府保护的，只要资产的某项属性可以被某人利用并获益，且他保护这项产权的成本低于收益，这种非法定的经济权利就会实际存在。所以，人们会问宅基地有价值吗？当然有，因为它至少可以在村集体内部交易，甚至可以与村集体以外的人交易。只是，与村外人的交易不能得到法律保护，从而导致高昂的交易成本。这个理论还可以用来解释农村地区常见的村民违章搭建、村集体违规出租使用土地等问题，只要违规行为能带来收益，并且政府管理力量比较薄弱时（违法成本低），这项经济权利就很容易建立起来。

4.3 公共产品

当产权具有排他性和竞争性时，这种产权属于私有产权（表 1）。排他性指一个资产一旦属于某人所有，其他人就不能免费享用；竞争性指增加一个消费者对某项物品的消费，就需要增加该物品的数量，从而增加物品生产的成本。而公共产品指不能采用收费的方式限制其他人享用，而且增加消费者数量也不需要额外增加成本的非竞争性非排他性产品。但是，由于物品本身的多重属性特征，以及交易成本的存在，纯公共产品是极少的，常见的大多属于竞争性而非排他性的“准公共产品”（如道路）或是排他性而非竞争性的“俱乐部产品”（如村委会）。

表 1　产品性质关系表

	排他性	非排他性
竞争性	私人产品	准公共产品
非竞争性	俱乐部产品	纯公共产品

公共空间、公共服务、道路和市政基础设施等公共产品在农村地区供给不足的现象也是由其产权特性和交易成本导致的。供水供电通信等设施由于可以计量收费，设施条件越来越好，因而不属于公共产品。而污水、环卫、文体活动等设施可以算俱乐部产品（服务于某村），但问题在于村集体提供设施却不能向村民收费（正外部效应不能内化）。因此，当集体经济效益比较好的富裕村由村集体买单时，公共服务设施就较好；而那些比较贫穷的村，公共服务设施就相对较差。

道路的建设维护一般由上级政府提供，不同区域之间竞争这些资源，因而属于竞争性而非排他性准公共产品。这类设施也不能向村民收费，因而产品提供者倾向于低投入、低标准、广覆盖。具体的做法体现为虽然道路村村通，但宽度很窄、路网稀疏、缺乏路灯、公交线路曲折。医疗、养老、环卫、农田和水利设施的情况都与道路类似。这类公共产品想要改善，从目前的制度安排来看，很难引入市场化机制，只能依赖政府加大投入。

4.4　集体行动与个体行动

村庄规划中常常还会遇到集体行动与个体行动矛盾的问题。如规划道路与个别村民宅基地矛盾导致道路无法实施；再如迁村并点时，有人搬有人不愿意搬导致新村已建而旧村未拆，土地周转指标无法归还的问题等。由于农村建设的基本动力和资金主要来自农户，建房的原则是自愿，在缺乏强制力的情况下，谈判协调的交易成本就会异常高，有时甚至导致产权调整和重组无法进行。根据博弈理论，个体利益最大化并不必然导致群体利益最大化，帕累托最优不能实现。因此，村庄规划中不考虑交易成本的技术上的空间最优方案往往很难实施。规划部门更应该做的是制订平衡技术最优和交易成本后的可行方案以及实现方案的制度路径。

4.5　制度变迁

从以上论述中可以看出制度的重要性。制度可以抑制人际交往中可能出现的不确定性和机会主义行为，从总体上降低交易成本；同时，制度也与人的动机、行为有内在联系，是人的利益及其选择的结果，因此，制度是社会共有的“公共产品”，保证了社会群体依靠某种惩罚和激励机制，将人们的行为导入可以合理预期的轨道（诺斯 1994）。制度不是静态的，会随着人类社会的发展，不断演化、发展和变迁。

然而，在改革不断深化的今天，农村地区的制度变迁仍然显得保守谨慎，以至于在一定程度上抑制了农村发展的活力。笔者认为，虽然制度变迁带来的收益十分诱人，但是，制度变迁的成本同样十分惊人，行动者的净收益、原有制度收益的损失、新制度收益的不确定性都是制度变迁的机会成本。从现有制度来看，乡村与城镇的关系仍然是单向的流动，乡村为城镇发展提供土地、劳动力和农产品，但又享受不到城镇的公共资源，也抓不住城镇外溢的机遇。虽然近些年，乡村也开始为城市提供少量的旅游、休闲、养老等服务，但是在制度和产权层面仍然得不到稳定的保障。如果在制度层面不改变这样的单向流动关系，城乡统筹发展以及农民最关心的增收致富问题就无法实现。

5 结论

规划师普遍感觉村庄规划很难做，有时觉得没什么好做的，有时觉得问题太多无从下手，即使勉强制订了一个方案，对于能否实施以及实施到什么程度心里也是没底的。关键的问题是在高速城镇化背景下，乡村的生产生活状态已经发生了根本性的变化，围绕农村地区的资源，重新确定人与人之间的关系（制度变迁）是把村庄规划好和发展好的前提条件。

但是，现实的情况是农村资源的重组面临产权上的困境，现有机制的交易成本十分高昂，即使背靠上海这样的超级城市，也无法抓住城市外溢出的各种机遇，反而出现了村庄空间的凋敝，以及公共产品供给和协调村民集体行动的重重困难。制度层面的限制又导致乡村在内生动力不足的情况下，除了得到政府有限的财力支持以外，无法获得更多的外在市场力量。由此可见，村庄规划作为国家法定规划体系中最底层的行动计划，承担不了农村地区资源产权优化重组的重任。只有在产权和制度层面进行创新，才有可能发挥资源潜力，使上海大都市郊区的乡村发展跟上迈向卓越全球城市的步伐。

参考文献请见原文。

（撰稿人：冯立，苏州大学金螳螂建筑学院建筑与城市规划系，讲师，工学博士）

第五篇　村镇治理

经济发达地区特大镇行政区划体制改革[1]

1 引言

行政区划体制，是指国家为实现有效的行政管理，依据一定的原则，将全国划分为若干层次的区划单位，并建立相应的行政机关的一种制度。它奠定了一个国家、一个地区的空间框架和层级管理体系，是国家行政体制的重要组成部分。行政区划调整是对行政区划有关方面作出调整、变更，如调整行政区政府驻地、调整行政区边界、建立或撤销行政区、改变行政区的层级管理关系等。改革开放以来，我国行政区划调整经历了“市管县”、“撤县设市”、“地市合并”、“撤县（市）设区”、“撤并乡镇”、“撤镇设街”等几个阶段，每一个阶段，都会出现较多数量的行政区划调整，对我国社会经济的发展带来重要影响。

国外学者对行政区划调整的研究主要见于大都市区规划与管治、城市郊区化、边缘城市、地方政府治理、区域治理等方面的文献中。在“地方自治”的传统政治文化背景下，欧美等大都市区内数量众多的地方政府之间存在着较为严重的行政分割问题，制约着大都市区的整体发展。西方国家解决区域协调发展问题时，偶尔会运用行政区划调整手段（如市县合并），但更主要运用的是都市区管治的模式，包括“成立大都市区政府、建立跨区域的管理机构、区域规划委员会、区域城镇协调组织”等政策手段，强调地方政府的合作和非政府组织在区域治理中的作用。

国内学者近一二十年来对行政区划调整，尤其是城市密集地区的行政区划调整有较多研究。如刘君德提出了新时期城市型政区改革的原则和改革的一系列重要观点：增设直辖市、取消市管县、控制县改市、推行镇升市、试行县辖市等。张京祥等认为行政区划调整并不能根本性地解决问题，解决问题需要运用城市区域管治手段。黄丽研究总结了国外不同区域的大都市区治理模式，包括北美、欧洲、亚洲的主要国家。谢涤湘等对“撤县（市）设区”的原因、影响进行了研究，

---

[1] 本文摘自《规划师》，2016（10）：34-39。

基金项目：国家自然科学基金项目（41271162、41301175）。

并提出改革城市设置办法、形成新的治理模式和开展法规制度创新等建议。魏立华、阎小培研究了快速城镇化过程中，行政区划与城市规划的相互影响。罗震东对我国当前两种主要行政区划模式——撤县（市）设区和强县扩权进行了比较研究，并指出了其演化机制。李开宇等对“撤市设区”的绩效，尤其是城市空间扩展的影响进行了研究。林耿、柯亚文指出行政区划调整使城市发展普遍存在调整振荡期，并对不同经济类型的城市产生积极或消极的多元影响。贺曲夫从制度环境的变化、双层架构的缺陷分析了取消市管县，推进省直辖县（市）的必要性，而有条件的适度“分省”则是重要保障。殷洁、罗小龙认为区界重组正在取代撤县（市）设区和区县合并，成为我国区县级行政区划调整的新趋势。石超艺对我国县级市的现状进行了分析评价，并提出设市模式与设市标准是规范设市和合理设市的关键，要优化设市模式，尽早建立市制区划等级的升降与退出机制。

纵观近三十多年来我国的行政区划调整的演变历史可发现，我国的行政区划调整与快速的城镇化、经济发展的水平高低、区域发展格局的变化有着非常紧密的关系。改革开放以来我国行政区划的调整主要围绕城市发展和城镇化展开，因此行政区划调整频发之地多为经济发达、城镇化水平较高以及经济发展潜力较大的地区，主要目标是城市与区域的协调发展以及为中心城市和重点城市的发展提供空间，核心是区域资源的优化配置和高效利用。但我国的行政区划调整研究对象主要为市、县（区），较少涉及镇层面，而在我国的经济发达地区，镇是城镇体系中非常重要、非常有活力、数量非常多的组成部分，也是发展潜力巨大和问题较多的城镇化平台。例如珠江三角洲的许多镇已经高度城镇化，人口达几十万，建成区达数十甚至上百平方公里，但其现行建制镇的体制却严重影响制约了其持续发展，迫切需要加快改革。有鉴于此，本文对经济发达地区特大镇的行政区划体制改革进行了研究。

2　特大镇的重要性和优势

2.1　特大镇的特点

镇是我国的基层行政组织，一般所称的镇为“建制镇”，即依法依规，经省、自治区、直辖市政府批准设立的镇。截至 2013 年底，我国有建制镇 20117 个，乡 11626 个，建制镇的数量远多于乡。尤其是广东省，有 1128 个镇，仅有 4 个乡和 7 个民族乡。因此，镇是我国最主要的基层政府形态。本文所称特大镇是指我国建制镇中经济总量和人口规模等指标位居前列的一批发达城镇，其人口总量、人口密度和城镇化程度等往往达到或超过国内中小城市的一般水平，经济规模和工业化水平与内地的一些县甚至地级市也不相上下。比如 2013 年底东莞虎门镇地区 GDP 为 382 亿元、佛山狮山镇则高达 803 亿元，而同年名列湖南县域经济实力第七名的攸县，地区 GDP 为 282 亿元，由此可见发达地区特大镇的实力。可以说，特大镇是改革开放以来我国农村工业化和城镇化进程中出现的一种相对特殊的经济社会发展形态和城镇类型，代表着我国小城镇发展的最高水平。特大镇主要分布在东部沿海经济发达地区，内地一些特大城市和区域性中心城市的周边地域。改革开放以来，快速崛起的特大镇，已成为我国区域经济和城镇体系非常重要的组成部分，其突出特点在于虽然已经达到中小城市、甚至大城市的规模，但仍是建制镇的行政层级。

2.2 特大镇的重要性

我国许多特大镇已达到中等城市的规模，少量特大镇甚至达到大城市的规模，在经济上、社会上非常有影响力。如中山古镇，是国内最大的灯饰专业生产基地和批发市场，占全国市场份额的 60% 以上，在国际市场上也具有相当大的影响力；再如广州花都狮岭镇，是国内最大的皮革皮具生产和流通基地，占全国市场份额的 30% 以上，箱包类产品占欧洲中低档皮具箱包市场的 70%。特大镇的重要性主要表现在两方面：一是地处大都市周边的特大镇，是大都市区不可或缺的重要组成部分；另一方面是专业型特大镇，由于构建出相当具规模、具竞争力的特色产业集群，从而在区域经济分工中发挥着重要影响；再一方面是县城所在的镇，为县域社会经济文化的中心，其快速的发展和较大的规模，有利于带动县域社会经济的快速发展。大城市在城市群经济的兴起和发展中扮演着非常重要的角色，但像东莞虎门、中山小榄等特大镇也发挥着其特长，是我国城镇化发展不可或缺的重要力量。它们的存在，不仅为城市群的发展营造出了非常厚实的基础，有助于打造出大中小城镇相结合的完整的区域城镇体系，还大大丰富了我国的城镇特色，充分体现出城镇发展的多样性。

2.3 特大镇的发展优势和潜力

一方面，特大镇的集聚经济效益较好，“城市病”不明显。由于特大镇已经达到十几万乃至几十万的人口规模，数十亿乃至上百亿元的地区生产总值，因此也已形成了较明显的集聚经济效益。历经多年的发展建设，特大镇的基础设施和公共服务设施也有了明显改善。相对那些规模较小的城镇，其公共服务水准和社会经济效益往往更具优势。虽然特大城市和大城市有着更好的集聚经济效益，但由于人口规模和经济规模较大，往往用地紧张、交通拥堵、环境污染严重、土地价格和住房价格较高，因而容易出现严重的“城市病”。而相对来说，特大镇的

“城市病”问题不太明显，生产、生活成本都相对较低，交通压力较小，更为宜居。另一方面，特大镇易于形成独特的个性。我国的特大镇往往处于大都市的周边地区或者地处长江三角洲、珠江三角洲这样的城市群地区，因而使得其既能够便利地承接大城市的辐射，共享利用大城市高等级的服务设施（包括生产性服务设施和生活性服务设施），又能够自主地发展出鲜明的城镇产业功能特色、景观形象特色和地域文化特色，避免被大城市同化和淹没。特大镇易于形成自身独特的个性，是支撑其快速发展的重要因素。

3　特大镇行政区划体制主要存在的问题

3.1　行政级别偏低，授权不足，基层政权的管理层级亟待提升

尽管已出现了庞大复杂的城镇管理与服务要求，但目前我国对特大镇仍然按照传统农村乡镇型政区模式进行政权设置和管理，其行政级别和管理权限大多只是科级配置。对于这样一个人口十几万甚至几十万，企业几千家甚至上万家的地域实行高效的行政管理难度很大。虽然上级政府对于经济发达的特大镇通常采用领导高配、适当授权放权、增加派出机构和外聘人员等方式舒缓困局，但是很多审批事项依然还是镇级权限，尤其是在财政、土地、规划和编制等方面受上级县或市的强烈制约。镇一级机构存在权力小、责任大、能力弱、责权不清和责权不一等问题。由此造成的从行政、监督到执法等多个环节的管理缺失或扭曲，始终未能有效消除。近年来部分地区通过委托放权的方式，把大量行政许可权、审批权和执法权下放给镇一级行驶，以达到管理高效的目标，但实际上却也使得法定执法主体与实际执法主体相分离，一旦发生行政复议或行政诉讼，法定被申请人（或被告）并非做出具体行政行为的实施人，不可避免出现尴尬被动局面。

3.2　行政编制有限，难以提供高效的公共服务

由于对特大镇的城镇属性重视不够，加上我国实行行政机构的人员编制与户籍人口挂钩的政策，直接导致外来人口多的特大镇的公共服务和社会管理机构人员配置满足不了城镇居民的需求。特大镇的公务员编制往往比不上一个人口、土地、经济总量以及城市发展水平都远不如其的街道办事处，而实际承担的职能和责任则因为外来人口众多、城市事务与农村事务并重，又大大超过街道。与其他一般镇和较大镇相比，特大镇的机构设置和人员编制一直没有实质性的调整，因此呈现明显的管理幅度过宽和管理负担过重的状态。在调研中发现，目前广东各特大镇的正式人员编制大多为 100 人以内，而各种外聘人员则普遍达到 500 人以

上，个别甚至超过 1200 人。由于行政编制有限，特大镇难以为全体市民提供高效的公共服务，实行精细化的管理。

3.3 改革反复多变，行政管理体制缺乏规范

由于城镇职能、权限设置和机构改革等方面的问题，各地采用了各种不同的变通办法，结果造成管理模式的多样化，产生很多新的矛盾与冲突。同时，一些改革的尝试缺乏统一管理，相互重叠，使问题变得更加复杂。如目前涉及特大镇的就有乡镇机构改革、强镇扩权试点和大部制改革，还有设立中心镇、经济功能区、发达镇和综合改革试点等多种不同的模式。由于多头管理，经常缺乏及时深入跟进、总结经验和完善推广，最终流于形式，不了了之。

上述问题的存在，导致特大镇政府的责任膨胀，权能受限；编外人员和预算外支出不断增大，队伍的素质、稳定性以及行政能力却无法相应提升，难以为镇民提供高水准的公共服务；政府管理缺位、错位严重，不利于经济社会的健康有序发展。

4 特大镇行政区划体制改革的主要模式及其利弊

4.1 撤镇设街模式

“撤镇设街”模式即将特大镇改设为街道，镇政府改设为街道办事处。这种模式主要适用于紧邻中心城市或为规划期内中心城市扩展的重要地域，且城镇化水平较高的特大镇或者是县政府驻地的所在镇。撤镇设街主要是为了满足中心城市空间扩展的需要，增强中心城市的实力，提供中心城市所急需的某些资源，也有利于促进中心城市及其周边中小城镇的协调发展与统一管理，加快区划调整地区的城镇规划建设与管理发展，提升市民的生活质量。

但撤镇设街模式也容易出现以下三方面问题：一是特大镇改为街道后，从原来的一级地方政府变为市政府或县政府的派出机构，责、权、利都会受到削弱，地方发展经济的自主性和积极性有可能会受到很大影响，经济发展的活力也有可能受损；二是某些特大镇改街道后可能仍然有大量乡村，大量农业人口仍需承担繁杂的农村社会经济管理事务，导致城乡不分，造成“虚假城镇化”；三是部分撤镇设街后的特大镇很容易“淹没”在大城市当中，其原本可能鲜明的城镇特色将逐步淡化消失。

4.2　并镇设区模式

并镇设区模式指的是将以特大镇为中心的多个镇合并设立市辖区，基本思路是将两个以上社会经济联系紧密、连绵成片的镇整合为市辖区，行政层级为县级或副县级，设区后取消镇建制，也不再下设街道。其适用于特大镇高度密集或高度城镇化的地区。这一模式有利于促进城镇之间的协调发展和优势互补，能更好地发挥城镇的集聚经济效益、降低行政成本、实现精细化管理以及提高市民生活质量。这一模式虽然导致了市辖区的增加，却减少了更多的市辖镇，因而有利于精简机构人员。

并镇设区模式适用于东莞、中山等特大镇数量众多的高度城镇化地区。原因在于：两市都已达到高度城镇化的水平，城镇规划建设管理水平较高，可谓实质意义上的城市，而非有着大量乡村地区和传统农民的广域型城市；各镇政府的主要职能正从经济发展转向公共服务；产业的转型升级、资源环境的保护、外来人口地融入和社会治安稳定等问题的解决，需要全市层面予以统筹。因此，并镇设区将促使高度城镇化地区成为完整统一的现代城市。

并镇设区面临的主要问题有：一是由于并镇会减少部分领导职位和工作岗位，从而对地方官员群体的稳定带来一定负面影响；二是并镇设立市辖区后，区的权力会被大大削弱，经济发展的自主性会削弱；三是如果合并太多镇，导致区的规模过大，也使得管理效率下降。因此，并镇设区改革中，应在促进全市统筹规划建设的同时，尽可能下放权力，以鼓励和支持各市辖区的个性化发展，激发其经济发展活力。

4.3　撤并镇模式

撤并镇模式指的是将部分邻近的镇合并为新的镇。这种模式适用于有着较高城镇化的地区，基本思路是将两个以上（其中必须有一个特大镇）社会经济联系紧密、连绵成片的镇整合为一个特大镇，合并后的镇将成为区域的中心镇。在珠江三角洲等经济发达地区既有规模很大的镇，也有规模很小的镇，比如中山市的三乡镇和神湾镇是两个相邻但规模相差悬殊的镇。2012 年底，三乡镇常住人口 20 万，GDP101 亿元；神湾镇常住人口 3 万人，GDP20.7 亿元，三乡镇对神湾镇辐射影响明显。神湾镇党委书记就曾公开表示，为有效配置资源，发挥公共设施的规模效益，神湾镇应和三乡镇合并。撤并镇可能带来的问题或阻力是：一是撤并镇会影响到部分干部的切身利益；二是撤并镇会使得至少一个原有镇名的废除，伤害当地老百姓的地方认同和情感认同；三是撤并镇可能会使得部分原有镇区的发展建设受到影响，给部分企业和居民造成一定损失。实行撤并镇模式的条件是相关镇在空间和社会经济发展上已经显著融合，交通等基础设施完善，并镇后镇区规模不会过大，行政区划调整有利于促进城镇经济的持续快速发展，有利于降低行政成本，有利于提高镇民的生活质量，老百姓对此普遍认可和接受。

4.4 强镇扩权模式

强镇扩权模式指的是对于相关特大镇，通过政府推动、政策扶持、体制创新和权力下放等，扩大中心镇经济社会管理权限的体制改革，其本质是纵向权力结构的扁平化和权力的下移。该模式普遍适用于各特大镇，基本思路是：按照中央关于“依法赋予经济发展快、人口吸纳能力强的小城镇相应行政管理权限”的精神以及《新型城镇化规划》“对吸纳人口多、经济实力强的镇，赋予同人口和经济规模相适应的管理权”的要求，根据能放尽放的原则，在经济发展、市场监管、社会管理、公共服务和民生事业等方面赋予特大镇县级经济社会管理职权。在下放权限时，上级政府应当保留必要的人事、规划、国土、环保和跨区域执法等协调和总体规划权限，建立既保留上级政府在较大空间进行系统规划和整合资源的优势，又能充分调动下级政府积极性的新型市镇和县镇关系。

“强镇扩权”的模式既有利于调动地方社会经济发展的积极性，也有利于减少行政区划调整所带来的震荡，在实际操作中也比较现实可行。然而如果无差别地对特大镇实行统一的“强镇扩权”改革，虽然可以提升镇级机构的权限，对行政效率的提高有所帮助，却不能根本性地解决各镇资源环境产业难以有效整合和协调发展困难等问题，且还要防止扩权镇单纯追求增加编制、提升级别和扩大权限，却没有相应提升社会管理和服务效率。为此应将政府职能转变、机构精简和服务机制创新等方面的要求作为前提，在满足相关条件的情况下才给予扩权。总体来看，强镇扩权只是一种权宜之计，上级政府既可以对镇扩权，也可以对镇收权，镇政府的权限职责缺乏充分的法理依据支持，也难保政策的稳定性和明确的预期。

4.5 撤镇设市模式

撤镇设市模式指的是将部分特大镇撤销，改设为市。2014 年七月份国家发改委、财政部等 11 个部委联合下发国家新型城镇化综合试点通知，要求各省选择镇区人口 10 万以上的建制镇，按照城市设置和简化行政机构联动原则，探索新设城市的行政管理模式，合理增设城市建制，优化行政层级和行政区划设置，提高行政效能，进而降低行政成本。

撤镇设市和撤县设市两者的不同之处在于，前者为“切块设市”，即将经济发达、城镇化水平高的镇设为市，行政区划调整后的市往往农业人口较少，城镇化的水分较小；后者则为“整县设市”，即将某些经济相对较为发达的县撤销并改设为县级市，往往县内仍有大量农业人口，城镇化的水分较大。自 20 世纪 90 年代以来，有不少专家学者呼吁我国应实行撤镇设市而非整县设市，与此相应的是推行“省辖市”和“县辖市”而非“市管县”。撤镇设市分为两种类型：一种是撤镇设市后的市升格，成为省辖市；另一种是撤镇设市后的市仍由原县管辖，形成县辖市，也是所谓的乡镇市。其中县辖市是主要发展方向。撤镇设市的主要优点在于：将真正实现了城镇化的地区（包括其周边一定面积的乡村地区）设为市，从而有助于回归城镇的本源，避免虚假城镇化；有助于促进特大镇能按照现代城镇规划、建设和管理的要求，加快发展。但撤镇设市面临的主要问题是：在我国，市不是一种功能地域，而是一种行政层级。因此，一旦真正实施撤镇设市，就需要处理好地级市、县（县级市）和镇级市之间的关系。其中的关键是，我国应逐步将“市”从行政地域转变为功能地域。从行政层级来讲，自上而下依次为：国家、省（自治区）、县，从功能地域来讲，则分为中央直辖市、省辖市、县辖市及乡镇。省辖市即为现行的地级市和副省级市，将不代管县，县由省直管。县辖市、镇、乡，它们三者的区别在于城镇化水平的高低，城镇化水平高的地方设为县辖市，城镇化水平适中的地方设为县辖镇，城镇化水平低的地方设为县辖乡。这就意味着“市”就是一种具有较高城镇化水平的地域空间。相应的，设“市”需要有更加精确的标准和条件，“市”的治理模式也应有专门的法规政策予以规定。

“撤镇设市”的条件是：一是要有较大的人口规模、经济规模和空间规模；二是有较为完善的城镇基础设施和公共服务设施；三是城镇规划建设和管理水平较高；四是对周边地区的社会经济发展有较强的带动能力。对于“撤镇设市”，一定要客观实际，达到标准者才能设市，不能“拔苗助长”，也不能将其作为形象工程来推动。

5　思考建议

随着我国新型城镇化和政府体制改革的快速推进，特大镇的行政区划体制改革更为迫切。行政区划体制改革的根本目的是为了提高国家（区域）管理的效能，促进社会经济的健康快速发展。但这种改革很难单兵突进，需要相应的法律和制度作保障，需要整个上层建筑内的其他政治体制相呼应，因此应该也必须是经济、政治与社会多方面的协同推进。

5.1　加快推进设市改革，推动特大镇设市

近二三十年来，我国的城市建制制度饱受质疑和批评，其中之一是“地级

市”制度。本研究认为，从理顺行政层级关系、推进扁平化管理、提高行政管理效率和调动基层经济发展积极性的角度来看，地级市管县制度的取消是非常必要的。取消地级市管县后，一方面，由省直管县，可以减少行政层级，避免“市压县、市刮县、市吃县”的局面；另一方面，为了减轻来自地级市对取消市管县的阻力，可以通过撤县（市）设区等举措，将部分地级市的管辖范围适当扩大，进而补偿地级市的“损失”，并继续保留地级市的政治地位。而为了解决省直接管理县太多的问题，还需要考虑适当增加直辖市。

中国特色的整县设市所形成的“县级市”也一直为许多专家学者所批评，因为许多县级市，名义上为城市，但大部分人口为农民，二三产业所占比例不高。整县设市带来了严重的虚假城市化和农村发展被忽视等问题。相关研究显示，我国县级市发展贫富差异极大，部分县级市甚至为国家级贫困县（市）。一些县级市的经济发展水平甚至没有达到 1993 年的设市标准。这些极其名不副实的县级市毫无疑问严重损害了我国城市建制工作的科学性和严肃性。因此，因应中央提出的“完善设市标准”的要求，有关方面应加强对县级市的现状评估，重新制定符合实际的设市标准，保证县级市数量的有序增长。

当前，我国应积极推动特大镇设市，包括单个特大镇设市、多个特大镇合并设市和以一两个特大镇为核心合并较小镇设市等几种类型。特大镇设市应保持原来镇域的完整性，允许其存在一定的乡村地域。新设市应赋予完整的市权，并精简机构，减少层级，尽可能实现“一级政府、两级管理”。

整体来看，我国应逐步建立起中央直辖市—省辖市（地级市、县级市）—县辖市（镇）的城镇层级体系，相对应的是国家—省（自治区）—县（自治县）的区域层级体系。针对城镇型政区和广域型政区分类管理，明确不同类型政区的管理要求和权限。近期，我国应加快立法，明确各类城镇的设置标准与条件和城镇政府的组织结构等。为此，最为迫切的是要制定城镇组织法，使设市工作有法可依，依法行政。

5.2 加快推进政府体制改革，激发特大镇的发展活力

行政区划体制改革与政府体制改革有着非常密切的关系。比如，从镇变成街道，从县级市变成市辖区，不仅仅是名称上的改变，更是行政管理体制的改变。当前，应根据新型城镇化的要求，积极推进特大镇、中心镇和经济强镇等各类小城镇的设市工作。但相关的政府体制改革也必不可少，否则行政区划调整工作的效果将大打折扣。

其中的关键在于以下方面：首先，各级政府应加快从全能政府转向有限政府，从发展型政府转向公共服务型政府。充分汲取西方国家普遍采用的新公共管

理模式的可取之处，充分发挥市场机制在资源配置中的决定性作用，充分发挥市场机制在公共服务和社会管理中的作用，减少政府对经济发展的直接干预，减少政府的审批事项，积极借鉴私营企业管理的技术和方法，提升政府的管理能力和公共服务能力。政府职能的转变，可减轻政府管理工作的压力，从而真正能够精简机构和体制内人员，为行政区划体制改革提供保障。其次，进一步推动权力下放，包括向企业下放、向基层政府下放和向非政府组织（NGO）下放等。在这种情况下，应明确各级政府的权力、责任和利益，责权利相一致。改革开放以来，我国政府权力向企业的下放，推动了社会主义市场经济的快速发展；从东莞、中山等地的发展经验来看，各地“强镇扩权”的经验来看，权力向基层政府的转移下放，对经济的发展有极大的推动作用；而政府的部分权力向非政府组织的下放，也是当代国家治理和区域治理的必然趋势。再次，要加快推进户籍、财政、规划和国土等体制改革。通过户籍体制的改革，使得以农民工为主体的城镇外来人口能和户籍人口一样，均等地共享城镇公共服务，使外来人口真正融入城镇当中。要通过财政体制的改革，赋予与特大镇政府事权相对称的财权，加大特大镇的财政优惠政策，激发特大镇政府职能转变的积极性。

5.3　建立起合理的城镇协调发展机制

行政区划调整对于促进城镇协调发展可以起到重要作用，但这是一种需要谨慎使用的手段。因为行政区划制度作为国家行政制度的重要组成部分，理应保持延续性和严肃性，不宜频繁变动。面对我国城镇群地区日益出现的各种城镇间恶性竞争问题，固然可以透过行政区划调整措施来解决（比如撤并镇、撤镇设街和撤县（市）设区等），但更需要考虑透过建立城镇合作机制与组织去解决。例如，编制出具有广泛共识的区域规划，以作为区域城镇发展的契约性文件，保障区域公共利益，约束各城镇发展过程中的“负外部性”行为，推动城镇群内部的良性竞争与有序合作；另一方面，通过建立各种城镇协调组织，提供求同存异的平台，提供多方谈判机制，促进跨区域问题的解决。城镇协调组织主要解决跨区域基础设施建设、环境保护和产业发展等问题，各个城镇不分大小，不论级别在平等原则下进行协商对话，促进政府之间、政府与民间的合作与交流。

6　结论

改革开放以来，我国经济发达地区涌现出了众多人口、经济和建成区都具有相当规模的特大镇，在我国社会经济发展和城镇化进程中发挥了重要作用。但我国大多数特大镇政府仍然为镇一级的组织架构，存在着级别低、权力小、责任大和事务繁重等问题，部分特大镇还存在规划建设管理水平相对较低，可利用的土地空间资源日益紧张等问题。为加快推进我国的新型城镇化进程和落实中央提出的“全面深化改革”精神，特大镇的行政区划体制改革亟需深入研究和探索实践。

我国特大镇行政区划体制改革的目标是提高行政效能和公共服务水平，激发城镇发展活力，增强城镇持续发展能力和综合竞争能力；方向是城乡分治，责权一致和扁平化管理。由于我国地域辽阔，各地的经济发展水平和城镇化水平差异很大，不同地区的行政管理模式也有自己的特点，因此特大镇的行政区划体制改革要切实结合各地的实际情况。无论是采取撤镇设街模式、并镇设区模式和撤并镇模式，还是强镇扩权模式、撤镇设市模式和政府派出机构模式，都需要广纳民意、审慎研究和理性决策，平衡处理好各相关利益阶层的正当诉求，提升人民群众幸福指数，切不可搞“一刀切”改革，“运动式”推进，更不可将行政区划体制改革作为形象工程来打造。

我国是单一制国家，自上而下的权力授受是我国行政体制的特点。特大镇是我国最基层的政区，其体制无疑深受国家、省、市、县体制的影响。因此，特大镇的行政区划体制改革与县、地级市和省的行政区划体制改革有着直接和密切关系。这就要求必须在国家的层面通盘综合考虑特大镇行政区划体制改革的设计。鉴于此，在新的历史时期，加强“顶层设计”，明确全国行政区划体制改革的方向、思路、重点和行动计划，是做好特大镇行政区划体制改革的重要前提。除此之外，还特别需要深入研究如何改革自 1949 年新中国成立以来就一直根深蒂固存在的行政权力，行政层级决定城镇发展水平和规模的体制，破除约束城镇发展的种种不合理的行政限制，真正让市场在城镇发展中起到主要作用，让城镇能通过公平自由的竞争来决定自己的发展方向、规模和前途。

参考文献请见原文。

（撰稿人：谢涤湘，博士，注册城市规划师，广东工业大学建筑与城市规划学院教授，英国伯明翰大学访问学者；范建红，博士，现任职于广东工业大学建筑与城市规划学院；常江，密歇根州立大学地理、环境与空间科学系博士研究生）

面向实施的区域空间管制政策设计

——基于苏中、苏北水乡地区的实证[1]

近年来，进行明确而有效的空间管制已经成为我国生态文明建设与新型城镇化的必然要求。通过空间管制来划定城市增长边界、识别生态敏感区域，以及转变快速城镇化进程中的粗放式用地增长模式和遏制生态环境的恶化，这已经在各级规划体系中达成了共识。1998 年，建设部在《关于加强省域城镇体系规划工作的通知》中第一次提出了“空间管制”的概念，在 2010 年施行的《省域城镇体系规划编制审批办法》中提出了限制建设区、禁止建设区的管制要求，并将其作为省域城镇体系规划的强制性内容，由此区域空间管制逐步成为协调城市与区域战略资源开发和保护的重要手段。相比于城市空间管制的主要任务为对土地建设容量的控制及使用效益的引导，区域空间管制往往由于跨越多个行政地域、管理主体多元化及城乡二元等原因，导致区域空间管制政策常常难以贯彻实施，管制问题往往成为规划中的口号或理念。笔者以江苏的苏中、苏北水乡（即江苏城镇体系规划中提出的“特色化次区域”）为实证研究对象，对这一在上位规划（江苏省城镇体系规划）中明确要求生态保护与城镇建设并重，但多元主体利益关系非常复杂的焦点区域进行深入分析，提出面向实施的区域空间管制政策，从而维护地域环境特色、促进新型城镇化发展。

1　区域空间管制的实施困境

1.1　涉及的相关部门繁多，相互协调困难

目前，我国涉及空间管制的行政部门主要有规划、发改、国土和环保等部门，它们以各自主导的规划、行业法规和部门规章等进行多头的区域空间管制。

[1] 本文摘自《规划师》，2016（8）：46-50。

基金项目：国家自然科学基金课题（51578276）。

发改部门通过主体功能区规划来进行区域空间管制，将空间划分为优化开发区域、重点开发区域、限制开发区域及禁止开发区域，然而主体功能区规划考虑因素单一，在实践中出现了诸如尺度混乱、空间边界难以界定等基础性问题，导致其饱受诟病。国土部门在新一轮土地利用总体规划中也通过划定“三界四区”来加强对建设用地的空间管制，然而其空间管制的出发点更多是以保护耕地为单一目标，以简单而刚性的指标控制为依据，对于城市发展的判断及合理需求尊重不足，多被地方政府视为制约发展的主要障碍。环保部门则是通过划定生态红线的方式来保护重要生态功能区、生态脆弱区或敏感区，其空间管制是以生态保护为唯一出发点，与地方发展需求差异巨大，实施难度更大。

住建部门则通过《城乡规划法》《省域城镇体系规划编制审批办法》等法规提出了划定限制建设区、禁止建设区及适宜建设区的管制要求。相较于其他部门，住建部门的管制分区的具体内涵相对综合，注重发展、保护等多目标的统筹协调。近年来，由于城乡规划的法制性、综合性不断加强，城镇体系规划成为多规协调的重要手段与平台，区域空间管制的内容也更受重视，为各部门的管制衔接提供了可能。然而，由于部门、条块分割，空间资源管理的多渠道并行是既成事实，同时各部门理解的空间管制概念、管制侧重点和规划方法都存在较大差异，难以共绘一张蓝图，各部门划分的管制空间交叉错叠，管制边界往往与现实的发展状况相悖，从而带来了空间管制的实施困难。

1.2　区域空间管制跨行政地域与城乡空间，涉及多元利益冲突

随着我国的区域型规划由虚调控型规划向以空间管制为手段的实调控型规划转型，区域空间管制对于区域生产力布局及空间资源配置将会起到越来越直接、关键的作用。从解决城市发展问题、实现空间资源有效分配的视角看，区域空间管制越来越趋向于一种增长管理模式，是一种行之有效的调节社会、经济、环境可持续发展的重要手段。但是，也正因为区域型规划跨越行政单元、跨越城乡空间，往往在管制实施调控中需要兼顾区域总体目标与单个城市具体目标、兼顾城乡的协同发展需求，因此需要处理好更多元、更复杂的利益主体博弈关系。

因此，区域空间管制的落地实施成为区域型规划中亟待解决的问题。20 世纪 90 年代中期《珠江三角洲城市群规划》率先突破了传统规划模式，首次进行了跨行政区的空间管制分区与发展协调，划分出不同的空间类型区域并提出相应的规划控制要求。随后，浙江、江苏等省份的空间开发建设管制也深入到县（市）域层次的城镇体系规划编制中，江苏省建设厅发布的《县（市）域城镇体系规划编制要点》，对县（市）域空间的综合利用和开发管制提出了具体要求。在国内诸多规划实践的基础上，本文将借助于《苏中苏北水乡城镇体系规划》这一实际案

例，探索如何通过城乡规划综合平台构建可操作、可落实的区域空间管制机制。

2 苏中、苏北水乡地区空间管制现状与主要矛盾

2.1 苏中、苏北水乡地区概况

苏中、苏北水乡地区是《江苏省城镇体系规划》（2015—2030）中提出的特色化次区域，其范围包括淮安市区、涟水、金湖、盱眙、洪泽、宝应、高邮、泗阳、泗洪和兴化10个县（市），面积为20045km^2，常住人口为932.6万。该区域农业特色显著、耕地肥沃，占全省面积的47.3%，是全省粮食生产核心区。同时，该区域水景观资源丰富，水网密布、水质优良，水面率高达28.5%，是淮河流域下游重要的蓄洪区，也是重要的区域水源地及国家南水北调东线的输水通道。此外，该地区自然景观独特，生物、植被物种丰富，省级以上自然保护区、湿地公园、森林公园、种植资源保护区、水利风景区达到了26处。因此，统筹协调苏中、苏北水乡的保护、发展和特色塑造等关系，就显得尤为重要。

然而与苏南等经济发达地区相比，苏中、苏北水乡地区还处于工业化、城镇化欠发达阶段，部分县市仍持有粗放发展的观念，既有的发展路径与江苏省提出的“绿色—特色—富民”导向明显不符。制造业发展粗放，产业结构偏低端（仍然以机械、轻工、纺织、建材等中低端产业为主），初级产品所占比重大。当前该区域粗放低效的发展方式对脆弱的水乡资源环境影响极大，城市发展与建设用地管制的矛盾突出，对特色产业支撑不足，区域协调、合作发展机制缺乏，使苏中、苏北水乡地区成为一个发展与保护矛盾突出的地区。

2.2 苏中、苏北水乡地区空间管制中的主要问题

面对该区域错综复杂的生态状况与开发保护矛盾，以及行政地域与部门分割、开发与保护等众多难题，现行的区域空间管制政策更加“无能为力”，主要表现在以下几个方面。

2.2.1 管控标准难以统一

苏中、苏北水乡地区范围涉及多个县市，但由于省级空间管制主管部门对部分县、镇（由市、县审批）缺少有效的管控及统一的协调，致使各地的管控标准不统一。以该区域内各市、县总体规划中对禁建区的划定标准为例（表1），淮安、高邮、洪泽和金湖等县市对于禁建区的标准竟无一相同，难以在区域管制中达成共识。生态红线的划定同样也面临着区域矛盾，如白马湖在淮安境内的部分被全部划入生态红线区域，而宝应境内的部分则完全未被划入，如此同一生态空间在

区域中却面临着不同的管制要求，严重影响了区域空间管控目标的实现。

表 1　水乡地区各市、县总体规划禁建区划定标准

城市 / 总规编制年份	风景名胜区级、一级保护区	森林公园重点、核心景区	自然保护区核心、缓冲区	饮用水源一级保护区	文物保护单位保护范围	区域性基础设施廊道	行洪通道	基本农田	重要水域
淮安 2011	√	√	√	√	√	仅高压走廊	√	√	—
高邮 2013	—	—	√	√		—	—	√	√
洪泽 2014	—	—	√		√	√	—	√	√
金湖 2012	—	—	—	√	—	—	—	√	√
泗阳 2011	—	—	—	√	√	—	—	√	√
泗洪 2010	√	—	√		—	—	—	√	√
宝应 2010	—	—	—	√	—	√	—	√	√
兴化 2013	—	—	—	√	√		—	√	√
盱眙 2014	√	√	√	√	√	仅高压走廊	—	√	√

资料来源:《苏中苏北水乡地区城镇体系规划》

2.2.2　区域生态资源管控绩效低

由于苏中、苏北水乡地区生态环境的特殊性，开发与保护之间的矛盾尤为突出，现实中一些边界不明的分区划线难以落实管制要求，同时对于围网养殖、围垦造田等一系列开发活动，面对地方政府、建设主体、原住民之间的不同诉求与矛盾，更是缺乏可执行的资源保护与协调机制、项目进入与清退机制。如此，导致该区域的生态资源管控绩效低，湖泊湿地空间骤减。1995 ～ 2005 年的农业综合开发导致洪泽湖水面减少 20%，1988 ～ 2008 年该水乡地区的湖荡植被从 $1100km^2$ 退化至约 $30km^2$，广洋湖的面积萎缩了 63%，而射阳湖的面积更是萎缩了 95%，洪泽湖与高邮湖也出现了极其严重的富营养化问题。

2.2.3　跨行政区范围的管制协调机制缺失

苏中、苏北水乡地区拥有极为重要的生态战略资源，然而这些资源分布于各个县市，缺乏管制协调机制，导致无论是生态修复、污染治理及联合开发等都难以形成统一的行动路径，相邻县市对于重大项目的协调机制也未建立。以生态治理为例，对于围湖养殖造成的污染，部分县市已经开始进行严格控制，而部分县市仍处于矛盾协调阶段，不一致的行动路径导致区域整体推进困难或绩效不高；

对于区域排水，除入海水道两侧的县市，其他地区的尾水多是就近分散排入河道，区域共建共享的尾水通道体系仍未建立，环境治理极为困难；对于区域资源的联合开发更是缺少联动，区域旅游、区域风景开发等缺乏联动实施机制，形成了各地有规划、无联动的窘境。以白马湖的旅游开发为例，各城镇都编制了环白马湖的旅游规划，然而由于行政分割，各镇间的联动实施并未达成（图 1），造成了集聚效应缺失与资源浪费。

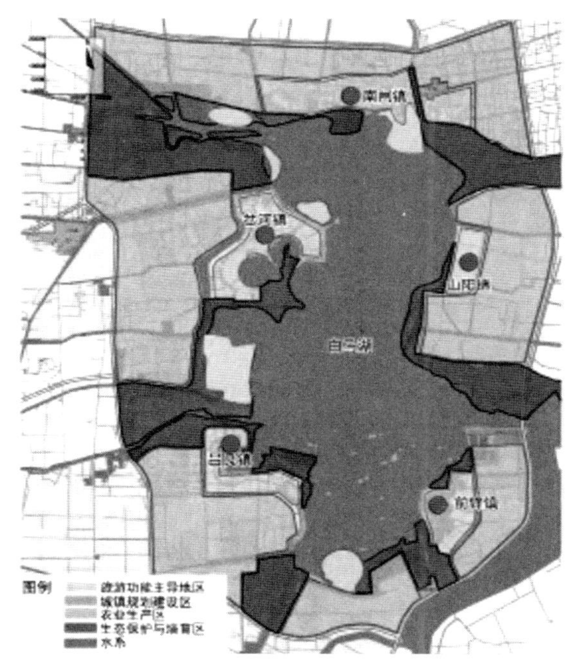

图 1 环白马湖地区空间发展规划

资料来源:《苏中苏北水乡地区城镇体系规划》

3 面向实施的区域空间管制政策设计

针对苏中、苏北水乡地区的空间管制问题，基于该区域规划实践的探索，本文试图构建一个面向实施的区域空间管制政策设计：首先，必须协调部门行动、强调多规融合，形成统一的管制要求作为区域空间管制实施的基础；其次，在统一要求的基础上，根据区域发展目标和现实发展情况来灵活划定管制分区；再次，形成一套可实施的分区管制机制，既包括对已建设项目的清退与补偿机制，又包含对引进项目的评估与控制；最后，构建区域协调的组织与平台来解决区域空间管制面临的多元利益纠纷（图 2）。

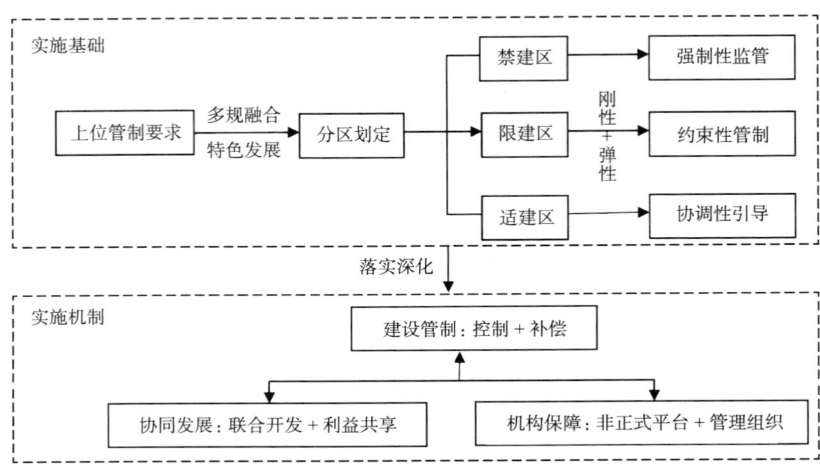

图 2　面向实施的空间管制政策设计

3.1　强调“多规融合”，形成各部门统一的水乡特色禁限建管制要求

目前涉及区域空间管制的部门繁多，各部门之间因缺乏协调而导致管制要求各异，往往令管制政策难以实施。因此，在区域空间管制政策设计中不仅要关注城乡规划部门的要求，更应强调“多规融合”。在本次研究中，对比了各行政部门对苏中、苏北水乡地区的管制要求，结合其实地资源状况，构建了一个完整的体系，力图形成统一的禁限建要求。新的管制要求在省域城镇体系关于禁止、限制建设区要求的基础上，对生态红线一级、二级管控区的要求进行补充，禁建区融合一级生态红线地区的管制要求，限建区融合二级生态红线地区的管制要求。同时，为了凸显该地区的水乡特色，管制要求将部分限建区进行归并，增加水乡特色发展区（新建水乡特色发展区为重要水体协调带、水网密集区、区域性生态保障空间的整合区域），秉承了既要保护又要发展的原则，由此形成了较为完整统一又独具水乡特色的禁限建管制范围与要求（表 2，表 3）。

表 2　禁建区管制空间与范围

管制空间	管制范围
生态保护核心区	生态红线一级管控区
重大区域安全保障区	包括滑坡、崩塌灾害重点防治区，地面塌陷灾害重点防治区，地面沉降灾害重点防治区，地裂缝灾害重点防治区，地震动峰值加速度大于 0.3g 的地震高风险区，蓄滞洪区的行洪通道等地区
基本农田保护区	《江苏省土地利用总体规划》确定的基本农田范围

资料来源：《苏中苏北水乡地区城镇体系规划》

表 3 限建区管制空间与范围

管制空间	管制范围
水乡特色发展区	①重要水体的控制协调地带 ②水网密集地区的控制协调地带 ③区域性生态保障空间（城市的隔离绿带、一般农田以及其他明确必须保护控制的区域绿地和风景路）
生态保护重要地区	生态红线二级管控区
区域性敏感基础设施建设控制地带	包括核电站、风电场、规划的 500kV 以上高压走廊、西气东输石油天然气管道走廊和重要的环境卫生设施等
区域性交通设施走廊	包括规划的高速铁路、城际铁路及其他铁路干线和高速公路通道地区
一般区域安全保障区	对城市安全具有一定影响的蓄滞洪区中的非行洪区和地震动峰值加速度小于等于 0.3g 的地震一般风险区等
省级以上旅游度假区	截至 2010 年底，全省共有省级以上旅游度假区 6 个，其中国家级 2 个、省级 4 个
地下文物埋藏区	截至 2010 年年底，全省主要的地下文物埋藏区共 47 处

资料来源：《苏中苏北水乡地区城镇体系规划》

3.2 深化管制要求，落实“刚性 + 弹性”的管制分区

为了将区域统一的管制目标和要求深化落实到各个管制分区，本文探索在规划中制定“刚性 + 弹性”的管制分区政策，从而在实施中既能有效地约束建设边界，又可以根据实际发展情况合理地调整边界，防止各县市由于分区不明导致管制失位。首先，应落实禁建区和限建区的刚性边界，依据苏中、苏北水乡城镇体系规划中明确统一的分区要求，各地区应在原有分区要求上进行深化、扩展，根据实际的资源状况与经济发展状况单独编制禁建区和限建区的划定方案，并明确为强制性监管和约束性管制，报省级城乡规划主管部门进行审查，在城市、县总体规划中予以落实；同时，将禁建区和限建区的边界与“四线”控制相衔接，形成统一的刚性边界，以便于落地实施。其次，建立地区调整和省级审批相结合的弹性调整程序，因国家、省、市重大项目建设需要或上位规划调整，或因历史遗留问题而确实需要调整的，各地区可以要求申请优化调整的主体并重新制定分区调整方案。但应本着生态优先、占补平衡、布局优化和兼顾发展的原则，调整前需要对调整的必要性进行论证。调整方案需要经过论证和意见征询，最后由省级主管部门审议确定并备案。

3.3 协调开发保护，建立"控制 + 补偿"的建设管制机制

区域空间管制在实施中的主要矛盾是如何处理禁建区、限建区内建设项目，同样，其实施难点也在于如何协调建设项目的利益纠纷。区域空间管制不仅要对管制分区内不符合管制要求的建设项目或处于核心生态敏感区的项目进行清退与补偿，还需要对管制分区内的引进项目进行评估与控制。因此，在本次规划中提出了"控制 + 补偿"的建设管制机制。

首先，建立项目准入审批制度，创新规划管理机制，对禁建区与限建区内的建设项目应当编制建设项目选址论证报告，报省城乡规划主管部门审查，并申请颁发建设项目准入意见书，随后地方规划部门方可依法核发建设项目选址意见书及进行后续的规划许可。

其次，建立规划调整和项目清退机制。地方政府应对禁建区与限建区内涉及的总体规划、控制性详细规划进行核查，并依据管制要求进行相应的规划调整。针对不符合管制要求的建设项目，地方政府应该根据清退难易程度、项目消极影响程度，制定相应的清退、改造计划，报省级城乡规划主管部门备案以提升管制绩效。例如，限建区内对开展生态环境保护、生态休闲活动无积极作用的农村居民点，应鼓励其搬迁和集中统一建设，地方政府应当制订实施方案，逐步组织实施。

最后，建立项目清退补偿机制以协调管制矛盾。逐步建立和完善各项扶持政策，对因承担生态保护责任而导致合法利益受到损害的单位和个人应给予合理补偿。加快设立区域协调发展基金，由省、市两级共筹并将其列入年度财政预算。对于需要清退的已建项目或已批未建项目，以及不利于生态发展的农业生产用地，采取多种方式进行补偿：采用一次性补偿的方式进行用地征收；通过资金扶持等方式，引导相关权利人合理改用；或引导该项目进行空间置换等。地方需要提出项目清退方案以及补偿申请，由省级规划主管部门对清退方案进行重要性评价，并予以相应补偿。由此形成"项目清退—引进—补偿"的建设管制机制，既保证了管制绩效的提升，又缓解了因建设管制带来的利益冲突与矛盾，从而提升了区域管制的可实施性。

3.4 区域协调发展，构建"联合开发 + 利益共享"的平台与机制

区域协调是对于区域管制实施而言的，是极为重要却又难以实施的一个方面。只有通过区域协调，才能形成区域统一行动，达到管制的相应要求；同时，区域协调也可以通过各县市的群策群力来共同促进地区的联合发展，从而达到区域资源利用的最优化。在本次规划中，借鉴了荷兰兰斯塔德地区区域绿心的保护

政策，构建了“联合开发＋利益共享”的平台与机制，从而使区域协调的实施成为可能。首先，为了促进水乡特色发展地区的联合开发，建立健全了利益共享机制，明确联合申报制度，以优惠政策推动合作开发模式：符合限建区空间管制要求的跨区域联合项目，省级政府将给予税收、财政补贴等优惠政策。联合申报的项目，需要体现跨行政区在功能、基础设施、建设风貌及发展时序上的一体化协调。同时，鼓励地方在开发过程中建立生态化功能区共同投资、共同管理、利益分享的跨行政区组织模式。

另外，积极搭建非正式合作平台，通过由省住建厅、地方政府共同组建苏中、苏北水乡湿地区域协调委员会的形式，致力于讨论区域重要的合作事务和战略目标。委员会可根据需要邀请政府部门、非政府组织、有关社会力量等共同参与会议，同时根据不同的协调任务建立相应的工作组，具体负责区域内不同事务的协调推进和落实监督。例如，可以设立洪泽湖治理联席委员会，计划每季度召开一次会议，平时设秘书处处理日常工作。

4 结语

对于城乡规划工作而言，空间管制是法定规划体系中明确的必然要求，体现了规划作为政策工具的属性和我国规划转型的重要方向。然而，在现实中因缺乏有效的制度设计，从而导致区域空间管制要求往往只能停留在美好的“理念”层面而难以落地实施。在我国当前大力推动“多规合一”的背景下，区域空间管制也迎来了一个可以真正协调多规、面向实施的重要机遇。在“多规融合”的基础上构建综合、可操作的区域空间管制体系与实施机制，不仅强调保护、控制的要求，也尊重和积极引导地方合理的开发需求；不仅区分各类地域的建设适宜性，更强调对应的地方政府事权差异，从而使区域空间管制真正地落地实施，这才是真正推动城乡规划由“理想表达”向实际调控的公共政策转型的关键。

参考文献请见原文。

（撰稿人：王京海，南京大学建筑与城市规划学院硕士研究生；张京祥，博士，南京大学建筑与城市规划学院教授、博士生导师；何鹤鸣，硕士，南京大学城市规划设计研究院战略研究室副主任；姜克芳，南京大学建筑与城市规划学院硕士研究生）

基于生态与产业联动的乡村生态修复和环境治理探究

——以孔家坊村美丽乡村生态修复专项规划为例[1]

1 前言

中国国家之新生命，必于乡村求之。

当国家经济水平、城镇化水平不断提高，科学发展观和走可持续发展道路等思想深入人心时，越来越多的乡镇人民逐渐意识到健康的生态环境和舒适的乡村生活的重要性。许多乡镇开始对生态环境进行修复和整治，然而效果并不够理想。为了解决这种吃力不讨好的现实状况，本文提出在乡村生态与乡村产业之间建立一定联系，使两者在良性互动的情况下达到双赢的局面，也就是既改善了生态环境状况，又促进了产业的发展。

1.1 联动定义

联动是指体系内部各个个体之间，由于内在的联系机制而形成的由于一个参数变化，从而形成整个体系互相影响，相互作用的联动作用过程。

1.2 生态与产业联动发展

在乡村这一个大体系内部，生态和产业通过内在的关联，形成一个联动发展的良性循环，通过对这个良性循环的把控，平衡生态与产业间的关系，达到动态平衡的良好局面。

[1] 本文摘自《创新村镇规划 促进乡村复兴——第三届全国村镇规划理论与实践研讨会暨第二届田园建筑研讨会论文集》，2016：258-263。

2　生态与产业联动在乡村生态修复和环境治理中的应用

美丽乡村规划强调乡村之美不仅在于村容村貌，而且在于村庄整体完善发展，突出尊重自然、顺应自然、保护自然的生态文明理念，完善农村地区基础设施建设，加强环境治理和保护力度，加大农村地区经济收入，促进农业增效、农民增收。实现城乡协调、同步发展，提高广大农村地区群众的幸福感和满意度，为美丽中国建设提供基础。

在整个美丽乡村建设过程中，改善和提高乡村生态环境质量无疑是至关重要的一步。通过对生态与产业联动的准确把控，以及乡村体系内生态元素间的相互影响，促成积极的良性循环，不但可以省去建设过程中部分人工环境的成本，还能更好地改善生态环境。

2.1　孔家坊村的生态现状

孔家坊村位于英山县西河流域中游，属于丘陵地带，整体东高西低，丘陵面积占全村 60%，耕地面积 40%，森林覆盖率 60%。村西边是河流冲积平原，英山县著名的西河十八湾景区主河流流经此地，因地势原因，河流在这里河床变窄，河水变深。孔家坊主要生产稻、麦、油菜、红薯等粮食作物和茶叶、板栗等土特产，果蔬大棚产业及具特色。村内景观主要集中于西南区，建有农家乐休闲度假区，区域内有滨河景观带。

2.1.1　孔家坊村水体现状

孔家坊村地处于英山县西河十八湾景观带上，既有西河流域的秀美风光，又有小池塘的波光田趣，村内溪流曲折蜿蜒。但是由于这些年村内缺乏合理科学的规划，村内各类水体都大大小小受到一定影响和破坏。建筑建造挖宽河道，水平面降低，影响景观界面；农业用水掺杂着农药，对水内生物造成伤害；各大小池塘无人打理，不是杂草丛成，就是即将干涸；村东的河流上游，水量较少，多被杂草掩埋，失去景观效益；村民生活污水随意外排，没有统一的污水处理设施，影响村民生活；水土流失造成村内溪流淤泥堆积，部分村民仍在溪流内浣衣洗菜。

2.1.2　孔家坊村山体林地现状

孔家坊村地理位置“三面环山，一水相连”，村庄地势东高西低，山上水汇集向西流。孔家坊三面山上林地包括自然林和果林，以及少量茶山，大面积山体被杂草覆盖，失去经济价值。村西北部山上建有一座纪念园，但设计缺乏美感，功能规划也不够合理。村南部茶园边人工挖区山体填平，用于建造大规模的光伏发电站，不仅影响村内不可多得的茶园景观，更破坏山体，造成水土流失。

2.1.3 孔家坊村生活环境现状

孔家坊村村民住宅多沿山体而建，中间大面积平原用于农业耕种，村内道路环境较差，扬尘严重，部分村湾连接道路没有硬化。村内道路扬尘大，村内宅旁和道路两边绿化极度缺乏，道路设施不完善，住宅与道路紧邻，交通安全性不高。

2.1.4 孔家坊村产业环境现状

孔家坊村的产业主要包括农作物种植、少数茶产业和部分林业，产业规模小，且收益也较低。近年来土地承包给外商用于种植香榧，但获利甚少。村内新建的“三·二”暴动纪念园近期打算打造成山地公园，虽然孔家坊村位于英山县西河十八湾景观带上，但由于缺乏良好的景观资源，不被外界看重，旅游产业也一度没有得到乐观的成效。

2.2 生态与产业联动在乡村生态修复中的运用

2.2.1 河流水系治理

在美丽乡村建设中，乡村水资源是最容易设计出优美景色，且很容易体现乡村生活风情与生活氛围的一个设计点。然而由于近年来村民对环境保护的意识还不够到位，生态平衡遭到破坏，环境也越来越差，极度影响乡村景观和形象。通过对生态与产业的联动关系的把握，在发展乡村产业的同时对生态进行治理修复，而在对乡村生态环境进行修复治理的同时也在促进乡村产业的发展。善于把控生态与产业的联动关系，在兼顾生态健康的同时，将产业做到最好，是建设美丽乡村的重要措施。

孔家坊村境内河流水系较多，河流穿村而过，大小池塘随处可见，也有大片水田。虽拥有众多水系却并没有体现出乡村水景的魅力。对村内水系的生态修复和环境治理，可以分为几个方面来进行，分别是：河流生态修复及河道整治；池塘湿地修复；沟渠治理。

2.2.1.1 河流生态修复及河道治理——水系为主脉，绿带为基础

孔家坊村境内河道由东到西，水量随季节变化，夏多冬少，水少的季节，河道杂草丛生，甚至掩埋河道，部分时间段河道行洪能力遭到阻碍。政府领导一心想发展村庄的旅游产业，故河流生态修复和治理尤为重要。河流生态修复是指以在河流接近自然化的基础上满足人类生产生活要求为目标，通过人工手段改变河流的受损状态，并监测和评价效果的过程。

（1）疏理河道，增强行洪能力。村内河流上游也就是村东生态良好，但却有部分河道被草木覆盖，且此段河道狭窄。在不破坏该段河道的生态环境的前提下，疏通河道，清除多余草木，增强行洪能力，尽可能将原本的乡村田园景观保留原状，为乡村旅游提供不可多得的自然景观。河道疏通加宽示意如图 1、图 2。

图 1　孔家坊村东河流干涸现状自摄

图 2　村东河流河道疏通拓宽自绘

（2）建设生态河堤，增加河道两边人行步道与绿化，增强景观意识。在生态环境治理的同时，考虑到乡村旅游产业的发展，重视生态景观岸线，尽可能将生硬死板的人工河堤替换成美好惬意的生态景观岸线。以水生植物为第一道缓冲带，当夏季水量猛增时，不至于遭到太大损坏，在满足行洪能力高度上增加人行步道和绿色植被景观，既保证了它的安全性，同时也给村民和游客带来不一样的美感。生态堤岸改建如图 3、图 4。

图 3　孔家坊村现状裸露河堤自摄

图 4　规划后满足行洪能力生态河堤自绘

（3）在行洪压力较大或水土流失严重的岸线增加硬质河堤护岸，设计合理的河道断面。增加硬质河堤护岸时需要注意景观意识，既能保证该段河道的行洪能力，又不至于太过生硬影响整个河道景观。河道断面设计。本村的河道断面设计分为复式断面和梯形断面两种类型。复式断面用于河床水位较低，且河床较宽的地带，其余均为改良梯形断面（即将极具违和感的生硬河堤进行改良，使其景观性更强）。两种断面增加河道景观空间变化，给人们不一样的感受，更好地为旅游的发展奠定基础。河道的复式断面和梯形断面示意如图 5、图 6。

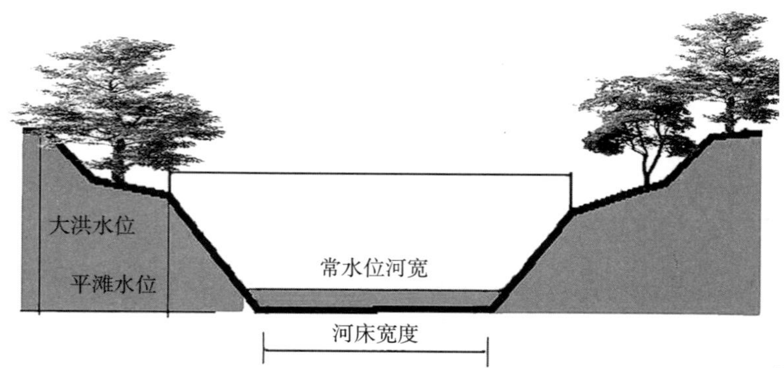

图 5　复式断面图自绘

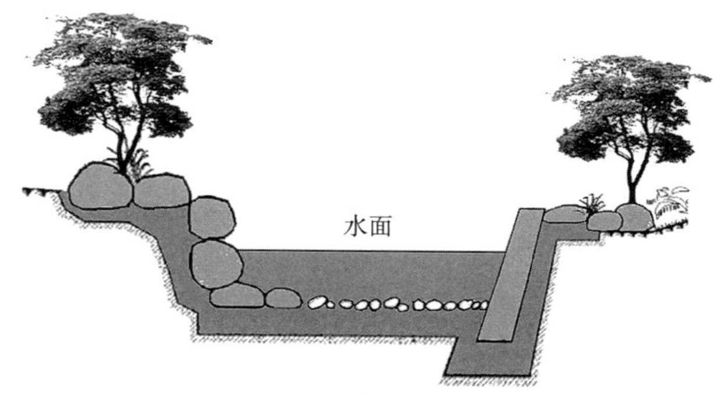

图 6　梯形断面示意图自绘

（4）针对河道水质差、污染严重、河道淤积等问题，除对河道进行功能修复以外，还需提高河道空间的生物多样性，增强系统的自我修复能力，使河流拥有良好的水环境和水体承载能力。人工增氧和人工湿地都是修复河道的重要措施。

2.2.1.2　池塘湿地修复——净化水质为主，景观湿地为辅

孔家坊村内大小水塘湿地众多，由于村民的生态意识不够，造成多数水塘面临干涸，且大多都被垃圾和枯枝败叶掩盖。要想改善这些水塘湿地的环境，可先从水体治理开始，将水中杂质去除，植入净化水质的水生植物。对于大面积即将干涸的池塘也可建成湿地景观公园，既可治理生态环境，又可促进村庄旅游业的发展。对村内干涸池塘进行实地景观改建，如图 7、图 8。

2.2.1.3　沟渠治理——疏通为主，联通净水池

孔家坊村境内大小沟渠甚多，分为农业用水沟渠和生活污水沟渠。农业用水沟渠多混有农药，直接排入河流会造成河流水体污染；生活污水沟渠同样也掺杂着一些化学物质，易对生态平衡造成破坏。针对这些沟渠，最好的解决办法是在疏通沟渠的基础上，将各沟渠与污水处理池相连接，污水在经过处理之后排入河流。

图 7　孔家坊杨树冲湾干涸池塘现状自摄

图 8　池塘改建湿地公园自绘

2.2.2　山体林地生态修复，进行产业分层

孔坊村三面环山，林地资源尤为丰富，但近些年村民对山体的采挖使得大面积的山体裸露，林地也遭到很大的破坏。村内林业产业发展并不乐观，山体的破坏更加剧了林业产业的下滑。山体林地类别比例以及林地种植类别比例图如图 9、图 10。

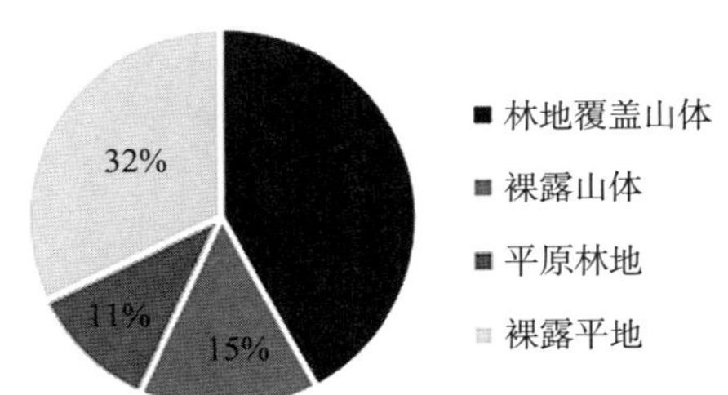

图 9　山体林地类别比例扇形图　自绘

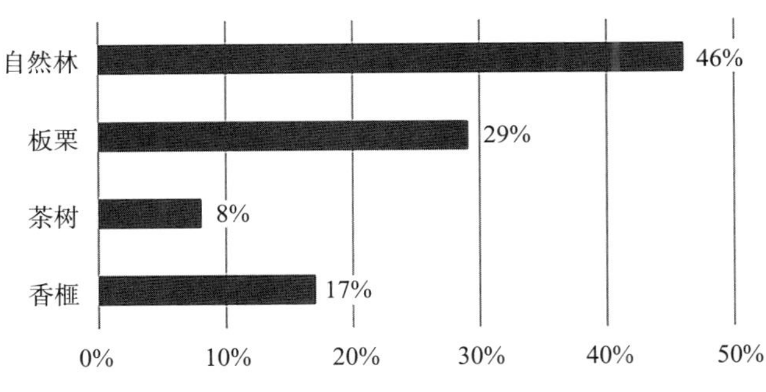

图 10　林地种植类别比例图　自绘

对山体林地的生态修复可以从两方面着手，一方面将裸露山体和裸露平地进行生态修复，另一方面是对林地产业进行合理科学规划，实现产业分层。

2.2.2.1　裸露山体及平地修复

由于过度挖采或人类活动不当等问题导致的山体、平地裸露，进行生态修复。可分为以下几点：

（1）对缺失山体且易发生山体滑坡的地方进行固化修复，通过人工手段在安全景观因素的基础上采用物理挡土墙，防止山体再次遭到侵蚀。

（2）对不太容易发生山体滑坡的地段，可直接采用填土等方式，在此基础上进行生态修复，种植种类丰富的植被用来固定填土，也可将这片区域用于生产林业种植。

（3）裸露的平地则先对其进行肥力修复，改善土壤肥力，之后便可对其进行生物修复了，增加地块的物种丰富度。

2.2.2.2　林地规划，产业分层

在原有生产林地增加养殖产业或者种植产业，以林地资源和森林生态环境为依托，发展起来的林下种植业、养殖业、采集业和森林旅游业，充分利用林下土地资源和林荫优势从事林下种植、养殖等立体复合生产经营，从而使农林牧各业实现资源共享、优势互补、循环相生、协调发展的生态农业模式。因地制宜对村内现有林地进行合理科学的规划部署，林地产业分层化，进行林下养殖，提高林地产出、增加农民收入的有效途径。

2.2.3　生产与生活环境治理

2.2.3.1　生产环境治理

孔家坊村的经济生产主要以养殖与种植业为主，经济来源简单，且季候影响较大，村民生活保障不够。与此同时，村内产业环境也在逐渐遭到破坏，林业用地被采挖，石土裸露。应对方法如下：

（1）先对裸露土地进行肥力恢复，再通过上述的产业分层、林间发展种植和养殖业，增加村民收入；

（2）大力发展旅游产业，增加村民财政收入。在对村庄生态环境进行修复和治理的同时，考虑到旅游业的发展，考虑到景观需求和安全要求。在发展旅游产业的同时，使生态更加健康，充分利用生态与产业之间的联动关系。

2.2.3.2　生活环境治理

孔家坊村村民生活环境并不理想，许多诸如缺少绿化、路灯设施缺失、道路未硬化等，给村民生活带来极为不便。针对村民生活环境提出“四化”整改方案，实行绿化、亮化、硬化和净化等方面的改善措施，及改善村民的生活环境，也能为后来的产业发展（例如旅游业和休闲农业）提供基础。具体实施办法如表 1。

表 1 生活环境治理“四化”整改方案 自绘

绿化	三边	村庄边	增加村庄周边绿化，给人“村在林中，林在村中”的静谧感
		道路边	增加道路两边绿化，给人门户感觉，增强游客好感度
		水边	增加水边绿化，看似粗犷却又细致的水边田园景观
	四旁	小路旁	增加村内小路旁绿化，让游客在散步的同时深入感受乡村风情
		村湾旁	增加村各个村湾旁绿化，每个村湾都宛若林间
		住宅旁	改善住宅旁绿化，提升生活住宅品质
		水塘旁	治理村内水塘干涸或杂草丛生现状，增加村庄景观美感
亮化	老公路		对老公路和主干路做道路亮化，提升夜间行车安全，同时增加村庄夜景
	主干路		
	中心湾		在中心村湾增加景观路灯设施，提升村民夜间活动质量
硬化	道路		对村庄内所有行车道路实行硬化，各个中心湾全部达到硬化
	河堤		对水流较为湍急的部位使用硬化河堤，增加河道行洪能力
净化	河道		净化河道，以功能修复为基本原则，提高空间生物生境多样性
	水塘		净化水塘水质，清除垃圾枯草树枝
	污水处理池		增加村内污水处理池，生产生活污水经过处理再排放

3 对基于生态与产业联动的乡村生态环境治理的建议

在快速的乡村发展过程中，一味地将眼光投之于产业发展是不可取的，在发展乡村经济产业的同时需要兼顾乡村生态环境的健康，否则当生态环境遭到破坏的同时经济产业也会随之受到影响。而在进行乡村生态治理的同时，我们也不能放弃经济发展，使村民生活保障遭到损失。因此，乡村生态环境的治理必须建立在乡村生态与产业联动的基础上，既改善生态条件，又促进乡村生产，两全其美。

要实现乡村生态与产业联动发展，本文提出以下几点建议：

（1）积极整合利用村内良好的景观资源，发展乡村旅游和休闲农业，改善乡村生态环境，提升村民生活水平。

（2）实施“三力互动”即村民自觉力、村委经营力、政府引导力三力互动，形成自下而上、自上而下的整体运营模式，增强村民生态集体意识，将可持续发展和科学发展观真正贯彻到每一位村民的脑海中；村委应努力提升经营力，在追求生态良好的情况下经营好村内的产业发展；而政府需给出正确的引导力，由上自下实现真正的公众参与。

（3）良好的生态将成为村内产业“可持续”、“有生命力”的支撑，而产业又将成为维护生态健康的长久动力。

（4）引进环境友好型的产业，减少生态承载负担，形成生态与产业间的良性互动，推动整个村庄产业向前发展。

4 结语

美丽乡村建设过程中，良好的生态环境和欣欣向荣的产业是不可或缺的，两者对整个村庄的发展都具有重要意义。在对村庄的生态环境进行修复和治理的同时，通过准确把握生态与产业的联动关系，使整个发展过程都处于一个动态平衡的良好状态。

通过对生态环境的改善，来促进乡村产业的发展；在乡村产业发展的同时，来获得更多生态资源和更加美好的景观资源。保持生态与产业间的这种良性互动，是建设美丽乡村的重要措施。坚持以乡村生态环境和资源保护为前提，通过加强政府环境管理调控、全面提升人们的环境保护意识、促进企业生态自律、增强环境技术供给，坚持经济效益、社会效益和生态效益的统一，既要发展乡村产业，也要注意保护生态环境，加强乡村产业发展对生态环境的正面影响，将对生态环境的破坏降到最低，实现经济和环境的协调发展。

参考文献请见原文。

（撰稿人：刘晓晖、刘恋，华中科技大学建筑与城市规划学院）

宅基地使用权流转的困境与出路 [1]

中国现行管理规定禁止宅基地使用权向本农民集体之外的主体流转，物权法和担保法还进一步禁止了宅基地使用权的抵押。应否放开宅基地使用权流转是宅基地制度改革中的焦点话题，争议很大，关系农房抵押和农村金融，关系农民宅基地用益物权的实现程度，关系宅基地的退出机制和集约节约使用，是下一步改革中不可回避的问题。

2015 年年初中办、国办联合印发的《关于农村土地征收、集体经营性建设用地入市、宅基地制度改革试点工作的意见》部署的宅基地管理制度改革以及随后全国人大常委会的授权，并未突破现行法律和政策对宅基地对外流转和抵押的限制。2015 年 8 月国务院印发的《关于开展农村承包土地的经营权和农民住房财产权抵押贷款试点的指导意见》(以下简称“《两权抵押试点意见》”)部署农民住房财产权抵押贷款试点，使宅基地制度改革试点又向前迈进了一步。鉴于房地事实上的不可分离，农民住房财产权的抵押必然会涉及宅基地使用权的流转问题。一方面，该意见规定“对农民住房财产权抵押贷款的抵押物处置，受让人原则上应限制在相关法律法规和国务院规定的范围内。”如果严格按现有政策和法律执行，则该“试点”内容并不涉及宅基地使用权对外流转问题，试点的力度和成效也必将大打折扣。另一方面，该意见又指出：“农民住房财产权设立抵押的，需将宅基地使用权与住房所有权一并抵押。按照党中央、国务院确定的宅基地制度改革试点工作部署，探索建立宅基地使用权有偿转让机制。”似乎表明此次试点意欲在宅基地使用权流转方面有所突破。这种矛盾的态度表明了决策层对此问题的审慎。2015 年 12 月 27 日，全国人大常委会对上述“两权抵押”试点做出授权，允许在试点地区暂时调整实施物权法和担保法中有关宅基地使用权不得抵押的规定，允许宅基地使用权抵押贷款，但并未就抵押物处置的范围作出任何说明。最近中国人民银行颁布的《农民住房财产权抵押贷款试点暂行办法》第十二条规

[1] 本文摘自《中国土地科学》，2016(5)：13-20。

基金项目：国家社科基金青年项目“农村土地经营权与承包权分离的法律制度构建研究”(15CFX048)。

定："变卖或拍卖抵押的农民住房，受让人范围原则上应限制在相关法律法规和国务院规定的范围内。"同样没有明确试点内容是否包括宅基地使用权的对外流转。

1 限制宅基地使用权流转的法律和政策依据

当前禁止宅基地使用权流转给本农民集体之外的人，也即禁止对外流转，但这一禁令并非源于《土地管理法》和《物权法》等法律的规定，而是源自于国务院的政策禁令。

1986 年的《土地管理法》第 41 条曾经规定："城镇非农业户口居民建住宅，需要使用集体所有的土地的，必须经县级人民政府批准，其用地面积不得超过省、自治区、直辖市规定的标准，并参照国家建设征用土地的标准支付补偿费和安置补助费。"依据这一规定，在当时城镇居民是可以取得集体土地使用权并建造住宅的。直到 1998 年修改《土地管理法》时才删除这一规定。这一删除的做法虽然使得城镇居民通过申请取得宅基地失去了法律依据，但并没有明确禁止城镇居民取得宅基地使用权，尤其是通过转让等方式取得宅基地使用权。依据现行《土地管理法》第 63 条关于"农民集体所有的土地的使用权不得出让、转让或者出租用于非农业建设"的规定，宅基地使用权不得单独转让或出租，但依据该法第 62 条第 4 款"农村村民出卖、出租住房后，再申请宅基地的，不予批准。"的规定，法律似乎对由于出卖出租住房导致宅基地使用权被动转移的情形并不予以禁止，只是不再批准转让者的宅基地申请。对于抵押，则被现行法律所禁止。《担保法》第 37 条第（二）项规定宅基地使用权禁止抵押；《物权法》第 184 条第（二）项则一方面规定宅基地使用权禁止抵押，另一方面又用但书规定"法律规定可以抵押的除外"，为以后法律做出新的规定留下了余地。

对宅基地使用权对外流转予以明确禁止的规定更多的是 1999 年以来国家相关部门的政策。首次禁止城镇居民取得宅基地的规定是 1999 年国务院办公厅发布的《关于加强土地转让管理严禁炒卖土地的通知》，该规定第一次明确指出："农民的住宅不得向城市居民出售，也不得批准城市居民占用农民集体土地建住宅，有关部门不得为违法建造和购买的住宅发放土地使用证和房产证。"其初衷是为了打击自 20 世纪 90 年代开始兴起的"炒地热"，并保护耕地。但有学者对此提出质疑，认为该禁令"出于制止土地投机的管理动因"，"实质上禁止'城里人下乡'"，并指出"既然这一政策的目的在于禁止土地投机，那么，为了自住而非投机的购置宅基地行为就不应该被禁止。况且，制止炒卖土地只需限制或禁止在购买以后再出卖即可，何须'殃及池鱼'？"在此之后，尽管时代背景和目的各有不同，一系列相同或类似的限制性规定陆续出台，均将宅基地使用权和宅基地上房屋的取得和使用对象限定为本集体经济组织的农民，从而使得宅基地使用权彻底成为一种封闭的受到身份限制的权利。

2　禁止宅基地使用权对外流转的现实困境

2.1　私下流转现象大量存在

尽管有国务院的禁令，但各地均不同程度地大量存在宅基地及其上住房的隐形交易行为，从个人间悄悄的农房买卖、租赁，到明目张胆的小产权房开发销售，屡禁不止。在深圳的城中村或者城郊，农民甚至在宅基地上建起了十几层的高楼出租。北京市郊区大部分村庄的宅基地流转数量占宅基地总数的10%左右，有的甚至高达40%以上。上海市南汇区惠南镇城南村在近15年的时间里，有八成的宅基地被转卖给了外来人员居住。据湖北省国土厅调查，该省荆州市自2003年以来，农村宅基地出租、转让的户数占总户数的29%。即使在祖国南段三亚市的东岸、海螺、月川、临春、鹿回头等城乡接合部，农民出租房屋也在20%以上，近郊农村房屋出租更为普遍，有些村达85%以上。实践中人们为了规避国家政策实现宅基地流转的目的，创造出了诸多迂回战术，例如长达50年的租赁乃至永久租赁，再例如有些地方采取由转出农户先将宅基地交回给集体经济组织然后再由集体经济组织以集体建设用地的名义转让给受让城镇居民的形式，还有些地方干脆直接由买卖双方签订一纸卖房契书即实现了宅基地使用权及其上房屋转让的目的。

宅基地流转现象大量存在且屡禁不止，既让主管部门处于尴尬地位，法律和政策的威信也受到挑战，又埋下很多产权纠纷隐患，使得今后国家推行相应改革措施时不得不背上处理复杂历史遗留问题的包袱。

2.2　因宅基地的“只进不出”导致大量宅基地闲置浪费

由于宅基地是无偿分配的，基于“不占白不占”的心理，一旦符合分户和申请条件，农民都会积极申请获得宅基地。但在城镇化推进的过程中，大量农民进城打工甚至进城定居，进城落户农户的宅基地却没有有效的退出机制：一方面，政策允许的本集体内部流转市场极其狭小，农房和宅基地的价值无法有效发挥，农户流转宅基地的权利难以实现；另一方面，政府鼓励的自愿有偿退出也很难得到农民响应。

在城镇化的过程中，一些地方的农民举家迁居城市，或者全家常年在外打工不回村居住，导致很多原来在农村的宅基地常年闲置；还有很多农民进城打工挣了钱，回乡盖更大的房子，占用更大面积的宅基地，宅基地处于无序扩张和蔓延状态；与此同时，也有一些农户因为人口增加或者分户要求批准新宅基地。因此，宅基地的总量一直呈增长趋势。据国土资源部的不完全统计，当前农村空闲住宅面积约占村庄建设用地总量的 10%～15%；农村人口与宅基地面积的变化呈反向 1% 变化趋势，也即每年农村人口大约减少 1%，但宅基地面积大约增加 1%。学者对河北省的调查也表明，“从 2000 年到 2013 年，全省（河北省）农村人口从 4933 万人减至 3939 万人，减少 1000 万人；而全省宅基地面积从 873.37 万亩增至 1091.51 万亩，增加了近 200 多万亩。”内蒙古农村牧区的人均居民点用地面积也从 2005 年的 545m^2/ 人增长至 2013 年的 728m^2/ 人。按照当前的城镇化推进速度保守推算，今后 20 年全国每年至少有 1000 万农村人口转移到城镇，按照当前农村人均居民点建设用地 220m^2 计算，每年将会有 22 亿 m^2 的农村居民点建设用地闲置。如果闲置宅基地没有有效退出或流转机制，农村人口出生或分户导致的宅基地需求只能通过新批准用地解决，随着中国城市化的推进，农村居住用地面积与人口迁移逆向发展趋势将会进一步扩大。这几年，因为对宅基地指标的控制以及农村土地整治和宅基地换房等举措的开展，全国宅基地总量的增长得到一定的遏制，但从全国来看，农村各地的宅基地普遍存在闲置浪费现象是不争的事实。一边是大量宅基地的闲置或低效利用，另一边是新批准或者私自占用的宅基地挤占农地，同时城市又因为大量人口的涌入而致使建设用地越来越紧张。这种紧张与闲置并存的局面凸显了我国城乡建设用地资源配置的失灵，不合理的宅基地管理制度是其主因。

3 宅基地使用权对外流转的正反观点辨析

3.1 赞成宅基地使用权对外流转的理由

赞成宅基地使用权对外流转的主要理由可以归纳为三条：一是保护农民宅基地用益物权、充分发挥土地财产价值的需要；二是提高宅基地资源配置效率，减少闲置浪费的需要；三是有利于城镇化进程，通过为农民抵押贷款、提供原始资金积累对农民进城起“帮衬”作用。

代表性观点如：周其仁教授认为：“农地农房入市，不但让地处大都市圈内的农民有机会先富起来，帮外来农民工得到一块落脚之地，而且可以直接帮衬向外迁移的农民，让他们在自带劳动力进城之余，也在老家入市农地农房的财产性收入中，多少分得一杯羹”。蔡继明教授认为：“村民对集体土地既不能出卖，也不能转让，他们缺乏对农地转用的自主支配权和在征地过程中的议价权，从而排除了农民分享工业化和城市化红利的可能性，所以必须允许宅基地和农地并轨入市，否则农民永远是农民”。刘守英研究员认为：“只有通过改革给农民宅基地充分赋权，才能既切实保障农民土地权利，防止各种利益团体侵害农民权益，又为农民宅基地进入建设用地市场打开通道”。

3.2 反对宅基地使用权对外流转的观点

尽管当前已经不存在 1999 年国务院办公厅出台《关于加强土地转让管理严禁炒卖土地的通知》时的“炒地热”，但反对宅基地使用权对外流转的声音仍然十分强烈。梳理归纳当前反对宅基地使用权对外流转的理由，可以分为两个方面：

第一个方面是从宅基地使用权本身的属性角度论证其不应对外流转，有两点理由：①宅基地使用权具有福利性和无偿分配性，属于保障性住房，不是具有完整产权的商品房，故此不应允许上市交易；②宅基地使用权是集体经济组织成员基于其成员身份享有的权利，非本集体经济组织成员不得享有。

第二个方面是从如果允许宅基地使用权对外流转，会产生何种危害的角度来论证，可归纳为 5 点理由：①如果允许城里人到农村买地建房，会导致逆城市化问题，与中国城市化发展现状相悖；②如果允许城里人到农村买房，由于大多属于二套以上的休闲度假住房，不利于土地节约利用，也与农村功能不符；③会导致城镇资本下乡，一些人大量购买宅基地，从而形成圈地局面；④会导致一些农民在急迫或欠缺审慎考虑的情形下出售宅基地后流离失所，或者一些进城打工的农民出售宅基地后，因就业状况变化需要返乡，而回去又无处可住，从而影响农村社会稳定；⑤会使现有小产权房转为合法，从而造成社会不公平。

代表性观点如：国土资源部部长姜大明表示：“（宅基地）转让仅限在本集体经济组织内部，防止城里人到农村买地建房，导致逆城市化问题。”中央农村工作领导小组办公室主任陈锡文则给出了三个反对的理由：一是宅基地制度是农村集体组织保障其成员居住权的制度，是集体组织成员权的体现，如果非成员也能获取宅基地，那就侵犯了成员的权利，甚至可能导致组织本身的瓦解；二是农村的基本功能是提供农产品和生态环境产品，不是搞建设的地方，进城农民的闲置住房，可以按有关法律规定复垦为耕地，整治为生态用地，有些还可以按规划转用于服务业，发展旅游、休闲、养生、养老等产业，如允许其转为非农民的私家乡间别墅，恐怕既不符合中国国情，更不符合发挥农村应有功能的作用；三是农村宅基地制度是农民住房保障制度的基础，它是由符合条件的成员从本集体组织无偿获得的，属于保障房性质，因此不能如商品房那样不受限制地进入市场交易，否则就会造成社会财产关系的紊乱。孟勤国教授认为：中国农民总体而言缺乏足够的抵御风险的经济能力，允许宅基地流转，会导致一些农民在急迫或欠缺审慎考虑的情形下出售宅基地后流离失所，会导致一些人大量购买宅基地形成圈地局面，并实现有小产权房转为合法，因此只会使社会强势群体受益而作为弱势群体的农民受损。

3.3 观点辨析

上述正反两派的观点似乎都是以保护农民利益为出发点，但却得出了完全不同的结论。从法律权利角度分析，宅基地使用权作为一种用益物权，权利人以转让、出租、抵押等方式进行处分是该权利的题中应有之意。国家法律和政策要对此种处分权利予以限制或禁止，必须具有公共利益上的足够正当的理由。上述禁止宅基地使用权对外流转的理由是否具有足够的正当性呢？

首先，宅基地使用权的成员专属性和无偿分配性不能成为否定其入市的理由。一方面，“宅基地的福利性和无偿性是针对宅基地的分配环节而言的，仅此不能否定宅基地使用权的财产属性”；另一方面，要区分宅基地使用权的直接对外流转与向市场化的土地权利转化后对外流转，正如城市里面福利分配的公房可以通过补交地价转变为商品房后入市交易一样，宅基地使用权同样可以通过补交地价等方式先转变为集体建设用地使用权后入市。

其次，在分析允许宅基地对外流转是否会造成农民流离失所从而导致农村社会不稳定的问题上，不仅需要有质的分析，更需要有量的统计。农民作为理性人，完全有能力作出对自己最为有利的选择，除非是“被强迫交易”。当前鼓励有偿收回而禁止交易的做法，从逻辑上说也是站不住脚的。一般来说，如果农户只有一套农村住宅，其在出售住宅的问题上必然是十分谨慎的。理论上分析，农户出售住宅可能有如下几种情形：①因为另有其他居所，长期不在此居住，确实不需要，从而愿意出售闲置的农村住宅；有关部门的调查也表明，当前有近三成农户拥有两套（含）以上农房；②因为家庭经济非常困难，而又面临家属生病、孩子上学等非常急迫的需要拿不出钱，从而被迫出售唯一的住房，导致自己无房可住；③一家人在城镇打工，就业暂时稳定，但在城镇无稳定居所，对自身城镇就业状况持过分乐观态度，从而出售农村住宅，后在城镇失业，想回农村，但房屋已经卖出。从当前实践来看，出售宅基地上住房的大多是第一种情形，农民仅有一套住宅而又将其出售的情形十分少。“首先，中国现有农村经济发展处于总体‘奔小康’，农民非大灾而出现卖房求生的概率应该是小之又小，现有发生的宅基地交易可以说都非农民贫困的别无他法而卖宅基地，而是为了追求进一步发展而发生的。其次，即使有极少量不理性的农户因为出售宅基地而无家可归，政府也不能放弃其应承担的社会保障职责，而采取禁止宅基地交易来防止这种情况发生。因 1% 的农户在宅基地处理上的不理性，就禁止宅基地交易使得其他 99%

的农户因此而失去宅基地财产的权利，对绝大多数农户有失公平。”故此，当务之急，是要对当前农村形势和农户宅基地使用情况有准确判断。

再次，允许宅基地使用权对外流转是否意味现有的小产权房一律转为合法？答案显然是否定的。宅基地使用权对外流转的前提是全面的确权颁证，农户现有的宅基地使用权本身也存在着合法与否、超标与否等问题，形成原因也各不相同，非常复杂，必须通过扎实的确权颁证工作明晰权属，并对非法超标多占等问题结合实际情况做出稳妥处置，然后通过确权颁证确认农户的宅基地使用权。而对于商品化开发的小产权房，其土地使用权性质本身不属于宅基地，权属本身也不合法，需要结合其用地性质和来源等情况对其产权本身的属性做出一个判断，从而采取分类处置措施，绝非意味着其可以和宅基地使用权一同入市。由于土地制度改革的探索期很长，在探索期间各种灰色的或者不合法的情形大量存在，改革不可避免地会导致部分人因此不当获利，部分人因此受损，这是任何改革都不可避免的，在改革方案设计时一方面要注意处理好这些历史遗留问题，但同时不能因为顾及这些问题而影响对改革方向的判断。

最后，认为城里人到农村购买休闲度假房不利于节约用地的问题，由于宅基地原本属于建设用地，农房转让并不导致建设用地的增加，禁止农房转让也并不意味着农民就有动力将闲置宅基地复垦为耕地，因此，禁止农房转让并不能实现节约用地的目标。工商资本下乡问题，应该说本身并不值得过于担忧，相反会带动农村的发展，可能导致的圈地、囤房等问题则可以通过面积和套数的上限限制以及税收等政策措施解决。至于逆城市化的问题，同样没必要担忧，允许流转只是一个自由的空间，并非意味着城里人一定会蜂拥而起到农村买房甚至居住，人们选择生活居住地点更多地受经济规律的支配。

综上可见，当前全面禁止宅基地使用权对外流转的理由并不充分。并且随着城镇化的进程，其利大于弊的效应会愈发凸显。

4　宅基地使用权流转的价值冲突与平衡

宅基地使用权流转争议的背后，是宅基地担负的社会保障功能和财产功能之间的冲突，进一步言，是稳定与稳效率价值的冲突：主张将宅基地使用权流转限制在本集体内部是为了充分发挥其居住保障功能并维护农村社会稳定，主张放开其对外流转则是出于保障农民财产权和提升经济效益的理由。观察现有的政策设计，从总体上看，以保障农民住有所居、进退自如为主要目的的农村社会稳定价值仍占据首位，其代价则是宅基地资源配置的低效以及大量的法外交易。

“一个符合我国现实社会需要的农村宅基地使用权法律制度，既不可能由其他制度取代其保障功能以实现最基本的社会公平，又不能完全不顾及宅基地制度的利用效率。两大价值目标必须在同一个制度之中得以实现，是现代社会公平与效率发展的基本要求。”但宅基地所担负的稳定功能与效率功能并不是完全对立的。农村社会的稳定不仅有赖于农民安居，更有赖于农村经济乃至全国经济的发展，农民生活水平的提高，因此，宅基地作为一种非常重要而且稀缺的土地资源，必须更好地发挥其经济价值和财产功能从而带动农村经济发展，为农村社会乃至整个社会的发展做出贡献。当前将农民绑在土地上的做法虽然可以一时维护农村的稳定和农民的安居，但并非长久之计，尤其是在工业社会的背景下，农村的长久稳定更依赖于进城农民的城市化融入和留乡农民生活水平的提高，禁止宅基地使用权对外流转不仅不利于土地节约利用，而且会进一步固化城乡二元结构。因此，宅基地使用权的市场化通道不能也无法完全堵死，必须为宅基地使用权进入市场开拓一条通道。

5 宅基地使用权流转的制度设计

综合平衡宅基地的社会保障功能和财产功能，兼顾稳定和效率的需求，应当赋予农民在符合一定条件时对外流转宅基地的权利，并通过详细的规则设计稳步推进宅基地使用权的流转。

第一，确权颁证，并解决公平分配问题。可以进入市场流转的农村宅基地，必须是农民依法取得并且产权明确无争议的宅基地，因此，在流转制度推行前必须摸清家底、处理历史遗留问题（例如因各种原因形成的一户多宅、面积超标、违章占用、私下交易等），并通过全面的确权颁证明确权属。同时，调研表明，因各种不同原因产生的宅基地占有不均是农民对宅基地流转的一个重要顾虑，在放开流转之前还必须结合确权颁证工作对一些地方宅基地占有不均的情况予以适当调整。

第二，为宅基地使用权流转设定必要的限定条件。应当允许农民在符合一定条件时对外流转宅基地及其上房屋，流转的形式可以包括转让、出租、入股、抵押、置换等多种形式。限定条件除了包括权属清楚合法、符合规划和用途管制这两个条件外，还可以要求转出农户有其他固定居所。当然，是否流转必须充分尊重农民意愿，但农民出售宅基地及其上房屋后不再享有无偿分配宅基地的权利。

第三，建立内外有别的分类流转制度以及宅基地向集体经营性建设用地转变的途径。符合条件的农户将宅基地及其上房屋出售给本集体符合宅基地申请条件的人，可以直接出售，房屋性质仍为宅基地上农房；符合条件的农户将宅基地及其上房屋出售给本农民集体之外的人，或者虽为本农民集体成员但是不符合宅基地申请条件的人，则需向土地所有权人补办集体经营性建设用地出让手续并交纳出让金，所售房屋性质转变为农村集体建设用地上的商品房，而不再是具有保障性质的宅基地上农房，相应的宅基地使用权则转变为集体经营性建设用地使用权。“宅基地作为集体建设用地使用权进入市场后就不再是福利分配性质的了，就应当具有集体建设用地的使用年限、价值，实行市场竞价有偿取得和在使用年限内有期限使用。这样一来，农民房价就会上升，可能接近城市房价，从而对房地产市场形成一定的良性的调节和影响”。因此，宅基地使用权流转制度的建立必须和集体经营性建设用地入市改革相配合。

第四，赋予农民集体优先购买权，符合条件的农户转让其宅基地使用权及其上房屋时，作为土地所有权人的农民集体在同等条件下享有第一顺位的优先购买权，符合宅基地申请条件的本农民集体其他成员则在同等条件下享有第二顺位的优先购买权。同时可以在对实质条件和程序作出严格限定的基础上建立农民集体收回宅基地的制度，并按市场价格给予合理补偿。当前的宅基有偿退出政策实施效果不佳的一个非常重要的原因便是缺乏可以参考的市场价格。集体对优先购买或者收回的宅基地，“可以作为宅基地贮备，以满足以后本集体成员新增宅基地的需要。集体也可以对宅基地进行整理，可以复垦的恢复为耕地，获得复耕补偿奖励价金和耕地保护补偿金；不可复垦的，作为集体建设用地”。

第五，在流转程序上，建议通过当地产权交易中心公开交易，并到本农民集体经济组织处备案。地方政府做好指导服务和监督工作，提供信息发布、签约指导、价格评估等服务，必要时各地可以视情形对同一主体购买农民宅基地及住房的套数和面积等作出上限限制。对合法流转的行为，由地方政府主管部门为受让方颁发产权证。

第六，在改革实施路径上，应当因地制宜，并可以考虑分区域逐步推进。对宅基地使用权流转市场放开的程度，有学者建议实行“三放开”政策，也即购买对象放开（包括城乡居民）、购买区域放开（对城镇居民不限定购买的区域）、购买价格放开（按照市场规律形成价格）。也有学者建议实行分区域差别化办法，“对不同区域宅基地对外开放，采取差别性办法，沿海地区和城乡接合部宅基地价值已经显化地区，由于早就没有实行宅基地福利分配制度，实行宅基地使用与转让的对外开放，外村租用或转用集体宅基地的收益，在集体组织成员间分配。对于传统农区，鉴于需求没有那么旺盛，宅基地问题主要是村内农户之间的调剂问题，建议先放开村内及村际宅基地可交易，限于农民身份的人之间的出租转让，在条件成熟后，实现与沿海地区及城乡接合部地区同等的宅基地对外交易”。笔者认为，稳定与效率价值之间的最优平衡点会受到各地经济发展程度和城市化水平的影响，尤其是各地社会保障和农民收入水平的影响。因此，宅基地制度的设计必须允许各地因地制宜。如果在某一地区宅基地使用权的流动极大提升了经济效益，而可能带来的农民因决策失误或者其他原因流离失所的情况概率非常低影响非常小，则可能需要更多考虑经济效益发挥宅基地使用权的财产功能，同时加强对特殊情形的救济保障；反之，则不然。因此，虽然宅基地使用权的流转最终要实现上述“三放开”，但作为改革过渡阶段的路径选择，分区域差别化推进的策略，既有利于统一思想、减少改革推行的阻力，也与我国地区差异大的国情相契合。

第七，增强宅基地使用权流转与其他改革举措的协同效应。当前以城乡建设用地增减挂钩为主要手段的农村土地整治，可以促进农村宅基地的集约利用，但存在两点“硬伤”：一是作为土地权利人的农民反倒只能被动参与，二是指标的落地只能通过征地方式，因此无法确保农民土地权益不被侵害。放开宅基地对外流转市场有利于保障农民财产权益，但单个的流转行为在发挥规模效应以及优化用地布局方面则缺乏优势。故此，目前的宅基地制度改革，并不是简单地放开宅基地对外流转市场，而是需要宅基地对外流转、集体经营性建设用地入市、宅基地收回、农村土地整治等多项举措联动。这需要改变目前征地、宅基地、集体经营性建设用地入市各试点“隔绝”状态。建议主管部门选择部分试点地区打通“三项制度”试点以及“农民住房财产权抵押担保”试点，一方面出台政策鼓励农民集体主导的以宅基地换房为主要形态的农村宅基地整治，并允许农民集体将整治后结余的宅基地调剂为集体经营性建设用地并入市，或者将宅基地复垦后产生的新增建设用地指标用于集体经营性建设用地入市，从而既促进宅基地的集约利用，又丰富农民实现宅基地权益的途径；另一方面允许试点地方结合本地实际情况开展有条件放开宅基地使用权对外流转的探索。

参考文献请见原文。

（撰稿人：宋志红，国家行政学院副教授，博士，主要研究方向为民商法、土地法、房地产法）

结合公众参与的《村规民约》修订创新方式探索

——以全国村庄规划试点村北京市门头沟区炭厂村为例[1]

1 我国村庄规划的变革

长期以来我国重城市建设，轻乡村建设，乡村无规划、建设无序等问题严重，乡村规划照搬城市规划理念和方法、脱离农村实际、实用性差的问题更为普遍。近几年为扭转这一局面，提高村庄规划编制水平，住房和城乡建设部自2013年开始开展了村庄规划试点工作。

村庄规划与城市规划不同，村庄的建设主体是村民，以往村庄规划的编制往往是按传统的城市规划的方法，简单地从技术角度出发，按照"设计单位编制——规划管理部门审查——政府审批"的规划编制流程，往往忽视村民的需求。村民不知情或者村民参与度不高，是造成村庄规划脱离农村实际的重要原因之一。纵观近十年来村庄规划发展演变历程我们不难发现，随着村庄规划编制技术的完善，村民参与村庄规划的程度逐步加深。

村庄规划1.0版本（2006—2009）的重点是乡村基础设施和公共服务设施的建设，村民参与村庄规划的特征是一次性的参与，形式上只是利用调查问卷等简单的征求村民对规划的意见。到了村庄规划2.0版本（2012—2015），村庄规划的重点是"美丽乡村"建设，村民参与村庄规划的特征是在规划阶段的参与，实施阶段的参与明显不足。而到了今天的村庄规划3.0版本，村庄规划开始注重乡村文化的建设，注重让村民全程参与到村庄规划中，从规划编制、到后期的村庄建设、发展等多方面，探索建立村民持续参与的长效机制（图1）。

[1] 本文摘自《创新村镇规划 促进乡村复兴——第三届全国村镇规划理论与实践研讨会暨第二届田园建筑研讨会论文集》，2016：120-126。

基金项目：国家自然科学基金项目（51578009）。

图 1　近年来我国村庄规划的发展历程

资料来源：作者自绘

村民参与村庄规划已成为村庄规划中不可缺少的一个重要环节（图 2）。村庄的建设主体是村民，但随着我国村庄建设的快速发展，村庄面临的现实困境是面对日益复杂化的村庄社会组织关系，许多问题仅靠传统的行政管理远远不够，又上升不到法律的层面，需要借助道德约束。因此，从乡村治理的角度，重拾《村规民约》，通过村民之间的契约，重构乡村道德、凝聚人心，对村庄的建设和发展变得越来越重要。

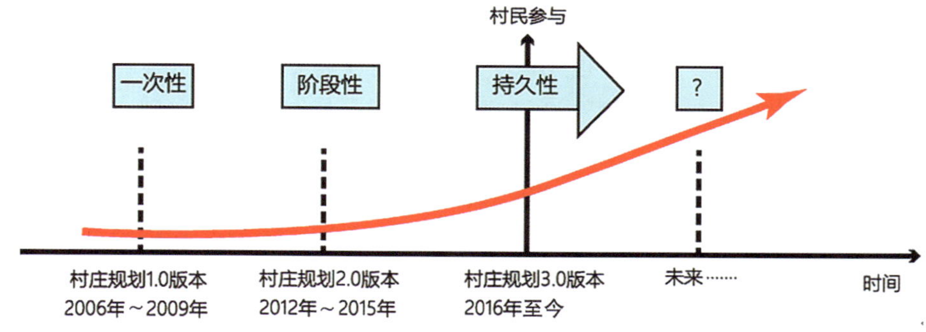

图 2　村民参与在村庄规划中角色的演变

资料来源：作者自绘

2　炭厂村新版《村规民约》制定的起源和意义

2.1　炭厂村新版《村规民约》制定的起源

炭厂村的神泉峡景区是靠村集体发展起来的国家 3A 级旅游景区，正在积极申请升级成为4A级景区。随着景区的日益发展，村内部分村民自主开起了农家乐，村民们的收入有所增加的同时，出现了农家乐的相互竞争等现象。这给村两委的工作带来困扰的同时，在一定程度上影响了景区的整体形象。村两委干部和部分农家经营者希望能有相关约束以解决类似的问题。除此之外，随着炭厂村村民物质生活水平的提高，农民们的思想文化素质、民主思想和法制观念也有所提高。村内过去一直沿用的“人治”管理方式下的各种矛盾也相应地显现出来。调研中，村民表达了对分红问题、景区内土地流转问题、村民与村干部之间的矛盾、村庄公共环境卫生等问题的不满。在这样的背景下，炭厂村村两委干部希望把村中的一些重大问题和村民普遍关注的、有关自身切身利益的热点问题，同相关的法律法规、现有的国家政策相结合，通过一种合理有效的方式来对村干部和村民进行沟通和约束。

2.2 炭厂村新版《村规民约》制定的意义

村规民约是村民自治真正落到实处的桥梁和有效途径，它源于乡土社会，符合乡土社会的生活实际，柔和性地规范着人们的行为，合理地调整着乡土社会的生活秩序，是乡土社会村落整合的重要手段。为广大村民行使自治权利和民主权利提供了保障。炭厂村新版《村规民约》以其灵活、具体、契合实际的特性受到了村两委干部和村民的一致好评。

3 结合公众参与的《村规民约》修订

3.1 现状调查研究

为了了解炭厂村村民对《村规民约》的了解程度，并深度挖掘《村规民约》与乡村治理之间的关系，笔者于2016年8月至12月之间多次到炭厂村进行调研，并针对村两委干部、普通村民、村内农家乐经营者、景区工作的村民等不同人群进行多次访谈，共发放调查问卷120份，收回108份，整理问卷后进行了具体的分析和研究。

炭厂村换届选举完成之后都会在一定的时间内制定出村规民约。考虑村民的知识水平相对较低，村规民约一般由政府提供模板，村民按照意愿修补内容。炭厂村共有过三个版本的村规民约，第一个版本是2008年收录在炭厂村《村民自治章程》中，共八条内容，形式上是简单的口号型《村规民约》。据炭厂村村干部介绍，炭厂村《村规民约》第二个版本是2000年定的，在作者多次探访炭厂村中没有收集到相关资料。第三个版本是炭厂村现有的《村规民约》，是2013年编制，

图 3 针对现有《村规民约》进行调研访谈

资料来源：作者自绘

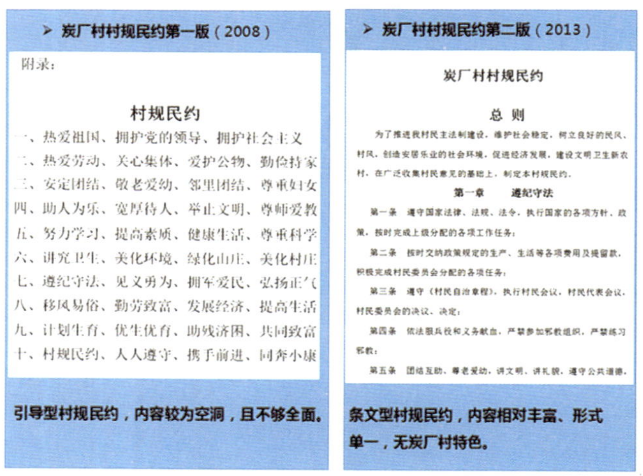

➢ 炭厂村村规民约第一版（2008）

附录：

村规民约

一、热爱祖国、拥护党的领导、拥护社会主义
二、热爱劳动、关心集体、爱护公物、勤俭持家
三、安定团结、敬老爱幼、邻里团结、尊重妇女
四、助人为乐、宽厚待人、举止文明、尊师爱教
五、努力学习、提高素质、健康生活、尊重科学
六、讲究卫生、美化环境、绿化山庄、美化村庄
七、遵纪守法、见义勇为、拥军爱民、弘扬正气
八、移风易俗、勤劳致富、发展经济、提高生活
九、计划生育、优生优育、助残济困、共同致富
十、村规民约、人人遵守、携手前进、同奔小康

引导型村规民约，内容较为空洞，且不够全面。

➢ 炭厂村村规民约第二版（2013）

炭厂村村规民约

总 则

为了推进我村民主法制建设，维护社会稳定，树立良好的民风、村风，创造安居乐业的社会环境，促进经济发展，建设文明卫生新农村，在广泛收集村民意见的基础上，制定本村规民约。

第一章 遵纪守法

第一条 遵守国家法律、法规、法令，执行国家的各项方针、政策，按时完成上级分配的各项工作任务；

第二条 按时交纳政策规定的生产、生活等各项费用及提留款，积极完成村民委员会分配的各项任务；

第三条 遵守《村民自治章程》，执行村民会议，村民代表会议，村民委员会的决议、决定；

第四条 依法服兵役和义务献血，严禁参加邪教组织，严禁练习邪教；

第五条 团结互助、尊老爱幼，讲文明、讲礼貌，遵守公共道德，

条文型村规民约，内容相对丰富、形式单一，无炭厂村特色。

图 4 炭厂村《村规民约》的发展演变过程

资料来源：引用炭厂村村庄规划成果

其中包括遵纪守法、社会治安、像风文明、村容整洁、合理信访、计划生育、土地使用管理、村级产权交易、民主管理等九章 45 条内容。

三个版本的《村规民约》在形式和内容上都有所不同，制定的过程虽然通过村民代表大会表决决定，但并未广泛听取村民的意见，缺少村民的互动参与，导致村民对本村的规约知之甚少。

3.2 村民参与是《村规民约》修订的第一步

公众参与的目的是了解村民的真实需求，在此基础上进行客观分析，为村庄

表 1　典型章节型《村规民约》内容对比表

	莲花镇齐平村	兰溪市诸葛村	吉安县高禹村	莫干山镇紫陵村
章节	主题	主题	主题	主题
第一章	综合治理	村风民风	要遵纪守法	总则
第二章	财务管理	民主管理	团结邻里	婚姻家庭
第三章	婚姻和计划生育	山林、土地管理	计划生育	邻里关系
第四章	土地管理 村庄建设	婚姻家庭 计划生育	尊老爱幼	美丽家园
第五章	文化教育	村庄规划 和文物保护	移风易俗	平安建设
第六章	卫生环境	旅游环境和管理	爱护公物	民主参与
第七章	河道管理	奖惩措施	生态兴农	奖惩措施
第八章	山林管理	附则	服从规划	附则
第九章	用电管理		尊重物权	
	依法服兵役		珍惜土地	
	合法权益		防火防盗	
	奖惩措施		依法用电	
	附则		诚信经营	

来源：作者自绘

规划编制构建提供科学的依据。结合公众参与制定的乡规民约，协调了村庄规划中村民个体利益与公共利益，并且约束和监督了村级干部的行为，有助于地方自治组织更准确、更方便地处理村中事务。

持续长效的村民参与，首先要激发村民的主人翁意识，让村民积极主动的参与到村庄规划之中。此次试点规划通过多次入村调研及时了解村民想法和需求，并通过规划宣讲等方式给村民普及村庄规划的知识，通过帮助复兴村庄文化建立了和村民的情感。活动中，规划团队在给村民介绍村庄规划初步成果的同时，围绕新版《村规民约》，分别对为什么要制定《村规民约》、《村规民约》应包括哪些内容、村庄规划与《村规民约》的关系、村庄规划的哪部分内容应纳入到《村规民约》等几个问题进行讨论，得到了村民的热烈反响。

3.3　海纳百声、多方参与

在此次试点规划中，通过建立“炭厂村村庄规划公众参与平台”微信订阅号、

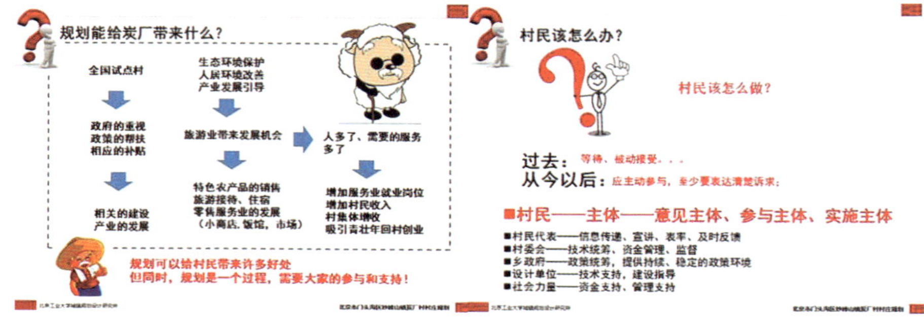

图 5　村庄规划的意义

资料来源：引用炭厂村村庄规划成果

图 6　现场村民的意见

资料来源：引用炭厂村村庄规划成果

开通意见反馈邮箱等方式，引起社会各界人士及同行的关注，广泛听取来自社会各界人士不同的声音。规划团队在规划编制中及时采纳村民的意见和建议，积极探索一些新的规划理念和方法。与此同时，还与当地文联、作家协会等部门共同探讨新版《村规民约》的表达形式，试图探索一种简洁生动、通俗易懂、读起来朗朗上口的《村规民约》。

3.4　炭厂村新版《村规民约》初步形成

将村庄规划纳入到村规民约是本次试点规划的一种尝试，村庄规划的哪些内容应该纳入到村规民约、村规民约怎样能起到促进规划实施的作用是本次村庄规划探索的重点。炭厂村新版《村规民约》结合炭厂村特色，将村民关心的事、村民觉得能够接受的要求写进新版《村规民约》，并从村庄格局维护、公共空间整治、建筑风貌的控制等方面对村民提出引导，还将村庄旅游管理、农家乐文明竞争、保护文化遗产、保护生态环境等内容一并纳入到新版《村规民约》，使村规

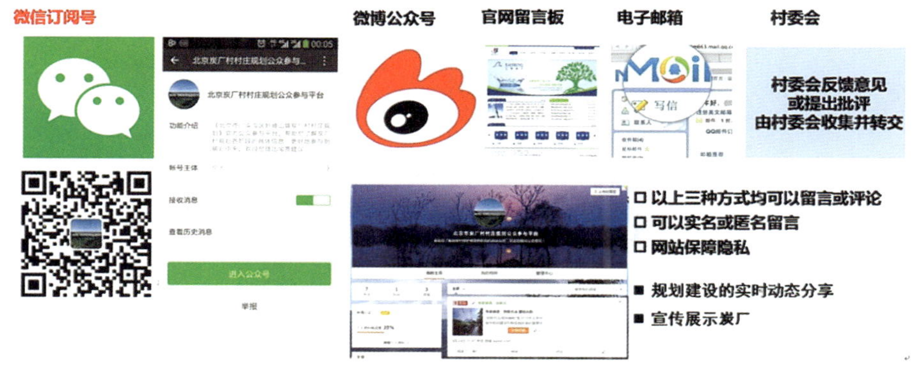

图 7 多样的参与形式

资料来源：引用炭厂村村庄规划成果

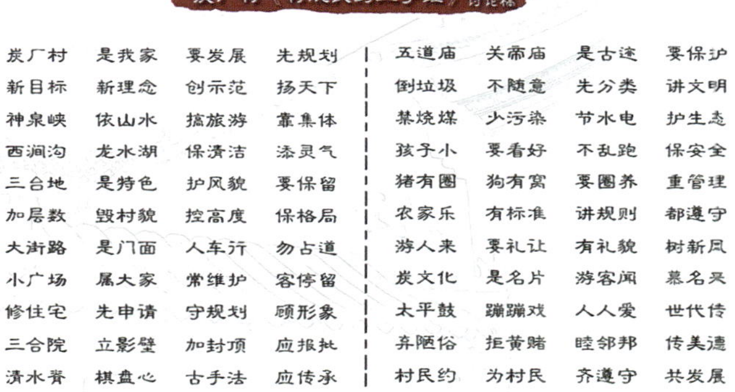

炭厂村《村规民约三字经》讨论稿

炭厂村 是我家 要发展 先规划 | 五道庙 关帝庙 是古迹 要保护
新目标 新理念 创示范 扬天下 | 倒垃圾 不随意 先分类 讲文明
神泉峡 依山水 搞旅游 靠集体 | 禁烧煤 少污染 节水电 护生态
西涧沟 龙水湖 保清洁 添灵气 | 孩子小 要看好 不乱跑 保安全
三合地 是特色 护风貌 要保留 | 猪有圈 狗有窝 要圈养 重管理
加层数 毁村貌 控高度 保格局 | 农家乐 有标准 讲规则 都遵守
大街路 是门面 人车行 勿占道 | 游人来 要礼让 有礼貌 树新风
小广场 属大家 常维护 客停留 | 炭文化 是名片 游客闻 慕名来
修住宅 先申请 守规划 顾形象 | 太平鼓 蹦蹦戏 人人爱 世代传
三合院 立影壁 加封顶 应报批 | 弃陋俗 拒黄赌 睦邻邦 传美德
清水脊 棋盘心 古手法 应传承 | 村民约 为村民 齐遵守 共发展

图 8 炭厂村新版《村规民约》

资料来源：引用炭厂村村庄规划成果

民约的内容与村民日常生活密切融合。

表达方式上，新版《村规民约》力求在形式上充满乡村气息，贴近实际、贴近生活。为了通俗易懂、易学易记，采用了朗朗上口的三字经形式。还将炭厂村新版《村规民约》以图文并茂的形式制作成鸡年年历，两句一页，做成 12 个月的图文解读版，力图使规划成果“政府用得上、村民看得懂”。

4 结语

我国的村庄自治尚处于起步阶段，村庄规划中的“村民参与”形式还在探索中，存在主体过于单一、流程过于简单等不足。从村民自治出发，通过村民参与的方式，将村庄规划中的核心内容和具体管控要求转化为村民自愿遵守的《村规

图 9　图文并茂的炭厂村新版《村规民约》

资料来源：引用炭厂村村庄规划成果

图 10　炭厂村新版《村规民约》年历封皮

资料来源：引用炭厂村村庄规划成果

图 11　炭厂村新版《村规民约》部分内容

资料来源：引用炭厂村村庄规划成果

民约》，是本次试点规划探索的一种创新方式。两者转化不可一蹴而就，转化的内容、形式等方面都会根据村庄的不同、规划内容的不同和时代背景的不同而改变，还需要我们不断地进行探索

参考文献请见原文。

（撰稿人：张建，北京工业大学城镇规划研究所教授硕士生导师，研究方向村镇规划；金晶，北京工业大学城镇规划研究所研究生，研究方向村镇规划；赵之枫，北京工业大学城镇规划研究所教授，硕士生导师，研究方向村镇规划）

小城镇管理的制度思辨 [1]

小城镇作为乡村与城市之间过度的载体并没有准确的学术定义，对小城镇范围的理解是存在分歧的：一般认为与规模相关，包含一定规模的小城市和建制镇，没有设镇建制的乡集镇不在小城镇之列。我国不同行政层级的市、镇管理体制存在巨大的差异，因本文主要基于行政层级探讨当前的管理制度，因此界定的小城镇是按照国家行政建制设置的建制镇，而不包含县级政府驻地。改革开放后，我国建制镇发展数量剧增，由改革开放之初的2176个上升至2014年的20401个，提高了8.38倍，但发展质量总体水平较低，成为我国城市化发展进程中最为失落的层级。

1　小城镇管理制度基本特征与问题

我国行政体制中的央地关系体现了中央如何控制地方政府，而地方政府间的关系处于自上而下的重构过程。我国宪法规定设有“省、县、乡（镇）”地方政府层级，1992年中央出台《改革地区体制，实行市领导县体制的通知》后，市超越其作为省级政府派出机构而成为一级政府，从而构成了现实运作过程中的四级地方政府层级和政府治理格局，建制镇作为最低行政层级施行特殊的管理制度。

1.1　权利视角——小城镇行政制度

地方政府拥有的行政决策权限是发展型政府的形成基础，由于《村民委员会自治法》的实施，乡镇实际成为国家行政的边界，即乡镇成为我国最末端的政府层级，基层治理的重要主体，国家和农村社会的衔接。整个政府系统在语言上高度一致，但实际运行中充满矛盾。不同层级的地方政府具有公司化特征，具体运作逻辑是将资源转化为资本，然后占有资本收益，并不承担生态环保、可持续发

[1] 本文摘自《小城镇建设》，2016（5）：78-83。

基金项目：国家科技支撑项目《县、镇（乡）及村域规划编制关键技术研究与示范》（编号：2014BAL04B01）。

展责任。而在乡镇经历基于不信任角度的“乡财县管”的改革后，乡镇不再是一级完整的政府，权力配置结构与上级政府有所区别，缺乏执法机构和权力，治理能力降低，更多地作为上级政府决策的执行者履行职能，形成“行政空壳”，缺乏维护公共利益的能力和手段。乡镇财、权、人少，但承担的任务多，事权和财权不匹配，既损害了政府权威和治理效率，也直接造成了乡镇治理的失效。同时直接面对基层群众，经济社会发展带来的新变化面临更大更具体的压力。

1.2 资金视角——小城镇财税制度

我国的财政分权状况呈现税收提取高度集中而支出责任高度分化的特点。2002 年开始的税费改革取消了乡统筹、村提留和农村义务工等收费和摊派项目，只对农民收取较原来税率有所提高的农业税和农业税附加（分别占常年亩产的 7% 和 1.4%），2005 年全面取消农业税，公用经费的安排由“县乡两级”转变为完全由县级政府安排，县以下财政基本破产，乡镇只承担“消费”功能。我国中西部地区大部分为国有企业和重工业，财税体系呈现倒三角结构，中央、省、市、县分别提留，镇级政府作为预算单位，没有组织收入职能。即不参与税收分配，失去“汲取”功能。

消费支出实施包干制，导致乡镇政府只能依靠拨付经费和专项资金进行运转和项目建设，每一项均有明确的用途。由于工资调整、养老金以及公车改革导致的县级财政支出越来越大，涉及民生的教育、社保、新农合等硬性配套增加，县级财政难以维持，到乡镇政府更是杯水车薪，只能保证基本运营。由于基层政府治理权责不一，有限能力承担无限责任，支出压力大，可用财力少，导致行政效能低下，管理成本较高，且同一层级政府内部涉及乡村治理的工作和建设资金不能有效协调的错误时有发生。小城镇建设和运营维护资金投入缺乏可靠的预算，由于基层缺钱，对上级产生强烈的资金依赖，上下级组织之间以获得资金为目的经济关系加速形成，公共服务设施的建设存在极强的目的性和选择性，无法实现乡镇层面的统筹。

1.3 空间视角——小城镇土地制度

当前我国土地实施“耕地总量动态平衡”、“增减挂钩”以及“农用地转用指标、耕地保有量计划指标和土地开发整理计划指标”为核心的土地控制规范和约束机制。中央政府是城乡土地调控政策的制定者和监督者，省级政府成为具体土地指标的分配者，建设用地的审批权止于县级政府，一般由国土部门的土地利用规划和城乡规划部门的村镇体系规划进行控制和分配。

虽然国家不断强调乡镇在城市化进程中的关键角色，但官僚科层体系决定建设用地合法性途径只能通过土地利用指标层层分配获得。由于地方政府的经济发展诉求，地方政府在制定政策的过程中往往以GDP增长为中心，以增加财政收入为导向，使得土地指标向大城市中心城市倾斜，大多数建制镇合理建设用地需求无法得到满足，甚至必要的公共服务设施和基础设施建设用地都无法得到供给。部分极具发展活力的小城镇，为解决大量乡村非农用地问题，只能采取非正规形式，小城镇集体建设用地的违法建设比比皆是。

1.4 管理视角——小城镇执政能力

我国现行的基层治理制度设计有基层治理能力水平不足无法独立施行政府管理职责的原因，也有基层治理结构简易化的初衷。多数建制镇确实不具备独立行使一级政府的管理能力，人才吸纳能力弱，本地人才外流，外地人才吸引能力差，形成了恶性循环，尤其中西部地区管理人才缺乏现象更为严重。导致政府未能恰当处理其与市场、社会的关系，不能发挥镇级政府应有的作用。根据期刊收集的文章所做的抽样调查数据显示，全国乡镇基层干部素质和能力差距巨大，山东乡镇干部本科学历以上的占61.64%，广西阳朔占46%，湖北民族地区仅为1.6%，而青海藏区绝大多数干部参加工作时仅为高中或中专，第一学历本科以上本的很少。

纵向政府层级间的职责配置存在自上而下的剥夺和自下而上的选择性执行特征，县级以上城镇发展有各方面的动力（特别是行政力的推动），乡村建设有国家层面的政策支持，处于两者之间的小城镇的发展状况最为尴尬，能分到镇的发展资源极为有限。中西部地区大部分乡镇因为财力、权力和人力有限处处受阻，甚至不能为城镇化提供配套的基础设施和公共服务。

2 小城镇管理制度创新基础与问题

2015年百强镇除河南新郑市龙湖镇（第91位）、贵州仁怀市茅台镇（第95位）、辽宁海城市西柳镇（第89位）、析木镇（第94位）和腾鳌镇（第100位）五个镇外，全部集中在东南沿海省份。东西部小城镇反差之大的内在原因在于小城镇客观的经济基础、社会基础，而行政、财税以及土地等管理制度的变通设计和法律障碍的规避为小城镇发展增添了助力。

2.1 市场经济发育及乡村转型产生的自下而上的需求增加

我国百强镇和人口规模总量甚至超过设市城市标准的分布来看，主要起步于市场活力较强的中东部发达地区的大都市郊区：一方面这些区域特大城市、大城市原始积累已经完成，体现在区域带动作用增强，形成功能疏散机制，区域城乡联动效应凸显；另一方面乡村整体转型初步完成，体现在农村地域的乡村性减弱，城市性增强，农业产业和生活方式越发现代化，表现的经济上的农业现代化、非农化，社会构成上的农民分化、新的乡村主体出现、建制镇空间形态和生活方式的城市化。在此基础上，一是来自居民对小城镇基础设施和公共服务高水平供给的需求增加；二是均脱胎于农村地区的乡镇企业和小城镇相伴相生，形成地域共同体。部分建制镇具有优越区位、内生动力和极大的活力，民营企业发达，对行政管理效率、生产服务业水平提出更高的要求，亟需村镇规划为乡镇产业以及第三产业发展提供空间支撑；三是由于土地已经具有市场化高效配置的基本条件，使得政府通过有效管理和市场机制配置空间资源成为可能。因此，这些区域小城镇率先提出“强镇扩权”的自下而上的需求。中西部地区小城镇内生动力不足，这也为强镇扩权改革并未在全国各地自发生长提供了一种解释力量。

2.2 乡镇政府收入水平的增加和治理能力的提高作为基础

由于地税收入较高，镇级政府乃至乡村都有极强的收入来源，为城镇规划和建设提供了资金保障。如江阴小城镇建设过程中实施三集中（农业向规模经营集中、工业向园区集中、农民向镇区集中）很大一部分原因来自于20世纪90年代乡镇企业股份制改革，基层政府收回大笔资金作为启动资金。同时，发达地区经过历史的文化积累、市场淬炼以及经济吸引力，即便基层政府的人员管理素质都有长足的进步，普遍的学历水平和管理能力都远远高于中东部，政府治理能力明显提高。从江苏乡镇干部任职途径（表1）显示，苏南与苏中、苏北地区相比，乡镇干部地方根植性和发展经济的能力更强，可以有效规避乡镇干部工资待遇低、生活环境差、稳定性不足和晋升空间有限的问题。

表1 江苏省乡镇干部任现职的途径（单位%）

途径 地区	大学分配	企业领导兼任或有担任企业领导经历	村级干部提拔	外调或其他
苏南	16.44	24.11	15.07	44.38
苏中	20.79	4.95	14.85	59.41
苏北	33.65	4.81	8.65	52.88

数据来源：秦兴方，汤学俊．江苏农村城市化进程中县镇干部意愿的区域比较．扬州大学学报，2001（9）：3-8。

2.3 上级政府适宜的制度设计和监管能力的提高作为保障

我国整体东中西差异加大，东部地区以及市场积极发育的少量中部地区部分县（市）地方政府权利关系面临重构，在变革力与稳定力博弈的过程中，试点镇、“扩权强镇”作为组织变革形式之一，是上级政府主动应对需求的回应，包括下放试点镇经济社会管理权限，提高镇级政府的行政层级和镇财政分成比例，发展飞地经济，保障建设用地供给以及管理人才保障制度等方面。同时各级政府加强了政策调控和规划引导作用，如江苏省改变城市化策略，将分散发展格局调整为集中发展格局，突出重点镇的作用，一般镇作用下降。规则改变，人们的行为就会改变，结果也会发生变化。当前发达地区地方政府整体财税体系呈正三角结构，基层政府财政收入充足，政府创新能力和治理能力远高于中西部地区，重点镇逐步演变为新市镇。

2.4 当前小城镇管理制度创新面临的问题

当前小城镇管理制度创新可能面临如下问题：一是当前全国范围内有 937 个大镇作为试点，与总量比较，试点只涉及很少的镇；二是全国范围内强镇的选择和全力扩充的空间并没有统一的规范，政策内容不统一，政策边界不清晰，执行规则不规范，造成博弈成本提高，寻租空间加大；三是试点镇一般施行土地出让净收益全部返还政策，可能带来的弊端是土地财政的下行趋势，小城镇可能沿袭土地财政依赖造成目前二三线城市的空城空房现象，一旦扩展到全国范围，其占用土地、耕地的危害和隐含的大规模建设风险将很难控制；四是小城镇功能定位与规划管理能力不匹配，建设规模大且散乱，土地利用效率低下，不利于污染治理、设施配套与规模效益形成，阻碍小城镇健康发展。

3 小城镇建设管理制度现状与问题

3.1 规划建设管理制度现状

当前小城镇建设已经凝结出“规划是先导、产业是基础、管理是保障、特色是关键”等基本经验。针对城乡规划管理采取差异化管理制度，即城镇采用控制性详细规划为依据的“一书两证”（选址意见书、规划建设用地许可证、建设工程规划许可证），乡村采用简易化的“一证”（乡村规划建设许可证）制度，目前针对集体土地上的建设项目管理尚未形成一套完整的规划实施和管理体系。

由于大多数镇区是由一个或几个行政村组成，国有土地与集体土地交织，集体建设用地比重大，建设用地土地产权模糊，具有非城非乡和半城半乡的土地产权特征，规划如何管理尚未破解，因此出现三种管理模式：一是发达地区小城镇采取的完全城市管理模式，用两证一书的城市规划建设管理方式取代乡村管理。由于不符合乡村基层治理体系特征与建设管控现实，照搬城市规划的方式，不能满足实际建设发展需求，其本质是政府与村集体和村民之间的利益之争；二是一镇两制制度。即国有土地实施城市管理制度，村庄建设用地部分实施乡村规划行政许可制度。由于以村为单位的土地经济建设与土地开发模式与镇区统一管理存在较大利益冲突，难以达到镇标准。同时出于技术基础不足、管理人才缺乏、规划深度不能满足行政许可要求等原因，不具备乡村规划行政许可发放的基本条件，乡村建设许可制度并未在全国得到有效地实施；三是无为而治的放任制度。小城镇建设未能实施有效的空间管制、技术引导和政策调控，导致难以引导和满足村庄发展需求，乡村建设混乱，违法建设状况频现。

从管理机构角度，根据 2015 年中国工程院《村镇建设与管理》研究课题对全国的调查分析显示，2013 年，村镇建设管理机构的建制镇有 1.57 万个，占比 89.83%，尚有 10.17% 的建制镇未设规划管理机构。全国共有乡镇建设管理人员 10.4 万人，平均每个乡镇从事村镇建设管理的人员不足 3 人，60% 的乡镇仅一名村镇建设管理员，还有 1/4 的乡镇无规划建设管理的机构和人员。整体乡镇管理人才匮乏，管理力量薄弱，并未有效实施城乡规划管理。

3.2 规划建设问题原因解读

当前我国建制镇城镇建设存在诸多问题：一是用地粗放，管理不足，空间浪费现象严重，违法建设用地和违法建设多发；二是用地结构不合理，居住用地比例普遍过高，配套基础设施用地比例过低；三是用地重平面扩张、轻内部挖潜，部分镇区外部发展繁荣，而内部建筑破败，多弃置地；四基础设施和公共服务水平较低，难以满足小城镇居民及周边农村居民的生活需求，区域中心作用受到严重制约；五是面临生态环境破坏、资源利用率低、配套设施差、环境污染大等困境。

上述问题产生有以下原因：一是城乡土地调控的考核和引导机制在地方政府的 GDP 导向发展模式下苍白无力；二是乡镇政府城镇建设统筹能力有限，不能提供有效的公共服务，因此胡星斗、傅光明、邓大才等学者提出撤销乡镇的极端性建议。三是城乡规划不统一，造成资源浪费。城乡规划的不统一使得城市和乡村的建设并不能统筹协调地完成，城乡的住房将会出现供给过剩，这将对资源造成过多的浪费，不利于节约和集约发展；四是镇区居民对集体建设用地的价值预期越来越高，总量大、布局散、效益低、环境差。

4　小城镇管理创新原则与制度建议

小城镇联结城乡的天然区位特征，自然成为吸纳农村剩余劳动力转移的第一级集聚地、农民实现市民化转变的过渡地带、促进农业产业化发展的重要助推器与城市优势资源向乡村辐射的承接平台。为促进小城镇的健康可持续发展，需要进行一系列的制度创新。

4.1　建立小城镇建设的分类指导原则

天下难事必作于易，天下大事必作于细。不同规模、性质和地域的建制镇增长方式与管理方式存在本质性的不同，应针对不同发展潜力的小城镇分类（表 2）制定差异化的指导措施和管理原则。

表 2　基于发展潜力的小城镇分类

类别	特征	具体措施
人口规模超过 5 万的强镇	可成长为小城市或镇级市	降低设市标准，实现镇改市。限制小规模手工业、低端服务业等低效益产业在土地资源紧缺地区铺开发展；大城市疏解的大学、医院和研究机构等向小城镇倾斜，增强发展动力
重点中心镇	郊区化或农区中重点中心镇	在内陆城镇化较快的地区，应避免东部沿海小城镇全面铺开的方式，重点推进可作为区域经济产业核心的小城镇发展，突出农业制造、副产品加工、科技及服务产业的发展；在内陆城镇化落后地区，应重点推进各地区条件最好的小城镇的城镇化，限制小城镇的全面发展；对拥有发展动力与资源禀赋（如矿产资源、区位优势、旅游资源等）的小城镇大力可推进特色产业的发展；缺少资源禀赋的地区可在中央政策以及大中城市的帮助下重点在几个城镇中发展工业、制造业等见效快的资金密集型产业。大力发展小城镇中等和初级职业教育
一般建制镇	农牧业地区的小城镇	按照合理的服务半径为乡村居民提供的医疗、教育、商贸等公共服务功能，为农业生产和销售提供基础技术服务和引导功能；支持地广人稀、落后地区小城镇借地区资源与区位禀赋自主发展；大力发展农业技术服务培训；建立宅基地价格评估和流转制度
限制发展镇	限制开发区域或者农牧区中日渐凋敝的城镇、发达地区发展条件较差的城镇	迁并或降为行政村，降低行政管理成本；建立宅基地换保障性住房的配套政策

4.2 镇村体系空间优化作为顶层设计

注重村镇体系规划的空间优化中的统筹作用。村镇体系规划是根据国土部门和县（市）政府核定的各县（市）建制镇、村庄建设用地规模，在建设用地总量控制的前提下，统筹分配各镇村建设用地规模，确定各镇村新增各类建设用地、新增住宅用地的指标和基本空间布局，并提出现状建设用地规模挖潜、用地腾挪置换等土地利用的指导意见。在现有土地管理制度下，镇村体系规划是自上而下的指标下达原则与方案的形成过程。同时，镇村体系规划综合体现各个建制镇、村庄规划的基本述求，是自下而上的需求综合与方案的选择过程。因此村镇体系规划是计划与市场对接的转换平台。村镇体系的空间优化放在更广域的城镇体系内进行，并与小城镇发展动力的现实状态和未来培育重点紧密相扣，实行政策分类指导。

4.3 强化城镇建设资金人才保障制度

当前社会变革提出了权力变革的基本要求，权力分配的基本条件是基层治理能力的提高。发展述求越高，管理精细化程度越高，因此必须全面广泛积累人力资本，加强基层治理能力建设。

农业地区在推进我国城镇化过程中，对维护社会稳定、养民富民、保护环境和建设多元文化特色等方面具有重要的战略地位，各级政府建立提供基本公共服务保障制度，设立相对稳定的小城镇建设维护投入资金，增加乡镇政府财政收入，避免城镇建设资金依靠抬高土地价格和建设配套费用，否则将抑制乡镇企业和农民进城的积极性，减弱招商引资的优势。

4.4 “扩权强镇”体制创新应有序推进

不同地区的农业生产条件与农业劳均生产率的差异，决定了村镇空间的聚集模式差异较大。发达地区小城镇成长的特殊背景不可复制，如果不加区分的拓展到全国区域，一方面缺乏扩权的土壤和条件，可能导致政策无效。欠发达地区管理人才的适应性严重不足，每个独立的镇并不具备可以承担责任的能力，同时上级监管的及时性和有效性缺乏，以及土地的市场化配置严重缺失；另一方面会造成土地无序扩张浪费，环境污染加剧，最终社会转型期不科学的决策和不规范的操作都将可能由乡镇执行并承担责任。因此应该稳步推进，实施重点化战略，有序推进。

4.5 创新规范规划建设土地管理制度

按照不同的城镇分类制定差异化的规划建设和土地管理标准，包括人均用地规模、空间结构、功能布局、基础设施、公共服务设施以及城市设计标准，建立行政审批的终生负责制度。降低设市城市标准，或将 5 万常住人口规模以上城镇改为“副县级市”，赋予完整的县级政府经济社会管理权限，实行城市规划建设标准和土地管理标准。重点镇加强规划的有效控制和及时干预，增强空间供给的正向反馈机制，避免建设用地的无序蔓延和土地资源快速低效消耗。一般建制镇，保留部分镇区集体建设用地的使用功能和属性，通过合理的规划确定实施管理的双轨制度区域。授权地方适当降低土地容积率管理标准。

参考文献请见原文。

（撰稿人：郐艳丽，教授级高级规划师，中国人民大学公共管理学院副教授）

桂林城乡接合部的成因分析与整治措施[1]

1　前言

桂林作为国家历史文化名城和国际旅游胜地，文化旅游资源丰富，生态环境优良，受到世界的瞩目。随着城市化进程的加速，桂林在快速发展的同时也带来了城乡接合部这一特殊地带的一系列问题，如基础设施落后，生活环境差，周边生态景观恶化等。环境质量差、基础设施不齐全、权属不明确以及管理主体混乱等问题是各地城乡接合部共同存在的问题，桂林作为第一批国家历史文化名城和国际旅游胜地，美丽的山水与其落后的城市面貌之间出现了让人诟病的矛盾。由于法律、法规不健全、规划管理滞后等现象，城乡接合部往往成为城市规划管理的盲点，导致以上问题不能得到妥善的解决。桂林城乡接合部的无序发展，不仅降低该区域居民的生活质量，还对桂林城市景观造成不利的影响，降低桂林的旅游品质。如何完善城乡接合部的规划管理，提升环境风貌是保证桂林旅游环境需要解决的一个重要问题。

2　桂林城乡接合部概况

桂林老城区包括秀峰区、象山区、七星区和叠彩区四个城区，桂林的城乡接合部以老城区为中心向四周扩张。依据城乡接合部范围界定的相关原则，参考我国其他城市城乡接合部划定的相关办法，具体界定为：东、南、北三个方向至环城高速，西至临桂新区。

2.1　土地性质的转变

城市化的实质是人口城市化、土地城市化和经济城市化的三位一体，城市化

[1] 本文摘自《小城镇建设》，2016（5）：37-40。

基金项目：国家自然科学基金项目“社会转型背景下桂北乡村聚落空间重构研究”（编号51308139）。

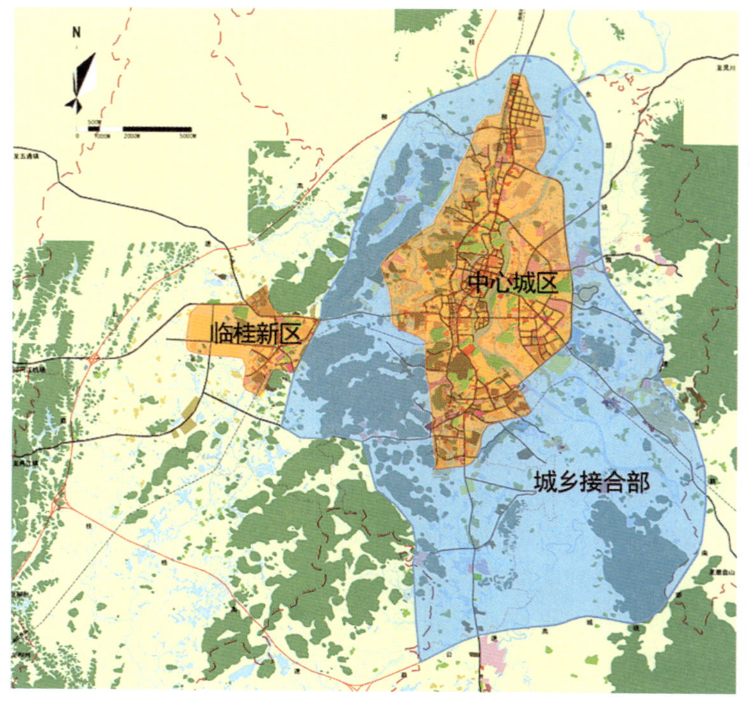

图 1　桂林城乡接合部范围

图片来源：作者自绘

进程中城乡接合部土地利用存在着城市规模扩大过快、耕地减少迅速、用地结构复杂、权属混乱、污染严重、土地利用率较低等主要问题。桂林中心城区面积 58 平方公里，减去山体和水系，剩下约 40 平方公里左右。据桂林统计年鉴的数据，2014 年，桂林市人口将近 80 万。数据显示桂林市每平方公里常住人口约 2 万，远远超过了每平方公里 1 万人的城市人口密集度的国际标准。城市人口密度过大，加重了城市运营成本，促使了城市的加速扩张。通过现场调研及资料收集，桂林城乡接合部土地主要用于居住、小厂房、蔬菜种植、家禽养殖等。如涂料厂、五金厂、酒厂以及仓储用地，一定程度上改变了农村集体用地的性质。

2.2　基础设施的滞后

2.2.1　道路交通

由于城乡接合部地处城乡交汇处，一般不具备城市那样庞大的交通网，但也不仅仅局限于乡村那种较为单一的交通模式，其交通形态一般以步行和轻巧交通工具为主。桂林城乡接合部现有的道路设计，往往只设计当前的交通需求，忽略了随着城镇化的发展，城乡接合部将成为城市的一部分，没有把城乡接合部的道路纳入城市道路规划中。道路存在很大的不科学性，不仅道路等级与城市道路无法衔接，而且对城市的后续发展存在一定的限制因素。同时，道路质量不高，影响车辆通行，也对居民的出行造成不利影响。

2.2.2 市政工程

在城乡接合部，不仅道路交通没有与城市交通系统衔接，市政工程规划也较为薄弱。桂林部分城乡接合部生活用水来自地下水，没有经过净化处理，存在一定的安全隐患；生活污水则多是通过沼气处理或者直接排放，没有统一规划；电力电信线基本架空布置，走向混乱，沿着建筑外墙布置，高度偏低，种种现象不仅影响景观风貌，还不符合用电安全规范。

图2 桂林城乡接合部现状

图片来源：作者现场拍摄

2.3 生态景观的低品质

桂林以旅游著称于全球，其自然山水是一张名片。桂林著名景点的景观质量优良，有的甚至是景观规划中的典范。到过桂林的人，都会在感慨“桂林山水甲天下”的同时，对其城市存在的城中村、城乡接合部而感到遗憾。城乡接合部的景观格局因大量无序建筑、薄弱的基础设施等原因而呈现出低质量的形态，与周边的景点形成巨大反差。有游客形容桂林“就像吃了一顿美味，不是在华美的宫殿，而是在一个茅棚，不是与绝代佳人，而是与一泼辣农妇”。

漓江和桃花江是桂林两大主要河流，也是桂林著名的集环保、基础设计建设、旅游景区建设于一身的“两江四湖”工程的主要组成部分。两江沿线风景优美，山水秀丽，吸引了众多游客，是桂林的一张新名片。随着城市扩张，城乡接合部的蔓延，两大河流沿岸局部景观遭到了破坏，无序新建的住房影响漓江的视线通廊，基础设施不完善影响漓江水质，给游客留下了不良的影响。

3 桂林城乡接合部的主要成因

3.1 城市发展定位多变

抗日战争使桂林城满目疮痍，1944 年的一场大火将全城变成一片焦土。20 世纪 60 年代，桂林市编制了《桂林市城市建设初步规划说明书》，将城市性质定义为轻工业城市；《桂林市总体规划》将城市发展性质确定为风景优美的现代化工业城市。两次规划的主流都是工业城市，这与当时全国片面将工业化作为现代化的唯一指标，一味追求经济发展速度的大气候密切相关。到 1960 年，全市工业企业发展到 144 家，职工人数达两万人，比 1950 年增长了 22 倍。1964 年中国迎来新的一轮建设高潮，桂林的城市性质也做出了调整，成为“住宿舒适、交通方便、服务设施完善、市容整洁、环境卫生、风景优美，轻工业、手工业发达的中国式风景游览城市”。但由于“文革”时期建设的停滞，该规划不仅没有得到应有的重视和落实，还造成桂林市混乱无序的发展状态，不少军事工业和重工业设址在秀美的山洞、远郊地区，这也加快了城乡接合部的蔓延。1982 年，国

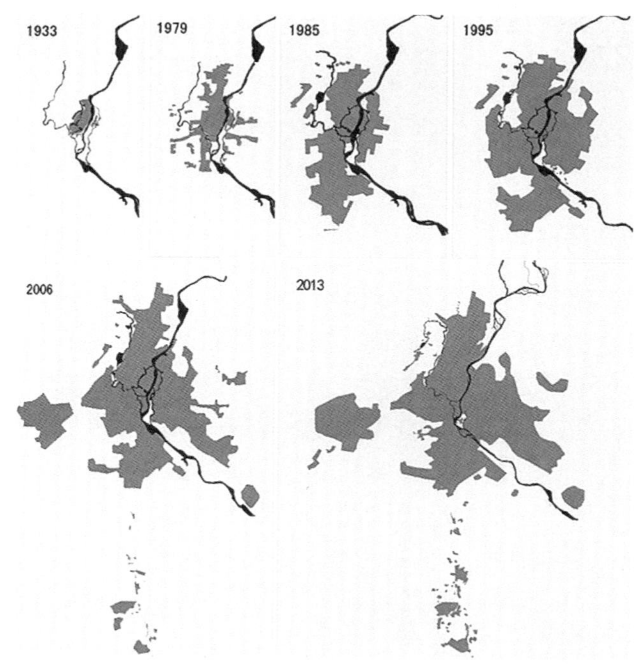

图 3 近代桂林空间演变示意图

图片来源：作者自绘

务院公布桂林等24个城市为中国第一批历史文化名城，1985年，国务院正式批复《桂林城市总体规划》，桂林城市的性质明确定为“风景旅游城市和历史文化名城”，城市布局改变东西短、南北长的带状城市形态，工业结构则依据城市主体功能进行了调整，主要发展第三产业，重工业和有污染的工业则停产或者迁址城市外围。

城市空间发展和演变对城乡接合部的形成起到了重要的影响。

改革开放以来，桂林市的空间演变经历了沿江带状延伸、单中心圈层式发展和多中心组团式发展等三个阶段，形成现在的中心老城四片区、南部雁山大学城、西部临桂新区多个组团式布局的空间格局。雁山大学城的建设，加之桂（林）—阳（朔）公路的扩建将大大提升老城区和雁山区的通达性，基于区位优势和交通优势，沿线的房地产开发项目逐渐落地，一些产业创意园也由此兴起，西部临桂新区也带动了城市向西扩张。这种城市扩张与周边的农村区域也就形成了城乡接合部——商业用地、居住用地、娱乐用地和农用地混杂，城市居民、农民和外来人口混居。

3.2 农村城镇化水平低

农村城镇化是推动城乡接合部形成的重要原动力，随着传统农用地向二、三产业转变，形成了自下而上的城乡接合部。桂林由于城市定位的转变，工业布局出现调整，陆续形成黑山工业区、苏桥工业区、秧塘工业区等工业点区。工业的出现对周边的农村出现辐射力，基于市场的供求关系，周边的乡镇将集体用地出租，变集体土地为土地资本，不仅为本地的剩余劳动力提供了就业条件，也使该区域城市化特征变得明显，加快了城乡接合部的发展。

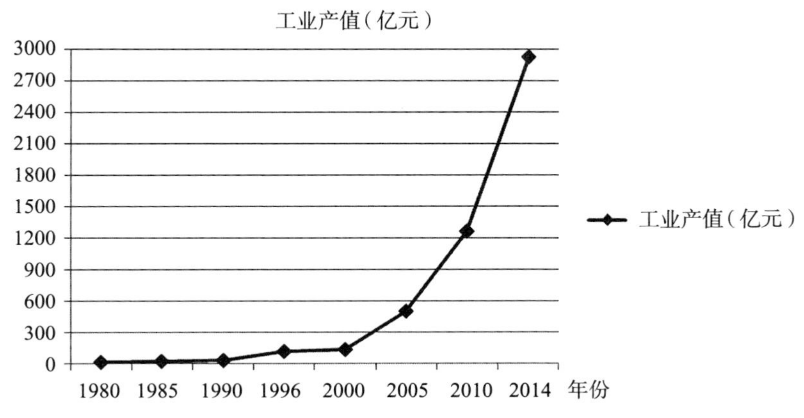

图4 桂林历年规模工业总产值

数据来源：桂林市统计年鉴

但是，桂林农村经济产业集聚不足，虽然农村产业结构出现了高级化，但还是落后于全国平均水平；其次，工业布局分散，空间集聚效益差，难以拉动农村第三产业的发展；同时，人口产业集聚与空间集聚的相关性差，农村人口城镇化滞后于农村劳动力的非农化，这对城乡经济社会发展将产生系列不利的影响；更重要的，桂林农村城镇化发展的动力不足，城市对农村有拉力，而农村本身的推力较弱。

3.3 外来就业人口流动

改革开放以来发生的一系列深刻制度变革改变了城市发展的内生环境，其中对城市发展影响最显著的制度变迁主要有土地制度、住房制度、财政制度和户籍制度，受城乡户籍制度以及附加在户籍制度背后一系列隐形保障制度城乡分割的影响，大量在城市寻求就业机会的流动人口往往不能顺利转化为真正意义上的市民，迫于居住和生活成本的压力，城乡接合部成为他们在城市立足的较佳去处。桂林市人口从 1986 年不满 47 万，到 2014 年将近 80 万，人口增长速度较快；而近 10 年，桂林城镇人口呈增长趋势，农村人口呈减少趋势，且前者比例大于后者比例，可见，桂林的外来流动人口数量较大。在桂林城乡接合部的大小街巷都能看到房屋出租的广告，户型多样，价格较之城区低，适合单身、情侣或者三四口之家，解决了他们的住房问题。

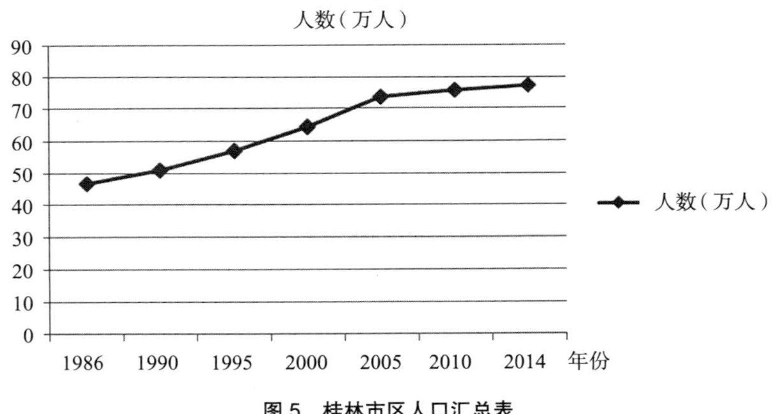

图 5　桂林市区人口汇总表

数据来源：桂林市统计年鉴

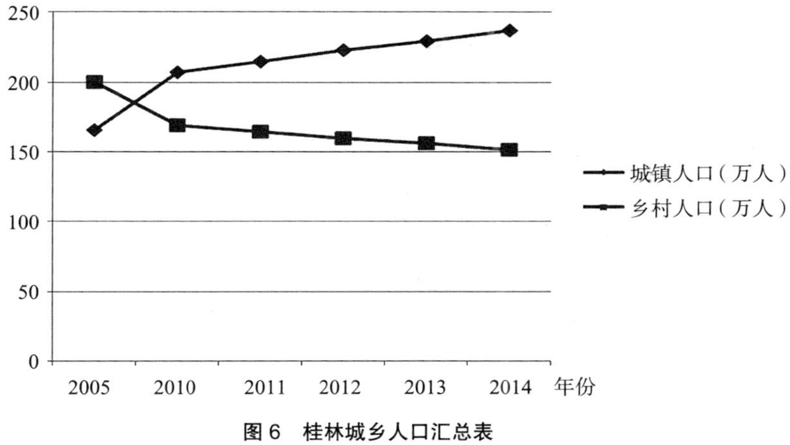

图 6　桂林城乡人口汇总表

数据来源：广西统计年鉴

4　桂林城乡接合部的整治措施

4.1　城市规划先行

我国目前在城市规划的价值体系中，城乡接合部的利益通常是处于从属地位，甚至是被忽略的，包括城乡发展目标的差异和发展主体的多元化与统一管理的矛盾，导致了城乡接合部城市规划与管理无效性。因此，要整治城乡接合部现状、提升城乡接合部的利用，就应该从城市规划和城市规划实施管理这两方面着手。完善城市规划，加强旅游规划，借助自身的区位优势，提升城市竞争力；同时，由于土地利用外部性的存在导致了空间利益的分配不均和空间风险的承担不均等问题，导致社会成员之间，政府与社会成员之间的对立和冲突，各级行政主管部门需以城市整体发展为重，协调利益主体，平衡土地利用者的利益，实现土地资源的合理配置。

4.2　加强基础设施的建设

桂林城乡接合部现状基础设施的滞后，很大程度影响其内部的发展及与外部的结合。因此完善基础设施的建设是解决城乡接合部现状问题不可或缺的步骤，同时也是促进城乡统筹发展的重要途径。由于基础设施具有公益性，加之城乡接合部人口流动性大，社会保障不健全，给基础设施的建设带来很大的难题，因此政府应该为基础设施的建设买单，然后作为管理者，实行收费制，像小区一样实行物业管理，确保基础设施的良性运转。

4.3 建立有效的城市管理机制

城乡接合部作为介于城市和农村的第三种空间形式，积累了很多社会矛盾，需要依靠政府和农民这两大主体，自上而下由政府主导，最大限度保证农民的利益，自下而上让农民参与到城乡接合部建设决策中，加大公众参与力度。运用大数据对城乡接合部进行动态监控，同时完善流动人口的管理制度，运用互联网对流动人口进行动态管理。城乡接合部的良性发展对桂林的生态景观的保护和延续性有重要的意义，桂林作为国际旅游名城，需要城乡统筹，整体提升环境资源利用，确保旅游高品质。

5 结语

城乡接合部是一个复杂的空间形态，它的形成既因为农村内部的张力，也因为城市外部的拉力，同时还取决于决策层的推力。要解决城乡接合部的问题，需要坚持城市规划先行，加强基础设施的建设，同时建立有效的城市管理机制，提升公众参与，保证各方的利益，保证实现土地和人同步城镇化。

参考文献请见原文。

（撰稿人：邓春凤，桂林理工大学硕士生导师，副教授；覃雪妮，桂林理工大学研究生）

附　　录

附录一：村镇建设发展大事记（2016—2017）

一、2016 年 5 月

5 月 25 日，住房城乡建设部等部门发布《住房城乡建设部等部门关于公布 2016 年列入中央财政支持范围的中国传统村落名单的通知》，按照《住房城乡建设部等部门关于做好 2015 年中央财政支持村落项目实施和 2016 年拟列入中央财政支持范围中国传统村落技术审查工作的通知》（建村〔2016〕59 号）要求，经组织专家对各地推荐上报的中国传统村落进行技术审查，决定将北京市门头沟区雁翅镇碣石村等 750 个中国传统村落列入 2016 年中央财政支持范围。

5 月 28 日，国家发展改革委发布关于贯彻落实《国务院办公厅关于推进农业水价综合改革的意见》的通知，深入贯彻落实《国务院办公厅关于推进农业水价综合改革的意见》（国办发〔2016〕2 号）精神，稳步推进农业水价综合改革。

二、2016 年 6 月

6 月 2 日，国务院发布《农田水利条例》，加快农田水利发展，提高农业综合生产能力，保障国家粮食安全。《农田水利条例》于 2016 年 4 月 27 日国务院第 131 次常务会议通过，自 2016 年 7 月 1 日起施行。

6 月 12 日，国家发展改革委办公厅发布《关于同意农业清洁生产示范项目验收的通知》，按照《国家发展和改革委员会、财政部、农业部关于开展农业清洁生产示范项目建设的通知》有关规定，农业清洁生产示范项目财政补助资金实行先行拨付 70%，后期项目建成并经验收合格后拨付剩余补助资金的方式。根据近期地方组织验收以及国家发展改革委会同农业部抽查核查情况，2012 ～ 2015 年农业清洁生产示范项目整体进展顺利，实施效果较好。经过专家评审，有 148 个项目通过验收，具备拨付剩余补助资金的条件。

6 月 29 日，农业部印发《农村土地经营权流转交易市场运行规范（试行）》的通知，指导农村土地经营权流转交易市场建立健全交易运行规则，督促尚未建立流转交易市场的地方特别是粮食主产区抓紧建立市场并完善规则，推动流转交易公开、公正、规范运行，维护交易双方合法权益，促进土地资源优化配置和农业适度规模经营健康发展。

6月29日，农业部印发《农业部关于做好农村土地承包经营权信息应用平台建设工作的通知》，按照中办发〔2014〕61号文件和农经发〔2015〕2号、农经发〔2016〕4号文件的要求，制定了《农村土地承包经营权信息应用平台建设总体方案》。

三、2016年7月

7月1日，住房城乡建设部等部门发布《住房城乡建设部国家发展改革委 财政部关于开展特色小镇培育工作的通知》，为贯彻党中央、国务院关于推进特色小镇、小城镇建设的精神，落实《国民经济和社会发展第十三个五年规划纲要》关于加快发展特色镇的要求，三部委决定在全国范围开展特色小镇培育工作。

7月11日，国务院发布《国务院关于统筹推进县域内城乡义务教育一体化改革发展的若干意见》，落实全面建成小康社会要求，促进义务教育事业持续健康发展。

7月14日，住房城乡建设部办公厅发布《住房城乡建设部办公厅关于做好2016年度田园建筑优秀实例推荐工作的通知》。根据住房城乡建设部《关于推荐田园建筑优秀实例的通知》（建村函〔2014〕187号），指导做好2016年度田园建筑优秀实例推荐工作，进一步促进传统建筑建设水平提高，实现乡村美丽，住房城乡建设部在第一批推荐认定工作基础上制订了《田园建筑优秀实例推荐基本要求（暂行）》（见附件），各地方按基本要求组织推荐。

7月23日，住房城乡建设部等部门发布《住房城乡建设部等部门关于改善贫困村人居卫生条件的指导意见》，贯彻落实《中共中央国务院关于打赢脱贫攻坚战的决定》（中发〔2015〕34号）精神，改善贫困村人居卫生条件，减少因人居卫生条件恶劣而致病致贫现象的发生。

四、2016年8月

8月3日，住房城乡建设部发布《关于做好2016年特色小镇推荐工作的通知》，根据《住房城乡建设部、国家发展改革委、财政部关于开展特色小镇培育工作的通知》（建村〔2016〕147号）的要求，做好2016年特色小镇推荐上报工作。

8月5日，根据党中央、国务院决策部署，国务院发布《国务院关于实施支持农业转移人口市民化若干财政政策的通知》。

8月5日，国家发展改革委办公厅发布《国家发展改革委办公厅关于开展国家新型城镇化综合试点进展情况第三方评估的通知》，根据《国务院关于深入推进新型城镇化建设的若干意见》(国发〔2016〕8号)、《关于印发国家新型城镇化综合试点方案的通知》(发改规划〔2014〕2960号)、《关于公布第二批国家新型城镇化综合试点地区名单的通知》(发改规划〔2015〕2665号)的要求,拟委托清华大学中国新型城镇化研究院、国家发展改革委国际合作中心、国家发展改革委城市和小城镇改革发展中心分别对第一、二批国家新型城镇化综合试点的进展情况、成效经验、需加快探索突破的领域等开展评估调研,并形成对各试点地区试点进展情况的第三方评估报告。

8月11日,农业部等部门印发《关于推进农业废弃物资源化利用试点的方案》的通知,把试点工作纳入到各省(区、市)生态文明建设总体布局中,作为深化农业供给侧结构性改革、推进农业可持续发展的重要平台,明确责任分工、加强协作配合、制定配套政策,精心组织实施、确保取得实效。

8月12日,住房城乡建设部发布《住房城乡建设部关于做好“十三五”期间定点扶贫工作的通知》,贯彻落实中央扶贫开发工作会议精神和《关于进一步完善定点扶贫工作的通知》(国开办发〔2015〕27号)的有关要求,做好住房城乡建设部对湖北省红安县、麻城市和青海省大通县、湟中县定点扶贫工作。

8月16日,国家发展改革委办公厅发布《国家发展改革委办公厅关于开展第三批国家新型城镇化综合试点工作的通知》,根据《国务院关于落实〈政府工作报告〉重点工作部门分工的意见》(国发〔2016〕20号)的要求,拟会同有关部门组织开展第三批国家新型城镇化综合试点工作。

8月18日,国家发展改革委办公厅发布《国家发展改革委办公厅关于做好第二批结合新型城镇化开展支持农民工等人员返乡创业试点地区申报工作的通知》,贯彻落实《国家新型城镇化规划(2014—2020年)》《国务院关于进一步做好新形势下就业创业工作的意见》(国发〔2015〕23号)和《国务院办公厅关于支持农民工等人员返乡创业的意见》(国办发〔2015〕47号)精神,按照《关于结合新型城镇化开展支持农民工等人员返乡创业试点工作的通知》(发改就业〔2015〕2811号)要求,在做好第一批结合新型城镇化开展支持农民工等人员返乡创业试点工作的基础上,牵头组织实施第二批结合新型城镇化开展支持农民工等人员返乡创业试点工作。

8月30日,农业部印发《“十三五”全国农业农村信息化发展规划》的通知,贯彻落实党中央、国务院有关决策部署,推动信息技术与农业农村全面深度融合,确保“十三五”时期农业农村信息化发展取得明显进展,有力引领和驱动农业现代化。

8月31日,住房城乡建设部办公厅发布《住房城乡建设部办公厅关于支持贫困县开展统筹整合使用财政涉农资金试点工作的通知》,深入贯彻落实《国务院办公厅关于支持贫困县开展统筹整合使用财政涉农资金试点的意见》(国办发

〔2016〕22 号）和全国支持贫困县开展统筹整合使用财政涉农资金试点电视电话会议精神，积极支持贫困县开展统筹整合使用财政涉农资金试点工作。

五、2016 年 9 月

9 月 1 日，农业部发布《农业部关于加大贫困地区项目资金倾斜支持力度 促进特色产业精准扶贫的意见》，贯彻党中央国务院关于打赢脱贫攻坚战的决策部署，落实九部委关于《贫困地区发展特色产业促进精准脱贫指导意见》的精神，推进农业部建设项目和财政资金向贫困地区倾斜，支持特色产业精准扶贫。

9 月 7 日，住房城乡建设部办公厅发布《住房城乡建设部办公厅关于开展 2016 年美丽宜居小镇、美丽宜居村庄示范工作的通知》，为贯彻落实中央有关农村工作精神和《国民经济和社会发展第十三个五年规划纲要》关于加快建设美丽宜居乡村的要求，依据《关于开展美丽宜居小镇、美丽宜居村庄示范工作的通知》（建村〔2013〕40 号），就开展 2016 年美丽宜居小镇、美丽宜居村庄示范有关工作进行通知。

9 月 22 日，国家发展改革委办公厅与住房城乡建设部办公厅联合发布关于征求《"十三五"全国城镇生活垃圾无害化处理设施建设规划（征求意见稿）》意见的函，根据"十三五"规划《纲要》和党中央、国务院关于生态文明建设的总体部署和要求，统筹推进"十三五"城镇生活垃圾处理设施建设工作。

9 月 27 日，国务院办公厅发布《国务院办公厅转发民政部等部门关于做好农村最低生活保障制度与扶贫开发政策有效衔接指导意见的通知》，同意民政部、国务院扶贫办、中央农办、财政部、国家统计局、中国残联《关于做好农村最低生活保障制度与扶贫开发政策有效衔接的指导意见》，贯彻落实党中央、国务院关于打赢脱贫攻坚战的决策部署，切实做好农村最低生活保障制度与扶贫开发政策有效衔接工作，确保到 2020 年现行扶贫标准下农村贫困人口实现脱贫。

六、2016 年 10 月

10 月 8 日，为深入贯彻落实习近平总书记、李克强总理等党中央、国务院领导同志关于特色小镇、小城镇建设的重要批示指示精神，国家发展改革委发布《国家发展改革委关于加快美丽特色小（城）镇建设的指导意见》，按照党中央、国务院的部署，深入推进供给侧结构性改革，以人为本、因地制宜、突出特色、创新机制，夯实城镇产业基础，完善城镇服务功能，优化城镇生态环境，提升城镇发展品质，建设美丽特色新型小（城）镇，有机对接美丽乡村建设，促进城乡发展一体化。

10 月 9 日，住房城乡建设部办公厅发布《住房城乡建设部办公厅关于做好

2016 年全国农村人居环境调查工作的通知》，按照《国务院办公厅关于改善农村人居环境的指导意见》(国办发〔2014〕25 号)关于“研究建立农村人居环境统计和评价机制”的要求，自 2014 年起住房城乡建设部启动每年一次覆盖全国所有行政村的农村人居环境调查。

10 月 10 日，住房城乡建设部等部门发布《住房城乡建设部 中国农业发展银行关于推进政策性金融支持小城镇建设的通知》，贯彻落实党中央、国务院关于推进特色小镇、小城镇建设的精神，切实推进政策性金融资金支持特色小镇、小城镇建设。

10 月 11 日，住房城乡建设部发布《住房城乡建设部关于公布第一批中国特色小镇名单的通知》，根据《住房城乡建设部、国家发展改革委、财政部关于开展特色小镇培育工作的通知》(建村〔2016〕147 号)精神和相关规定，在各地推荐的基础上，经专家复核，会签国家发展改革委、财政部，认定北京市房山区长沟镇等 127 个镇为第一批中国特色小镇。

10 月 18 日，国务院办公厅发布《国务院办公厅关于印发贫困地区水电矿产资源开发资产收益扶贫改革试点方案的通知》，推动资源开发成果更多惠及贫困人口，促进共享发展，逐步建立贫困地区水电、矿产等资源开发资产收益扶贫制度。

10 月 21 日，国务院发布《国务院关于激发重点群体活力带动城乡居民增收的实施意见》，按照党中央、国务院决策部署，为营造激励奋发向上的公平环境，拓宽就业渠道，促进各类社会群体依靠自身努力和智慧，创造社会财富，共享发展红利。

10 月 27 日，国家发展改革委发布关于印发《全国农村经济发展“十三五”规划》的通知，深入贯彻落实党中央、国务院关于“三农”工作的各项决策部署，进一步做好“十三五”时期的农村经济发展工作。

10 月 30 日，中共中央办公厅、国务院办公厅印发《关于完善农村土地所有权承包权经营权分置办法的意见》，进一步健全农村土地产权制度，推动新型工业化、信息化、城镇化、农业现代化同步发展，完善农村土地所有权、承包权、经营权分置。

七、2016 年 11 月

11 月 3 日，住房城乡建设部办公厅等部门发布《中国传统村落警示和退出暂行规定(试行)》，根据《关于切实加强中国传统村落保护的指导意见》(建村〔2014〕61 号)要求，完善中国传统村落名录制度，切实加强中国传统村落保护。

11 月 3 日，住房城乡建设部等部门发布《住房城乡建设部 财政部 国务院扶贫办关于加强建档立卡贫困户等重点对象危房改造工作的指导意见》，贯彻落实中央关于脱贫攻坚的工作部署，实现到2020年农村贫困人口住房安全有保障和基本完成存量危房改造的任务目标，现就加强4类重点对象危房改造工作提出意见。

11月14日，国家发展改革委办公厅与住房城乡建设部办公厅联合发布关于征求对《“十三五”全国城镇污水处理及再生利用设施建设规划（征求意见稿）》意见的函，根据“十三五”规划《纲要》和党中央、国务院关于生态文明建设的总体部署和要求，统筹推进“十三五”城镇污水处理及再生利用设施建设工作。

11月17日，农业部印发《全国农产品加工业与农村一二三产业融合发展规划（2016—2020年）》，贯彻落实党中央、国务院有关决策部署，发挥农产品加工业引领带动作用，推进农村一二三产业融合发展。

11月29日，国务院办公厅发布《国务院办公厅关于支持返乡下乡人员创业创新促进农村一二三产业融合发展的意见》，在《国务院办公厅关于支持农民工等人员返乡创业的意见》（国办发〔2015〕47号）和《国务院办公厅关于推进农村一二三产业融合发展的指导意见》（国办发〔2015〕93号）的基础上，进一步细化和完善扶持政策措施，鼓励和支持返乡下乡人员创业创新。

11月29日，国家发展改革委等部门发布《关于公布第三批国家新型城镇化综合试点地区名单的通知》，贯彻落实《国家新型城镇化规划（2014—2020年）》（中发〔2014〕4号）、《〈2016年政府工作报告〉重点工作部门分工的意见》（国发〔2016〕20号）精神，按照《国家发展改革委办公厅关于开展第三批国家新型城镇化综合试点工作的通知》（发改办规划〔2016〕1858号）的有关要求，经国家发展改革委等11个部门联合评审，按照向中西部地区和东北地区倾斜，优先考虑改革意愿强、发展潜力大、特色较鲜明的中小城市、县、建制镇的原则，同意将北京市顺义区等111个城市（镇）列为第三批国家新型城镇化综合试点地区。

八、2016年12月

12月1日，住房城乡建设部发布《住房城乡建设部关于公布第二批田园建筑优秀实例名单的通知》，根据《住房城乡建设部办公厅关于做好2016年度田园建筑优秀实例推荐工作的通知》（建办村函〔2016〕662号）要求，在各地推荐的基础上，经组织专家评审，江苏省苏州市昆山市巴城镇绰墩山村西浜村昆曲学社等46项乡村建筑列入田园建筑优秀实例名单，予以公布。

12月6日，国务院办公厅发布《国务院办公厅关于完善支持政策促进农民持续增收的若干意见》，进一步完善支持政策，促进农民持续增收。

12月6日，国家发展改革委与农业部联合发布《国家发展改革委 农业部关于推进农业领域政府和社会资本合作的指导意见》，根据《中共中央 国务院关于深化投融资体制改革的意见》（中发〔2016〕18号）、《国务院关于创新重点领域投融资机制鼓励社会投资的指导意见》（国发〔2014〕60 号）等文件要求，推进农业领域政府和社会资本合作。

12 月 9 日，住房城乡建设部等部门发布《住房城乡建设部等部门关于开展改善农村人居环境示范村创建活动的通知》，贯彻落实《国务院办公厅关于改善农村人居环境的指导意见》（国办发〔2014〕25 号）和全国改善农村人居环境工作会议精神，在"十三五"时期开展改善农村人居环境示范村创建活动。

12 月 9 日，国家发展改革委办公厅发布《国家发展改革委办公厅关于印发新型城镇化系列典型经验（农业转移人口市民化案例）的通知》，结合国家新型城镇化综合试点评估情况，选取部分进展较为显著的地区进行案例汇编并印发，供各地交流借鉴。

12 月 9 日，住房城乡建设部等部门发布《住房城乡建设部等部门关于公布第四批列入中国传统村落名录的村落名单的通知》，按照《住房城乡建设部等部门关于做好 2015 年中国传统村落保护工作的通知》（建村〔2015〕91 号）要求，在各地推荐上报基础上，经传统村落保护和发展委员会评审认定，并向社会公示，住房城乡建设部、文化部、国家文物局、财政部、国土资源部、农业部、国家旅游局决定将北京市门头沟区斋堂镇西胡林村等 1598 个村落（名单见附件）列入中国传统村落名录。

12 月 12 日，国家发展改革委等部门发布《关于实施"千企千镇工程"推进美丽特色小（城）镇建设的通知》，深入贯彻落实习近平总书记、李克强总理等党中央、国务院领导同志关于加强特色小镇、小城镇建设的重要批示指示精神，按照《国家发展改革委关于加快美丽特色小（城）镇建设的指导意见》要求，在总结近年来企业参与城镇建设运营行之有效的经验基础上，组织实施美丽特色小（城）镇建设"千企千镇工程"。

12 月 13 日，住房城乡建设部发布《住房城乡建设部关于切实加强农房建设质量安全管理的通知》，切实保障人民群众生命财产安全，加强农房建设质量安全管理。

12 月 19 日，中共中央办公厅 国务院办公厅印发《关于深入推进经济发达镇行政管理体制改革的指导意见》，贯彻落实党的十八届三中全会提出的"对吸纳人口多、经济实力强的镇，可赋予同人口和经济规模相适应的管理权"精神和加快推进新型城镇化的部署要求，加强对经济发达镇行政管理体制改革工作的指导。

12 月 21 日，国家发展改革委办公厅发布《国家发展改革委办公厅关于请报送中欧城镇化伙伴关系结对子城市和务实合作项目有关材料的通知》，与欧方举办中欧城镇化伙伴关系论坛，全面总结中欧城镇化伙伴关系进展和经验，展示伙伴关系建立以来取得的各项成果，进一步拓展和深化中欧双方在城镇化领域的务实合作。

12月21日，住房城乡建设部等部门发布《住房城乡建设部 财政部关于印发农村危房改造激励措施实施办法（试行）的通知》，贯彻落实《国务院办公厅关于对真抓实干成效明显地方加大激励支持力度的通知》（国办发〔2016〕82号）有关要求，加大对农村危房改造积极主动、成效明显省（区、市）的激励支持，制定《农村危房改造激励措施实施办法（试行）》。

12月22日，住房城乡建设部发布《住房城乡建设部关于推广金华市农村生活垃圾分类和资源化利用经验的通知》，转发各省（区、市）住房城乡建设或农村生活垃圾治理业务主管部门认真学习借鉴金华经验，在本地区选择3个以上代表性县（市、区）开展农村生活垃圾分类和资源化利用示范，并组织编制实施方案。

12月28日，住房城乡建设部办公厅发布《住房城乡建设部办公厅关于公布第四批美丽宜居小镇、美丽宜居村庄示范名单的通知》，根据《住房城乡建设部办公厅关于开展2016年美丽宜居小镇、美丽宜居村庄示范工作的通知》（建办村函〔2016〕827号），在各地自愿申报、省级住房城乡建设部门（农委）择优推荐的基础上，经组织专家审查，确定江苏省苏州市昆山市陆家镇等95个镇为美丽宜居小镇示范，贵州省遵义市湄潭县兴隆镇龙凤村等413个村为美丽宜居村庄示范。

12月28日，住房城乡建设部等部门发布《住房城乡建设部等部门关于公布2016年第二批列入中央财政支持范围的中国传统村落的通知》，按照《住房城乡建设部等部门关于做好2015年中央财政支持村落项目实施和2016年拟列入中央财政支持范围中国传统村落技术审查工作的通知》（建村〔2016〕59号）及《住房城乡建设部等部门关于公布2016年列入中央财政支持范围的中国传统村落名单的通知》（建村〔2016〕99号）要求，相关省（区、市）组织专家对前三批中国传统村落名录中最后一批未通过住房城乡建设部、文化部、国家文物局、财政部、国土资源部、农业部、国家旅游局等7部门技术审查的村落上报材料进行了技术审查，并将审查结果报住房城乡建设部等7部门备案，河北省秦皇岛市抚宁县大新寨镇界岭口村等219个中国传统村落列入2016年第二批中央财政支持范围。

12月30日，国家发展改革委办公厅发布《国家发展改革委办公厅关于印发新型城镇化系列典型经验（国家新型城镇化综合试点地区探索实践）的通知》，深入推进新型城镇化综合试点加快突破，形成更多可复制可推广的经验和模式，对2省、135个城市（镇）国家新型城镇化综合试点地区进行了全面跟踪评估和归纳总结。

12月30日，国家发展改革委办公厅发布《国家发展改革委办公厅关于进一步做好农村一二三产业融合发展试点示范工作的通知》，贯彻落实中央一号文件和《国务院办公厅关于推进农村一二三产业融合发展的指导意见》（国办发

〔2015〕93号）精神，做好农村产业融合发展试点示范工作，会同工业和信息化部、财政部、国土资源部、农业部、商务部、国家旅游局启动实施了农村产业融合发展“百县千乡万村”试点示范工程，并在全国确定了137个农村产业融合发展试点示范县（市、区、旗、场）。

12月31日，国家发展改革委与住房城乡建设部联合发布关于印发《“十三五”全国城镇污水处理及再生利用设施建设规划》的通知，统筹推进“十三五”全国城镇污水处理及再生利用设施建设工作。

12月31日，国家发展改革委与住房城乡建设部联合发布关于印发《“十三五”全国城镇生活垃圾无害化处理设施建设规划》的通知，统筹推进“十三五”全国城镇生活垃圾无害化处理设施建设工作。

九、2017年1月

1月6日，住房城乡建设部办公厅等部门发布《住房城乡建设部办公厅等部门关于做好非正规垃圾堆放点排查工作的通知》，贯彻落实国务院部署和非正规垃圾堆放点排查整治工作电视电话会议精神，摸清非正规垃圾堆放点的数量、规模、位置等情况，为下一步整治工作奠定基础，就非正规垃圾堆放点排查工作下发通知。

1月13日，国家发展改革委与国家开发银行联合发布《国家发展改革委 国家开发银行关于开发性金融支持特色小（城）镇建设促进脱贫攻坚的意见》，深入推进特色小（城）镇建设与脱贫攻坚战略相结合，加快脱贫攻坚致富步伐。

1月24日，住房城乡建设部等部门发布《住房城乡建设部 国家开发银行关于推进开发性金融支持小城镇建设的通知》，贯彻落实党中央、国务院关于推进小城镇建设的精神，大力推进开发性金融支持小城镇建设。

1月25日，国家发展改革委与农业部联合发布关于印发《全国农村沼气发展“十三五”规划》的通知，贯彻落实党中央、国务院关于农村沼气工作的决策部署，进一步做好“十三五”时期的农村沼气转型升级工作，组织编制了《全国农村沼气发展“十三五”规划》。

1月26日，农业部发布《农业部关于推进农业供给侧结构性改革的实施意见》，深入贯彻中央经济工作会议、中央农村工作会议和《中共中央国务院关于深入推进农业供给侧结构性改革 加快培育农业农村发展新动能的若干意见》（中发〔2017〕1号）精神，根据全国农业工作会议部署，推进农业供给侧结构性改革。

十、2017年2月

2月6日，国家发展改革委发布《国务院办公厅关于创新农村基础设施投融资体制机制的指导意见》，创新农村基础设施投融资体制机制，加快农村基础设施建设步伐。

2 月 14 日，住房城乡建设部发布《住房城乡建设部村镇建设司 2017 年工作要点》的通知，各地区结合本地区、本部门的实际情况，安排好今年的村镇建设工作。

2 月 17 日，国务院办公厅发布《国务院办公厅关于创新农村基础设施投融资体制机制的指导意见》，创新农村基础设施投融资体制机制，加快农村基础设施建设步伐。

2 月 17 日，国家发展改革委等部门联合发布《关于扎实推进高标准农田建设的意见》，扎实推进高标准农田建设，尽快补齐农业基础设施短板，提高农业综合生产能力。

2 月 20 日，中共中央办公厅、国务院办公厅印发了《关于加强乡镇政府服务能力建设的意见》，并发出通知，要求各地区各部门结合实际认真贯彻落实，加快乡镇政府职能转变，强化服务功能，健全服务机制，创新服务手段，增强服务意识，提升服务效能，进一步推进乡镇治理体系和治理能力现代化。

2 月 21 日，住房城乡建设部办公厅发布《住房城乡建设部办公厅关于开展 2017 年乡村规划工作检查的通知》，按照《住房城乡建设部关于改革创新 全面有效推进乡村规划工作的指导意见》（建村〔2015〕187 号）要求，决定开展 2017 年乡村规划工作检查。

2 月 22 日，住房城乡建设部办公厅发布《住房城乡建设部办公厅关于公布 2016 年县（市）域乡村建设规划和村庄规划示范名单的通知》，按照《住房城乡建设部办公厅关于开展 2016 年县（市）域乡村建设规划和村庄规划试点工作的通知》（建办村函〔2016〕411 号）要求，在各地推荐的基础上，经组织专家评审，确定河北省邢台市邢台县等 37 个县（市）、北京市门头沟区大台街道千军台村等 87 个村庄为 2016 年全国县（市）域乡村建设规划和村庄规划示范。

2 月 24 日，住房城乡建设部发布《住房城乡建设部关于加强农村危房改造质量安全管理工作的通知》，落实党中央、国务院打赢脱贫攻坚战总体目标中稳定实现农村贫困人口住房安全有保障的目标任务，进一步加强农村危房改造质量安全管理工作。

2 月 27 日，住房城乡建设部等部门发布《住房城乡建设部 公安部 国家旅游局关于印发农家乐（民宿）建筑防火导则（试行）的通知》，切实加强农家乐（民宿）建筑防火安全，保护人民群众生命和财产安全，推动农家乐（民宿）健康发展。

2 月 28 日，住房城乡建设部办公厅发布《住房城乡建设部办公厅关于做好中国传统村落数字博物馆优秀村落建馆工作的通知》，贯彻落实《中共中央办公厅国务院办公厅印发〈关于实施中华优秀传统文化传承发展工程的意见〉的通知》关于实施中国传统村落保护工程有关要求，推动中国传统村落数字化工作，住房城乡建设部办启动中国传统村落数字博物馆建设。

十一、2017 年 3 月

3 月 16 日，农业部办公厅发布《农业部办公厅关于做好农村承包地确权登记数据库成果汇交工作的通知》，贯彻落实农业部《关于做好农村土地承包经营权信息应用平台建设工作的通知》（农经发〔2016〕10 号）和农业部《关于加快推进农村承包地确权登记颁证工作的通知》（农经发〔2017〕1 号）文件要求，做好农村承包地确权登记数据库成果汇交工作。

3 月 23 日，农业部、财政部发布 2017 年重点强农惠农政策，落实中央农村工作会议、中央 1 号文件精神，紧紧围绕农业供给侧结构性改革，2017 年中央财政继续加大支农投入，强化项目统筹整合。

3 月 24 日，住房城乡建设部等部门发布《住房城乡建设部等部门关于做好 2015 年中央财政支持村落项目实施和 2016 年拟列入中央财政支持范围中国传统村落技术审查工作的通知》，按照《住房城乡建设部 文化部 国家文物局 财政部关于切实加强中国传统村落保护的指导意见》（建村〔2014〕61 号）要求，就做好中国传统村落技术审查和保护项目组织实施工作下发通知。

3 月 28 日，国务院发布关于落实《政府工作报告》重点工作部门分工的意见，提出扎实推进新型城镇化，深化户籍制度改革，今年实现进城落户 1300 万人以上，加快居住证制度全覆盖；支持中小城市和特色小城镇发展，推动一批具备条件的县和特大镇有序设市，发挥城市群辐射带动作用。提出促进农业稳定发展和农民持续增收，推进农业结构调整，加强现代农业建设，深化农村改革，加强农村公共设施建设。

十二、2017 年 4 月

4 月 1 日，住房城乡建设部等部门发布《住房城乡建设部 中国建设银行关于推进商业金融支持小城镇建设的通知》，贯彻落实党中央、国务院关于推进小城镇建设的工作部署，大力推进商业金融支持小城镇建设。

4 月 14 日，住房城乡建设部、财政部发布《关于组织申报 2017 年改善农村人居环境示范村的通知》，根据住房城乡建设部、财政部等部门《关于开展改善农村人居环境示范村创建活动的通知》（建村〔2016〕274 号）要求，启动 2017 年改善农村人居环境示范村申报工作。

附录二：中央领导关于村镇建设的讲话摘要（2016—2017）

一、习近平在中央农村工作会议上的讲话（2016 年 12 月）

2016 年 12 月 9 日至 20 日，中央农村工作会议在北京召开，会前，中共中央总书记、国家主席、中共中央军委主席习近平召开中央政治局常委会会议，专门研究“三农”工作并发表重要讲话。习近平指出，今年农业农村形势总体较好，明年“三农”工作要继续为全局作贡献。要坚持新发展理念，把推进农业供给侧结构性改革作为农业农村工作的主线，培育农业农村发展新动能，提高农业综合效益和竞争力。

习近平强调，要始终重视“三农”工作，持续强化重农强农信号；要准确把握新形势下“三农”工作方向，深入推进农业供给侧结构性改革；要在确保国家粮食安全基础上，着力优化产业产品结构；要把发展农业适度规模经营同脱贫攻坚结合起来，与推进新型城镇化相适应，使强农惠农政策照顾到大多数普通农户；要协同发挥政府和市场“两只手”的作用，更好引导农业生产、优化供给结构；要尊重基层创造，营造改革良好氛围。

（资料来源：中国政府网）

二、李克强在中央农村工作会议上的讲话（2016 年 12 月）

2016 年 12 月 9 日至 20 日，中央农村工作会议在北京召开，中共中央政治局常委、国务院总理李克强在会议上要求，要持续抓好“三农”工作，大力推进农业供给侧结构性改革，加快现代农业建设，积极调整农业结构，发展多种形式适度规模经营，深入开展农村“双创”，推动新型城镇化与农业现代化互促共进。深入推进脱贫攻坚，提高贫困地区和贫困群众自我发展能力。促进农业提质增效和农民持续增收，拓展农村发展空间。

（资料来源：中国政府网）

三、汪洋在中央农村工作会议上的讲话（2016 年 12 月）

2016 年 12 月 9 日至 20 日，中央农村工作会议在北京召开，国务院副总理汪洋在会议中指出，今年以来，农业农村发展继续保持稳中有进的良好态势，为经济社会发展大局提供了有力支撑，农业结构调整迈出重要步伐，农村新产业新业态蓬勃发展，农村重要领域和关键环节改革深入推进，农村民生持续改善，农村社会保持和谐稳定。全年 1000 万人的脱贫任务有望超额完成，脱贫攻坚实现良好开局。

汪洋强调，推进农业供给侧结构性改革，要在确保国家粮食安全的基础上，紧紧围绕市场需求变化，以增加农民收入、保障有效供给为主要目标，以提高农业供给质量为主攻方向，以体制改革和机制创新为根本途径，优化农业产业体系、生产体系、经营体系，提高土地产出率、资源利用率、劳动生产率，促进农业农村发展由过度依赖资源消耗、主要满足“量”的需求，向追求绿色生态可持续、更加注重满足“质”的需求转变。

（资料来源：中国政府网）

四、习近平在中央经济工作会议上的讲话（2016 年 12 月）

2016 年 12 月 14 日至 16 日，中央经济工作会议在北京举行，中共中央总书记、国家主席、中央军委主席习近平，在会上发表重要讲话。习近平指出要继续扎实推进以人为核心的新型城镇化，促进农民工市民化。要深入实施西部开发、东北振兴、中部崛起、东部率先的区域发展总体战略，继续实施京津冀协同发展、长江经济带发展、“一带一路”建设三大战略。

习近平强调，要坚持党的基本路线，充分调动各方面干事创业的积极性，形成推动科学发展的合力，扎实做好各项工作。推动供需结构有效匹配、消费升级和有效投资良性互动、城乡区域协调发展，进一步释放国内需求潜力。加快现代农业建设，促进农业提质增效和农民持续增收。推进更深层次更高水平的双向开放，赢得国内发展和国际竞争的主动。持续加强节能环保和生态建设，推动绿色低碳发展取得新进展。更好统筹民生改善与经济发展，进一步织密扎牢民生保障网。

（资料来源：新华社）

五、李克强在中央经济工作会议上的讲话（2016 年 12 月）

2016 年 12 月 14 日至 16 日，中央经济工作会议在北京举行，李克强总理对 2017 年经济工作作出具体部署，明确指出要深入推进农业供给侧结构性改革。

要把增加绿色优质农产品供给放在突出位置，狠抓农产品标准化生产、品牌创建、质量安全监管。要加大农村环境突出问题综合治理力度，加大退耕还林还湖还草力度。要积极稳妥改革粮食等重要农产品价格形成机制和收储制度。抓好玉米收储制度改革，做好政策性粮食库存消化工作。细化和落实承包土地“三权分置”办法，培育新型农业经营主体和服务主体。深化农村产权制度改革，明晰农村集体产权归属，赋予农民更加充分的财产权利。统筹推进农村土地征收、集体经营性建设用地入市、宅基地制度改革试点。要严守耕地红线，推动藏粮于地、藏粮于技战略加快落地，保护和提高粮食综合生产能力。广辟农民增收致富门路。

（资料来源：新华社）

六、汪洋在全国农村集体产权制度改革会议上的讲话（2017 年 1 月）

2017 年 1 月 10 日，全国农村集体产权制度改革电视电话会议在北京召开，国务院副总理汪洋出席会议并讲话。他强调，农村集体产权制度改革是完善农村基本经营制度、保护农民集体资产权益的重大举措。要认真贯彻落实党中央、国务院的决策部署，坚持市场经济改革方向，把实现好、维护好、发展好广大农民的根本利益作为改革的出发点和落脚点，分类有序推进改革，逐步构建归属清晰、权能完整、流转顺畅、保护严格的中国特色社会主义农村集体产权制度，促进农村集体经济发展和农民持续增收。

汪洋强调，农村集体产权制度改革是全面深化农村改革的一项重要任务，政策性强、涉及面广，必须切实加强组织领导，积极稳妥推进。要全面开展农村集体资产清产核资，科学确认农村集体经济组织成员身份，由点及面有序推进经营性资产股份合作制改革，不断发展壮大农村集体经济。要坚持农民集体所有不动摇，不能把集体经济改弱了、改小了、改垮了，防止集体资产流失；坚持农民权利不受损，不能把农民的财产权利改虚了、改少了、改没了，防止内部少数人控制和外部资本侵占。要充分尊重农民意愿，发挥农民主体作用，支持农民创新创造，把选择权交给农民，确保农民知情权、参与权、表达权、监督权，真正让农民成为改革的参与者和受益者。

（资料来源：中国政府网）

七、李克强在国务院常务会议上的讲话（2017 年 2 月）

2017 年 2 月 22 日，李克强总理主持召开了国务院出常务会议，李克强指出，党的十八大以来，以习近平同志为核心的党中央对脱贫攻坚作出新的部署。去年以来各地区、各部门围绕精准扶贫、精准脱贫，创新机制，合力攻坚，完成了年度目标任务，贫困群众生活持续改善。在今年工作中，一要加大对集中连片特困地区、革命老区、民族地区、边疆地区基础设施和基本公共服务的倾斜扶持，落实易地扶贫搬迁和交通、教育、健康扶贫等任务，支持重点贫困户危房改造，防止因病致贫返贫。二要增加转移支付等财政投入，把统筹整合使用财政涉农资金试点推至全部贫困县，精准聚焦有效使用资金。三要更有效实施产业扶贫，开展贫困村提升工程，发展特色产业，发挥国家重点工程、农业产业化项目带动作用，支持龙头企业、各方面人才和返乡人员在贫困地区创业，壮大扶贫力量。四要完善督查核查机制，加强建档立卡、项目资金等管理，对弄虚作假、贪占挪用等严肃问责。加大部门、国企、对口地区和社会力量帮扶力度，落实定点扶贫责任，调动贫困群众努力脱贫的内生动力。

李克强指出，我国通过深化医改、加大财政投入，已经建立起了一张覆盖全民的医保网，同时不断提升县、乡镇和村卫生室等基础设施建设，让基层医疗的“硬件”水平显著提升。现在看，基层最缺的还是人才、人力资源。所以我们要在高等院校加强全科医生培养，同时加大对乡镇医院医生和村医的培训力度。但仅靠这些努力还远远不够。我们的优质医疗资源还有很大一部分集中在大城市的三级医院。要推动这些优质医疗资源走下去，真正‘下沉’到基层。

当天会议决定，破除行政区划、财政投入、医保支付、人事管理等方面存在的壁垒，全面启动多种形式的医联体建设试点，因地制宜探索由三级公立医院或业务能力较强的医院、县级医院牵头，组建不同级别、不同类别城乡医疗机构或专科之间优势互补、分工协作的医联体，大力发展面向基层和边远贫困地区的远程医疗协作网。医务人员在医联体内流动执业一般不需办理相关手续。

（资料来源：中国政府网）

八、习近平在第十二届全国人民代表大会上第五次会议上的讲话（2017年3月）

2017年3月8日，习近平总书记参加四川代表团审议时说，到2020年现行标准下农村贫困人口全部脱贫、贫困县全部摘帽，是我们党立下的军令状。脱贫攻坚越往后，难度越大，越要压实责任、精准施策、过细工作。现在扶贫关键是要精准发力，向基层聚焦、聚力。要继续选派好驻村干部，整合涉农资金，改进脱贫攻坚动员和帮扶方式，扶持谁、谁来扶、怎么扶、如何退，全过程都要精准，有的需要下一番“绣花”功夫。防止返贫和继续攻坚同样重要，已经摘帽的贫困县、贫困村、贫困户，要继续巩固，增强“造血”功能，建立健全稳定脱贫长效机制，坚决制止扶贫工作中的形式主义。

2017年3月10日，习近平总书记参加新疆代表团审议时说，要全面落实精准扶贫、精准脱贫，把南疆贫困地区作为脱贫攻坚主战场，实施好农村安居和游牧民定居工程、城镇保障性安居工程，完善农牧区和边境地区基本公共服务，努力让各族群众过上更好生活。

（资料来源：中国网）

九、李克强在第十二届全国人民代表大会上第五次会议上的讲话（2017年3月）

2017年3月5日，第十二届全国人民代表大会第五次会议在北京人民大会堂开幕。国务院总理李克强作政府工作报告。

李克强在2017年工作部署中指出，今年发展的主要预期目标是：国内生产总值增长6.5%左右，在实际工作中争取更好结果；居民消费价格涨幅3%左右；城镇新增就业1100万人以上，城镇登记失业率4.5%以内；进出口回稳向好，国际收支基本平衡；居民收入和经济增长基本同步；单位国内生产总值能耗下降3.4%以上，主要污染物排放量继续下降。

李克强指出，2017年重点工作任务是贫困地区和贫困人口是全面建成小康社会最大的短板。要深入实施精准扶贫精准脱贫，今年再减少农村贫困人口1000万以上，完成易地扶贫搬迁340万人。中央财政专项扶贫资金增长30%以上。加强集中连片特困地区、革命老区、边疆和民族地区开发，改善基础设施和公共服务，推动特色产业发展、劳务输出、教育和健康扶贫，做好因病等致贫返贫群众帮扶，实施贫困村整体提升工程，增强贫困地区和贫困群众自我发展能力。推进贫困县涉农资金整合，强化资金和项目监管。创新扶贫协作机制，支持和引导社会力量参与扶贫。切实落实脱贫攻坚责任制，实施最严格的评估考核，严肃查处假脱贫、“被脱贫”、数字脱贫，确保脱贫得到群众认可、经得起历史检验。

扎实推进新型城镇化。深化户籍制度改革，今年实现进城落户1300万人以上，加快居住证制度全覆盖。支持中小城市和特色小城镇发展，推动一批具备条件的县和特大镇有序设市，发挥城市群辐射带动作用。促进“多规合一”，提升城市规划设计水平。

推进建筑业改革发展，提高工程质量。推进农业结构调整。引导农民根据市场需求发展生产，增加优质绿色农产品供给，扩大优质水稻、小麦生产，适度调减玉米种植面积，粮改饲试点面积扩大到1000万亩以上。鼓励多渠道消化玉米库存。支持主产区发展农产品精深加工，发展观光农业、休闲农业，拓展产业链价值链，打造农村一二三产业融合发展新格局。

加强现代农业建设。加快推进农产品标准化生产、品牌创建和保护，打造粮食生产功能区、重要农产品生产保护区、特色农产品优势区和现代农业产业园。推进土地整治，大力改造中低产田，推广旱作技术，新增高效节水灌溉面积2000万亩。加强耕地保护，改进占补平衡。发展多种形式适度规模经营，是中国特色农业现代化的必由之路，离不开农业保险有力保障。今年在13个粮食主产省选择部分县市，对适度规模经营农户实施大灾保险，调整部分财政救灾资金予以支持，提高保险覆盖面和理赔标准，完善农业再保险体系，以持续稳健的农业保险助力现代农业发展。

深化农村改革。稳步推进农村集体产权制度改革，深化农村土地制度改革试点，赋予农民更多财产权利。完善粮食等重要农产品价格形成机制和收储制度，推进农业水价综合改革。深化集体林权、国有林区林场、农垦、供销社等改革。加强农村基层组织建设。健全农村“双创”促进机制，培养更多新型职业农民，支持农民工返乡创业，进一步采取措施鼓励高校毕业生、退役军人、科技人员到农村施展才华。

加强农村公共设施建设。新建改建农村公路 20 万公里。实现农村稳定可靠供电服务和平原地区机井通电全覆盖。完成 3 万个行政村通光纤。提高农村饮水安全供水保证率。加大农村危房改造力度。深入推进农村人居环境整治，建设既有现代文明、又具田园风光的美丽乡村。

加大生态环境保护治理力度。加快改善生态环境特别是空气质量，是人民群众的迫切愿望，是可持续发展的内在要求。强化水、土壤污染防治。今年化学需氧量、氨氮排放量要分别下降 2%。抓好重点流域、区域、海域水污染和农业面源污染防治。开展土壤污染详查，分类制定实施治理措施。加强城乡环境综合整治，倡导绿色生活方式，普遍推行垃圾分类制度。培育壮大节能环保产业，发展绿色再制造和资源循环利用产业，使环境改善与经济发展实现双赢。

（资料来源：中国政府网）

十、韩长赋在全国休闲农业和乡村旅游大会上的讲话（2017 年 4 月）

2017 年 4 月 11 日，全国休闲农业和乡村旅游大会在安吉召开，农业部部长韩长赋发表讲话，并共同启动“中国美丽乡村休闲旅游行”活动。韩长赋指出，发展休闲农业和乡村旅游是实现农业增效、农民增收、农村增绿的有效途径，是打赢脱贫攻坚战、全面建成小康社会的重要举措。各级农业部门必须以高度的责任感、使命感和紧迫感，抓住历史机遇，勇于责任担当，把休闲农业和乡村旅游作为农业的新产业，加强规划引导，加大政策扶持力度；作为工作的新领域，注重模式创新，强化典型示范；作为阶段性新任务，开拓创新谋发展，顺势而为求实效，始终坚持以农民为中心的发展思想、以农业为基础的发展定位、以绿色为导向的发展方式、以文化为灵魂的发展特色，全力开创休闲农业和乡村旅游发展新局面，为推进农业供给侧结构性改革作出新贡献。

（资料来源：浙江日报）

附录三：国家村镇建设相关政策法规（2016—2017）

一、中共中央国务院

序号	政策法规名称	发文字号	发布日期
1	农田水利条例	国令第 669 号	2016 年 6 月 2 日
2	国务院关于统筹推进县域内城乡义务教育一体化改革发展的若干意见	国发〔2016〕40 号	2016 年 7 月 11 日
3	国务院关于实施支持农业转移人口市民化若干财政政策的通知	国发〔2016〕44 号	2016 年 8 月 5 日
4	国务院关于激发重点群体活力带动城乡居民增收的实施意见	国发〔2016〕56 号	2016 年 10 月 21 日
5	国务院关于落实《政府工作报告》重点工作部门分工的意见	国发〔2017〕22 号	2017 年 3 月 28 日

二、中共中央国务院办公厅

序号	政策法规名称	发文字号	发布日期
1	国务院办公厅转发民政部等部门关于做好农村最低生活保障制度与扶贫开发政策有效衔接指导意见的通知	国办发〔2016〕70 号	2016 年 9 月 27 日
2	国务院办公厅关于印发贫困地区水电矿产资源开发资产收益扶贫改革试点方案的通知	国办发〔2016〕73 号	2016 年 10 月 18 日
3	关于完善农村土地所有权承包权经营权分置办法的意见	—	2016 年 10 月 31 日
4	国务院办公厅关于支持返乡下乡人员创业创新促进农村一二三产业融合发展的意见	国办发〔2016〕84 号	2016 年 11 月 29 日
5	国务院办公厅关于完善支持政策促进农民持续增收的若干意见	国办发〔2016〕87 号	2016 年 12 月 6 日

续表

序号	政策法规名称	发文字号	发布日期
6	关于深入推进经济发达镇行政管理体制改革的指导意见	—	2016 年 12 月 19 日
7	国务院办公厅关于创新农村基础设施投融资体制机制的指导意见	国办发〔2017〕17 号	2017 年 2 月 17 日
8	关于加强乡镇政府服务能力建设的意见	—	2017 年 2 月 20 日

三、住房城乡建设部

序号	政策法规名称	发文字号	发布日期
1	住房城乡建设部等部门关于公布 2016 年列入中央财政支持范围的中国传统村落名单的通知	建村〔2016〕99 号	2016 年 5 月 25 日
2	住房城乡建设部 国家发展改革委 财政部关于开展特色小镇培育工作的通知	建村〔2016〕147 号	2016 年 7 月 1 日
3	住房城乡建设部办公厅关于做好 2016 年度田园建筑优秀实例推荐工作的通知	建办村函〔2016〕662 号	2016 年 7 月 14 日
4	住房城乡建设部等部门关于改善贫困村人居卫生条件的指导意见	建村〔2016〕159 号	2016 年 7 月 23 日
5	关于做好 2016 年特色小镇推荐工作的通知	建村建函〔2016〕71 号	2016 年 8 月 3 日
6	住房城乡建设部关于做好“十三五”期间定点扶贫工作的通知	建村〔2016〕170 号	2016 年 8 月 12 日
7	住房城乡建设部办公厅关于支持贫困县开展统筹整合使用财政涉农资金试点工作的通知	建办村函〔2016〕811 号	2016 年 8 月 31 日
8	住房城乡建设部办公厅关于开展 2016 年美丽宜居小镇、美丽宜居村庄示范工作的通知	建办村函〔2016〕827 号	2016 年 9 月 7 日
9	住房城乡建设部办公厅关于做好 2016 年全国农村人居环境调查工作的通知	建办村〔2016〕46 号	2016 年 10 月 9 日
10	住房城乡建设部 中国农业发展银行关于推进政策性金融支持小城镇建设的通知	建村〔2016〕220 号	2016 年 10 月 10 日
11	住房城乡建设部关于公布第一批中国特色小镇名单的通知	建村〔2016〕221 号	2016 年 10 月 11 日

续表

序号	政策法规名称	发文字号	发布日期
12	住房城乡建设部办公厅等部门关于印发《中国传统村落警示和退出暂行规定(试行)》的通知	建办村〔2016〕55号	2016年11月3日
13	住房城乡建设部 财政部 国务院扶贫办关于加强建档立卡贫困户等重点对象危房改造工作的指导意见	建村〔2016〕251号	2016年11月3日
14	住房城乡建设部关于公布第二批田园建筑优秀实例名单的通知	建村〔2016〕270号	2016年12月1日
15	住房城乡建设部等部门关于开展改善农村人居环境示范村创建活动的通知	建村〔2016〕274号	2016年12月9日
16	住房城乡建设部等部门关于公布第四批列入中国传统村落名录的村落名单的通知	建村〔2016〕278号	2016年12月9日
17	住房城乡建设部关于切实加强农房建设质量安全管理的通知	建村〔2016〕280号	2016年12月13日
18	住房城乡建设部 财政部关于印发农村危房改造激励措施实施办法(试行)的通知	建村〔2016〕289号	2016年12月21日
19	住房城乡建设部关于推广金华市农村生活垃圾分类和资源化利用经验的通知	建村函〔2016〕297号	2016年12月22日
20	住房城乡建设部办公厅关于公布第四批美丽宜居小镇、美丽宜居村庄示范名单的通知	建办村〔2016〕71号	2016年12月28日
21	住房城乡建设部等部门关于公布2016年第二批列入中央财政支持范围的中国传统村落的通知	建村〔2016〕297号	2016年12月28日
22	住房城乡建设部办公厅等部门关于做好非正规垃圾堆放点排查工作的通知	建办村〔2017〕2号	2017年1月6日
23	住房城乡建设部 国家开发银行关于推进开发性金融支持小城镇建设的通知	建村〔2017〕27号	2017年1月24日
24	关于印发《住房城乡建设部村镇建设司2017年工作要点》的通知	建村综函〔2017〕17号	2017年2月14日
25	住房城乡建设部办公厅关于开展2017年乡村规划工作检查的通知	建办村函〔2017〕117号	2017年2月21日
26	住房城乡建设部办公厅关于公布2016年县(市)域乡村建设规划和村庄规划示范名单的通知	建办村〔2017〕10号	2017年2月22日

续表

序号	政策法规名称	发文字号	发布日期
27	住房城乡建设部关于加强农村危房改造质量安全管理工作的通知	建村〔2017〕47 号	2017 年 2 月 24 日
28	住房城乡建设部 公安部 国家旅游局关于印发农家乐（民宿）建筑防火导则（试行）的通知	建村〔2017〕50 号	2017 年 2 月 27 日
29	住房城乡建设部办公厅关于做好中国传统村落数字博物馆优秀村落建馆工作的通知	建办村函〔2017〕137 号	2017 年 2 月 28 日
30	住房城乡建设部 中国建设银行关于推进商业金融支持小城镇建设的通知	建村〔2017〕81 号	2017 年 4 月 1 日
31	住房城乡建设部 财政部关于组织申报 2017 年改善农村人居环境示范村的通知	建村函〔2017〕117 号	2017 年 4 月 14 日

四、国家和发展改革委员会

序号	政策法规名称	发文字号	发布日期
1	关于贯彻落实《国务院办公厅关于推进农业水价综合改革的意见》的通知	发改价格〔2016〕1143 号	2016 年 5 月 28 日
2	关于同意农业清洁生产示范项目验收的通知	发改办环资〔2016〕1451 号	2016 年 6 月 12 日
3	国家发展改革委办公厅关于开展国家新型城镇化综合试点进展情况第三方评估的通知	发改办规划〔2016〕1798 号	2016 年 8 月 5 日
4	国家发展改革委办公厅关于开展第三批国家新型城镇化综合试点工作的通知	发改办规划〔2016〕1858 号	2016 年 8 月 16 日
5	国家发展改革委办公厅关于做好第二批结合新型城镇化开展支持农民工等人员返乡创业试点地区申报工作的通知	发改办就业〔2016〕1869 号	2016 年 8 月 18 日
6	国家发展改革委办公厅 住房城乡建设部办公厅关于征求《“十三五”全国城镇生活垃圾无害化处理设施建设规划（征求意见稿）》意见的函	发改办环资〔2016〕2068 号	2016 年 9 月 22 日
7	国家发展改革委关于加快美丽特色小（城）镇建设的指导意见	发改规划〔2016〕2125 号	2016 年 10 月 8 日
8	国家发展改革委关于印发《全国农村经济发展“十三五”规划》的通知	发改农经〔2016〕2257 号	2016 年 10 月 27 日

续表

序号	政策法规名称	发文字号	发布日期
9	国家发展改革委办公厅 住房城乡建设部办公厅关于征求对《“十三五”全国城镇污水处理及再生利用设施建设规划（征求意见稿）》意见的函	发改办环资〔2016〕2412 号	2016 年 11 月 14 日
10	关于公布第三批国家新型城镇化综合试点地区名单的通知	发改规划〔2016〕2489 号	2016 年 11 月 29 日
11	国家发展改革委 农业部关于推进农业领域政府和社会资本合作的指导意见	发改农经〔2016〕2574 号	2016 年 12 月 6 日
12	国家发展改革委办公厅关于印发新型城镇化系列典型经验（农业转移人口市民化案例）的通知	发改办规划〔2016〕2659 号	2016 年 12 月 9 日
13	关于实施“千企千镇工程”推进美丽特色小（城）镇建设的通知	发改规划〔2016〕2604 号	2016 年 12 月 12 日
14	国家发展改革委办公厅关于请报送中欧城镇化伙伴关系结对子城市和务实合作项目有关材料的通知	发改办规划〔2016〕2732 号	2016 年 12 月 20 日
15	国家发展改革委办公厅关于印发新型城镇化系列典型经验（国家新型城镇化综合试点地区探索实践）的通知	发改办规划〔2016〕2873 号	2016 年 12 月 30 日
16	国家发展改革委办公厅关于进一步做好农村一二三产业融合发展试点示范工作的通知	发改办农经〔2016〕2869 号	2016 年 12 月 30 日
17	国家发展改革委 住房城乡建设部关于印发《“十三五”全国城镇污水处理及再生利用设施建设规划》的通知	发改环资〔2016〕2849 号	2016 年 12 月 31 日
18	国家发展改革委 住房城乡建设部关于印发《“十三五”全国城镇生活垃圾无害化处理设施建设规划》的通知	发改环资〔2016〕2851 号	2016 年 12 月 31 日
19	国家发展改革委 国家开发银行关于开发性金融支持特色小（城）镇建设促进脱贫攻坚的意见	发改规划〔2017〕102 号	2017 年 1 月 13 日
20	国家发展改革委 农业部关于印发《全国农村沼气发展“十三五”规划》的通知	发改农经〔2017〕178 号	2017 年 1 月 25 日
21	国务院办公厅关于创新农村基础设施投融资体制机制的指导意见	国办发〔2017〕17 号	2017 年 2 月 6 日
22	关于扎实推进高标准农田建设的意见	发改农经〔2017〕331 号	2017 年 2 月 17 日

五、农业部

序号	政策法规名称	发文字号	发布日期
1	农业部关于印发《农村土地经营权流转交易市场运行规范（试行）》的通知	农经发〔2016〕9号	2016年6月29日
2	农业部关于做好农村土地承包经营权信息应用平台建设工作的通知	农经发〔2016〕10号	2016年6月29日
3	关于印发《关于推进农业废弃物资源化利用试点的方案》的通知	农计发〔2016〕90号	2016年8月11日
4	农业部关于印发《"十三五"全国农业农村信息化发展规划》的通知	农市发〔2016〕5号	2016年8月30日
5	农业部关于加大贫困地区项目资金倾斜支持力度 促进特色产业精准扶贫的意见	农计发〔2016〕94号	2016年9月1日
6	农业部关于印发《全国农产品加工业与农村一二三产业融合发展规划（2016—2020年）》	农加发〔2016〕5号	2016年11月17日
7	农业部关于推进农业供给侧结构性改革的实施意见	农发〔2017〕1号	2017年1月26日
8	农业部办公厅关于做好农村承包地确权登记数据库成果汇交工作的通知	农办经〔2017〕7号	2017年3月16日
9	农业部 财政部发布2017年重点强农惠农政策	—	2017年3月23日